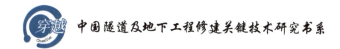中国隧道及地下工程修建关键技术研究书系

CONSTRUCTION TECHNOLOGY
OF MENGXI-HUAZHONG HEAVY HAUL RAILWAY TUNNEL

蒙华重载铁路隧道建造技术

浩吉铁路股份有限公司 / 组织编写

张 梅 等 / 编著

人民交通出版社股份有限公司

北京

内 容 提 要

本书基于蒙华重载铁路隧道工程实践,对建设过程的工程技术管理与应用进行了系统总结。本书共分为6章:第1章绪论,介绍了工程概况、主要技术标准、隧道工程;第2章隧道建设管理,介绍了建设管理探索与实践、施工图现场核对与优化、工程变更及技术质量分级管理、超前地质预报管理、开挖爆破管理、监控量测管理、隧道工装设备应用;第3章隧道结构设计优化与技术创新,介绍了结构内轮廓、初期支护组合形式等;第4章隧道主要推广应用施工技术,介绍了隧道洞口设计优化与施工技术要点等;第5章典型隧道工程修建技术,介绍了大断面马蹄形盾构黄土隧道修建技术、深埋老黄土隧道限阻器新型衬砌支护修建技术等;第6章不良地质段落隧道灾害防治施工技术,介绍了中条山隧道高地应力F7断层破碎带施工技术等。

本书可供从事隧道及地下工程的工程技术人员参考,也可供相关专业高校师生参阅。

图书在版编目(CIP)数据

蒙华重载铁路隧道建造技术/浩吉铁路股份有限公司组织编写;张梅等编著. — 北京:人民交通出版社股份有限公司,2021.4

ISBN 978-7-114-16617-4

Ⅰ.①蒙… Ⅱ.①浩… ②张… Ⅲ.①重载铁路—隧道施工—工程技术 Ⅳ.①U459.1

中国版本图书馆CIP数据核字(2020)第098810号

审图号:GS(2020)4432号

Menghua Zhongzai Tielu Suidao Jianzao Jishu

书　　名:	蒙华重载铁路隧道建造技术
著 作 者:	浩吉铁路股份有限公司　张　梅　等
责任编辑:	谢海龙　李　梦
责任校对:	孙国靖　扈　婕
责任印制:	张　凯
出版发行:	人民交通出版社股份有限公司
地　　址:	(100011)北京市朝阳区安定门外外馆斜街3号
网　　址:	http://www.ccpcl.com.cn
销售电话:	(010)59757973
总 经 销:	人民交通出版社股份有限公司发行部
经　　销:	各地新华书店
印　　刷:	北京印匠彩色印刷有限公司
开　　本:	787×1092　1/16
印　　张:	29.75
插　　页:	1
字　　数:	717千
版　　次:	2021年4月　第1版
印　　次:	2021年4月　第1次印刷
书　　号:	ISBN 978-7-114-16617-4
定　　价:	238.00元

(有印刷、装订质量问题的图书由本公司负责调换)

编委会

主　　编：张　梅
副 主 编：韩贺庚　皮　圣　刘　伟　马兆飞　梁　禹
编　　委：万俊峰　马　涛　王士明　王占龙　王　成
　　　　　王　伟　王庆波　王江红　王志杰　王　宝
　　　　　王树国　王俊胜　王洪志　王维富　王福林
　　　　　仇文革　申志军　田利民　冯　丛　冯迎军
　　　　　朱　超　任文华　任晓光　伊志奎　刘文军
　　　　　刘成华　闫文生　江　涛　苏　辉　李丁可
　　　　　李　勇　李殿龙　杨世武　杨秀权　杨湘民
　　　　　杨慧涛　吴世波　吴　旭　张　宇　张纪新
　　　　　张志明　陈玉柱　陈庆怀　陈　野　陈　鸿
　　　　　陈　强　束仁政　卓　越　罗洪戈　金成旭
　　　　　宗书合　岳雪明　赵西民　秦金德　袁良书
　　　　　袁　铁　耿长宝　夏　勇　晏红卫　徐永军
　　　　　徐海山　宋琳辉　高　平　郭　明　梅　竹
　　　　　蒋晖光　韩星俊　韩　跃　温建斌　管晓军
　　　　　管鸿浩
审　　稿：杨建兴　施德良　刘培硕　汪纲领　陈振林
　　　　　杨会军　韩现民

主编单位：浩吉铁路股份有限公司

参编单位：中山大学

　　　　　　西南交通大学

　　　　　　北京交通大学

　　　　　　中国铁路设计集团有限公司

　　　　　　中铁第四勘察设计院集团有限公司

　　　　　　中铁第六勘察设计院集团有限公司

　　　　　　中铁隧道局集团有限公司

　　　　　　中铁四局集团有限公司

　　　　　　中铁六局集团有限公司

　　　　　　中铁十七局集团有限公司

　　　　　　中铁北京局集团有限公司

序

  连接我国西北地区与华中地区的浩吉铁路（内蒙古浩勒报吉至江西吉安），途径7个省（自治区），全长1813.544km，2019年开通运营。这是"北煤南运"的一条新通道，将对保障鄂湘赣等华中地区煤炭供应发挥重要作用。这也是世界上一次建成里程最长的重载铁路，展示了中国重载铁路建设的新水平。在建设期间，我曾到施工现场做过专题调研，浩吉铁路改革创新的丰硕成果给我留下极为深刻的印象。

  浩吉铁路建设秉持"合作共赢"的理念，在项目管理上进行了积极探索。坚持政府主导、社会参与、多元化投资、市场化运作，由中国国家铁路集团有限公司牵头，会同有意投资的煤炭、电力企业作为发起人，采取向特定对象募集股份等形式组建股份公司。加强股份公司制度化建设，实施规范化管理，特别重视股东之间沟通协调，形成共识统一行动。股份公司作为项目法人，对项目从立项、设计到建设、运营全生命期负责，进行全过程一体化管理。一方面要求设计施工单位提供高质量、少维修、长寿命的运输基础设施，另一方面要求运营部门提前介入设计施工反映运营需求，这就从体制上、制度上防止了建设与运营分割管理的弊端，充分体现了项目全寿命期管理的优越性。

  浩吉铁路股份有限公司（以下简称浩吉铁路公司）在强调发挥建设单位主导作用的同时，充分调动各参建单位的积极性和创造性。经过充分讨论，制订了项目总目标，层层分解落实到位，成为全体建设人员共同行动的强大动力。在诸多管理要素中突出合同管理，强调依法合规、信守合同。借鉴国际通用的菲迪克（FIDIC）条款内容，采用单价承包方法，建立考核激励机制。对执行合同中出现的问题，既坚持照原则办事，又考虑实际情况进行妥善协商，使发包方与承包方合理分担责任和分享利益。推行依法分包、规范管理、严格监督，杜绝违法分包和转包。针对考核评审结果，对管理严、信誉好的施工单位，酌情授予适当的现场处置权限。这就彻底改变了传统合同双方单纯的博弈关系，建立起新型的合作伙伴关系、共建共赢关系，创立了项目管理的新模式。

  技术创新为高标准高质量建设浩吉铁路提供了可靠保障，在各专业技术创新成果中，隧道专业尤为显著。浩吉铁路共有隧道229座，累计长度468.5km，穿越复杂多变的地质构造，面临一系列风险和挑战。浩吉铁路公司同设计单位、施工单位进行大量科学试验，因地制宜优选隧道断面和掘进方法，加强地质预报和现场检测，针对薄弱环节采取强化措施,推进大断面机械化施工。强调隧道初期支护为主要承载结构,与围岩共同承担施工期全部荷载,研发了基于格栅钢架和喷射混凝土共同作用的"限制支护阻力阻尼器"(以下简称"限阻器"),有效解决了初期支护变形引起的破坏问题。同时,对二次衬砌优化和仰拱结构强化进行了探索。推行机械手湿喷混凝土、自行式仰拱长栈桥和二次衬砌分流槽布料逐窗灌注等,提高了隧道施工机械化、装配化水平。建立快捷可靠的智能化量测监控信息平台,确保施工安全和质量。在山岭隧道土质领域首次采用大断面马蹄形土压平衡盾构机,在富水砂岩隧道采用超前水平旋喷桩预加固(帷幕注浆),在黄土隧道采用预切槽施工技术,以及在不良地质地段有效防灾技术等方面,都取得了可喜成果。从设计理念、结构形式到工艺工法,形成了较为完整的新技术体系,全面推进了隧道技术进步。

浩吉铁路大规模隧道建设实现了无重伤及以上人身安全事故,开创了铁路建设安全水平新纪录。工程质量和环境保护成绩优良,工期合理提前,投资得到有效控制。浩吉铁路"质量、安全、环保、工期、投资"五大控制目标全面实现,创造了辉煌业绩和宝贵经验,成为新时期铁路建设的典范。本书全面总结了浩吉铁路隧道工程建设的科学管理和技术创新成果,阐述了隧道工程建设的新理念、新技术、新工艺、新设备。通过大量典型隧道工程案例分析,理论联系实际深入研讨关键技术,既凝练出成功经验倡导推广,又针对存在问题提出建议促进改善。这对深化隧道工程理论研究和提高隧道工程建设水平都有重要意义,值得借鉴。

我国隧道工程建设规模已位居世界之首,但隧道工程建设技术和管理水平同先进国家相比仍有一定差距。衷心期待广大隧道工程建设人员肩负"科技强国""交通强国"使命,坚定信心,勇于改革,持续创新,在建设实践中不断取得新突破。特别要重视在应用"新奥法"(即奥地利法)、"新意法"(即意大利法)、"挪威法"的基础上,认真总结形成具有中国特色的隧道建设技术理论体系,创造绿色智慧的"中国法",为世界隧道工程科技进步做出中国贡献!

中国工程院院士 孙永福

2020 年 11 月

前言

浩吉铁路(原名蒙华铁路)是国家"十三五"规划纲要中的重大交通基础设施项目之一,北起内蒙古自治区浩勒报吉南站,途径内蒙古、陕西、山西、河南、湖北、湖南、江西七个省(自治区),终至京九铁路吉安站,正线全长1813.544km,是北煤南运新的战略通道。

浩吉铁路于2015年6月开工,2019年9月28日正式开通运营。历时4年多的工程建设,工程施工安全始终受控,工程质量得到使用单位的高度评价,工程投资较可研批复节省220亿元,工期较原计划提前8个月,环水保工程顺利通过验收,参建单位获得合理收益,全面实现了项目建设预期目标。

隧道工程是浩吉铁路建设的重点,全线隧道229座,总长468.5km,占正线的25.8%。由于线路长,跨越地域广,隧道穿越地层多变,工程地质和水文地质条件复杂,断层、富水、岩溶等不良地质条件对工程影响较大。确保施工安全和工程质量是项目建设的核心,也是隧道工程面对的重要挑战。浩吉铁路公司组织参建单位总结以往隧道工程建设经验,梳理分析存在问题和原因,积极开展科研试验,制订浩吉铁路隧道建造技术标准和方案,探索实践一系列行之有效的措施方法,实现了229座隧道全过程"无重伤及以上人身安全事故"。浩吉铁路隧道建设中始终重视和坚持的主要有以下几个方面。

一、尊重规律,回归"新奥法"基本原理

明确隧道初期支护为主要承载结构,与围岩共同承担施工期间的全部荷载,确保施工安全;二次衬砌作为结构安全储备,施工单位可根据监控量测信息,结合施工组织设计安排适时施作,为各工序施工提供良好条件。

为确保初期支护结构实体质量,明确全线隧道(含辅助坑道)初期支护喷射混凝土必须使用湿喷机械手施作。通过现场试验研究和理论分析,软弱围岩地段均采用格栅钢架支护体系,加强锁脚锚杆,基脚采用轻质垫块垫实,连接部位采用钢隔板等确保钢架稳固和初期支护的整体质量。

为保证掌子面围岩稳定,加快初期支护封闭成环,台阶法施工推行"两紧跟"措施。初期支护钢架必须紧贴掌子面,根据开挖进尺可适当调整格栅间距;初期支护仰拱及时封闭成环紧跟下台阶,下台阶与仰拱一次开挖成型,缩短初期支护全环封闭时间。

为解决深埋老黄土、高地应力水平岩层等特殊段落初期支护开裂变形问题,创造性地研究采用"限阻器",实现了初期支护结构变形在可变量内(单侧环向可压缩20cm)动态调整,适应了该类地质条件下的围岩长期蠕变,有效控制围岩压力释放,保证了初期支护结构安全。

二、因地制宜,选择科学合理的施工工法

浩吉铁路隧道软弱围岩约占总长的30%,针对软弱围岩确立了超前预加固支护、大断面快速开挖、初期支护快速封闭成环的施工基本原则,尽量加固保护和少扰动围岩,使围岩和结构共同承载。

进洞方案:洞口围岩基本稳定的石质隧道以及自稳性较好的黄土隧道,变大管棚为超前小导管直接进洞;围岩自稳性较差的洞口段先根据地形地质条件,增加抗拔桩、搅拌桩、旋喷桩、洞外注浆等提高围岩自稳能力,再施作超前小导管进洞。进洞1~1.5倍洞径后,施作全断面封闭成环的锁口圈,确保洞口稳定。

开挖工法:通过合理的超前支护措施加固围岩,优先采用全断面或台阶法施工,实现快挖、快支、快封闭,提高隧道施工机械化水平。软弱围岩段用台阶法施工,减少了中隔壁法(CD法)、交叉中隔壁法(CRD法)、双侧壁导坑法等复杂工法临时支撑等拆除工序和对围岩的多次扰动,缩短隧道初期支护全断面封闭成环时间,在保证安全的前提下,提高了施工工效。

三、防范风险,建立信息化监控量测系统

通过监控量测获得围岩和初期支护的稳定状态等信息,为判断施工现场的安全性、结构参数和工法调整、二次衬砌施作时机等提供依据。浩吉铁路公司建立智能化信息平台,适当优化量测断面和量测频率,进一步明确了不同岩层的预警管理值和管理办法。要求监控量测纳入工序管理,真正做到"不量测不进洞,不安全不进洞"。

全线采用统一的"隧道施工监测信息化管理平台",参建单位技术和管理人员通过监测信息管理App实现了手机实时查看量测数据。通过变形总量、变形速率、初期支护表观现象和变形时态曲线等指标,对隧道施工安全进行综合等级管理。出现预警时,信息平台自动发送预警信息至指定人员,各级管理人员可第一时间研究并采取处理措施,确保了施工安全。

四、夯实基础,实现超前地质预报预防风险作用

隧道超前地质预报是保证隧道施工安全、优化工程设计、指导隧道施工的重要基础。通过超前地质预报,及时掌握隧道地质条件信息,预防各类突发性地质灾害,为调整隧道设计参数提供依据。

建设单位负责隧道超前地质预报实施细则的审批,并对地质预报工作的实施情况进行监督和检查;勘察设计单位根据地质勘察成果提出施工超前地质预报方案设计,分析和研究施工超前地质预报成果,并及时调整设计参数;施工单位是超前地质预报实施的责任主体,实施超前地质预报并纳入工序管理;监理单位按超前地质预报设计方案、实施细则督导施工单位落实。

施工超前地质预报按照"简单地质条件从简判定、复杂地质条件由简入繁、特殊地质条件多手段验证"的原则,采用地质调查与勘探结合、物探与钻探结合、长距离与短距离结

合、地面与地下结合、超前导洞与主洞结合的方法，预报掌子面前方及周边一定范围的地质情况。地质复杂地段主要以掌子面地质素描、超前钻探和加深炮孔探查为主，做到不预报不施工。

五、先进高效，积极推进机械化施工

全线隧道（含辅助坑道）初期支护喷射混凝土全部采用不小于15m³/h的湿喷机械手施作，二次衬砌仰拱采用一次开挖24m的自行仰拱长栈桥，格栅钢架工厂化集中加工配送等，保证了工程质量和施工安全，改善了作业环境，减轻了劳动强度，提高了施工效率。

白城隧道全长3345m，穿越风积沙、粉砂、细砂、砂质新黄土等地层，隧道下穿天然气管线、供水管线及高速公路，原设计采用CD法、双侧壁导坑法及三台阶大拱脚法施工。浩吉铁路公司多次对施工方法和风险进行论证，决定采用安全可靠的盾构法施工技术，经研究比选，确定了盾构机技术参数，盾构机采用马蹄形结构，隧道开挖断面和盾构管片厚度得到优化。隧道施工通过控制掘进参数、渣土改良、同步注浆等措施，保证了油气管线、供水管线、高速公路的安全和施工安全，施工进度大幅提高，取得了良好的效益。

万荣隧道全长7683m，其中粉细砂层段长1200余m，地层稳定性差，原设计主要采用管棚、旋喷桩超前支护，三台阶大拱脚临时仰拱法施工，局部地段采用CD法施工，工法复杂，耗时长，风险高。经过技术研究比选，在粉细砂层地段采用了水平旋喷桩超前加固地层，三台阶法开挖施工，加强锁脚锚杆，很好地保证了施工安全和工程进度。

六、科研先行，为提高隧道建造技术提供支撑

对高地应力水平岩层、富水古冲沟土砂互层、高承压水砂层、大段落强富水断层破碎带等特殊不良地质隧道，不简单套用围岩级别，开展针对性现场试验和专项设计，合理确定结构参数、工程措施和工程投资，确保施工安全和工程质量。

对系统锚杆进行试验研究。总结以往经验教训，受工艺工装、技术管理、施作时机等因素的综合影响，系统锚杆的施作质量问题较多。同时试验数据也表明，无论岩石还是土质隧道，系统锚杆的受力均很小，远远低于锚杆的设计强度。因此，系统锚杆设置范围和数量都有较大优化余地。此外，应加强锚杆施作机械的研究与应用，保证锚杆的施作质量。

对初期支护钢架进行试验研究。通过现场测试和理论分析，型钢钢架刚度大，加工简单，架设后能较快速地提供对围岩的早期支撑作用，但重量大、架设难，与开挖面不易密贴，混凝土喷射不实；格栅钢架重量轻，安装快，用钢量少，能与喷射混凝土良好结合、协同受力。从受力角度格栅钢架比型钢钢架应力小，且应力分布相对均匀。因此，浩吉铁路隧道初支钢架全部采用定型的四肢主筋8字结连接格栅钢架，工厂化集中加工配送，有效保证了初期支护质量和施工安全。

七、探索实践，依靠科学管理实现预期目标

浩吉铁路公司秉持"依法合规，遵守合同，实事求是，诚信协商，实现共赢"的管理理念，充分发挥项目建设的主导作用，与参建的设计、施工、监理等单位共同构建合作伙伴关系，在遵守法律法规、执行合同的前提下，以事实为依据，实事求是协商解决各种问题，全面实现了项目质量、安全、环保、工期、投资控制的预期目标。

按照国家法律法规，结合铁路行业建设管理规定，借鉴国际通用 FIDIC 条款，浩吉铁路施工采用单价承包合同，合理设置工程量清单子目，实现量价分离、风险共担。建立合同内容和费用调整诚信协商机制，对合同外工程量、建设单位指定的工作、工程变更引起的量价调整等合理确定计价原则。对优化设计，按净节省投资的适当比例予以施工单位奖励。合同约定允许依法分包，签订分包合同并备案，分包队伍纳入施工单位统一管理。

为充分发挥施工单位现场管理优势，落实工程质量主体责任，促进施工单位自控体系正常运转，激发自律行为和诚信度，不断提升施工单位技术管理水平和现场质量管控力度，浩吉铁路实行技术、质量分级管理，并按分级授予施工单位部分自主变更和工序自检权限，提高了工作效率。

作业层管理是质量自控体系管理的关键环节，现场作业或带班作业的班组长是掌握施工质量最直接的"操刀手"，为夯实质量管理基础，强化作业层管理，浩吉铁路实行班组长工程质量责任制，将技术、质量、作业标准落实到作业层、作业面，激发了班组长主动干好工程的责任感，同时增强了荣誉感，起到了保证工程质量的效果。

《蒙华重载铁路隧道建造技术》一书对项目建设中隧道设计、施工、科研、试验和建设管理等方面所做的探索实践和取得的成果进行了系统提炼和总结，期待能为今后的隧道建设提供一些借鉴。

在本书编写中，参建的设计、施工、监理、科研等单位提供了大量素材，广大参建者提出了很好的意见和建议，并得到了杨建兴、施德良、刘培硕、汪纲领、陈振林、杨会军、韩现民等专家和《隧道建设》编辑部的大力支持。在此，谨向所有关心浩吉铁路建设和支持本书编写的领导、专家、学者和参建人员表示衷心的感谢！

由于作者水平有限，书中难免存在疏漏和不妥之处，敬请各位专家和读者批评指正。

作　者

2020 年 12 月

目录

第1章 绪论 … 1
- 1.1 引言 … 2
- 1.2 工程概况 … 4
- 1.3 主要技术标准 … 4
- 1.4 隧道工程 … 5

第2章 隧道建设管理 … 29
- 2.1 建设管理探索与实践 … 30
- 2.2 施工图现场核对与优化 … 34
- 2.3 工程变更及技术质量分级管理 … 40
- 2.4 班组长工程质量责任制管理 … 44
- 2.5 超前地质预报管理 … 46
- 2.6 开挖爆破管理 … 50
- 2.7 监控量测管理 … 51
- 2.8 隧道工装设备应用 … 57

第3章 隧道结构设计优化与技术创新 … 61
- 3.1 结构内轮廓 … 62
- 3.2 初期支护组合形式 … 64
- 3.3 初期支护钢架形式 … 81
- 3.4 仰拱结构形式 … 91
- 3.5 复合式衬砌结构 … 92
- 3.6 限阻器新型初期支护结构 … 117
- 3.7 轻型衬砌结构 … 125
- 3.8 辅助坑道支护结构 … 139

第4章 隧道主要推广应用施工技术 … 143
- 4.1 隧道洞口设计与施工技术要点 … 144
- 4.2 软弱围岩隧道超前小导管支护快速进洞施工技术 … 150
- 4.3 浅埋新黄土隧道微台阶法施工技术 … 156

4.4 软弱石质围岩隧道微台阶带仰拱开挖施工技术	165
4.5 二次衬砌仰拱及填充层大区段施工技术	175
4.6 二次衬砌台车关键工装工艺改进施工技术	189

第5章 典型隧道工程修建技术 …… 199

5.1 白城砂质新黄土马蹄形盾构隧道修建技术	200
5.2 阳山深埋老黄土隧道限阻器新型衬砌修建技术	219
5.3 段家坪隧道高地应力水平岩层修建技术	246
5.4 中条山隧道第三系高承压富水安全快速修建技术	277
5.5 万荣隧道干性粉细砂层水平旋喷桩加固台阶法修建技术	291
5.6 阳城隧道富水全风化红砂岩及土砂互层修建技术	310
5.7 石岩岭三线隧道浅埋偏压台阶法修建技术	336
5.8 黄岗、桐木隧道硬质岩层光面爆破施工技术	346
5.9 郝窑科黄土隧道预切槽新施工技术应用	354
5.10 建华镇隧道浅埋穿越居民区悬臂式掘进机施工技术应用	365

第6章 不良地质段落隧道灾害防治施工技术 …… 375

6.1 中条山隧道高地应力 F7 断层破碎带施工技术	376
6.2 马湾隧道浅埋偏压段初期支护变形控制施工技术	384
6.3 红崖隧道浅埋偏压段初期支护及地表开裂加固处治施工技术	391
6.4 宜川以北寒区隧道冻结防治施工技术	408
6.5 郝家坪砂质黄土隧道穿越洞口段溜塌体处治施工技术	420
6.6 彭家岭2号岩溶隧道突水突泥段处治施工技术	430

附录1 浩吉铁路隧道相关照片展示	443
附录2 浩吉铁路隧道大事记	457
附录3 浩吉铁路3km以上隧道工程沿线分布示意图	461
参考文献	463

第1章

绪论

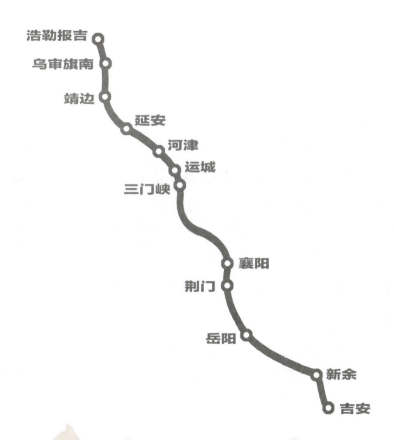

为落实国家能源发展战略,开辟新的"北煤南运"战略运输通道,开发蒙陕甘宁地区煤炭资源,保障鄂湘赣等华中地区能源供应,完善路网布局,构建完善的集疏运系统,促进区域资源开发和经济社会发展,国家开展了新建蒙西至华中地区的铁路煤运通道项目建设(即"蒙华铁路",开通运营后更名为浩吉铁路,以下统称为"浩吉铁路")。

引　言

1.1.1　通道运量

综合考虑我国经济社会发展需要和能源消费需求,项目可行性研究评估2025年、2035年全国煤炭消费量分别为47亿t、49亿t,煤炭生产量分别为44亿t、46亿t,净进口煤炭量为3亿t。

随着经济社会快速发展,鄂湘赣地区煤炭消费量快速增长,但本地煤炭资源较少,自给能力有限,区域内煤炭产量逐步有所减少,需要大量调入区外煤炭。结合全国煤炭产需平衡和规划衔接,鄂湘赣地区煤炭生产量2025年、2035年分别为0.86亿t、0.68亿t,消费量分别为4.65亿t、5.09亿t,考虑部分品种调剂调出后,需要区外分别调入3.89亿t、4.50亿t,其中铁路分别调入2.94亿t、3.44亿t。鄂湘赣地区外调煤炭现有通道主要通过大秦铁路、朔黄铁路、瓦日铁路等自西向东将西部煤炭资源经铁路运输到港口,再通过船运等铁公海联合运输方式到达东部和中南部地区。

新建浩吉铁路将与包西、宁西、焦柳、京广、京九铁路等共同构成"三西"及"金三角"地区至华中地区大能力煤炭运输系统,满足鄂湘赣等华中地区的煤炭需求。考虑路网分工,预测本通道2025年、2035年供应鄂湘赣地区的煤炭量分别为0.94亿t、1.22亿t,供应河南省沿线地区的煤炭量分别为0.1亿t、0.15亿t。

1.1.2　建设方案及主要技术指标

(1)建设方案

浩吉铁路线路北起东乌铁路浩勒报吉南站,途径内蒙古自治区鄂尔多斯市,陕西省榆林市、延安市,山西省运城市,河南省三门峡市、南阳市,湖北省襄阳市、荆门市、荆州市,湖南省岳阳市,终点到达江西省吉安市接入既有京九铁路吉安站,正线全长1813.544km,并按照"统筹规划、分段开工、滚动建设、同步建成"的原则实施。浩吉铁路地理位置示意详见图1-1。

(2)主要技术标准

国铁Ⅰ级;陶利庙南至坪田段双线,浩勒报吉南至陶利庙南段、坪田至吉安段单线预留复线条件。通道规划设计输送能力为2亿t以上,建成运营初期输送能力达到1亿t。

图 1-1 浩吉铁路线路示意图

1.1.3 投资估算及资金筹措

项目投资估算总额为 1930.4 亿元。按照政府指导、多元化投资、市场化运作方式,积极吸引煤炭开发企业、电力生产企业及其他社会资本参股投资,资本金占总投资的比例为 35%,资本金以外的资金利用国内银行贷款。项目建设由中国国家铁路集团有限公司牵头,会同投资意向明确的神华集团、中煤能源集团、国家开发投资公司、陕西煤业化工集团、淮南矿业集团、伊泰集团等煤炭电力企业作为发起人,采取向特定对象募集股份等形式,筹办设立股份公司。

1.1.4 建设历程

(1)2012 年 1 月,国家发改委批复浩吉铁路项目建议书;

(2)2013年6月荆州长江公铁两用大桥、洞庭湖特大桥先期开工;

(3)2014年7月,国家发改委批复项目可行性研究报告,批复建设工期5年;

(4)2015年6月,阳山、万荣、中条山、西安岭、崤山、连云山、九岭山等7座重点隧道开工,同年10月全线开工建设;

(5)中国中铁、中国铁建、中交、中国电建、中建5大总公司所属34家集团公司以及新疆北新路桥集团公司,中国铁设、铁四院、中铁设计、中铁隧道院、中铁大桥院等5家设计院,铁科院监理公司等15家监理单位参与全线工程建设;

(6)2019年9月28日,全线建成开通运营,比批复建设工期节省了8个月。

1.2 工程概况

浩吉铁路是目前世界上一次建成里程最长的重载货运铁路,穿越中国广袤的中北部地区,由北向南先后穿越了毛乌素沙漠、陕北黄土高原、吕梁山脉、中条山脉、江汉平原、洞庭湖平原和赣西丘陵等地域。作为"一带一路"的重要工程之一,浩吉铁路跨越青银、青兰、连霍、沪渝和沪昆等数十条高速公路,穿越和连接包西、郑西、武广、京广、汉宜和京九等20余条铁路干线。全线由北向南依次通过浩勒报吉南、乌审旗南、陶利庙南、靖边东、邱家坡、西峡、西峡东、襄州、陶家岗、海家屋、坪田、河下共计11处联络线与既有铁路接轨,全线设置车站77座。

浩吉铁路路基总长964km,占正线总长度的53.2%,含有风沙、软土、黄土、膨胀土等特殊路基段落。桥梁全长381km,占正线总长度的21%,两次跨越黄河,一次跨越汉江、长江、洞庭湖和赣江等水系,5km以上的特大桥有10座,长达15.05km的全线最长桥梁洞庭湖特大桥以及龙门黄河大桥、三门峡黄河公铁两用大桥、汉江特大桥、荆州长江公铁两用大桥、赣江特大桥、洛河大桥为全线重点控制性桥梁工程。隧道全长468.5km,占正线总长度的25.8%,10km以上的特长隧道有10座,长达22.751km的全线最长隧道崤山隧道以及阳山、万荣、中条山、西安岭、连云山、九岭山隧道为全线重点控制性隧道工程。浩吉铁路沿途经过了沙漠保护区、黄河湿地、南水北调水源保护区、江汉平原湿地等环境脆弱、敏感地区,穿过多个气候带。工程项目具备工程规模大、跨越区域广、地质条件复杂、气候差异大、重难点工程多、环境脆弱敏感等主要特点。

1.3 主要技术标准

(1)铁路等级:国铁Ⅰ级(重载)。

(2)正线长度:1813.544km。

(3)正线数目:陶利庙南至坪田段双线;浩勒报吉南至陶利庙南段、坪田至吉安段单线,预留复线条件(其中坪田至吉安段铜鼓站—黄岗线路所因长隧道所处区段能力要求而采用双线,长18.281km;樟山线路所—吉安站因设置上行疏解线而形成双线格局,长11.991km)。

(4)设计速度:120km/h。

(5)最小曲线半径:一般1200m、困难地段800m。

(6)限制坡度:浩勒报吉南至纳林河段双向6‰,纳林河至襄阳段下行6‰、上行13‰,襄阳至吉安段双向6‰。

(7)牵引种类:电力。

(8)机车类型:货机HXD型、客机SS9型。

(9)牵引质量:浩勒报吉南至襄阳段10000t、部分5000t,襄阳至吉安段5000t。

(10)到发线有效长度:浩勒报吉南至襄阳段1700m,襄阳至吉安段1050m、部分车站预留1700m。

(11)闭塞类型:浩勒报吉南至坪田段自动闭塞,坪田至吉安段半自动闭塞。

(12)设计活载:桥涵及路肩桩板墙、路堤挡墙采用中—活荷载(2005)之货运专线活荷载标准,$z=1.2$,设计荷载图示如图1-2所示。

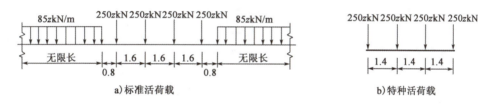

图1-2 列车荷载图示(尺寸单位:m)

(13)轨道类型:正线采用有砟轨道,长度1km及以上的隧道和隧道群铺设无砟轨道,隧道内采用弹性支承块无砟轨道,隧道群间短路基和短桥梁采用长枕埋入式无砟轨道。

隧 道 工 程

1.4.1 工程数量

全线隧道共计229座,长468.5km(含左、右线长529km),其中长度$L \geqslant 10$km的隧道总长度149.5km(10座),$6 \leqslant L < 10$km的隧道总长度87.7km(11座),$1 \leqslant L < 6$km的隧道总长度177.2km(76座),$L<1$km的隧道总长度54.1km(132座),全线隧道工点见表1-1。长度1km及以上的隧道(除新乔隧道、松木桥隧道外)和隧道群采用无砟轨道结构形式,其余均为有砟轨道,有砟轨道隧道可满足大型养路机械作业要求。

隧道工点表 表1-1

序号	隧道名称	长度(m)	主要地质条件	开工日期(年-月-日)	贯通日期(年-月-日)
1	崤山隧道	22751	安山岩、流纹斑岩、白云岩	2015-5-21	2018-8-15
2	中条山隧道	18405	灰岩、砂层、砾石、新老黄土	2015-5-1	2019-1-30
3	西安岭隧道	18063.28	石英二长岩、花岗岩、云母石英片岩、板岩、大理岩、角闪片岩及含砾砂岩	2015-5-1	2018-7-13
4	集义隧道	15412	泥岩砂岩互层	2015-10-9	2018-9-28
5	九岭山隧道	15371	花岗岩、花岗闪长岩	2015-11-30	2017-10-18
6	大中山隧道	14533	花岗岩、片麻岩、云母石英片岩、含砾砂岩、角闪片岩	2015-8-1	2018-5-27
7	如意隧道	11920.08	泥岩砂岩互层	2015-10-10	2018-6-26
8	阳山隧道	11668.3	新老黄土、砂岩泥岩互层	2015-5-10	2018-8-10
9	段家坪隧道	10722.98	泥岩砂岩互层	2015-10-10	2018-4-22
10	连云山隧道	10702	粉砂质板岩、绢云母板岩	2015-4-28	2017-6-21
11	延安隧道	9198	侏罗系中统砂泥岩互层、新黄土	2015-10-8	2018-2-4
12	君子隧道	8960	新黄土、砂岩泥岩互层	2015-10-7	2017-9-23
13	麻科义隧道	8728.55	新老黄土、砂岩泥岩粉砂岩互层	2015-10-13	2018-9-1
14	高家山隧道	8628.8	泥岩砂岩互层	2015-10-10	2018-1-23
15	大围山隧道	8169	黑云斜长变粒岩、角岩、千枚岩	2015-9-15	2018-6-20
16	万荣隧道	7683	砂质新黄土、粉细砂	2015-5-25	2017-12-20
17	黄柏岭隧道	7439.36	安山岩、石英二长岩	2015-11-11	2018-1-30
18	张家园隧道	7395.25	白垩系下统砂岩、新老黄土	2015-9-10	2017-7-27
19	王家湾隧道	7288	白垩系下统砂岩、粉细砂、新老黄土	2015-9-5	2017-11-7
20	阳城隧道	7093	富水全风化砂岩、土砂互层	2015-10-15	2018-9-22
21	小南塬隧道	7067.2	新黄土、砂岩泥岩互层	2015-9-1	2018-8-12
22	张坊隧道	5738	花岗岩、板岩	2016-6-20	2018-10-4
23	桐木隧道	5372	花岗闪长岩、千枚岩	2016-2-22	2017-11-6
24	红石湾隧道	5276.59	白垩系洛河组砂岩、新黄土	2015-9-18	2018-1-20
25	西峡隧道	5100	石英片岩、角闪片岩条带	2015-11-1	2018-1-14
26	禹门口隧道	5089.4	石灰岩、泥岩	2015-10-20	2017-1-13
27	吉安隧道	4884.82	长石石英砂岩、粉砂岩、页岩、灰岩	2015-10-1	2018-7-31
28	高阳山隧道	4767	泥灰岩、泥岩、新黄土	2016-10-15	2017-12-18
29	建华镇隧道	4626	侏罗系中统砂泥岩互层	2015-10-18	2017-11-29
30	青化砭2号隧道	4369	三叠系上统砂岩、粉质黏土、新黄土	2015-10-10	2018-5-17
31	郑庄隧道	4329.89	新老黄土	2015-10-20	2017-12-28
32	岑川隧道	4249	绢云母千枚状板岩、砂质板岩	2015-10-21	2017-9-27

续上表

序号	隧道名称	长度(m)	主要地质条件	开工日期(年-月-日)	贯通日期(年-月-日)
33	杨树岭隧道	4233.81	灰岩、粉砂岩、泥灰岩	2016-1-5	2017-5-5
34	庙坪隧道	3994.46	安山岩、泥岩	2015-10-2	2018-1-1
35	西坪塬隧道	3917	新黄土	2015-10-15	2018-5-13
36	毓秀山隧道	3727	砾岩、粉砂岩、页岩、砂岩	2015-9-6	2017-10-19
37	姚店隧道	3722.91	新老黄土	2015-10-13	2018-5-7
38	龙泉坪隧道	3615.5	大理岩、黑云斜长片麻岩、斜长角闪岩、花岗岩	2015-10-1	2017-8-9
39	刘坪隧道	3375.3	新黄土、砂岩、泥岩	2015-10-8	2017-12-12
40	白城隧道	3345	砂质新黄土、粉细砂	2016-11-11	2018-1-26
41	红土岭隧道	2995	白云质灰岩、泥灰岩、白云岩及硅质岩	2015-10-28	2017-4-16
42	城烟隧道	2670.4	安山岩、流纹斑岩	2015-5-18	2016-5-21
43	武家坡隧道	2666.89	砂岩、新黄土	2015-9-13	2017-5-21
44	五原隧道	2457	新黄土	2016-10-23	2018-5-19
45	北山2号隧道	2398	燧石结核灰岩	2015-11-4	2017-9-30
46	新窑隧道	2314.18	砂岩	2015-9-21	2017-12-12
47	李家坊隧道	2263	长石石英砂岩、粉砂岩夹泥岩	2015-10-13	2017-6-28
48	陈家坡隧道	2212	花岗闪长岩,绢云母板岩、砂质板岩	2015-12-8	2017-8-20
49	东官庄隧道	2160	云母石英片岩、闪长岩、砾岩、砂砾岩夹泥质砂岩	2016-1-23	2017-12-26
50	故县隧道	2128.6	安山岩、泥质粉砂岩、白云岩	2015-10-21	2018-6-3
51	彭家岭2号隧道	2108	燧石条纹灰岩夹钙质砂岩、炭质页岩	2016-1-29	2017-8-4
52	李家台隧道	2029	新老黄土、砂岩泥岩粉砂岩互层	2015-10-10	2017-10-17
53	官渡隧道	2027	板岩	2016-9-10	2018-6-25
54	黄岗隧道	1962.64	闪长岩	2015-3-1	2018-4-8
55	郭旗隧道	1923.69	新老黄土	2015-11-1	2017-12-1
56	青阳隧道	1896.52	白垩系洛河组砂岩、新黄土	2015-10-17	2017-5-22
57	寺山2号隧道	1880.28	石英闪长岩、花岗闪长片麻岩	2016-4-30	2017-12-26
58	蔡家隧道	1878	千枚状板岩、粉砂岩	2015-10-15	2017-5-14
59	重阳1号隧道	1848	大理岩、云母片岩	2015-10-15	2017-11-8
60	柳湾2号隧道	1829.55	新黄土、砂岩、泥岩砂岩互层	2016-8-31	2017-8-25
61	前岭隧道	1807.03	黄土、泥岩	2015-10-1	2017-5-29
62	岳家1号隧道	1773.51	新黄土、泥岩砂岩互层、粉质黏土	2015-10-18	2018-4-24
63	银山2号隧道	1695.38	砂岩、新黄土	2015-9-13	2018-5-1

续上表

序号	隧道名称	长度(m)	主要地质条件	开工日期(年-月-日)	贯通日期(年-月-日)
64	云岩隧道	1677	新黄土	2015-10-1	2017-12-21
65	三尖寨隧道	1653.4	云石英片岩、大理岩	2016-1-13	2017-7-31
66	南港隧道	1640	炭质灰岩	2016-1-29	2016-12-6
67	石岩岭隧道	1639.92	斜长闪长岩	2015-12-11	2017-10-23
68	大丰1号隧道	1589.34	千枚岩	2016-1-12	2017-7-23
69	白土坡隧道	1509	泥岩	2015-11-14	2016-7-20
70	文峪隧道	1495.54	黄土、泥岩	2015-11-8	2017-3-26
71	葡萄沟隧道	1481	片麻状花岗岩、斜长角闪片岩、石英片岩	2015-10-1	2017-2-17
72	林家屋隧道	1446	黑云母花岗闪长岩	2016-9-3	2018-6-25
73	银山1号隧道	1429.57	白垩系洛河组砂岩、新黄土	2015-10-26	2018-5-1
74	坪桥1号隧道	1418	砂岩、新黄土	2016-2-29	2017-10-17
75	孟家坡隧道	1385	泥岩、白云岩	2015-10-16	2017-6-2
76	核桃园隧道	1380	云母石英片岩、大理岩	2016-3-10	2017-3-13
77	梨树坡隧道	1376.5	黄土、白云岩	2015-10-30	2017-11-29
78	青化砭1号隧道	1369.18	新黄土、老黄土	2015-10-2	2017-4-26
79	车新庄隧道	1348.8	新黄土、砂岩、泥岩砂岩互层	2015-10-20	2017-9-21
80	永庆2号隧道	1310	斜长花岗岩	2015-12-5	2017-1-10
81	松木桥隧道	1280	粗粒花岗岩	2015-11-10	2016-12-20
82	阳雀湾隧道	1273	板岩	2015-9-10	2017-11-29
83	西坪1号隧道	1237	泥质砂岩、角闪变粒岩、黑云变粒岩	2016-5-1	2017-9-23
84	安山隧道	1203	花岗岩、云母石英片岩	2015-10-1	2017-9-20
85	五里川隧道	1189	大理岩、角闪片岩	2015-10-6	2016-11-24
86	郝家坪隧道	1184.59	侏罗系中统砂泥岩互层、新黄土	2015-10-8	2017-10-28
87	薛家畔隧道	1151.65	白垩系洛河组砂岩	2015-11-3	2016-12-31
88	方山1号隧道	1135	白云岩、灰岩、泥岩	2015-12-25	2017-4-22
89	峁好梁隧道	1132.14	新老黄土	2015-11-1	2017-4-3
90	南王隧道	1117	新黄土	2016-8-11	2017-10-22
91	寺山1号隧道	1114.52	灰岩、二长花岗岩	2016-6-11	2018-4-24
92	柳湾1号隧道	1113.98	新黄土、砂岩、泥岩砂岩互层	2016-6-1	2017-11-21
93	喜家岭隧道	1076.99	新黄土、砂岩泥岩互层	2016-4-8	2017-12-31
94	新庄隧道	1073.9	黄土、泥岩	2015-11-21	2017-6-9
95	杨台隧道	1054	新老黄土	2015-11-3	2017-4-9
96	永庆1号隧道	1028	斜长花岗岩	2015-10-20	2017-4-21
97	新乔隧道	1022.68	新黄土	2016-7-20	2018-4-15

续上表

序号	隧道名称	长度(m)	主要地质条件	开工日期(年-月-日)	贯通日期(年-月-日)
98	郝窑科隧道	992	新黄土	2016-2-16	2017-7-1
99	赵吾1号隧道	986.79	新黄土、泥岩	2017-1-4	2017-12-29
100	袁家村隧道	984	硅质岩、石英砂岩	2016-3-9	2017-9-16
101	泮春隧道	982	板岩、花岗岩	2015-10-15	2017-8-3
102	石挡山1号隧道	962	石英闪长岩	2016-1-10	2017-3-16
103	梁村隧道	960	新老黄土、砂岩	2015-10-8	2017-7-9
104	石桥隧道	949.29	白云石英片岩、大理岩	2016-1-13	2017-6-11
105	彭家冲隧道	941	黑云斜长花岗岩	2016-7-6	2017-11-23
106	王家里隧道	898	千枚状板岩	2016-3-15	2017-1-14
107	双林隧道	851	泥质砂岩夹炭质页岩、煤层	2016-1-7	2017-7-17
108	北斗隧道	834.25	新黄土	2016-2-24	2017-4-10
109	白石桥隧道	813	大理岩	2016-5-23	2018-4-17
110	垣下2号隧道	811	千枚岩	2016-2-24	2017-11-26
111	胡家坪1号隧道	797	云母石英片岩、黑云斜长片岩夹斜长角闪片岩、薄层状石英岩及少量大理岩	2016-1-1	2017-4-27
112	槐树营隧道	789.07	白云石英片岩、角闪片岩、大理岩	2017-1-16	2018-7-14
113	石家隧道	776	黄土、泥岩	2015-11-1	2017-2-28
114	坪桥2号隧道	761.74	砂岩、新黄土	2016-4-18	2017-8-10
115	马岭下隧道	756	灰岩	2016-3-1	2017-1-17
116	赵家庄隧道	751.49	黄土、泥岩	2015-12-17	2016-12-19
117	员山隧道	743	燧石结核灰岩	2016-2-28	2016-8-16
118	陈家湾隧道	729.05	板岩	2016-2-25	2017-3-1
119	九条岭隧道	708	二长花岗岩	2016-1-10	2016-12-11
120	后石尖隧道	702.77	白云石英片岩、角闪片岩、大理岩	2016-3-21	2017-6-28
121	范里隧道	672	黄土、泥岩	2015-10-7	2016-11-6
122	墩梁2号隧道	667.05	新黄土、泥岩	2016-3-3	2017-7-5
123	西岗隧道	652.66	片岩、钙质石英片岩、大理岩	2016-5-26	2017-5-12
124	坡背隧道	635	灰岩	2015-12-15	2017-9-28
125	赵庄隧道	620.29	新老黄土	2015-11-22	2016-11-21
126	北庄2号隧道	607	新黄土、泥岩	2016-8-20	2017-12-29
127	丁河2号隧道	606	绢云母石英片岩、白云石英片岩	2016-12-22	2018-4-6
128	桑树坪隧道	561	新黄土	2016-4-10	2016-12-18
129	跨马隧道	541.01	板岩	2016-8-25	2018-7-15
130	张裕2号隧道	540	新黄土	2016-2-15	2017-2-21

续上表

序号	隧道名称	长度(m)	主要地质条件	开工日期(年-月-日)	贯通日期(年-月-日)
131	蔡阳坪隧道	535	泥岩砂岩互层、新黄土	2015-10-18	2017-6-15
132	垣下1号隧道	530	千枚岩	2016-2-24	2017-5-27
133	重阳4号隧道	521.93	大理岩、云母片岩	2017-6-6	2018-5-21
134	廖家湾隧道	520.51	泥质细砂岩、石英砂岩	2016-8-1	2017-8-1
135	马湾隧道	518.68	石英片岩、白云石英片岩	2016-1-13	2018-4-5
136	大丰2号隧道	515	千枚岩	2015-12-14	2016-9-14
137	张裕1号隧道	511	新黄土	2016-5-26	2017-4-18
138	吴家隧道	507	板岩	2017-3-2	2018-1-15
139	文山寨隧道	500	黄土、泥岩	2017-2-24	2017-5-6
140	岳家3号隧道	498	新黄土、粉质黏土	2015-10-15	2017-11-22
141	庄里2号隧道	481	新黄土、泥岩	2016-10-10	2017-9-22
142	中岭隧道	478	黄土、泥岩	2015-12-7	2017-5-1
143	卫家庄隧道	474.35	白云质石灰岩、角粒土层	2016-2-14	2017-7-6
144	前磨1号隧道	463	新黄土	2016-4-4	2017-2-27
145	石市隧道	453	板岩	2016-8-10	2017-9-7
146	南朝街3号隧道	450	新黄土、泥岩	2016-10-14	2017-8-5
147	毛坪隧道	444	大理岩、角闪片岩	2016-8-25	2017-5-23
148	沈家冲隧道	440.76	板岩	2017-7-1	2018-2-1
149	金家隧道	434	混合花岗岩	2015-12-10	2016-12-8
150	银山3号隧道	432.73	砂岩、新黄土	2016-5-25	2017-3-21
151	前磨2号隧道	430	新黄土	2016-3-15	2017-1-8
152	北山1号隧道	429	灰岩	2015-12-12	2016-9-16
153	墩梁1号隧道	425.02	新黄土	2016-4-5	2017-7-1
154	重阳2号隧道	420.67	大理岩、云母片岩	2016-9-9	2017-7-7
155	冯家坪1号隧道	400	泥岩砂岩互层	2016-4-3	2016-12-15
156	谷山隧道	399	板岩	2016-10-17	2017-9-11
157	横岭隧道	393.25	板岩	2016-8-16	2017-7-26
158	上庄隧道	391.94	片岩、含砾砂岩	2015-12-17	2016-7-26
159	南朝街2号隧道	390.15	新黄土、泥岩	2016-7-23	2017-5-21
160	大塘坡2号隧道	383.3	砂砾岩夹泥质砂岩	2017-2-12	2017-9-27
161	赵吾4号隧道	379	新黄土、泥岩	2017-3-15	2017-10-13
162	石牛寨隧道	378.9	千枚状板岩	2016-8-18	2017-5-19
163	胡家坪2号隧道	378.5	石英片岩局部夹云母片岩、绿泥钠长片岩	2015-12-10	2016-6-27
164	墁里营1号隧道	373	黑云石英片岩	2016-1-13	2016-12-16

续上表

序号	隧道名称	长度(m)	主要地质条件	开工日期(年-月-日)	贯通日期(年-月-日)
165	张家坡隧道	335	板岩	2016-4-1	2017-3-15
166	花园隧道	334	黑云石英片岩	2016-7-5	2016-12-1
167	程家坊2号隧道	331	灰岩	2015-11-26	2016-8-4
168	墁里营2号隧道	331	黑云石英片岩	2016-5-2	2017-1-16
169	南朝街1号隧道	319	新黄土、泥岩	2017-6-10	2018-1-29
170	三百川隧道	319	千枚状板岩	2017-10-4	2018-1-7
171	上坪隧道	318	砂砾岩、长石砂岩	2016-12-5	2017-8-23
172	洪源1号隧道	311.3	千枚岩、千枚状砂岩	2016-3-6	2016-11-14
173	程家坊1号隧道	303.98	燧石结核灰岩	2016-1-22	2016-7-25
174	石垱山2号隧道	297.99	石英闪长岩	2017-4-10	2017-7-28
175	张家岭隧道	293.28	泥岩	2015-11-14	2016-6-3
176	松隐隧道	293	斜长花岗岩	2016-10-25	2017-8-7
177	肖家冲隧道	284.5	板岩	2017-4-28	2017-10-12
178	白沙林隧道	282	千枚岩、砂质	2016-10-1	2017-5-31
179	彭家岭1号隧道	280	燧石结核灰岩	2016-5-4	2017-4-20
180	岳家2号隧道	276.46	新黄土	2017-6-5	2017-10-18
181	北庄1号隧道	267.31	新黄土、泥岩	2017-3-1	2017-10-18
182	庄里1号隧道	259	新黄土、泥岩	2017-7-8	2017-11-13
183	东丰桥隧道	256.38	花岗岩	2017-6-7	2018-1-14
184	黎坪隧道	252.02	千枚状板岩	2016-4-26	2016-8-5
185	枫树坡隧道	251	千枚状板岩	2017-4-20	2017-8-15
186	重阳西隧道	245	黑云石英片岩	2017-1-19	2017-10-7
187	重阳3号隧道	240	大理岩、云母片岩	2017-7-17	2017-12-26
188	毛里湾2号隧道	239	千枚状板岩	2016-3-26	2016-10-11
189	童家园隧道	236	千枚状板岩	2017-7-8	2017-10-5
190	关花寨隧道	233.1	绢云母石英片岩、白云石英片岩	2017-7-16	2017-4-11
191	赵吾5号隧道	225.5	新黄土、泥岩	2017-5-15	2018-1-23
192	方山2号隧道	215	白云岩	2015-10-16	2016-11-8
193	庙山里隧道	209.5	千枚状板岩	2017-9-11	2018-1-13
194	八公湾隧道	197	花岗岩	2017-5-1	2017-12-1
195	杨园隧道	190	绢云母砂岩、粉砂岩	2017-4-1	2017-11-4
196	西坪2号隧道	189	黑云石英片岩	2016-3-15	2016-7-5
197	瞿家隧道	188.99	板岩	2016-8-27	2018-1-6
198	大塘坡4号隧道	185	砂砾岩夹泥质砂岩	2016-6-29	2016-12-19
199	红崖隧道	184.8	白云云母石英片岩	2017-9-15	2018-9-29

续上表

序号	隧道名称	长度(m)	主要地质条件	开工日期 (年-月-日)	贯通日期 (年-月-日)
200	赵吾3号隧道	184.11	新黄土、泥岩	2017-7-20	2018-1-11
201	枫树湾隧道	182	板岩	2016-9-13	2017-5-29
202	枫树隧道	180	花岗闪长岩	2017-12-20	2018-5-4
203	石桥冲隧道	179.69	板岩	2017-9-1	2018-2-1
204	赵吾2号隧道	179.27	新黄土、泥岩	2017-7-28	2018-1-14
205	余家坪隧道	172	千枚状板岩	2016-11-20	2017-8-28
206	杨秀坡隧道	171	千枚状板岩	2017-4-6	2017-6-24
207	大丰3号隧道	170	千枚岩	2016-9-24	2016-11-25
208	桐树坡隧道	162.585	千枚状板岩	2016-9-30	2017-3-19
209	下庙湾隧道	155	板岩	2017-6-21	2017-9-28
210	香源隧道	154.71	绢云母片岩	2016-12-5	2017-3-6
211	青溪隧道	150	斜长花岗岩	2016-8-25	2016-11-29
212	新屋隧道	150	千枚状板岩	2017-6-10	2017-11-2
213	小寨隧道	143.47	钙质云母石英片岩	2017-3-11	2017-8-5
214	毛里湾1号隧道	142	千枚状板岩	2016-10-8	2017-1-16
215	杜家岗隧道	141	石英片岩、角闪片岩	2016-5-26	2016-12-15
216	曹家园隧道	139	千枚状板岩	2017-9-11	2018-2-2
217	茶子隧道	137	板岩	2017-1-6	2017-4-29
218	上盆形隧道	135.68	板岩	2017-3-2	2017-6-12
219	丁河1号隧道	124.67	钙质二云(绢云)石英片岩	2017-3-10	2017-7-29
220	曾溪隧道	123	斜长花岗岩	2015-12-5	2016-6-21
221	黄家湾	123	砂质页岩、白云质灰岩	2016-4-1	2017-12-18
222	冯家坪2号隧道	119	泥岩砂岩互层	2016-5-5	2016-7-1
223	排上隧道	113	板岩	2016-8-20	2017-1-15
224	川坡隧道	99	砂砾岩、粉砂岩	2015-11-5	2016-6-8
225	上庙湾隧道	93.89	板岩	2017-5-3	2017-7-18
226	洪源2号隧道	90	千枚岩、千枚状砂岩	2017-3-11	2017-7-20
227	大塘坡1号隧道	70	砂砾岩夹泥质砂岩	2017-1-16	2017-5-27
228	大塘坡3号隧道	58.79	砂砾岩夹泥质砂岩	2017-1-16	2017-7-15
229	道然明洞	46	板岩	2018-10-1	2019-1-1

1.4.2 建筑限界及内轮廓

单线、双线隧道建筑限界采用《标准轨距铁路建筑限界》(GB 146.2—1983)中"隧限2A"和"隧限2B",有砟轨道隧道应满足大型养路机械作业要求,线路中心与相邻侧沟槽距离按2.2m控制。本线单、双线隧道标准内轮廓详见图1-3～图1-11,隧道断面统一采用标准断面,过渡型断面形式根据洞内断面确定,特殊地段根据需要在标准内轮廓的基础上进行调整。

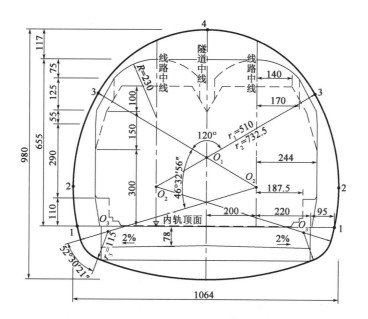

图 1-3　双线隧道(有砟轨道、非黄土)内轮廓示意图($W=0$)(尺寸单位:cm)

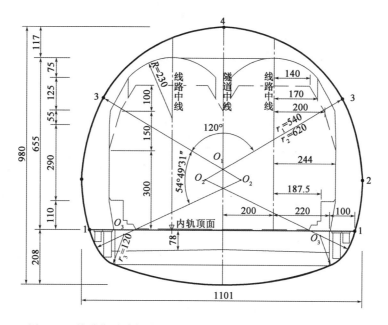

图 1-4　双线隧道(有砟轨道、黄土)内轮廓示意图($W=0$)(尺寸单位:cm)

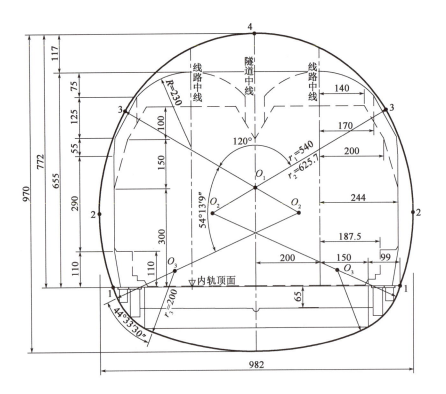

图1-5 双线隧道(无砟轨道)内轮廓示意图($W=0$)(尺寸单位:cm)

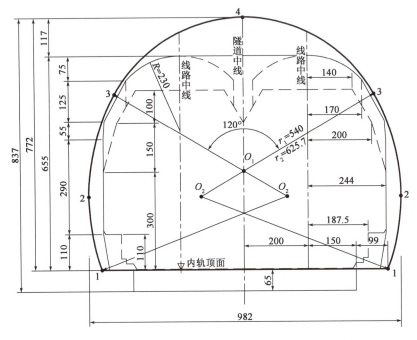

图1-6 双线隧道(无砟轨道,底板型)内轮廓示意图($W=0$)(尺寸单位:cm)

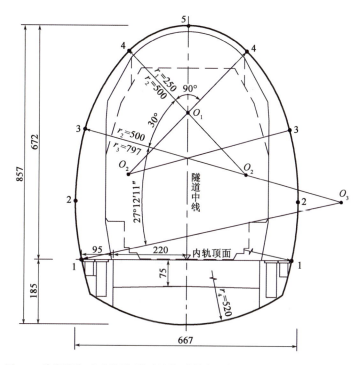

图1-7 单线隧道(有砟轨道、链型悬挂)内轮廓示意图($W=0$)(尺寸单位:cm)

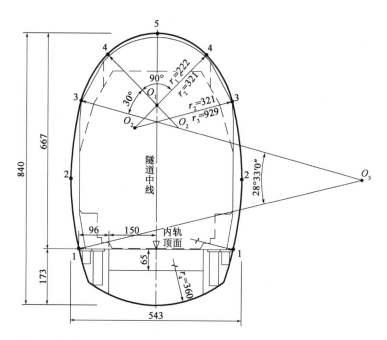

图1-8 单线隧道(无砟轨道、链型悬挂)内轮廓示意图($W=0$)(尺寸单位:cm)

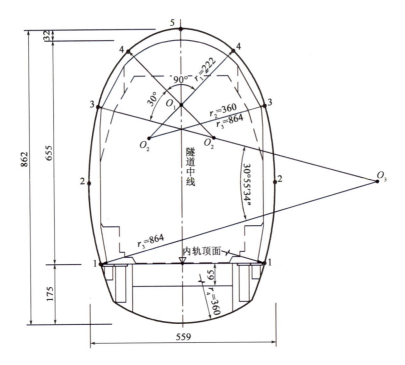

图 1-9 单线隧道(无砟轨道、刚性悬挂)内轮廓示意图($W=0$)(尺寸单位:cm)

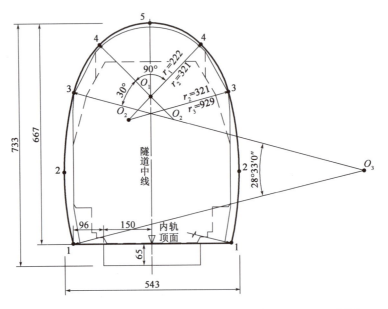

图 1-10 单线隧道(无砟轨道、刚性悬挂、底板型)内轮廓示意图($W=0$)(尺寸单位:cm)

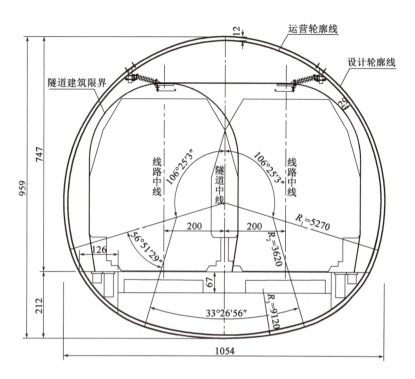

图 1-11 马蹄形盾构隧道(无砟轨道、刚性悬挂)内轮廓示意图($W=0$)(尺寸单位:cm)

有砟轨道隧道曲线地段不考虑曲线内外侧加宽,有特殊要求的单独设置加宽断面。无砟轨道隧道断面(含采用无砟轨道断面的过渡段)曲线地段考虑曲线内外侧加宽。断面加宽根据设计内轮廓、建筑限界、曲线半径、线间距验算确定。单双线内轮廓轨面以上净空面积见表 1-2(未考虑加宽)。

单双线内轮廓轨面以上净空面积($W=0$) 表 1-2

序号	断面类型		衬砌内轮廓轨面以上净空面积(m^2)	断面加宽设置
1	双线隧道	有砟	68.41(非黄土)	考虑线间距加宽
2		有砟	71.15(黄土)	考虑线间距加宽
3		无砟	63.98	考虑线间距及两侧加宽
4	单线隧道	有砟(链型悬挂)	37.60	不考虑加宽
5		无砟(链型悬挂)	31.38	仅考虑曲线地段结构加宽
6		无砟(刚性悬挂)	33.07	仅考虑曲线地段结构加宽
7	双线马蹄形盾构隧道	无砟(刚性悬挂)	63.6	无加宽

1.4.3 隧道衬砌结构形式

隧道正洞主要采用复合式衬砌(白城隧道采用大断面马蹄形管片衬砌结构),衬砌结构的形式及尺寸,根据围岩级别、工程地质及水文地质条件、埋置深度、环保要求,结合施工方法及施工条件等,通过工程类比和结构计算确定,必要时经过试验论证确定,隧道支护设计参数见表 1-3～表 1-6。

单线隧道衬砌支护参数(无砟轨道) 表 1-3

衬砌类型	初期支护											二次衬砌		
	C25喷射混凝土		锚杆			钢筋网			格栅钢架			拱墙	仰拱	底板
	部位	厚度(cm)	部位	长度(m)	环向×纵向(m)	部位	钢筋直径(mm)	尺寸(cm)	部位	型号	间距(m)	厚度(cm)	厚度(cm)	厚度(cm)
Ⅱa	拱墙	5	—	—	—	—	—	—	—	—	—	30	—	30*
Ⅲa	拱墙	7	局部	2	1.2×1.5	—	—	—	—	—	—	30	30	—
Ⅳa	拱墙	10	拱墙	2.5	1.2×1.2	拱墙	纵向φ6,环向φ6	25×25	—	—	—	35	40*	—
Ⅳb	拱墙	18	—	—	—	拱墙	纵向φ6,环向φ6	25×25	拱墙	H130	1.2	35	40*	—
	仰拱	—												
Ⅴa	全环	22	—	—	—	拱墙	纵向φ6,环向φ8	20×20	全环	H150	1	40*	45*	—
Ⅴb	全环	23	—	—	—	拱墙	纵向φ6,环向φ8	20×20	全环	H150	0.75	45*	50*	—
Ⅴc	全环	25	—	—	—	全环	纵向φ6,环向φ8	20×20	全环	H180	0.6	50*	55*	—

单线隧道衬砌支护参数(有砟轨道) 表 1-4

衬砌类型	初期支护											二次衬砌		
	C25喷射混凝土		锚杆			钢筋网			格栅钢架			拱墙	仰拱	底板
	部位	厚度(cm)	部位	长度(m)	环向×纵向(m)	部位	钢筋直径(mm)	尺寸(cm)	部位	型号	间距(m)	厚度(cm)	厚度(cm)	厚度(cm)
Ⅱa	拱墙	5	—	—	—	—	—	—	—	—	—	30	—	30*
Ⅲa	拱墙	7	局部	2	1.2×1.5	—	—	—	—	—	—	30	30	—
Ⅳa	拱墙	10	拱墙	2.5	1.2×1.2	拱墙	纵向φ6,环向φ6	25×25	—	—	—	35	40*	—
Ⅳb	拱墙	18	—	—	—	拱墙	纵向φ6,环向φ6	25×25	拱墙	H130	1.2	35	40*	—
Ⅴa	全环	22	—	—	—	拱墙	纵向φ6,环向φ8	20×20	全环	H150	1	40*	45*	—
Ⅴb	全环	23	—	—	—	拱墙	纵向φ6,环向φ8	20×20	全环	H150	0.75	45*	50*	—
Ⅴc	全环	25	—	—	—	全环	纵向φ8,环向φ8	20×20	全环	H180	0.6	50*	55*	—

续上表

衬砌类型	初期支护									二次衬砌		
	C25喷射混凝土		锚杆			钢筋网			格栅钢架			拱墙	仰拱	底板
	部位	厚度(cm)	部位	长度(m)	环向×纵向(m)	部位	钢筋直径(mm)	尺寸(cm)	部位	型号	间距(m)	厚度(cm)	厚度(cm)	厚度(cm)
Ⅳ₊	全环	20	—	—	—	拱墙	纵向φ6,环向φ8	20×20	全环	H130	1	45*	45*	
Ⅴa₊	全环	23	—	—	—	拱墙	纵向φ6,环向φ8	20×20	全环	H150	0.75	45*	50*	
Ⅴb₊	全环	25	—	—	—	全环	纵向φ8,环向φ8	20×20	全环	H180	0.6	50*	50*	

双线隧道衬砌支护参数（无砟轨道） 表1-5

衬砌类型	初期支护											二次衬砌		
	C25喷射混凝土		锚杆			钢筋网			格栅钢架			拱墙	仰拱	底板
	部位	厚度(cm)	部位	长度(m)	环向×纵向(m)	部位	钢筋直径(mm)	尺寸(cm)	部位	型号	间距(m)	厚度(cm)	厚度(cm)	厚度(cm)
Ⅱa	拱墙	7	局部	2.5	1.5×1.5	—	—	—	—	—	—	30		40*
Ⅲa	拱墙	10	局部	2.5	1.2×1.2	拱部	纵向φ6,环向φ6	25×25	—	—	—	35	45	
Ⅲb	拱墙	18	局部	2.5	1.2×1.2	拱部	纵向φ6,环向φ8	25×25	拱部180°	H130	1.2/1.5	35	45	
Ⅳa	拱墙	20	—	—	—	拱墙	纵向φ6,环向φ8	25×25	拱墙	H130	1.0/1.2	40	45*	
Ⅳb	拱墙	22	—	—	—	拱墙	纵向φ6,环向φ8	25×25	拱墙	H150	1	40*	45*	
Ⅴa	全环	23	—	—	—	全环	纵向φ8,环向φ8	20×20	全环	H150	0.75/1	45*	50*	
Ⅴb	全环	25	—	—	—	全环	纵向φ8,环向φ8	20×20	全环	H180	0.75	45*	50*	
Ⅴc	全环	30	—	—	—	全环	纵向φ8,环向φ8	20×20	全环	H230	0.6	55*	60*	
Ⅳ₊	全环	22	—	—	—	拱墙	纵向φ6,环向φ8	20×20	全环	H150	1	45*	50*	
Ⅴa₊	全环	25	—	—	—	全环	纵向φ8,环向φ8	20×20	全环	H180	0.75	50*	50*	
Ⅴb₊	全环	27	—	—	—	全环	纵向φ8,环向φ8	20×20	全环	H180	0.6	50*	50*	
Ⅵ	全环	30	—	—	—	全环	纵向φ8,环向φ8	20×20	全环	H230	0.5	60*	60*	—

双线隧道衬砌支护参数(有砟轨道)　　表1-6

衬砌类型	初期支护										二次衬砌		
	C25喷射混凝土		锚杆			钢筋网			格栅钢架			拱墙	仰拱	底板
	部位	厚度(cm)	部位	长度(m)	环向×纵向(m)	部位	钢筋直径(mm)	尺寸(cm)	部位	型号	间距(m)	厚度(cm)	厚度(cm)	厚度(cm)
Ⅱa	拱墙	7	局部	2.5	1.5×1.5	—	—	—	—	—	—	30	—	40*
Ⅲa	拱墙	12	局部	2.5	1.2×1.2	拱部	纵向φ6,环向φ6	25×25	—	—	—	35	45	
Ⅲb	拱墙	20	局部	2.5	1.2×1.2	拱部	纵向φ6,环向φ8	25×25	拱部180°	H130	1.2/1.5	35	45	
Ⅳa	拱墙	22	—	—	—	拱墙	纵向φ6,环向φ8	25×25	拱墙	H150	1.2	45*	45*	
Ⅳb	拱墙	23	—	—	—	拱墙	纵向φ6,环向φ8	25×25	拱墙	H150	0.75/1	45*	45*	
Ⅴa	全环	25	—	—	—	全环	纵向φ8,环向φ8	20×20	全环	H180	0.75/0.8	50*	50*	
Ⅴb	全环	27	—	—	—	全环	纵向φ8,环向φ8	20×20	全环	H180	0.6	50*	55*	
Ⅴc	全环	30	—	—	—	全环	纵向φ8,环向φ8	20×20	全环	H230	0.5/0.6	55*	60*	
Ⅳ土	全环	23	—	—	—	拱墙	纵向φ6,环向φ8	20×20	全环	H150	0.8	45*	50*	
Ⅴa土	全环	27	—	—	—	全环	纵向φ8,环向φ8	20×20	全环	H180	0.6	50*	55*	
Ⅴb土	全环	30	—	—	—	全环	纵向φ8,环向φ8	20×20	全环	H230	0.6	55*	60*	
Ⅵ	全环	30	—	—	—	全环	纵向φ8,环向φ8	20×20	全环	H230	0.5	55*	60*	

注:1. a型为一般地段衬砌,b型为加强型衬砌,c型为偏压式衬砌,二次衬砌参数里标*的表示C35钢筋混凝土,其余为C30素混凝土。
2. Ⅳ级围岩设置钢架地段,仰拱采用格栅钢架隔榀封闭成环。
3. Ⅲ级泥岩段模筑衬砌仰拱采取配筋补强措施。

1.4.4 典型隧道工程简介

线路穿越地层种类多,从太古界到新生代均有出露,分别为华北地层、秦祁地层、扬子地层和华南地层。部分隧道穿越新黄土、粉细砂地层、第三系承压富水砂层、古冲沟土砂互层、高地应力水平岩层、长大断层破碎带、岩溶、煤层瓦斯、膨胀岩土、膏溶角砾岩、软土及松软土、有害气体等地层。根据隧道长度、地层岩性成分、地质构造以及隧道施工特点等,对浩吉铁路全线隧道进行风险灾害评估,确定集义、万荣、中条山、崤山、西安岭、连云山、杨树岭等7座隧道为Ⅰ级风险隧道,白城、阳城、王家湾、麻科义、阳山、禹门口、梨树坡、大中山、西峡、大围山、九岭山、桐木、石岩岭、双林、毓秀山等15座隧道为Ⅱ级风险隧道。

结合现场隧道工程特点,全线12座典型隧道工程简介如下。

1) 白城隧道

白城隧道全长3345m,最大埋深约81m,为单洞双线隧道,Ⅴ级围岩地段长2730m,Ⅵ级围岩地段长305m。洞身范围内地层主要为第四系全新统风积层粉砂、细砂、砂质新黄土。其中隧道进出口处地层为松散的细砂,工程地质条件差,无水、不能自稳,容易发生流砂;DK206+265~DK206+600隧道进口处洞身浅埋段地层为松散的细砂,容易发生坍塌;洞身DK206+600~DK209+330洞顶、洞身地层为砂质新黄土,稍密~密实,稍湿,具针孔状空隙,呈松散结构,局部易发生坍塌;DK209+330~DK209+775隧道出口处洞身浅埋段洞顶地层为松散~密实的粉砂,局部洞身为砂质新黄土,容易发生坍塌。隧道需下穿天然气管道、供水管道、石油管道、高压电塔、高速公路等构筑物,其中下穿包茂高速公路段覆土厚度仅28m,在国内首次采用大断面马蹄形土压平衡盾构机施工。隧道洞口和洞内拼装衬砌如图1-12、图1-13所示。

图1-12 白城隧道洞口

图1-13 白城隧道洞内拼装衬砌

2) 阳城隧道

阳城隧道全长7093m,最大埋深约207m,为单洞双线隧道。穿越地层主要为白垩系洛河组砂岩(强风化、全风化),其中约1257m长段落穿越富水全风化红砂岩及古冲沟地层,含水全风化砂岩及砂土夹层地表钻孔取样如图1-14所示。该区段隧道整体位于地下水位以下,水量较大,掌子面出水量约150~260m³/d,全风化红砂岩及土砂互层自稳性差,开挖扰动易形成涌水涌砂,隧道施工极其困难。现场采用增加迂回导坑、超前水平旋喷桩加固、洞内真空井点降水、竖向旋喷桩加固、超前帷幕注浆加固(图1-15)等辅助措施,动态调整台阶长度的台阶法预留核心土开挖。

图1-14　125~130m钻孔取样(127m为隧顶)

图1-15　阳城隧道上断面帷幕注浆

3) 阳山隧道

阳山隧道全长11668m,最大埋深约277m,为单洞双线隧道。隧道穿越地层有泥岩及土石界面、泥岩夹煤地层、砂泥岩互层、砂质新黄土、黏质老黄土等,主要采用三台阶法施工(图1-16),黏质老黄土和高地应力水平岩层段落存在围岩持续变形,初期支护结构易发生开裂破坏,现场采用可控制释放能量和允许支护结构变形的限阻器新型初期支护结构,施工中及时调整支护参数(上中台阶拱腰处设置纵向连通的限阻器如图1-17所示),确保隧道支护结构及围岩稳定。阳山隧道为浩吉铁路全线7座重点控制性隧道工程之一。

图1-16　黄土隧道三台阶法施工

图1-17　限阻器+格栅钢架

4) 小南源隧道

小南源隧道全长7067.2m,最大埋深约218m,为单洞双线隧道。隧道穿越地层有砂质新老黄土、黏质老黄土、土石界面(土石界面普遍富水)、砂岩及粉砂岩等。洞身共计穿越5个古冲沟,总长405m,其中300m位于黄土冲沟淤积坝内,埋深14~17m,表层为淤积质粉土,呈流塑状,厚4~6m,下伏次生黏质黄土夹砂质黄土,软塑~硬塑状,含大量姜石,受淤积坝影响,地下水上升至隧道洞顶。饱和砂质黄土侵入洞身,垂直节理发育,掉块严重,土石界面及水平砂岩层裂隙水量大,如图1-18所示。掌子面土体局部存在层状坍塌、突水涌泥等风险,如图1-19

所示,初期支护渗水严重,施工难度大,安全风险高。浅埋段现场采用地表袖阀管注浆加固,埋深较大区段采用洞内水平旋喷桩超前加固措施。

图1-18 土石界面富水

图1-19 中下台阶处流泥

5) 集义隧道

集义隧道全长15417m,为单洞双线隧道,设置3座斜井,隧道洞口如图1-20所示。隧道穿越地层主要为砂质新黄土、砂岩、泥岩、砂岩夹薄层状泥岩,洞身先后穿越11条大的断层破碎带。隧道钻孔现场测试天然气最大浓度为1.372%(现场瓦斯浓度监测如图1-21所示),隧区虽无储集油气构造,但断层节理裂隙发育,地腹有二叠系山西组及石炭系太原组煤系地层及煤9层含瓦斯,综合判断全隧共有5个段落(共2413m)为高瓦斯区段,共计设置4座通风竖井,最深竖井长475m,采用反井钻机施工。不良地质为进出口崩塌落石、有害气体,特殊岩土为砂质湿陷性黄土、弱膨胀性泥岩;地下水主要为基岩裂隙水和第四系孔隙潜水,最大涌水量为32450m³/d。

图1-20 集义隧道洞口

图1-21 现场瓦斯浓度检测

6) 万荣隧道

万荣隧道全长7683m,最大埋深约90m,Ⅴ、Ⅵ级围岩占97.7%,为单洞双线隧道(隧道洞口如图1-22所示),需下穿33处地方道路和村庄。穿越地层主要为砂质新黄土、砂质老黄土、粉细砂,夹粉细砂层的黄土段落施工图如图1-23所示。粉细砂、砂质新黄土地层呈松软结构,极易发生流砂、涌砂、塌方,施工安全风险极高,采用全断面或局部水平旋喷桩进行超前加固,水平旋喷桩直径有40cm、50cm、60cm三种类型,微台阶法开挖。万荣隧道为浩吉铁路Ⅰ级高风险及重难点控制性隧道工程。

图 1-22　万荣隧道洞口

图 1-23　夹粉细砂层段黄土隧道施工

7) 中条山隧道

中条山隧道左线长18405m,右线长18410m,最大埋深约840m,为双洞单线隧道,隧道洞口如图1-24所示。隧道穿越8条断层破碎带、第三系高承压富水砂层及弱胶结砾岩层。现场裂隙涌水情况如图1-25所示,最大涌水量达到50485m³/d,需采用反坡排水。隧道通过第三系高承压富水地层时,易出现围岩失稳和塌方,可能发生突泥涌水,采用排水洞+超前泄水孔排水减压+超前周边注浆+径向注浆的措施通过。穿越富水软弱地层采用基底碎石回填注浆加固及体外排水施工技术,解决基底承载力不足及地下水积聚难题。穿越高地应力破碎带及时调整优化支护结构设计参数,确保施工和支护结构安全。隧道施工风险极高,施工难度极大,中条山隧道为浩吉铁路Ⅰ级高风险及重难点控制性隧道工程。

图 1-24　中条山隧道洞口

图 1-25　中条山隧道裂隙涌水

8) 崤山隧道

崤山隧道左线长22751m,右线长22771m,最大埋深约510m,为双洞单线隧道(图1-26);设置4座斜井,总长7126m。隧道穿越地层岩性主要为安山岩、大斑安山岩、次流纹斑岩等浅成火成岩,出口附近出露白云岩。隧道共有断层21条(断层破碎带掌子面岩性情况如图1-27所示),其中F5、F6断层破碎带下穿河流,水压力大,极易发生突水涌泥、坍塌及高水压风险,该段落采用三台阶临时仰拱法施工,结合现场围岩揭示情况可采取管棚超前注浆支护和临时支护等辅助措施。崤山隧道为浩吉铁路Ⅰ级高风险及重难点控制性隧道工程。

图1-26　崤山隧道洞口　　　　　　　图1-27　断层破碎带掌子面岩性情况

9) 西安岭隧道

西安岭隧道左线长18063m,右线长18069m,最大埋深约720m,为双洞单线隧道(图1-28)。隧道穿越岩性主要为片状黑云石英大理岩、黑云斜长石英片岩、大理岩、粉砂岩、砂砾岩等,全隧正常涌水量为22585m³/d,最大涌水量为36835m³/d。隧道集断层破碎带(23条)、岩爆、软岩大变形、涌水突泥、瓦斯、岩溶等不良地质于一体,施工难度和安全风险极大;岩爆区段通过优化爆破参数,增加光面爆破控制,现场围岩光面爆破效果如图1-29所示。西安岭隧道为浩吉铁路Ⅰ级高风险及重难点控制性隧道工程。

图1-28　西安岭隧道洞口　　　　　　　图1-29　岩质隧道光面爆破效果

10) 连云山隧道

连云山隧道全长10702m,最大埋深约566m,为全线最长的单线单洞隧道(图1-30)。隧道Ⅲ级围岩段长8723m,占81.5%;Ⅳ级围岩段长1498m,占14.0%;Ⅴ级围岩段长481m,占4.5%。隧道穿越高、极高地应力段落长,其中较软岩区高、极高地应力段长4301m,岩性为粉砂质板岩、绢云母板岩,存在大变形地质灾害;硬岩区高、极高地应力段长3396m,岩性主要为弱风化砂质板岩;存在岩爆等地质灾害,不良地质段落超前预报如图1-31所示。隧址区为中等~强富水区,最大涌水量约31549m³/d,正常涌水量约15019m³/d。连云山隧道为浩吉铁路Ⅰ级高风险及重难点控制性隧道工程。

图1-30 连云山隧道洞口

图1-31 不良地质段超前地质预报

11) 九岭山隧道

九岭山隧道全长15371m,最大埋深约862m,为单洞双线隧道(图1-32)。全隧有6条断层破碎带,仅设2座辅助施工坑道,最大独头掘进距离5057m,为全线最长。地层岩性主要为花岗岩、花岗闪长岩,风化程度为弱~全风化;不良地质主要为高地应力、高地温、岩爆,施工难度大。隧道出口段40m位于浅埋富水全风化花岗岩地层,采用旋喷桩地表超前加固措施(图1-33)。九岭山隧道为浩吉铁路Ⅰ级高风险及重难点控制性隧道工程。

图1-32 九岭山隧道洞口

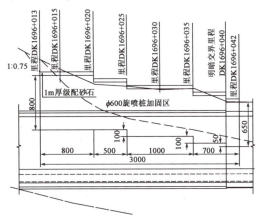

图1-33 洞口旋喷桩加固段落(尺寸单位:cm)

12) 石岩岭隧道

石岩岭隧道全长1644.92m,最大埋深约178.8m。进口至出口方向断面依次为单线、燕尾式、双线、三线。出口段133.95m为三线断面(图1-34),隧道埋深较浅(平均埋深约28m,最大埋深约55m)洞身岩性为闪长岩,全风化~强风化、节理裂隙发育、岩体较破碎。最大断面开挖面积216m²,宽度18.74m,高度14.24m,是全线最大跨度隧道之一。三线断面采用三台阶临时仰拱+中立柱法施工(图1-35),每步根据监控量测情况确定具体施工措施。

图 1-34　石岩岭隧道洞口　　　　图 1-35　三台阶临时仰拱+中立柱法施工

第 2 章

隧道建设管理

浩吉铁路隧道工程施工难度大、风险高、控制性工程多。全线涉及隧道工点的包含中国中铁、中国铁建、中国交建、中国电建 4 大总公司所属 26 家集团公司，4 家设计院，参建队伍多且技术管理方式各有差异，因此对全线参建单位进行高效组织与管理，确保隧道施工安全和工程质量是隧道建设的重中之重。

浩吉铁路公司在总结多年铁路隧道修建经验和借鉴国内外先进技术的基础上，遵循隧道工程建设内在规律，按项目功能和工程质量安全要求开展隧道建设管理，全过程参与可研、主导初步设计，全面管理施工图和变更设计，在隧道建设管理方面开展了一系列探索与实践，确保隧道工程安全、质量、工期、投资得到有效控制。

建设管理探索与实践

按照项目可行性研究批复要求，公司在项目建设过程中，坚持"依法合规、遵守合同、实事求是、诚信协商、实现共赢"的建设管理思路，遵循工程建设客观规律，积极开展了建设管理创新探索与实践。

2.1.1 建设单位的主导作用

结合浩吉铁路公司的特点，从项目立项、可行性研究、初步设计、施工图设计、施工、验收和生产运营、投资经营等方面实行全过程、全方位、全寿命周期的管理。

1) 全过程设计管理

（1）可行性研究阶段：浩吉铁路公司组织开展大量专题调研研讨，全程参与可研审查，对局部线路走向、主要技术标准、重大建设方案进行深入研究，提出相关意见和建议，合理控制项目建设规模和投资。

（2）初步设计阶段：组织技术人员并邀请专家按确保项目功能、避免浪费的原则开展初步设计预审，与相关设计单位认真对接，形成站前专业初步设计 166 条预审意见，统一了站前专业设计标准及原则。

（3）施工图设计阶段：统一全线站前专业施工图设计原则，组织开展施工图审核工作，开展站前专业逐工点现场核对，根据现场实际调整优化设计。审查单价及定额采用标准、工程数量和费用计列，修改施工图预算。通过重大技术方案、设计标准和工程措施等方面的优化，有效控制工程投资。

（4）勘察设计服务管理：按勘察和初步设计、施工图和配合施工两阶段，分别与勘察设计单位签订合同，明确现场设计服务内容和要求，强化现场设计组力量，具备现场确定方案的能力和权力，保证变更设计方案正确，提高了现场设计工作效率和服务质量。按勘察设计工作实际成效进行年度考核奖励，以实现"合理价格购买优质服务"的管理目标。

2) 科学合理确定本线技术标准

浩吉铁路公司认真履行项目主体责任，在保证工程使用功能和便于施工的前提下，通过开展现场调研和试验、测算、论证等工作,全过程持续优化设计标准和技术方案。

隧道建设遵循"初期支护应确保施工期间围岩稳定及自身结构安全"的工程理念,明确隧道初期支护为主要承载结构,承担施工期的全部荷载,初期支护必须采用湿喷工艺;二次衬砌作为结构安全储备,根据监控量测信息,结合施工组织安排适时施作;软弱围岩超前加固支护,实现大断面快速开挖、初期支护快速封闭成环,保护和少扰动围岩,使围岩和结构共同承载。

根据试验结果优化隧道初期支护钢架和系统锚杆设置,采用格栅钢架取代型钢钢架,设钢架地段不设系统锚杆;根据实际地质情况,优化超前地质预报和围岩监控量测方案,确保施工和结构安全;根据试验成果开展限阻器新型初期支护、复合式衬砌结构优化应用;根据白城隧道的地质、埋深及周边环境,采用了大断面马蹄形土压平衡盾构机,这是国内铁路山岭隧道土质领域的首次应用,创新了铁路黄土隧道全机械化施工方法。

3) 组织施工图复查和现场核对

全线开工前,浩吉铁路公司组织5家设计单位开展了站前施工图全面复查工作,重点复查线路、站场、路基、桥涵、隧道、轨道、环保、工经专业的设计标准和通用图采用的准确性及施工图设计的合规性、合理性等问题,发现施工图差、错、漏、碰问题1394处,均已在现场核对前按公司相关管理要求完成处理。

为保证工点设计与现场实际相符,优化和完善施工图设计,更好地控制投资、保证工程质量和安全,浩吉铁路公司组织开展了全线逐工点施工图现场核对工作,技术方案复杂的工点,邀请专家论证,确定最优方案。施工图必须经公司审核盖章和现场核对签认后,工点才能开工。参与核对的技术人员和相关专业领域权威专家近1600人、约2万人次,对全线6925个站前工点逐一进行了施工图现场核对,共发现1216个工点的施工图存在设计问题或可优化的设计1269处,全部履行了变更设计程序,进一步完善了施工图。

4) 有效开展变更设计

为提升现场管理水平和施工效率,保证变更设计合规性、正确性和时效性,浩吉铁路公司在充分研究的基础上,制订了Ⅱ类变更设计管理办法,体现建设单位对变更设计管理的主导作用。变更设计工作将变更方案和费用分两阶段审批,前期仅初步匡算费用,变更方案批准后即可组织施工,保证了变更设计的时效性。

为避免工程浪费,浩吉铁路公司对降低建设成本、节省工程投资的工程优化按照净节省投资额给予施工单位适当奖励、补偿,有效提高了施工单位工程优化积极性,合理管理了工程投资。Ⅱ类变更计取设计费,变更设计组卷由施工单位完成,将设计人员从简单繁重的计算、组卷工作中解脱出来,更专注于变更设计方案的正确性审查和重大技术方案的研究。明确施工单位对于现场危急情况有应急处置权力,可以及时采取措施,或者立即停止施工,危急情况处理完毕后再履行变更设计程序,建设单位组织各方认定数量和费用。

5) 强化施工技术方案管理

为确保施工方案正确、审批及时,浩吉铁路公司按方案重要复杂性实行技术方案分级管理。一般技术方案由指挥部组织设计、施工、监理单位充分研究后确定;较为重大或复杂的技术方案由指挥部组织研究形成初步意见后,报公司组织参建各方研究确定;重大或疑难技术方案在公司研究的基础上,邀请行业知名专家研讨后确定,确保了技术方案正确、合理,为本线顺利建设提供了有力保障。

为了抓好施工技术关键点，浩吉铁路公司在总结工程施工经验基础上，征求有关专家意见后，形成并发布了《关于确保隧道质量安全的指导意见》等系列管理制度，并在建设管理工作中严格落实，确保现场施工中方案正确、实施到位，有效保证了施工安全。

2.1.2　开展单价承包实践

按照国家法律法规，结合铁路行业建设管理规定，借鉴国际上通行的菲迪克(FIDIC)条款管理理念，采用单价承包方式，实现量价分离、风险共担。

1) 公平合理制订合同条款

采用单价承包合同，取消总价承包合同中的总承包风险包干费，约定量差按变更设计办理，承包人不承担量的风险，承担部分价的风险（综合单价含一般风险费）；取消建筑安装工程保险费用，约定承包人不应以发包人的名义投保建筑、安装工程一切险，发包人认为承包人不能合理预见并加以防范的损失，由发包人和承包人协商；取消总价承包合同中0.5%的激励约束考核费用，在合同清单外设立合同总额1.5‰履约考核费用，并制订工程优化激励措施。合理设置合同条款充分体现了以"合理价格购买合格工程"的投资管理理念。

2) 合理设置工程量清单子目

结合铁路工程专业特点，对现行铁路行业工程量清单进行研究分析和细化，除铁路工程量清单计价指南规定的计量清单项目外，对部分实施过程中变化较大的清单项目（如隧道开挖、监控量测、隧道支护等）进行了细分；同时根据实施过程中实际工程变更情况，按公平、公正的原则，对部分清单项目以协商方式细化、合并或添加项目清单，实现工程项目准确计量。合理设置工程量清单实现了全部已完合格工程的及时验工计价。

3) 调整合同文件组成

为体现合同管理理念，经充分调研和研讨，对施工承包合同文件进行了完善、补充和调整，将项目管理要求、招标和投标文件重要内容作为合同文件组成，体现合同完整性、实用性和严肃性。在合同签订和实施过程中，按合同约定双方协商达成的一致意见及时签订合同补充协议，依法建立遵守合同、实事求是、诚信协商、实现共赢的合作关系。

4) 及时合理调整合同价款

(1) 工程变更费用调整

浩吉铁路公司在充分研究的基础上，改进了变更设计管理办法，体现建设单位对变更设计的主导作用。承包人按照施工合同约定的变更估价原则，根据变更工程资料、计量规则、计价办法、工程造价管理机构发布的信息价格和承包人报价浮动率等提出变更工程项目的单价，报发包人确认。造价管理机构发布的信息价格缺项的，可以通过市场调查等取得有合法依据的市场价格。

(2) 清单外费用调整

除合同承包范围内的工程按合同约定予以计量计价外，对工程地质条件、技术标准、工程实施方案和措施、施工工艺、工法等非承包人原因引起的工程和费用变化，以及超出工程承包范围的工程（工作）内容，依据合同约定，按照实事求是、平等协商的原则和计算方法及时合理调整合同价款。

5）严格合同价款调整程序

施工承包合同明确约定价格调整程序。承包人应向发包人提交合同价格调整报告，并附相关资料；发包人收到承包人提交的合同价格调整报告后，对调整事项进行确认，并委托发承包双方共同认可的第三方造价咨询机构对价格调整报告进行审核，必要时进行现场测算，编制测算报告，并由发包人组织专家组进行评审，形成评审意见；按照评审意见，经发承包双方协商，确认调整合同价格。严格合同价款调整程序，确保了合同管理依法合规。

6）实行工区验工计价

由施工标段工区发起计价流程，增加了验工计价的透明度，促使项目部及时将验工计价款拨付到工区，保证了现场施工资金需求，调动了工区一线施工人员的积极性。同时对计量规则和方式予以相应调整，对不合理的单价和超出合同、设计图的工程内容依据合同约定进行调整。

2.1.3 依法规范分包管理

为了保证工程质量和安全，明确施工单位和分包人的责权利，清晰界定管理层和操作层的责任定位，公司通过广泛调研，在遵守国家相关法律法规基础上，按照有关部委相关规定，提出"依法分包、规范管理"的原则。在招标文件和合同中明确了分包的负面清单，允许采用自有队伍、专业化分包、劳务分包等多种用工模式。要求施工单位和分包人依法签订分包合同并明确施工单位承担工程施工分包的主体责任，报监理人审核、建设单位同意后实施，分包单位建立健全质量安全自控体系并纳入施工单位的自控体系统一管理。工程实施过程中加强对分包管理的监督检查，要求建立分包价格调整机制，对不合理的分包价格及时进行调整，以保证分包人的合理诉求，充分发挥分包人作为质量安全管理关键环节的作用。

2.1.4 推行班组长工程质量责任制

质量和安全的关键是责任人、责任制的落实，实行班组长工程质量责任制，明确了施工作业层对工程质量、安全的直接责任，切实有效维护农民工权益。通过明确各施工工序班组长及其质量责任，将技术、质量、作业标准落实到作业层、作业面，将"管"和"干"界面清晰化，管理层将施工工序程序化，作业层保证了工艺工法的可操作性，班组长的主动性、责任感和质量意识全面加强，确保工程质量合格。

2.1.5 实施技术质量分级管理

为全面提升施工企业工程管理、技术水平和质量自控自管能力，提高现场施工效率、效益，增强施工企业责任和诚信意识，实施技术质量分级管理。按施工单位实际技术、质量管理水平和能力评定级别，按级别授权施工单位自主确定部分项目的变更方案并及时通报各参建单位，部分工序自检合格后可直接进入下道工序并及时通报监理单位，进一步解放各参建单位的生产力，降低了建设管理成本，促使施工单位自觉地干好工程，确保工程质量和安全。

2.1.6 加强关键环节措施把控

全线混凝土、格栅钢架、钢筋半成品等采用工厂化集中生产、配送，减少生产与构造偏差导致的质量问题；从工艺、工法、工装及关键环节入手，控制工程质量和施工安全，减少作业行为的随意性。例如，推行湿喷机械手、一次仰拱清底不小于24m的长栈桥设备，提高隧道施工机械化水平；强化管理程序，细化管理流程，发布确保隧道质量安全的指导意见，对关键工序、施工工艺和工法等提出明确要求。不受限于以往的"步距"规定，提出了隧道开挖初期支护结构快速封闭成环的要求，其中软弱围岩隧道开挖实施"两紧跟"就是一种典型的工法创新。

创新工程第三方检测举措，加强施工单位质量责任意识，加大对原材料及工程实体的检测力度，积极组织开展原材料、隧道初期支护、二次衬砌实体等质量专项检测。

实行专业化监理，发挥建设单位主导作用，参与监理人员选聘，依据施工组织合理确定工程监理工作内容，加大监理考核力度，有效提升现场监理人员的素质，激发工作积极性，极大地提高了现场质量安全管控力度。

施工图现场核对与优化

大型铁路工程建设项目一般具有工程项目规模大、跨越区域广、沿线地质条件复杂、建设周期较长等特点，工程建设从勘察设计工作至开工建设之间一般需要经历2~3年甚至更长的时间。这段时间受经济发展、人文活动以及自然灾害等因素影响，沿线局部地形地貌、环境条件及附近建(构)筑物等可能发生变化，往往导致施工图与现场存在一定的差异。因此，在工点开工前开展施工图现场核对工作，核实施工图与现场实际条件和要求是否相符，并据实优化、完善施工图设计方案和工程措施，可有效提高施工图设计质量，并对工程质量、施工安全、工程进度、保护环境和节约土地、合理控制工程投资等方面都具有重要意义。

2.2.1 施工图现场核对的目的、重点及程序

1) 施工图现场核对的目的

(1) 准确掌握工程建设经过区域的地形地貌等自然环境、人文环境与建设项目的关系以及对工程建设的影响。

(2) 为施工图设计优化提供可靠的依据。

(3) 提前发现并完善施工图中存在的差、错、碰、漏等设计缺陷。

(4) 为实现工程建设"安全、合理、经济"的目标开好头，起好步。

2) 施工图现场核对的重点

隧道工程现场核对的重点是隧道进出口位置、弃渣场位置、隧道进洞方式、辅助坑道设置等，具体包括以下13项内容：①进出口位置是否合理；②进出洞条件是否变化(含地质、覆盖厚度、设计措施是否满足进洞或出洞条件)；③辅助坑道设置是否合理；④边仰坡开挖是否合理，措施是否到位；⑤洞门类型是否合理；⑥洞口是否处于堆积、滑坡体等不良地质上；⑦弃渣场的位置和挡护、绿化、排水措施是否合理；⑧洞口排水系统是否完善；⑨隧道起讫里程是否合理，是否需要接长或缩短明(暗)洞长度；⑩洞口上、下方既有道路的防护措施是否合理可行；⑪弃渣是否得到合理利用；⑫是否需要地质补勘；⑬其他。

3) 施工图现场核对的程序

(1) 准备工作

①施工图会审,熟悉施工图纸;②人员安排,制订核对计划;③平面、高程控制桩点测量复核;④现场成区段测量放样。

(2) 现场核对

①施工单位组织初次核对,认真核对现场地形、地貌、地质等与原设计的差异,形成初步核对意见;②建设指挥部组织二次核对,进一步核对现场地形、地貌、地质等与原设计的差异,形成四方核对纪要,必要时邀请专家参与。

(3) 设计优化

①根据现场核对纪要,施工单位提出优化变更建议;②建设指挥部组织研究设计优化方案;③按变更管理程序办理设计变更。

结合施工图现场确定工作主要原则和要求,浩吉铁路站前工程施工图现场核对工作主要流程如图 2-1 所示。

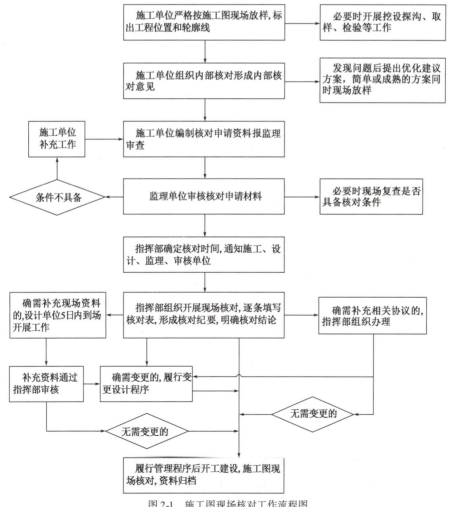

图 2-1 施工图现场核对工作流程图

2.2.2 施工图现场核对工作的准备与组织

1）工作准备

（1）施工图复查

2015年6—7月，浩吉铁路公司组织全线4家设计单位开展了全面复查隧道工程施工图工作，重点复查设计标准和通用图采用的准确性及施工图设计的合规性、合理性等情况。经复查，全线隧道工程施工图无设计标准和通用图采用错误问题，无设计违规等重大错误，发现施工图差、错、漏、碰问题均已在现场核对前按相关管理要求完成处理。

（2）施工图审核

2015年初，浩吉铁路公司组织各指挥部技术人员分专业开展审核站前工程施工图工作，重点审核以下5个方面：①审核设计是否符合相关法规和设计规范、施工规范、安全规范等规范的要求，特别是强制性条文的要求；②审核隧道工程初步设计审查意见在施工图文件中的落实情况；③逐条核对施工图审核意见在施工图文件中的落实情况；④审核地勘成果资料是否已应用至设计文件，梳理各类工点勘探情况，并建立台账；⑤审核设计方案是否正确、措施是否合理、施工工艺是否得当。

2）工作组织

（1）明确工作原则

①以指挥部为主导

施工图现场核对工作由各指挥部组织相关参建单位开展，不得授权委托其他单位或人员组织开展，未经公司指挥部核对人员签字的核对文件均属无效文件。

②逐工点核对

站前工程的所有隧道工点均须逐一进行现场核对，核对表与核对纪要是工点能否开工的决定性文件之一，未经公司指挥部组织核对或核对发现问题未解决的工点，不得开工建设。

③严格落实工作流程，明确核对结论

现场核对必须严格按核对工作流程开展，某环节工作内容未完成或未达到要求的，不得开展下个环节工作。现场须逐条填写核对表，形成核对纪要，明确核对情况、问题处理意见等结论。

④分级、分段核对

分级是指首先由施工单位初步核对，将初步核对意见及相关资料报监理单位审查，监理确认具备现场核对条件后报指挥部，指挥部再组织现场核对。分段是指按照施工标段组织核对，原则上每个标段每个批次组织一次。

⑤发现问题的处理原则

现场核对必须建立台账，问题解决一个销号一个，实行闭合管理。确需变更设计的，按变更设计管理办法履行变更程序。确需补充现场地形、地质、水文等资料的，设计单位5日内组织人员和设备到场开展工作。确需补充协议等资料的，由指挥部组织设计、施工单位协商办理。

(2)制订工作计划

浩吉铁路隧道工程施工图现场核对工作,按施工招标批次共分为三个阶段:第一阶段为7个控制性隧道工程标段的核对;第二阶段为完成30个首批招标综合土建标段的隧道工程核对;第三阶段为完成二批招标综合土建标段的隧道工程核对。

①第一阶段:MHSS-1~MHSS-7标,在施工单位进场后2个月内完成核对工作。施工单位进场后1个月内完成现场放样和初步核对;施工单位内部核对完成并通过监理审核后一周内,指挥部组织相关参建单位开展现场核对;指挥部核对完成后两周内,公司领导带队进行现场核实、研究优化方案。

②第二阶段:MHTJ-3~MHTJ-11、MHTJ-15~MHTJ-28、MHTJ-30~MHTJ-33标。结合全线及各指挥部管段的指导性施工组织设计和年度投资计划,考虑综合土建标段的工程内容、工期、地质及自然条件、征地拆迁、地质补勘等现场实际情况,全面、系统地梳理了各标段的所有隧道工点,研究制订分批核对计划:第一批为标段长大隧道及地质条件复杂工点等重难点控制性工程,核对时间为2015年8月至9月;第二批为标段已具备核对条件的工点,核对时间为2015年10月至12月;第三批为因征地拆迁、相关协议等原因暂不具备核对条件的工点,具备条件后及时开展核对工作,原则上要求2016年3月基本完成。

③第三阶段:MHTJ-14、MHTJ-29标。按第二阶段首批综合土建标段的批次划分原则,确定了分批核对计划,总体上要求2016年内完成核对。

(3)确保技术力量

①建设单位

浩吉铁路公司成立了以总工程师为组长、副总工程师和工程技术部主任为副组长、工程技术部主要专业工程师和相关部门负责人为组员的施工图现场核对领导小组,各指挥部成立了以指挥长为组长、总工程师和相关副指挥长为副组长、相关部门负责人为组员的施工图现场核对领导小组。全线控制性重难点工程由公司组织现场核对,必要时邀请公司主要领导和行业相关领域专家参加现场核对;指挥部管段的重点工程、地质或技术条件复杂的工点,由指挥长带队组织核对,必要时邀请行业相关领域专家、公司派员参加现场核对。

②施工单位

各施工单位成立了以集团公司分管领导为组长、集团公司相关部门及子(分)公司负责人为成员的现场工作组,各标段、工区也分别成立了由项目经理为组长、总工程师及相关副经理为副组长、工程技术部全体及相关部门负责人为组员的现场核对领导小组。集团公司现场工作组参加和指导标段、工区管段首批核对工点以及重难点工程的初步核对工作并审签核对意见。

③设计单位

现场设计指挥部指挥长、总工程师(总体)、现场设计组组长及隧道专业负责人,纳入建设指挥部现场核对管理。设计单位分管副总工程师组织相关专业的处(分院)总工程师,参加建设指挥部管段内的重难点、控制性工程的现场核对,其中全线重难点控制性工程的现场核对,由设计单位分管总工程师组织隧道专业的处(分院)总工程师参加。

④施工图审核单位

各施工图审核单位在核对期间派出临时工作组常驻现场,工作组成员由站前各专业施工图审核专业负责人和资深工程师组成,纳入建设指挥部现场核对管理,全程参与现场核对工作。

⑤监理单位

各监理单位总监理工程师参加了监理标段内各施工工区重难点控制性工程的现场核对;总监代表参加了监理标段内全部特殊隧道的现场核对;监理组长和专业监理工程师参加了全部隧道工点的现场核对。

(4)加强过程管理

①严格实行闭合管理

公司和各建设指挥部、各现场设计指挥部和现场设计组、施工单位标段和工区项目经理部、监理标段项目部和监理站均指定专人,具体负责四个方面工作:

a. 核对资料管理。

b. 建立实时核对台账,每天根据形成的核对纪要,记录核对工点、核对资料编号、核对结论、发现问题及解决方案和要求、问题处理进度等要素。

c. 根据台账记录的问题处理分工、时限要求,追踪问题处理进度,问题处理完成后逐一销号,严格落实闭合管理要求。

d. 定期梳理、更新、汇总台账,每周按设计组、监理站、工区汇总至设计指挥部或标段项目部,设计指挥部或标段项目部汇总至建设指挥部,建设指挥部汇总至公司领导小组办公室的逐级汇总原则集结核对台账。

②提高问题处理的时效性

高峰期间,现场每天有数百人开展核对工作,且参建单位对核对工作的认识和配合力度参差不齐,线路地域跨度广、特殊问题层出不穷,为及时解决现场工作存在的问题,确保核对工作顺利推进,公司与指挥部、指挥部与管内各参建单位建立了沟通联络机制,现场工作中存在的问题能及时反馈至指挥部领导小组。

③加强现场调研检查

公司核对领导小组根据现场核对工作进展,不定期进行专项现场检查和调研。检查核对资料管理、核对发现问题闭合管理等情况,督导现场严格落实核对要求;听取参建各方的工作体会、意见和建议,及时完善核对工作管理相关要求。

2.2.3 施工图现场核对工作成果

1)发现问题

全线隧道工点核对发现存在问题的工点126个、共计145处,占隧道工点总数的54.3%。

(1)隧道正洞:共105座隧道存在问题105处,问题类型分布如图2-2所示。

①类型1:调整明洞长度、洞口或明暗分界里程的工点30个,共30处。

②类型2:调整洞口边仰坡方案的工点6个,共6处。

③类型3:调整洞口排水系统方案的工点5个,共5处。

④类型4:优化地表不良地质整治措施的工点13个,共13处。

⑤类型5:局部段落改为路堑的工点4个,共4处。

⑥类型6:调整洞门结构形式的工点5个,共5处。
⑦类型7:优化进出洞超前支护形式的工点17个,共17处。
⑧其他:其他问题类型的工点25个,共25处。

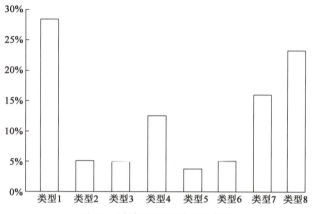

图2-2 隧道正洞问题类型分布图

(2)辅助坑道:共35座辅助坑道存在问题40处,问题类型分布如图2-3所示。
①类型1:调整辅助坑道位置、长度、断面(不含座数增减)的工点22个,共27处。
②类型2:增、减辅助坑道的工点11个,共11处。
③其他:其他问题类型的工点2个,共2处。

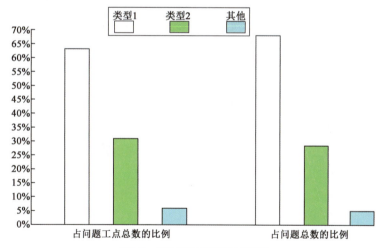

图2-3 辅助坑道问题类型分布图

2) 问题解决

针对隧道工程施工图现场核对发现的问题,均按照建设管理规定和Ⅱ类变更设计管理办法,分别按以下三个方案解决,于2017年3月底全部据实完成变更设计工作,具体情况如下。

(1)方案一:问题简单,且核对现场各方能就处理方案达成一致意见的,现场确定变更设计方案并形成变更设计现场会勘纪要(记录),按Ⅱ类变更设计程序处理。按此方案解决了100个核对问题。

(2)方案二:核对现场各方无法就优化方案达成一致意见的,在核对纪要中明确进一步分析研究的任务分工、时间节点等要求,优化方案达成一致意见后按Ⅱ类变更设计程序处理。重大或复杂的技术方案,由建设指挥部邀请相关专业领域的专家,开展现场核对并专题研讨后确定优化方案。按此方案解决了39个核对问题。

(3)方案三:特别重大、复杂的技术方案或工程投资变化超过指挥部审批权限的优化方案,形成初步意见后报公司审批,公司组织现场核实、专题研究并确定优化方案后,按Ⅱ类变更设计程序处理。按此方案解决了6个核对问题。

工程变更及技术质量分级管理

2.3.1 工程变更管理

考虑本线采用单价承包的合同管理模式,公司在原铁道部颁布的《铁路建设项目变更设计管理办法》(铁建设〔2012〕253号)的基础上,重新梳理了Ⅰ、Ⅱ类变更设计类别,为现场重大变更设计及时批复及工程施工快速有效推进提供有力保障。

1)Ⅰ类变更设计

浩吉铁路公司制订的《煤运通道项目建设管理规定(修订)》(蒙西华中综〔2015〕4号)明确四类变更为Ⅰ类变更设计:①变更批准的建设规模、主要技术标准;②调整初步设计批准总工期;③投资超出初步设计批准总概算;④国家、铁路行业相关规范规定重大调整。为保障现场施工的连续性,结合公司实际,未将重大方案、重大工程措施、初步设计批复主要专业设计原则等3项变更纳入Ⅰ类变更范畴。

根据浩吉铁路公司相关管理文件及原中国铁路总公司《关于蒙西至华中铁路建设管理有关意见的函》(计统合资函〔2014〕128号)要求,Ⅰ类变更文件由浩吉铁路公司组织勘察设计单位编制,履行内部审查并经公司股东会批准后,报原中国铁路总公司审批。

2)Ⅱ类变更设计

考虑项目采用单价承包模式,Ⅱ类变更设计任务繁重等特点,浩吉铁路公司在原铁道部颁布的《铁路建设项目变更设计管理办法》(铁建设〔2012〕253号)相关要求的基础上,对Ⅱ类变更设计的管理进行了优化调整,颁布了《蒙华铁路Ⅱ类变更设计管理办法(试行)》(蒙华工技〔2015〕66号)。Ⅱ类变更设计注重变更实效性,按照变更设计方案、费用分两阶段审批,变更方案批复后(含预估费用)即可组织现场施工,变更设计工作基本在现场完成。全线涉及重大变更的隧道工点未发生因变更审批程序而造成现场隧道施工停工、窝工现象。

(1)确保变更的合规性

变更设计按照"先批准、后实施,先设计、后施工"的原则,明确变更设计方案通知单是变更设计现场实施的依据。无须由设计单位出具施工图的变更设计,在现场会勘形成记录后即可由建设指挥部下发变更设计方案通知单,现场可根据通知单及时实施变更方案;需要出图的变更设计,待出图后下发通知单。

(2) 方案、费用分阶段审批

为了加快变更设计的办理速度,保证现场施工进度,浩吉铁路公司规定Ⅱ类变更设计按变更方案、费用分阶段审批的原则办理。提议阶段主要提出变更方案和匡算费用,方案批准后即可立即实施。明确建设单位收到变更提议书后,原则上5日内组织监理、施工、勘察设计等单位进行现场踏勘,分析变更设计原因或责任,研究确定变更设计方案,并形成变更设计会勘记录。建设单位依据会勘记录,原则上3日内应下发变更设计方案通知单,批准变更设计,启动实施。计量计费及资料归集在变更设计批准后14日内上报建设单位,变更设计计量计费确认书可按工点归类集中办理,原则上在季末14日前完成。

(3) 充分发挥各方优势

浩吉铁路公司授予施工单位应急处置权,明确发生危及安全需要立即处理的变更设计,施工单位应立即采取应急处置措施,同时报建设、监理、设计单位,事后四方共同确认,纳入变更设计。不涉及隧道主体结构安全使用的洞口防排水系统长度,洞内盲沟盲管、洞室位置变化,建设单位可委托监理单位组织设计和施工单位进行现场踏勘,形成变更设计会勘记录,报建设单位履行变更程序;隧道围岩、支护参数等延续变更项目,变更设计方案大致相同,建设单位亦可委托监理单位组织现场验证(限10d内或长度100m内),形成变更设计延续确认单,确认现场延续变更段落,延续确认单报建设单位备查。施工单位负责工程数量、变更费用计算等基础工作以及资料归集,把设计人员从烦琐的组卷工作中释放出来。

3) Ⅱ类变更计取设计费

结合浩吉铁路单价承包模式,现场施工过程中Ⅱ类变更设计数量多、现场设计人员变更设计工作量繁重的特点,浩吉铁路公司专题研究确定对非设计责任、非施工单位自主开展并办结的Ⅱ类变更设计,参考批复概算中施工图设计的计费原则,按工程变更后总费用的0.22%计取设计费,按年度梳理拨付设计单位,有效激发了设计单位人员的工作积极性、主动性,提升了现场服务态度和质量。

4) 据实开展动态设计

结合项目采用单价承包模式的特点,隧道开挖工法、支护形式、辅助措施等结合现场据实开展动态设计,确保隧道施工质量安全可控,同时工程投资可控。如石岩岭隧道浅埋偏压洞口段施工由原设计的交叉中隔壁法(CRD法)变更为三台阶临时仰拱+竖向支撑的开挖工法,在保证安全施工的同时节省了部分工程投资并缩短了工期;陕北地区砂质新黄土隧道洞门形式由原设计的削竹式变更为以挡翼墙为主的洞门结构,虽增加了部分工程投资但稳定了仰坡有利于隧道运营安全。截至2019年底,全线隧道累计发生变更设计7436件,其中费用增加的变更5002件,费用减少的变更1841件,费用增减为零的变更593件。

2.3.2 技术分级管理

为了充分发挥施工单位现场管理的优势,最大限度提高隧道工程施工工效,激发施工单位自控、自律和诚信度,促进施工单位不断提升技术管理水平和现场质量管控力度,浩吉铁路全线实行技术分级管理。

1) 划分等级,进行差异化管理

根据项目管控能力、自律诚信度及施工技术水平,以工区为单元进行技术分级管理,管理等级由低到高设定为 A 级、AA 级、AAA 级(管理等级要求及条件见表 2-1)。各施工单位根据自身情况逐级申报相应等级,建设指挥部以指挥长、总工程师、分管质量安全工作副指挥长及相关部门,评定标段设计单位指挥长或总工程师、监理单位总监理工程师或总监理工程师代表组成核定组,隧道工程每 3 个月组织一次核定工作。申报工区满足升级要求后,按相应的技术等级进行现场施工管理,不满足升级要求的工区仍执行公司Ⅱ类变更设计管理规定。

管理等级要求及条件 表 2-1

条 件	等 级		
	A 级	AA 级	AAA 级
前期提出的变更方案	基本合理	基本合理	合理
变更方案和专项施工方案的实施	严格执行	严格执行	严格执行
增减工程量和费用计算	基本准确	准确	准确
施工技术交底	各级交底针对性一般	各级交底针对性较强	各级交底针对性强
施工技术人员配备	有一定责任心,数量基本满足需要,业务素质一般	有较强责任心,数量满足需要,业务素质较高	有强烈责任心,数量满足需要,业务素质高
技术管理责任制	基本健全	健全	清晰健全
技术自控体系	基本完备	完备,有效运转	完备,高效运转

2)指定项目,授权自主变更

针对现场发生频繁、技术简单的变更设计项目,以变更项目类型、变更的长度和金额为基准,对获得不同技术管理等级的施工单位予以不同程度的自主变更授权,减少四方共同会勘工作量,简化程序、提高工作效率,施工单位可自行确定方案的项目见表 2-2。授权范围外或者施工单位自认为没有把握的变更设计仍执行公司Ⅱ类变更设计管理规定。

施工单位可自行确定方案的项目 表 2-2

A 级	AA 级	AAA 级
①格栅钢架节段长度变化。 ②开挖工法变化(CD 法、CRD 法等特殊工法除外)	同 A 级	同 A 级
连续变化长度不大于 25m 的下列项目: ①同一围岩级别初期支护参数变化。 ②相邻围岩级别变化。 ③超前小导管方案变化。 ④超前大管棚变小导管	连续变化长度不大于 50m 的下列项目(项目同 A 级)	连续变化长度不大于 100m 的下列项目(项目同 A 级)
增减费用 5 万元以内的下列隧道项目: ①洞口边仰坡加固及防护方案变化。 ②隧道非相邻围岩级别变化	增减费用 15 万元以内的隧道项目(项目同 A 级)	增减费用 30 万元以内的隧道项目(项目同 A 级)

注:1. 当同一围岩级别初期支护参数变化、相邻围岩级别变化、超前小导管方案变化、超前大管棚变小导管,连续变更长度 A 级超过 25m、AA 级超过 50m、AAA 级超过 100m 时,建设指挥部可委托监理单位组织施工单位会勘,形成延续变更确认单,下一段连续变化在授权长度内时,施工单位自行确定方案。
2. 当同一围岩级别初期支护参数变化、相邻围岩级别变化,连续变更长度超过 50m 时,或多次变更的累计长度超过 100m 时,建设指挥部应派人现场核查。

3) 严格把控,实时动态调整

(1)自主变更方案的会勘工作由项目部总工程师或委托工区总工程师组织,变更方案由项目部总工程师批准;确需出具结构设计图的,报请建设指挥部协调设计单位出图;项目变更费用误差控制在10%以内。

(2)变更方案实施前,必须通报建设、设计、监理单位,设计、监理单位如对方案涉及的使用功能或结构受力有异议时,应及时报请建设指挥部工程技术部裁定。

(3)建设指挥部对技术分级管理执行情况进行抽查、动态管理,掌握现场实施情况,发现问题及时纠正和处理。对变更设计弄虚作假的、技术原因造成质量安全事故的、未能有效履行工程变更职能的(如手续不齐全、未批先干等)、未按变更方案施工的,做降级处理,情节严重的,直接取消等级。

2.3.3 质量分级管理

为了突出施工单位隧道工程质量主体责任,充分调动施工单位现场管理的主动性;完善施工单位质量自控体系,落实各环节责任人、责任制,加强工程质量全员、全过程管理;优化、简化工程过程多方重复检查环节,最大限度地提高隧道工程施工工效,浩吉铁路全线实行质量分级管理。

1) 划分等级,进行差异化管理

根据施工单位质量自控能力、质量管理责任制、管理人员责任心、质检人员素质与数量等指标,以工区为单元进行质量分级管理,管理等级由低到高设定为 A 级、AA 级、AAA 级(管理等级要求及条件见表 2-3)。各单位根据自身情况逐级申报相应等级,建设指挥部以指挥长、总工程师、分管质量安全工作副指挥长及质量安全部、工程技术部部长,评定标段设计单位指挥长或总工程师、监理单位总监理工程师或总监理工程师代表、专业组长(本标段),施工单位(标段外)质量总监、总工程师组成核定组,隧道工程每 3 个月组织一次核定工作。申报工区满足升级要求后,按相应的质量等级进行现场施工管理,不满足升级要求的工区仍执行原工程质量检查管理规定。

管理等级要求及条件　　　　　　　　表 2-3

项目	等级		
	A 级	AA 级	AAA 级
自控能力	具备对基础管理工作、简单工艺操作、专项方案审批、工程措施制订的自控能力	在 A 级基础上,具备对过程控制、原材料和半成品质量的自控能力	在 AA 级基础上,具备对关键工序和环节、实体质量的自控能力
质量管理责任制	基本健全	健全	清晰健全
人员责任心	具有一定责任心	具有较强责任心	具有强烈责任心
质检人员素质与数量	基本满足需要	满足需要	满足需要

2) 指定项目,授权自检

针对现场隧道施工的循环工序,对获得不同质量管理等级的施工单位予以不同程度的自验权限,减少工序的等待时间,提高施工效率,施工单位授权自检的项目见表2-4。授权范围外的检查工序仍执行原工程质量检查管理规定。

施工单位授权自检的项目　　　　　　　　表2-4

等级	A 级	AA 级	AAA 级
施工单位授权自检的项目	①洞身开挖尺寸。 ②隧底开挖尺寸。 ③初期支护钢架、钢筋网、喷射混凝土。 ④二次衬砌模板	①隧道防水和排水。 ②二次衬砌仰拱钢筋、混凝土。 ③底板混凝土、填充混凝土。 ④二次衬砌模板、钢筋、混凝土。 ⑤其他同A级	①无砟轨道(自检项另定)。 ②其他同AA级

3)严格把控,实时动态调整

(1)自检在等级授权范围内,施工单位"三检"(班组长自检、技术员复检、质检员专检)合格后可直接进入下道工序,但必须及时通报专业监理工程师。"三检"合格后应通报监理工程师施工计划,施工完成后应通报监理工程师工序完成时间和主要工作内容,施工单位必须确保现场记录具有可追溯性。

(2)监理项目部建立监理工程师巡视制度,主动加强巡视,及时处理现场质量问题;建设指挥部不定期对质量分级管理执行情况进行抽查,掌握现场实施情况,发现问题及时纠正和处理。

(3)对核对周期内因工程质量问题累计2张红牌或发生停工整顿及以上质量问题处罚的做降级处理,发现工程质量弄虚作假行为的直接取消等级。

2.4 班组长工程质量责任制管理

质量安全的关键是责任人、责任制的落实,为了完善施工单位质量自控体系,夯实质量管理基础,强化作业层管理,全线实行班组长工程质量责任制。

2.4.1 总体思路及原则

1)总体思路

施工单位是工程质量管理的责任主体,在现场作业或带班作业的班组长是掌握施工质量的直接责任人。通过明确关键工序班组长及其质量责任,规范管理,将技术、质量、作业标准落实到作业层、作业面,确保工程建设质量。

2)基本原则

(1)坚持依法合规原则。施工单位根据国家现有法律法规,依法与分包单位签订分包合同,依据合同加强分包管理,完善质量自控体系,落实班组长工程质量责任制。

(2)坚持责任清晰原则。坚持"干负干的责任,管负管的责任",明晰作业层和管理层的质量责任。

(3)坚持突出重点原则。坚持严控实体工程关键工序质量,突出对重点环节的质量管理责任。

2.4.2 保障措施及关键环节

1)保障措施

(1)签订质量责任书。工程(工序)施工前,工区与班组长签订质量责任书。责任书应明确班组长的实名信息、质量责任。工程验工计价前,班组长、工区质量总监(副经理)对拟计量工程(工序)签订工程质量承诺书,作为工程计量支付依据之一。

(2)建立完善作业层管理制度。施工单位建立完善作业指导书、岗前培训考试、班前交底和作业过程检查验收、考核奖惩等作业层管理制度。

(3)建立责任追究制度。施工单位建立健全工程施工质量问题责任追究制度,加强作业层过程质量自控。

(4)完善分包合同。施工单位根据班组长质量责任和分包管理情况,依法合规、实事求是完善分包合同,加强质量管理,落实工程质量责任制。

2)关键环节

落实班组长工程质量责任制,施工单位项目经理部是责任主体,项目经理是第一责任人,工区是落实的关键。隧道工程应落实开挖、支护、衬砌施作等关键工序,建立关键工序清单,加强关键工序各重要环节的管控,确保质量责任落实。施工单位根据标段工程特点、用工组织方式和自身管理实际,制订具体实施办法和切实有效的推进措施,确保班组长工程质量责任制落实到位。

2.4.3 班组长及相关制度要求

1)班组长选配

(1)选定原则。分包单位根据分包合同约定,结合关键工序划分情况,选定班组长数量要满足施工需求,班组长要具有一定组织、协调、管理和业务能力。班组长不得兼任同步施工的单位工程,在一个单位工程内可兼任1~2个工序。原则上一个班组长管理30人以下。

(2)选定程序。分包单位签订分包合同时,分包单位必须提供各工序班组长的相关信息。项目经理部计划合同部负责收集班组长的相关信息,项目经理部质量管理部负责班组长信息统计和建档。项目经理部负责班组长质量责任书的签订、建档工作。

(3)上岗要求。班组长上岗时必须携带项目经理部培训考试合格班的组长培训考核资格证、上岗证。

(4)人员变更。项目经理部质量管理部将作业班组长纳入动态管理程序,如因工作终结或合同原因更换时,分包单位应履行申报程序(变更班组长需签订本周期末次计价施工内容的质量承诺书);若因工作不称职或造成其他损失被清退的班组长,应在名册中予以注明(并补充一名合格的班组长),作为对分包单位考核的依据之一。

2)班组长职责

合理组织生产要素,发挥班组人员的主观能动性、生产积极性,团结协作,实现均衡生产;

定期召开班务会,对班组进行质量教育,帮助和指导班组搞好工程质量,不断提高班组全体人员的质量意识和操作技能;严格按照作业指导书、作业标准、技术交底组织施工;对施工工序内容进行自检,对存在的质量问题进行整改,并填写三检记录表,报请技术员进行检验;对本班组施工生产等情况及时向现场管理组(劳务队)报告;对作业指导书、作业标准、技术交底执行不到位或造成工序质量不合格的班组人员,进行批评教育,有权责令其改正或返工处理,对拒不执行或屡教不改的班组人员,有权建议给予清退处理;对违反国家法律法规、不符合工程质量安全有关规定的指令,有权拒绝;对发生的突发质量问题(事故)及时上报,并配合调查处理;对班组施工的工程质量负直接责任。

3)作业层管理制度

(1)作业指导书管理制度。包括各工序作业指导书的编制、审批,对班组长进行作业指导书的培训、考核等。工序作业指导书一旦批准后,不得随意变动。

(2)岗前培训考试制度。关键工序的班组长经过必要的教育、培训、考试,并具有相关技能和施工经验,确保班组长素质能够满足岗位需要。培训考试内容包含作业指导书、作业标准、技术交底、施工质量方面的管理要求等;所用设备的工艺流程、工艺参数、设备的性能、操作程序、施工技术要求等。通过理论考试、现场操作考试,并经考试合格后方可上岗;对考试不能胜任的班组长及时转岗或再培训,使班组长素质能够满足岗位需要。对培训考试合格的班组长,项目经理部颁发上岗证书,持证上岗;未经教育培训或考试不合格的人员,不得上岗作业。

(3)班前交底制度。作业前班组长对班组人员所从事的作业内容、注意事项进行交底,做好交底记录;使班组全体作业人员了解、掌握工程技术参数、施工工艺、质量标准、安全要求、设备操作规程、材质要求等,做到心中有数,施工有据。

(4)作业过程检查与验收制度。班组长对班组人员的作业内容进行检查、指导、纠正、验收;自检合格后及时填写"三检记录表"并签认齐全,向技术员申请报验,履行三检制程序;及时对二级、三级自检,监理工程师验收存在的问题进行整改;未经二级、三级自检,监理工程师检查或检查不合格的工序一律不得进入下道工序施工。

(5)考核奖惩制度。对以上职责、制度的落实情况进行定期和不定期考核。对"三检"制度落实较好,"月度"一次报检合格率达到90%以上的,每增加一个百分点给班组长一定的奖励;在项目经理部半年质量检查考核中评选出的优秀班组长进行重点奖励。对及时发现事故隐患避免事故发生的班组长,经工程质量责任制领导小组会议研究后给予对应奖励。项目经理部每年年底对评选出的先进班组长、优秀劳务队进行表彰奖励。

2.5 超前地质预报管理

隧道超前地质预报是保证隧道施工安全、优化工程设计、指导隧道施工的重要基础。通过超前地质预报,及时掌握隧道地质条件信息,预防各类突发性地质灾害,为调整隧道设计参数提供根据。

2.5.1 超前地质预报原则

浩吉铁路隧道施工期间按照"简单地质条件从简判定、复杂地质条件由简入繁、特殊地质条件多手段验证"的原则开展工作,在施工图设计基础上进一步细化,编制超前地质预报方案,配置相关仪器、设备,组建专业班组。根据地层岩性、地质构造、围岩分级、水文地质、不良地质分布情况,分区段对工程地质条件进行评价,根据不同区段地质条件复杂程度采取不同的地质预报方法,见表 2-5。

超前地质预报方法选择　　　　　　　　　表 2-5

序号	地质复杂程度	超前预报方法
1	简单	掌子面素描法、地质调查法
2	中等复杂	掌子面素描法、地质调查法、隧道地震预测法(TSP 法)
3	较复杂	掌子面素描法、地质调查法、TSP 法、超前钻探法
4	复杂	掌子面素描法、地质调查法、TSP 法、超前钻探法、地质雷达法,必要时进行红外线探测

根据隧道工程不同段落的地质复杂程度、围岩分级和不同的地质问题,采用地质调查与勘探相结合、物探与钻探相结合、长距离与短距离相结合、地面与地下相结合、超前导洞与主洞相结合的方式,预报掌子面前方及周边一定范围的地质情况。

2.5.2 超前地质预报方法

1)地质调查法和掌子面素描法

隧道开挖前,根据地质报告及施工设计情况进一步开展地质调查和分析,核实和修正超前地质预报重点区段,预测前方不良地质现象的类型、部位、规模,以便隧道施工中采用合理的工艺与措施。调查的内容包含地层的产状特征,断裂构造与节理的发育规律等。隧道开挖施工期间应及时对掌子面进行地质素描(图 2-4),填写施工阶段围岩级别判定卡,将隧道所揭露的地层岩性、地质构造、结构面产状、地下水出露点位置及出水状态、出水量等准确记录并绘制成图表,指导隧道施工和结构设计。

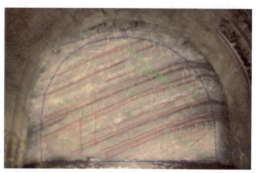

图 2-4　地质调查法与掌子面素描法

2) TSP 法

TSP 法是对隧道开挖前方地质情况进行超前预报的地下反射地震波技术,利用地震波在不均匀地质体中产生的反射波特性来预报隧道掘进面前方及周围临近区域地质状况。地震波在设计的震源点(通常在隧道的左或右边墙,大约 25 个炮点)用小量炸药激发产生(图 2-5),当地震波遇到岩石波阻抗差异界面时(如断层、破碎带和岩性变化等),一部分地震信号反射回来,一部分信号透射进入前方介质。反射的地震信号将被高灵敏度的地震检波器接收,根据反射波的传播速度、延迟时间、波形、强度和方向等,了解隧道工作面前方不良地质体的性质(软弱带、破碎带、断层、含水等)和位置及规模。TSP 法作为一种长距离预报方法,隧道每开挖 100~150m 预报一次,可采用连续重叠式预报,每次搭接 20m,开挖期间可将探测结果与开挖揭示情况对比分析。

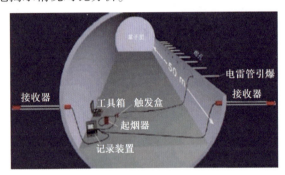 

图 2-5　测线及仪器布置图

3) 超前水平钻探法

超前水平钻探法是在复杂地质条件下或采用 TSP 法、地质雷达探测等手段探测到不良地质体后的进一步探测方法。根据钻进速度、给进压力、岩芯、岩粉、冲洗液颜色和成分、探水孔水量大小、探水孔水压大小等情况,综合判断掌子面前方地层岩性、构造、地下水、岩溶、软弱夹层等地质体。超前水平钻探是最直接、有效的超前预报方法。

浩吉铁路隧道施工明确复杂地层及Ⅴ级围岩及以上地质条件必须进行超前钻探工作,采用加深炮孔探测和超前水平钻探方法,探明围岩相关分布及含水状况。

(1) 加深炮孔探测:在隧道掘进施工时,利用加深炮孔(5m)或超前支护小导管对前方地质情况进行探测。根据钻进速度、钻孔出水情况判定前方地质状况及含水情况,进而采取有效的安全措施。

(2) 超前水平孔探测:钻孔机械采用地质型钻机,每次探测深度以 30m 为宜,有条件时可适当加长,搭接长度不小于 5m(图 2-6)。一般每循环钻 3 个孔,三角形布置,复杂地质可选取隧道断面不同部位进行钻探,探测影响范围及规模。循环预报搭接长度以 3~5m 岩盘为宜,以此做安全储备及止浆岩盘。超前地质钻孔由地质技术人员进行地质编录和孔内必要的测试后,整理得到超前探孔成果。

4) 地质雷达法

地质雷达法作为 TSP 法的补充,通过利用地下介质对广谱电磁波的不同响应来确定地下介质的分布特征、异常体的规模、性质等。通过在掌子面底部及临近开挖洞段两边墙底部约

1m 高位置做一条测线进行雷达探测,每次测线长 30m,循环搭接 5m(图 2-7),并通过记录的反射波波形判断识别断层破碎带、裂隙密集带、富水带等。

图 2-6　超前水平钻孔

图 2-7　掌子面地质雷达扫描

2.5.3　超前地质预报的分工

超前地质预报工作应明确各参建单位的责任主体,完善组织结构和管理体系是保证施工安全的必要措施,并应将超前预报工作纳入施工工序管理。

(1)建设单位:负责隧道超前地质预报实施细则的审批,并对地质预报工作的实施情况进行监督和检查。

(2)勘察设计单位:负责隧道地质复杂程度分级、超前地质预报方案设计,并分析和研究施工超前地质预报成果,发现地质情况与设计不符的,及时按程序进行变更设计。

(3)施工单位:负责隧道超前地质预报实施,按需配置相应技术、管理人员及设备,必要时委托有资质的超前地质预报专业队伍实施。

(4)监理单位:负责按照超前地质预报设计方案、实施细则督导施工单位落实,并检查根据预报成果开展变更设计的实施情况。

开挖爆破管理

隧道开挖严禁出现欠挖现象,施工单位现场人员为了加快隧道开挖进度,经常存有"宁超勿欠"的思想,以规避欠挖带来的麻烦。一方面现场作业人员常采取少钻孔、大药量爆破的方案,很容易造成隧道大量超挖,从而影响工程质量和效益。另一方面,爆破设计不随围岩变化而变化,缺乏动态管理理念。为确保浩吉铁路隧道施工质量和安全,提高隧道开挖爆破水平,故加强了对隧道开挖爆破的管理。

2.6.1 开挖爆破技术管理

1) 严控开挖尺寸

结合浩吉铁路全线隧道初期支护变形收敛情况,一般地段隧道开挖轮廓线外放 6.5cm(含模板台车制造和定位误差 1.5cm,综合施工误差及预留变形量 5cm),特殊地段需要加大开挖尺寸时应报建设指挥部批准。

2) 加强爆破设计

施工单位应及时开展爆破设计,通过加强超前地质预报和地质素描工作,提高围岩判识的准确性,根据围岩情况和爆破效果动态调整爆破参数。

3) 做好技术交底

施工单位应根据现场实际及时组织各层级爆破技术交底,交底内容要图文并茂,针对性和可操作性强,交底要交到分包人、作业班组。

4) 施工测量放样

测量人员按照爆破设计和技术交底,用红油漆将掏槽眼、辅助眼、周边眼及隧道中线清晰地标记在掌子面,便于钻孔作业。

5) 钻孔、清孔、验孔

钻孔精度、深度及斜率应符合爆破设计,尽量固定钻孔人员位置。钻孔完成后应及时清孔、验孔,保证成孔质量。

6) 装药、连线、起爆

爆破员持证操作,技术人员现场盯控确保装药量、装药及连线方式严格按爆破设计执行。用木(竹)棒将药卷送至孔内,炮孔用炮泥封堵密实,起爆前检查爆破网络及爆破环境,确认安全、无误后方可起爆。

7) 通风、排炮、找顶

爆破后及时通风,爆破员进入现场检查,发现盲炮及残存爆破器材须当班处理。对爆破后的岩壁进行找顶排险,清理松散岩块。出渣完成后爆破员再次进入现场排炮,确保施工安全。

8) 爆破断面检查

对开挖断面使用仪器扫描,检测爆破效果。质检人员和现场监理工程师对光爆质量进行检查核实。

9) 监理单位现场监控

监理工程师应熟悉爆破设计,参与爆破设计技术交底,全程监控现场爆破操作,并对爆破效果进行签字确认。

2.6.2 开挖爆破工程管理

(1)调整分包合同

施工单位应根据现场实际需要及时调整分包合同,确保单价合理。

(2)健全管理制度

施工单位应健全爆破管理制度,规范爆破操作流程,建立火工品台账,严格遵守火工品领用、消耗、回收登记制度,对未能激发及剩余的雷管、炸药必须由持证安全员和爆破员及时登记清点退库。

(3)明确主体责任

施工单位与爆破班组签订爆破质量责任书,明确相关责任及考核机制。进一步明确爆破控制相关技术、质检人员责任,建立相应奖惩措施。

(4)树立样板典型

施工单位通过重点盯控帮扶,在项目管段内树立爆破样板典型工点,以工点带动工区,以工区带动项目,全面提高隧道开挖爆破水平。

监控量测管理

浩吉铁路隧道工点多且地质条件复杂,隧道开工建设之初就明确"隧道初期支护为主要承载结构,与围岩共同承担施工期的全部荷载,二次衬砌作为结构安全储备"的理念。强化监控量测管理工作,将监控量测纳入施工单位施工工序管理,制订监控量测管理办法;全线采用全站仪无尺量测,建立隧道监控量测信息化平台,将全线隧道的监控量测数据统一纳入信息管理平台;严格管理数据的采集和上传,由浩吉铁路公司和建设指挥部统一管理,确保全线隧道施工安全,实现施工安全零事故的目标。

2.7.1 监控量测布设原则

监控量测可以获得围岩和初期支护的稳定状态等信息,为判断施工现场的安全性、结构参数和工法调整、二次衬砌施作时机等提供依据。浩吉铁路公司结合前期现场监控量测实测数据以及《铁路隧道监控量测技术规程》(Q/CR 9218—2015)相关规定,针对不同围岩条件和地质情况,对监控量测断面和量测频率进行了优化调整。地表沉降观测仅在特殊情况的浅埋地段布设,优化了Ⅱ、Ⅲ、Ⅳ级围岩的监测断面和量测频率。

1) 必测项目和选测项目

必测项目是为了在施工中确保围岩的稳定,并通过判断围岩的稳定性来指导设计、施工的经常性量测,是所有隧道进行的项目,必测项目见表2-6。

监控量测必测项目　　　　　　　　　　表2-6

序号	监测项目	监测范围	常用仪器
1	洞内、外观察	全线隧道 (正洞和辅助导坑)	罗盘仪等
2	拱顶下沉		全站仪
3	水平收敛		全站仪
4	地表沉降	特殊情况的浅埋段	全站仪

注:1."特殊情况的浅埋段"是指隧道浅埋段且该段有构(建)筑物、等级道路等情况。
　　2.非上述情况,但当地表出现开裂、沉降等异常情况时,须进行地表沉降监测。

选测项目是对特殊地段进行的补充测试,以求更深入地掌握围岩的稳定状态和初期支护的效果以及工程对周围环境影响的状况,指导未开挖区段的设计和施工,按隧道工程实际需要进行施作。选测项目根据《铁路隧道监控量测技术规程》(Q/CR 9218—2015)的相应要求实施。

2) 监测断面布设

地表沉降断面(对于需要监测的段落)与洞内监测断面应尽量布置在同一断面里程位置处,断面间距布设见表2-7。

地表沉降监测断面间距　　　　　　　　表2-7

隧道埋深与开挖宽度	断面间距(m)	隧道埋深与开挖宽度	断面间距(m)
$2B < H_0 \leq 2(H+B)$	20	$H_0 \leq B$	5
$B < H_0 \leq 2B$	10		

注:H_0为隧道埋深,H为隧道开挖高度,B为隧道开挖宽度。

隧道洞内拱顶下沉和水平收敛布置在同一断面上,断面间距设置见表2-8。

拱顶下沉和水平收敛监测断面间距　　　　　　　　表2-8

围岩级别	断面间距(m)	
	单双线正洞	单双车道辅助坑道
Ⅴ(Ⅵ)级	5	10
Ⅳ级	20	30
Ⅲ级(软质岩)	50	
Ⅲ级(硬质岩)	在特殊地段布置监测断面	
Ⅱ级	在特殊地段布置监测断面	

注:1.Ⅳ级围岩,在不良地质地段(主要指土体、水平层软质岩等)监测断面适当加密。
　　2.Ⅲ级软质岩主要指砂岩(三门峡以北)、片岩、板岩、页岩、泥质砂岩、砂砾岩、泥灰岩等。
　　3.Ⅲ级硬质围岩、Ⅱ级围岩原则上不布置监测断面,特殊地段根据现场情况布置监测断面。特殊地段包括:掌子面施工时,有掉块、坍方等的地段;喷射混凝土有开裂、剥落等的地段;需要进行设计调整的段落(进行一定的监测,为动态调整支护参数、施工方法等提供参考、验证调整效果);其他需要进行监测的地段(如交叉口地段等)。
　　4.各断面布置间距误差控制在断面间距的10%以内。

3) 监测点布设

地表沉降监测点横向间距为 2～5m,在隧道中线附近测点适当加密,隧道中线两侧监测范围不小于 H_0+B,当对地表沉降有特殊要求时,监测间距适当加密,范围适当加宽,其测点布置如图 2-8 所示。

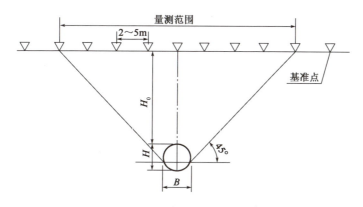

图 2-8　地表沉降横向测点布置示意图

洞内水平收敛测点距台阶开挖线的高度,可根据各台阶的高度情况进行适当调整,其他特殊施工方法的测点布置根据现场实际情况进行布置;拱顶下沉测点埋设在拱顶轴线上。净空变化监测点布置如图 2-9 所示。

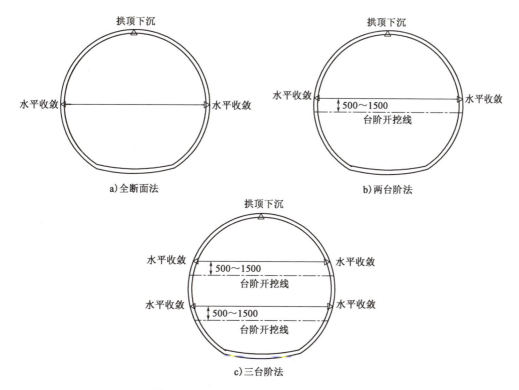

图 2-9　拱顶下沉和水平收敛监测点布置示意图(尺寸单位:mm)

2.7.2 监控量测数值管理

1) 监测频率

洞内、外观察每施工循环记录1次,必要时加大观察频率。拱顶下沉和水平收敛监测频率为1次/d,地表沉降监测频率为1次/(1~3)d。当出现异常情况时,应适当加大监测频率。当净空变形趋于稳定时,其监测频率见表2-9,在初期支护稳定后,可停止该断面的净空变形监测。在二次衬砌施工通过监测断面2B距离后(B为该断面隧道开挖宽度),且地表沉降变形时态曲线已经收敛,可停止该断面地表沉降监测。

变形趋于稳定时的监测频率　　　　　　　　　　表2-9

支护状态	平均变形速率(mm/d)	持续时间(d)	监测频率
初期支护全环封闭	<2	>3	1次/3d
初期支护全环封闭	<1	>7	1次/7d
初期支护全环封闭	<0.5	>15	1次/15d

注:初期支护稳定须同时满足以下条件:
 1. 初期支护表观现象正常。
 2. 变形时态曲线已经收敛。
 3. 拱顶下沉和水平收敛平均变形速率小于0.5mm/d,且持续1个月以上。

2) 监测控制基准

采用变形总量、变形速率、初期支护表观现象和变形时态曲线等四项指标对隧道施工安全进行综合等级管理。

(1) 变形总量管理值及管理等级确定见表2-10、表2-11。

一般地段变形总量管理等级　　　　　　　　　　表2-10

			变形总量(mm)		
管理等级			正常(绿色)	预警二级(黄色)	预警一级(红色)
拱顶下沉	单线正洞 单车道辅助坑道	Ⅲ	<20	20~25	≥25
		Ⅳ	<48	48~64	≥64
		Ⅴ	<60	60~80	≥80
	双线正洞 双车道辅助坑道	Ⅲ	<25	25~35	≥35
		Ⅳ	<72	72~96	≥96
		Ⅴ	<90	90~120	≥120
水平收敛	单线正洞 单车道辅助坑道	Ⅲ	<10	10~15	≥15
		Ⅳ	<30	30~45	≥45
		Ⅴ	<40	40~55	≥55
	双线正洞 双车道辅助坑道	Ⅲ	<10	10~15	≥15
		Ⅳ	<35	35~50	≥50
		Ⅴ	<45	45~60	≥60
地表沉降			<90	90~120	≥120

黄土地段变形总量管理等级 表2-11

变形总量(mm)			
管理等级	正常(绿色)	预警二级(黄色)	预警一级(红色)
拱顶下沉	<75	75~150	≥150
水平收敛	<35	35~50	≥50
地表沉降	<90	90~180	≥180

注：本表不适用于特殊施工工法（如盾构法、预切槽法等）隧道。特殊隧道地段可根据现场实际情况，经各参建单位会审，可适当调整表中控制基准值。

（2）变形速率管理值及管理等级见表2-12、表2-13。

一般地段变形速率管理等级 表2-12

变形速率(mm/d)			
管理等级	正常(绿色)	预警二级(黄色)	预警一级(红色)
拱顶下沉	<5.0	5.0~10.0	≥10.0
水平收敛	<3.0	3.0~6.0	≥6.0
地表沉降	<5.0	5.0~10.0	≥10.0

黄土地段变形速率管理等级 表2-13

变形速率(mm/d)			
管理等级	正常(绿色)	预警二级(黄色)	预警一级(红色)
拱顶下沉	<10.0	10.0~20.0	≥20.0
水平收敛	<5.0	5.0~10.0	≥10.0
地表沉降	<10.0	10.0~20.0	≥20.0

注：本表不适用于特殊施工工法（如盾构法、预切槽法等）隧道。

（3）隧道施工过程中应对隧道初期支护进行观察，当初期支护出现表2-14所述现象时，应及时进行信息反馈，并采取相应工程措施。

需要采取工程措施的初期支护表观现象 表2-14

序号	初期支护组成部分	表观现象
1	喷射混凝土	初期支护混凝土出现开裂、剥落、掉块等现象，并达到以下标准： ①纵向开裂超过3榀钢支撑间距。 ②环向开裂超过已施工支护周长的1/3。 ③裂缝宽度超过0.5mm
2	钢拱架等	扭曲、异响、拱脚下沉等

（4）当变形处于初期匀速变形阶段和平稳发展阶段时，隧道处于相对安全的状态。围岩变形过程中，在围岩不失稳的正常情况下，在量测断面附近进行开挖施工时，受施工扰动，存在一定的变形加速现象，属于正常加速，其余变形加速属于异常加速。异常加速是围岩失稳的征兆，隧道施工安全存在威胁，应进行预警。变形趋势如图2-10所示。

根据回归后位移时态曲线的形态确定对应的管理等级，见表2-15。

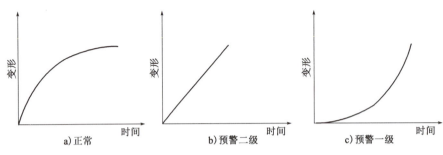

图 2-10 变形时态特征曲线

变形时态曲线对应管理等级　　　　　　　　　　　表 2-15

序　号	管　理　等　级	表　现
1	正常(绿色)	无变形异常加速,变形特征曲线趋于收敛
2	预警二级(黄色)	变形异常加速,变形特征曲线无收敛迹象,日均变形速率差值连续 2d 增大,且均大于 2mm/d
3	预警一级(红色)	变形异常加速,变形特征曲线无收敛迹象,日均变形速率差值连续 3d 增大,且均大于 2mm/d

2.7.3 监控量测管理措施

1) 各管理等级应对措施

根据监控量测数值限值,对各管理等级制订对应措施,见表 2-16。

各管理等级的应对措施　　　　　　　　　　　表 2-16

管　理　等　级	对　应　措　施
正常(绿色)	正常施工
预警二级(黄色)	加强监测,密切关注发展情况,分析原因,调整施工,使隧道变形趋稳,并制订应急方案和对策
预警一级(红色)	暂停施工,加强监测,启动应急预案,采取相应工程措施

2) 信息处置分级管理

利用"隧道施工监测信息化管理平台"可实现监测数据采集、传输、分析和管理。

(1) 建设、监理、施工、设计单位技术和质量安全管理人员安装监测信息管理系统并每天查看,当出现预警时,信息平台自动发送短信至相关人员手机端。

(2) 施工单位是隧道监控量测测点布设、测点保护、量测、错误测量数据甄别剔除、真实测量数据上传、针对黄(红)色预警信息研究提出技术措施、实施技术措施的责任主体。

(3) 信息处置应根据预警程度,分级管理。

① 二级(黄色)预警信息处置:工区技术和安全负责人、设计人员、总监代表现场查看,研究制订技术方案和防范措施。

② 一级(红色)预警信息处置:项目部总工程师和安全总监、设计人员、总监理工程师、建设单位现场查看,研究制订技术方案和防范措施。

3) 测点埋设及恢复管理

初期支护与围岩密贴,有钢架地段测点焊接在格栅钢架上,无钢架地段埋设在围岩中。测点在开挖后及时埋设并读取初始读数,测点埋设在开挖后12h内完成,初始读数在测点埋设后8h内完成,经现场技术负责人复核后2h内上传至监测信息平台。

如遇测点被破坏,应在被破坏测点附近补埋,重新读取初读数;如果测点出现松动,及时加固,重新读取初读数。破坏或松动测点在6h之内恢复,前期累计变形值作为处理后测点的初始变形量。

隧道工装设备应用

为保证浩吉铁路隧道施工质量及安全,减少工人劳动强度,提高隧道施工工效,全面提升隧道施工机械化水平,浩吉铁路公司鼓励施工单位联合设备厂商研发、试验和推广应用隧道施工专业机械设备。

2.8.1 浩吉铁路公司推广的机械设备

1) 湿喷机械手

为达到初期支护快速封闭的目的,确保围岩和隧道初期支护结构作为承载主体,全面提高隧道初期支护结构的强度,要求全线隧道初期支护采用湿喷工艺,必须使用大型湿喷机械手,湿喷机喷射能力不应小于 $15m^3/h$。

为此,全线各参建单位对喷浆设备进行了采购,现场累计投入 300 多台施工效率较高的喷浆设备,如铁建重工 HPS 系列、湖南五新 CHP30C 型、长沙科达 KC30 型、意大利 CIFA-CSS-3 型、德国 PM500 型等,绝大多数喷射机械手喷射能力高达 $30m^3/h$。现场湿喷机械手作业图如图 2-11 所示,初期支护混凝土芯样效果如图 2-12 所示。

图 2-11 湿喷机械手作业图

图 2-12 初期支护取芯效果

2) 液压自行式长仰拱栈桥

为确保隧道仰拱及填充层混凝土结构的施工质量及整体性,尽量减少隧道仰拱及填充层的施工接缝,浩吉铁路公司要求一般情况下全线隧道仰拱一次性清底不小于24m,二次衬砌仰拱及填充层一次浇筑 9~12m。全线累计投入 329 台液压自行式长仰拱栈桥设备(图2-13),栈桥长度一般约36m,作业空间大,可满足栈桥下仰拱清渣、二次衬砌钢筋绑扎(图2-14)、模板安装及混凝土浇筑,桥上开挖、出渣、喷射混凝土等工序平行作业。

图2-13　液压自行式长仰拱栈桥　　　　　图2-14　仰拱栈桥下钢筋绑扎

3) 改进型二次衬砌台车

为了提高二次衬砌混凝土的实体质量,减少集中灌注导致的驼峰和集料窝问题,避免浇筑不连续导致的施工冷缝问题,提倡二次衬砌浇筑采用分流槽布料,混凝土滑槽逐窗入模(图2-15)。通过优化灌注窗口尺寸和数量,将传统二次衬砌台车浇筑窗口净空尺寸(长×宽)45cm×45cm增大至100cm×45cm,窗口数量由每侧每层4个调整至每侧每层6个,确保混凝土振捣到位。二次衬砌浇筑完成后,及时拱顶带模注浆(图2-16),使注浆材料与二次衬砌混凝土形成良好的受力整体,确保拱部无脱空。

图2-15　分流槽布料示意图　　　　　图2-16　台车注浆孔连接

4) 水平旋喷设备

为了实现隧道大断面机械开挖,在粉细砂、饱和黄土、古冲沟土砂互层等地层中,为提高围岩的自稳能力,沿隧道拱墙外轮廓进行超前水平旋喷桩加固,形成承载拱结构,防止地层因失压而出现坍塌;通过对掌子面前方围岩进行水平旋喷桩加固,可确保掌子面围岩稳定。在万荣、阳城、小南源等隧道软弱围岩段落,采用了ST-60摇臂钻机、SGM45制浆设备和7T600G注浆设备等(图2-17),实现了大断面安全快速施工。

图 2-17 水平旋喷设备及加固效果

2.8.2 隧道施工机械设备创新

1) 大断面马蹄形盾构机

为了提升隧道施工机械化装备水平,在铁路山岭隧道软土地质领域首次研发并成功应用大断面马蹄形土压平衡盾构机(图 2-18)。盾构机断面尺寸为 11476.5mm × 11360mm,开挖面积达 105.6m²,相对圆形截面减小 10%~15% 的开挖面积。在浅埋条件下地表不需采取加固措施安全穿越天然气管线和包茂高速公路,正常条件下掘进速度维持在 10m/d,2017 年 3 月马蹄形盾构机创造了单月掘进 308.8m 的记录,单日最高掘进 10 环(16m),比传统的矿山法施工在同等地质条件下工作效率提高 3 倍以上。

图 2-18 大断面马蹄形盾构机

2) 预切槽设备

预切槽法是介于浅埋暗挖法和盾构法之间的一种新工法,通过沿拱圈切割一条宽数十厘米、深数米的切槽,再浇筑混凝土,形成连续且具备一定强度的混凝土壳体,再在混凝土预支护下采用施工机械进行大断面开挖,是一种适用于土质隧道施工的新工法。为了提高土质隧道施工的机械化水平,保证土质隧道施工的安全,浩吉铁路公司在郝窑科隧道Ⅳ级围岩老黄土地段设置科研试验段(图 2-19),开展了预切槽法施工试验。通过共计 12 环 29m 切槽和喷灌预支护施工试验,获得了切槽深度和宽度、分块数量、搭接长度、喷灌混凝土、开挖支护等主要施工工艺参数;预切槽机械设备研发取得了阶段性成果。同时,研发设备在不同地层的适应性、切槽和灌注混凝土连续作业等方面还将进一步研究改进。

图 2-19　预切槽设备

3) 悬臂式掘进机

银山 1 号隧道需穿越油井、村庄等敏感地区,采用矿山法爆破施工时需对油井采取防护措施,并需要对村庄进行整体搬迁,存在施工安全风险高、征拆难度大、耗时长、费用高等难点。考虑浅埋地段地质主要为白垩系砂岩(岩石单轴饱和抗压强度为 5.24～5.92MPa),属软岩,采用了悬臂式掘进机非爆破开挖施工成功穿越该段落(图 2-20),降低了对周边围岩的扰动,较好地控制了地表沉降,在非爆破环境下有效降低了工人劳动强度,并保证了施工进度。

4) 反井钻机

在长大瓦斯隧道中,为确保施工期隧道内瓦斯含量不超标,通常设置通风竖井。集义隧道长 15417m,为高瓦斯隧道,共设置 4 座通风竖井,最深竖井长 475m,采用 BSPJ-500 型反井钻机施工(图 2-21)。首先在地面先施工导孔至隧道横通道,再安装扩孔钻头,由下向上施工竖井,开挖弃渣因自重落下,由运输车运至弃渣场,与竖井从地面向下开挖相比,大大减少了工作量。

图 2-20　悬臂式掘进机　　　　图 2-21　反井钻机设备

第3章

隧道结构设计优化与技术创新

自引进隧道新奥法施工技术以来,国内山岭隧道支护体系主要采用复合式衬砌结构。受工装工艺、技术管理、质量控制等因素的综合影响,现场管理多存在"轻初期支护、重二次衬砌"的现象,以限定二次衬砌"步距"来保证施工安全就是其具体体现。实际情况往往由于不够重视初期支护施工质量,当出现险情时,常通过快速施作二次衬砌来解决问题,虽然二次衬砌结构也做了加强设计,但难免会遗留一些安全隐患。事实上,施工单位虽然严格按照二次衬砌"步距"组织施工,但还是存在因初期支护破坏引发隧道安全事故。针对这种现象,浩吉铁路公司要求隧道建设遵循"隧道初期支护应确保施工期间围岩稳定及自身结构安全"的工程理念,依托现场科研试验成果,结合具体工程特点,对隧道支护结构设计进行合理优化。

结构内轮廓

3.1.1 建筑界限调整

在预可研阶段,长度1km以下的隧道尚未考虑采用大型养路机械作业。由于本线有砟轨道隧道数量多(58.3km/137座),为减少运营期间人工养护工作量,在可研阶段对长度1km以下隧道断面进行了调整,线路中线距离水沟边缘由1.5m调整到2.2m,以使隧道内轮廓满足大型养路机械作业要求(图3-1)。

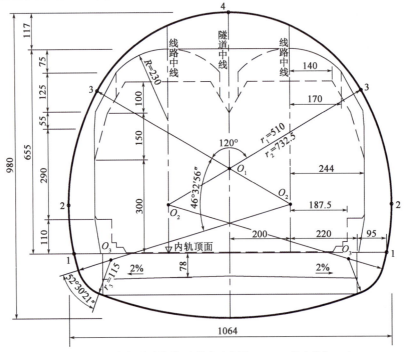

图3-1 双线隧道(有砟轨道)内轮廓示意图($W=0$)(尺寸单位:cm)

3.1.2 水沟位置调整

考虑隧道支护结构拱脚部位一般受力较大,本线隧道轮廓线在此处存在突变,易出现应力集中现象;同时,本线以大轴重煤炭运输为主,对底部结构的要求相对较高。综上,通过调整水沟与电缆槽位置,将拱脚处二次衬砌轮廓修圆顺,改善了隧道拱脚部位受力。调整前后断面设计示意图如图3-2所示。

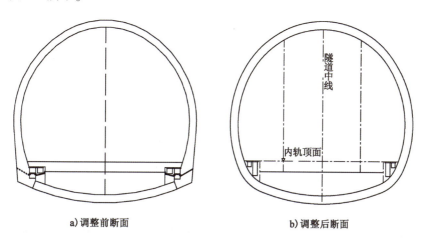

图3-2 调整前后断面设计示意图

3.1.3 仰拱矢跨比调整

考虑Ⅲ级围岩较为坚硬且整体性较好,采用钻爆法施工深仰拱轮廓难度相对较大,且超挖量较大,经济性较差。针对Ⅲ级围岩基底地层岩体强度及完整性良好地段,对隧道仰拱内轮廓曲率进行调整,矢跨比由1:8调整为1:10,适当降低仰拱填充层高度,降低施工难度,同时兼顾仰拱受力要求。调整前后断面设计示意图如图3-3所示。

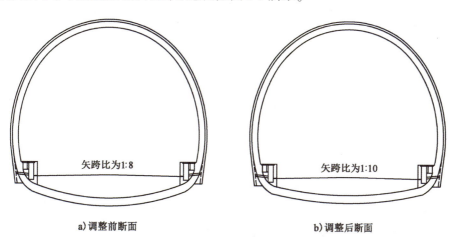

图3-3 调整前后断面设计示意图

初期支护组合形式

目前,国内山岭隧道Ⅲ级围岩初期支护主要采用钢筋网+喷射混凝土+系统锚杆的组合形式,Ⅳ~Ⅴ级围岩初期主要采用钢筋网+喷射混凝土+钢架+系统锚杆的组合形式。一般工程中常按照规范和工程类比法进行设计和施工,针对具体工点的专项设计应用较少。随着近20年来国内隧道工程建设的高速发展,关于初期支护组合形式有效性的研究有了许多新的思路,部分研究认为浅埋、黄土隧道系统锚杆中锚杆轴力较小且拱部锚杆支护效果不明显,石质隧道Ⅲ级围岩整体性较好,是否在拱墙部分按统一原则布设系统锚杆值得商榷。针对上述情况,浩吉铁路公司组织开展了系统锚杆设置试验,基于浩吉铁路隧道工程的初期支护组合形式的有效性进行现场试验研究。

3.2.1 试验工况

根据浩吉铁路全线隧道的分布特点,试验选取连云山隧道、九岭山隧道、阳山隧道、延安隧道、姚店隧道、郑庄隧道共计6座,总长度约55km,涵盖Ⅱ~Ⅴ级4种围岩等级,花岗岩、板岩、砂泥岩和黄土4种地层,共设置17个试验工况,共计51个试验断面,见表3-1。

试验工况表　　　　表3-1

隧道名称	围岩等级	岩质	平均埋深(m)	试验工况1	试验工况2
连云山隧道（单线）	Ⅲ级	板岩	75	2.5m长系统锚杆(拱墙)	
	Ⅳ级	板岩	38	2.5m长系统锚杆(拱墙)	
九岭山隧道（双线）	Ⅱ级	花岗岩	168	2.5m长系统锚杆(拱部)	
	Ⅲ级	花岗岩	91	2.5m长系统锚杆(拱墙)	无系统锚杆
	Ⅳ级	花岗岩	58	3.0m长系统锚杆(拱墙)、钢架	无系统锚杆,设钢架
	Ⅴ级	花岗岩	36	3.5m长系统锚杆(拱墙)、钢架	无系统锚杆,设钢架
阳山隧道(双线)	Ⅲ级	砂泥岩	227	3.0m长系统锚杆(拱部)、钢架	无系统锚杆,设钢架
延安隧道(双线)	Ⅳ级	砂泥岩	64	3.0m长系统锚杆(拱部)、钢架	无系统锚杆,设钢架
郑庄隧道(双线)	Ⅳ级	黄土	96	3.0m长系统锚杆(边墙)、钢架	无系统锚杆,设钢架
姚店隧道(双线)	Ⅴ级	黄土	88	3.5m长系统锚杆(边墙)、钢架	无系统锚杆,设钢架

下面以Ⅲ~Ⅴ级花岗岩试验段数据代表岩质隧道,Ⅳ~Ⅴ级黄土试验段数据代表土质隧道进行分析。

岩质隧道试验工点九岭山隧道为单洞双线,隧道Ⅲ级围岩试验段里程为 DK1695+530~DK1695+750,为弱风化花岗岩,块状构造,岩质坚硬,岩体局部较破碎,有少量岩脉侵入,裸露掌子面能够自稳,采用全断面法开挖;Ⅳ级围岩试验段里程为 DK1695+790~DK1695+850,为中强风化花岗岩、花岗闪长岩,岩体破碎,节理裂隙较发育,裂缝部分张开,裸露掌子面基本自稳,偶有掉块现象,掌子面渗水,整体湿润,采用两台阶法施工;Ⅴ级围岩试验段里程为 DK1695+600~DK1695+660,为强风化花岗岩、花岗闪长岩,岩体破碎,节理裂隙发育,掌子面揭露呈黄褐色,基本自稳,偶有掉块现象,掌子面整体湿润,采用三台阶法施工。岩质隧道试验段掌子面如图 3-4 所示。

a) Ⅲ级岩质围岩掌子面

b) Ⅳ级岩质围岩掌子面

c) Ⅴ级岩质围岩掌子面

图 3-4 岩质隧道试验段掌子面

土质隧道试验工点郑庄隧道为单洞双线,Ⅳ级围岩试验段里程为 DK372+525~DK372+555,围岩主要为黏质老黄土、新黄土,掌子面揭露呈黄色,开挖面稳定性较好,竖向节理较发育,掌子面干燥,采用三台阶法施工。土质隧道试验工点姚店隧道为单洞双线,Ⅴ级围岩试验段里程为 DK357+220~DK357+256,围岩主要为黏质新黄土、砂质新黄土、黏质老黄土、砂质老黄土,掌子面揭露呈黄色,开挖面稳定性差,部分有掉块现象,掌子面比较干燥,采用三台阶法施工。土质隧道试验段掌子面如图 3-5 所示。

各试验工点隧道围岩支护参数见表 3-2。

a) Ⅳ级土质围岩掌子面

b) Ⅴ级土质围岩掌子面

图 3-5 土质隧道试验段掌子面

各类型围岩隧道支护参数表　　　表 3-2

衬砌类型	初期支护										
	C25 喷射混凝土		锚杆			钢筋网			钢架		
	部位	厚度(cm)	部位	长度(m)	环向×纵向(m)	部位	钢筋直径(mm)	尺寸(cm)	部位	型号	间距(m)
Ⅲa	拱墙	12	拱墙	2.5	1.2×1.2	拱部	纵向 φ6,环向 φ6	25×25	—	—	—
Ⅳb	全环	23	拱墙	3.0	1.2×1.0	拱墙	纵向 φ8,环向 φ8	25×25	拱墙	H150	1.0
Ⅴc	全环	30	拱墙	3.5	1.0×0.8	全环	纵向 φ8,环向 φ8	20×20	全环	H230	0.6
Ⅳ土	全环	23	拱墙	3.5	1.2×1.0	拱墙	纵向 φ8,环向 φ8	25×25	全环	H150	0.8
Ⅴa土	全环	25	拱墙	3.5	1.2×1.0	拱墙	纵向 φ8,环向 φ8	20×20	全环	H180	0.75

3.2.2 试验方案

1) 试验段布设

根据隧道地质条件和施工情况,Ⅲ级岩质围岩段选取 120m 作为试验段,其中"网喷+系统锚杆"和"网喷"试验段各为 60m;Ⅳ级和Ⅴ级岩质围岩段各选取 60m 作为试验段,其中"网喷+钢架+系统锚杆"和"网喷+钢架"试验段各为 30m。Ⅳ级土质围岩段选取 30m 作为试验段,其中"网喷+钢架+系统锚杆"和"网喷+钢架"试验段各为 15m;Ⅴ级土质围岩段选取 36m 作为试验段,其中"网喷+钢架+系统锚杆"和"网喷+钢架"试验段各为 18m。试验段布置情况见表 3-3。

试验段布置情况　　　　　　　　　　　　　　　　　　　　　　表 3-3

围岩情况	试验工况	监测断面里程	埋深(m)	断面形式
Ⅲ级岩质围岩 （DK1695+530~ DK1695+750）	网喷+系统锚杆	DK1681+535	73	单洞双线
		DK1681+587	93	
		DK1681+722	107	
	网喷	DK1681+727	109	
		DK1681+732	109	
Ⅳ级岩质围岩 （DK1695+790~ DK1695+850）	网喷+钢架+系统锚杆	DK1695+822	61	单洞双线
		DK1695+807	58	
		DK1695+802	58	
	网喷+钢架	DK1695+839	56	
		DK1695+841	57	
		DK1695+843	57	
Ⅴ级岩质围岩 （DK1695+600~ DK1695+660）	网喷+钢架+系统锚杆	DK1695+657	40	单洞双线
		DK1695+650	40	
	网喷+钢架	DK1695+617	45	
		DK1695+615	45	
		DK1695+602	52	
Ⅳ级土质围岩 （DK372+525~ DK372+555）	网喷+钢架+系统锚杆	DK372+535	55.6	单洞双线
		DK372+540	57.8	
		DK372+545	60.8	
	网喷+钢架	DK372+550	61	
		DK372+555	61	
Ⅴ级土质围岩 （DK357+220~ DK357+256）	网喷+钢架+系统锚杆	DK357+221	94	单洞双线
		DK357+225	94	
		DK357+230	93	
	网喷+钢架	DK357+240	92	
		DK357+245	91	
		DK357+250	91	

2) 监测断面测点布设

通过埋设元器件布设测点，对上述监测断面进行拱顶沉降、水平收敛、混凝土应力、钢架应力及锚杆轴力(仅在存在系统锚杆试验工况)监测。

(1) 拱顶沉降、水平收敛点布设

监测点布设如图 3-6 所示，GD01 为拱顶沉降监测点，SL01、SL02 为相对水平收敛测线，Ⅲ级和Ⅳ级围岩仅有 SL01 测线。

(2) 系统锚杆轴力测点布设

系统锚杆轴力测点布设如图 3-7 所示。Ⅲ、Ⅳ、Ⅴ级岩质围岩段每个断面共计 10 根锚杆，锚杆编号为 MG01~MG10;Ⅳ、Ⅴ级土质围岩段因现场拱部锚杆施作困难,每个断面共计 8 根锚杆,锚杆编号为 MG03~MG10。每根锚杆设置 6 个轴力测点。

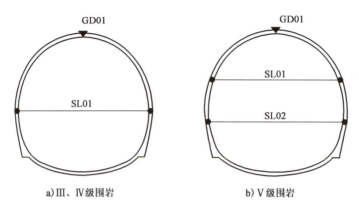

图 3-6 位移测点布设图

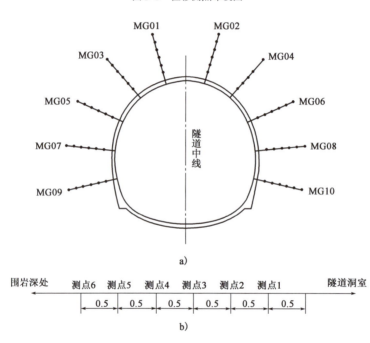

图 3-7 测力锚杆点位布置图(尺寸单位:m)

(3)喷射混凝土和钢架应变测点布设

喷射混凝土和钢架应变测点布设如图 3-8 所示。NT01~NT10 表示喷射混凝土内侧测点,WT01~WT10 表示喷射混凝土外侧测点;Ⅳ级岩质围岩段因仰拱无钢架,故 NG01~NG07 表示钢架内侧测点,WG01~WG07 表示钢架外侧测点;Ⅴ级岩质围岩段中,NG01~NG10 表示钢架内侧测点,WG01~WG10 表示钢架外侧测点。

3)测试方法

系统锚杆采用 CM-1 矿用测力锚杆(利用树脂锚固剂锚固)进行试验量测,喷射混凝土应变和钢架应变采用 XJ-YX-10 型振弦式应变计进行测量,现场元器件安装如图 3-9 所示。

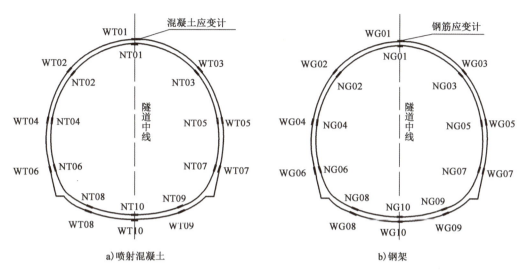

a) 喷射混凝土　　　　　　　　　b) 钢架

图 3-8　应变计测点布设图

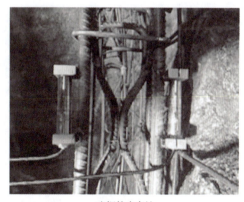

a) 测力锚杆　　　　　　　　　b) 钢筋应变计

c) 混凝土应变计

图 3-9　现场监测元器件安装

因隧道采用两台阶法和三台阶法施工,故测量元器件的埋设也是分步进行的,相应测量时长也有所不同。Ⅲ级岩质围岩段监测开始于2016年3月10日,于2016年5月30日结束,监测时长81d;Ⅳ级岩质围岩段监测开始于2016年1月22日,于2016年5月21日结束,监测时长120d;Ⅴ级岩质围岩监测开始于2016年6月27日,于2016年8月24日结束,监测时长58d。Ⅳ级土质围岩监测开始于2016年4月19日,于2016年7月2日结束,监测时长75d。Ⅴ级土质围岩监测开始于2016年6月4日,于2016年8月17日结束,监测时长74d。

3.2.3 岩质围岩隧道试验结果及分析

1)拱顶沉降与水平收敛

各试验断面拱顶沉降与水平收敛量测结果见表3-4,可以看出:
(1)各断面的拱顶沉降和水平收敛值均为正值,即隧道整体向净空侧变形。
(2)最大拱顶沉降为15.2mm,水平收敛为9.19mm,变形收敛值较小,均在允许范围内。
(3)"网喷+钢架+系统锚杆"组合形式最终收敛值略小于"网喷+钢架"组合形式。

拱顶沉降和水平收敛量测统计表 表3-4

围岩情况	组合形式	监测点	最终收敛值(mm)
Ⅲ级岩质围岩	网喷+系统锚杆	GD01	3.44
		SL01	2.68
	网喷	GD01	4.31
		SL01	3.87
Ⅳ级岩质围岩	网喷+钢架+系统锚杆	GD01	6.60
		SL01	4.56
	网喷+钢架	GD01	10.90
		SL01	9.19
Ⅴ级岩质围岩	网喷+钢架+系统锚杆	GD01	11.70
		SL01	7.62
		SL02	2.39
	网喷+钢架	GD01	15.20
		SL01	8.33
		SL02	6.38

注:最终收敛值正值表示向隧道净空内收敛,负值则相反。

2)系统锚杆轴力

Ⅲ、Ⅳ、Ⅴ级岩质围岩试验段监测锚杆轴力结果如图3-10所示,可以看出:
(1)系统锚杆多数呈现受拉状态,但最大受拉位置分布具有随机性且数值无规律性。
(2)系统锚杆Ⅲ级围岩中最大拉力为34kN,Ⅳ级围岩中最大拉力为25kN,Ⅴ级围岩中最大拉力为30kN,相比于锚杆杆体极限抗拉力197.6kN,其材料性能利用率为9.6%~17.2%。

(3) 每根锚杆中最大受力点位置分布随机,且轴力数值表现出突变性和不连续性。

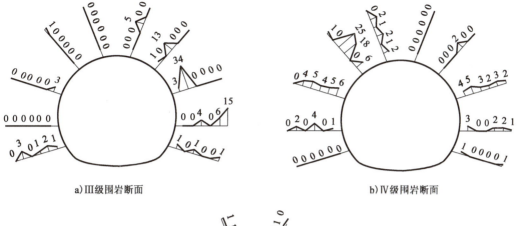

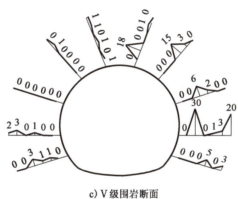

图 3-10　锚杆轴力分布图(单位:kN)

3) 喷射混凝土应力

Ⅲ、Ⅳ、Ⅴ级岩质围岩试验段喷射混凝土应力如图 3-11(+表示受拉,-表示受压)、表 3-5 所示,可以看出:①喷射混凝土内、外侧大部分受压,只有个别点位出现受拉;②在Ⅲ、Ⅳ、Ⅴ级围岩中,2 种组合形式的应力状态与其极限强度相比均有较大的富余,说明喷射混凝土未充分发挥其性能。

喷射混凝土应力汇总表　　表 3-5

围岩情况	组合形式	最大压应力 (MPa)	占极限抗压强度的比例 (%)	平均压应力 (MPa)	占极限抗压强度的比例 (%)	最大拉应力 (MPa)	占极限抗压强度的比例 (%)
Ⅲ级石质围岩	网喷+系统锚杆	7.40	30.6	3.78	15.6	—	—
	网喷	7.95	32.9	4.36	18.0	—	—
Ⅳ级石质围岩	网喷+钢架+系统锚杆	8.09	33.4	3.61	14.9	0.75	37.5
	网喷+钢架	10.78	44.5	4.45	18.4	—	—
Ⅴ级石质围岩	网喷+钢架+系统锚杆	5.78	23.9	1.89	7.8	0.15	7.5
	网喷+钢架	8.88	36.7	2.79	11.5	—	—

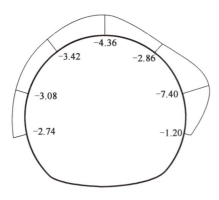
a) Ⅲ级围岩内侧喷射混凝土应力(有锚杆)

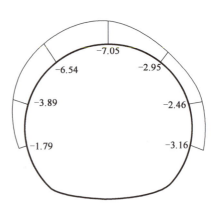
b) Ⅲ级围岩外侧喷射混凝土应力(有锚杆)

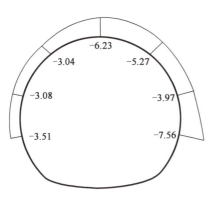
c) Ⅲ级围岩内侧喷射混凝土应力(无锚杆)

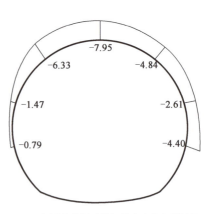
d) Ⅲ级围岩外侧喷射混凝土应力(无锚杆)

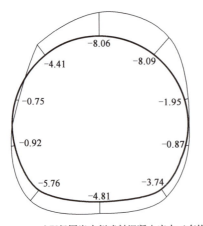
e) Ⅳ级围岩内侧喷射混凝土应力(有锚杆)

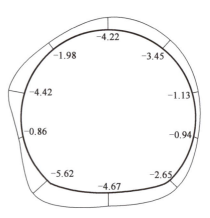
f) Ⅳ级围岩外侧喷射混凝土应力(有锚杆)

图 3-11

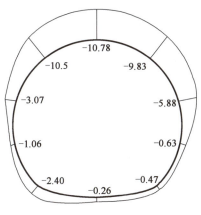

g) Ⅳ级围岩内侧喷射混凝土应力（无锚杆）

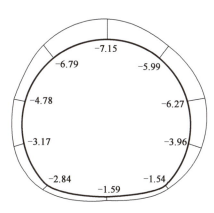

h) Ⅳ级围岩外侧喷射混凝土应力（无锚杆）

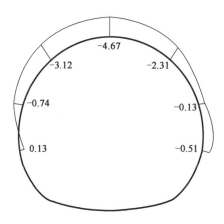

i) Ⅴ级围岩内侧喷射混凝土应力（有锚杆）

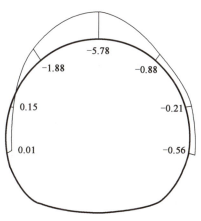

j) Ⅴ级围岩外侧喷射混凝土应力（有锚杆）

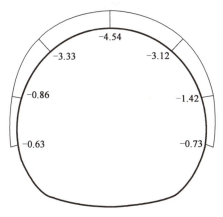

k) Ⅴ级围岩内侧喷射混凝土应力（无锚杆）

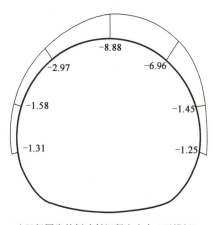

l) Ⅴ级围岩外侧喷射混凝土应力（无锚杆）

图 3-11　喷射混凝土应力分布图（单位：MPa）

4) 钢架应力

Ⅳ级和Ⅴ级岩质围岩试验段钢架应力如图 3-12 所示(+ 表示受拉, - 表示受压),钢架应力汇总表见表 3-6。从图和表可以看出:①钢架内、外侧整体受压,只有个别点位受拉;②Ⅳ级和Ⅴ级围岩中,2 种组合形式的应力状态与其极限强度相比均有较大的富余,说明钢架未充分发挥其性能。

钢架应力汇总表 表 3-6

围岩情况	组 合 形 式	最大压应力（MPa）	占极限抗压强度的比例（%）	平均压应力（MPa）	占极限抗压强度的比例（%）	最大拉应力（MPa）	占极限抗压强度的比例（%）
Ⅳ级石质围岩	网喷 + 钢架 + 系统锚杆	62.98	15.7	33.8	8.45	—	—
	网喷 + 钢架	200.12	50.0	72.2	18.1	—	—
Ⅴ级石质围岩	网喷 + 钢架 + 系统锚杆	62.59	15.6	21.5	5.4	6.66	1.7
	网喷 + 钢架	66.33	16.6	24.6	6.2	—	—

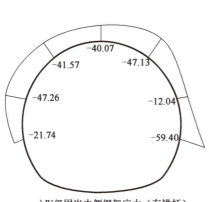

a) Ⅳ级围岩内侧钢架应力（有锚杆）

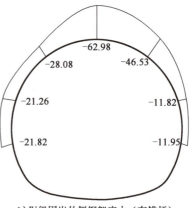

b) Ⅳ级围岩外侧钢架应力（有锚杆）

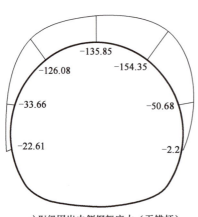

c) Ⅳ级围岩内侧钢架应力（无锚杆）

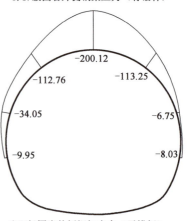

d) Ⅳ级围岩外侧钢架应力（无锚杆）

图 3-12

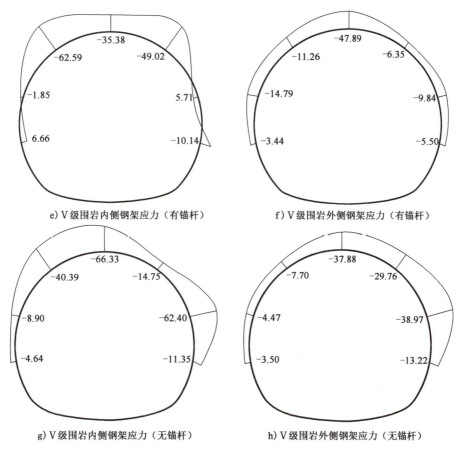

e) Ⅴ级围岩内侧钢架应力（有锚杆）　　f) Ⅴ级围岩外侧钢架应力（有锚杆）

g) Ⅴ级围岩内侧钢架应力（无锚杆）　　h) Ⅴ级围岩外侧钢架应力（无锚杆）

图 3-12　钢架应力分布图（单位：MPa）

5）初期支护组合形式分析

（1）Ⅲ级岩质围岩试验段

①收敛变形

"网喷 + 系统锚杆"和"网喷"2 种组合形式均能保证支护后隧道结构稳定，且"网喷 + 系统锚杆"段收敛变形略小于"网喷"段，拱顶沉降相差 0.87mm，水平收敛相差 1.19mm，变形收敛值均在允许范围内。

②内力

"网喷 + 系统锚杆"组合形式中最大锚杆轴力仅为其极限抗拉强度值的 17.2%，无系统锚杆情况下，喷射混凝土应力是有系统锚杆情况下的 1.15 倍，但即使无系统锚杆情况，最大喷射混凝土应力仅为极限强度值的 32.9%，远低于极限强度。

围岩较硬、完整性较好的深埋岩石隧道，围岩稳定性较好，系统锚杆发挥作用不大，可以取消或用局部锚杆代替，主要采用钢筋网喷混凝土或喷射钢纤维混凝土的支护方式。

（2）Ⅳ级和Ⅴ级岩质围岩试验段

①收敛变形

"网喷 + 钢架 + 系统锚杆"和"网喷 + 钢架"组合形式均能保证支护后隧道结构稳定，且"网喷 + 钢架 + 系统锚杆"段收敛变形略小于"网喷 + 钢架"段，拱顶沉降相差 4.3～6.5mm，水平收敛相差1.01~4.63mm,变形收敛值均在允许范围内。

②内力

a."网喷+钢架+系统锚杆"组合形式中最大锚杆轴力仅为其极限抗拉强度值的15.2%;无系统锚杆情况下,喷射混凝土应力是有系统锚杆情况下的1.23~1.48倍,钢架应力是有系统锚杆情况下的1.14~2.14倍,但无系统锚杆情况下,最大喷射混凝土应力仅为极限强度值的18.4%,最大钢架应力仅为极限强度值的18.1%,也均远低于极限强度。在喷射混凝土和钢架的承载能力远未充分发挥的情况下,若继续增设锚杆,锚杆承载能力的利用率将会更低。

b.单根锚杆轴力大体上局部受荷,全断面锚杆轴力峰值位置分布具有随机性;喷射混凝土和钢架拱顶应力值较大,拱腰应力值略小于拱顶,拱脚和边墙应力值较小。不同组合形式下应力分布规律并未发生明显改变,可认为组合形式的不同不会改变隧道受力模式。

围岩风化程度较高、完整性较差的岩质隧道,采用"网喷+钢架+系统锚杆"组合形式的支护措施并没有充分发挥各支护构件的支护能力,造成不必要的浪费,有效性较差,仅采用"网喷+钢架"组合形式就能够满足支护要求,并且目前的支护参数尚存在优化空间。

3.2.4 土质围岩隧道试验结果及分析

1)拱顶沉降与水平收敛

Ⅳ、Ⅴ级土质围岩隧道各试验断面拱顶沉降和水平收敛量测结果见表3-7,可以看出:

(1)各断面的拱顶沉降和水平收敛值均为正值,即隧道整体向净空侧变形。

(2)最大拱顶沉降值为18.80mm,水平收敛值为12.07mm。

(3)"网喷+钢架+系统锚杆"组合形式最终收敛值略小于"网喷+钢架"组合形式,均在允许范围内。

拱顶沉降和水平收敛量测统计表　　　　表3-7

围岩情况	组合形式	监测点编号	最终收敛值(mm)
Ⅳ级土质围岩	网喷+钢架+系统锚杆	GD01	12.10
		SL01	7.52
		SL02	12.98
	网喷+钢架	GD01	12.52
		SL01	8.50
		SL02	13.21
Ⅴ级土质围岩	网喷+钢架+系统锚杆	GD01	14.10
		SL01	3.80
		SL02	10.38
	网喷+钢架	GD01	18.80
		SL01	9.59
		SL02	12.07

注:最终收敛值正值表示向隧道净空内收敛,负值则相反。

2)系统锚杆轴力

Ⅳ、Ⅴ级土质围岩"网喷+钢架+系统锚杆"段监测轴力结果如图3-13所示(+表示受

拉,0 表示不受力),可以看出:

(1)系统锚杆多数呈现不受力状态。

(2)Ⅳ级围岩中最大拉力为 8kN,相比于锚杆极限抗拉力 197.6kN,其材料性能利用率为 4.0%,Ⅴ级围岩中最大拉力为 19kN,相比于锚杆极限抗拉力 197.6kN,其材料性能利用率为 9.6%。

(3)每根锚杆中最大受力点位置分布随机,且轴力在数值上表现出突变性和不连续性。

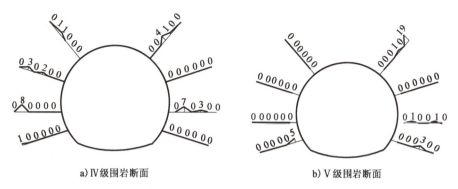

a)Ⅳ级围岩断面　　　　　b)Ⅴ级围岩断面

图 3-13　锚杆轴力分布图(单位:kN)

3)喷射混凝土应力

Ⅳ、Ⅴ级土质围岩试验段喷射混凝土应力如图 3-14 所示(+ 表示受拉, - 表示受压),喷射混凝土应力汇总表见表 3-8,可以看出:①喷射混凝土内、外侧均受压;②2 种组合形式的应力状态与其极限强度相比均有较大的富余,说明喷射混凝土未充分发挥其性能。

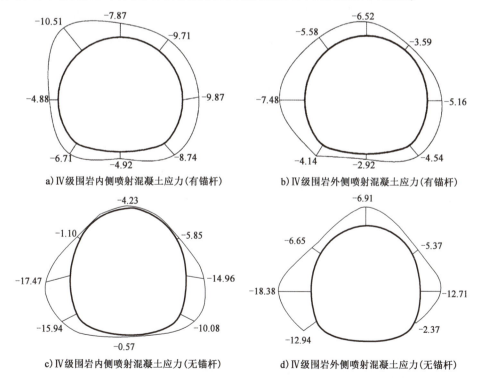

a)Ⅳ级围岩内侧喷射混凝土应力(有锚杆)　　　b)Ⅳ级围岩外侧喷射混凝土应力(有锚杆)

c)Ⅳ级围岩内侧喷射混凝土应力(无锚杆)　　　d)Ⅳ级围岩外侧喷射混凝土应力(无锚杆)

图 3-14

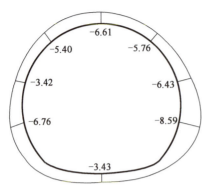
e) Ⅴ级围岩内侧喷射混凝土应力(有锚杆)

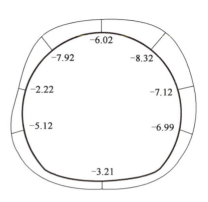
f) Ⅴ级围岩外侧喷射混凝土应力(有锚杆)

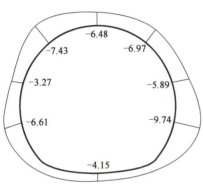
g) Ⅴ级围岩内侧喷射混凝土应力(无锚杆)

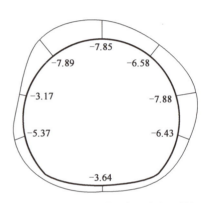
h) Ⅴ级围岩外侧喷射混凝土应力(无锚杆)

图 3-14 喷射混凝土应力分布图(单位:MPa)

喷射混凝土应力汇总表　　　　表 3-8

围岩情况	组合形式	最大压应力(MPa)	占极限抗压强度的比例(%)	平均压应力(MPa)	占极限抗压强度的比例(%)	最大拉应力(MPa)	占极限抗压强度的比例(%)
Ⅳ级石质围岩	网喷+钢架+系统锚杆	10.51	55.3	6.44	33.9	—	—
	网喷+钢架	17.47	91.9	8.78	46.2	—	—
Ⅴ级石质围岩	网喷+钢架+系统锚杆	8.59	45.2	5.83	30.7	—	—
	网喷+钢架	9.74	51.3	6.21	32.7	—	—

4)钢架应力

Ⅳ、Ⅴ级土质围岩试验段钢架应力如图 3-15 所示,钢架应力汇总表见表 3-9,可以看出:①钢架内、外侧均受压;②2 种组合形式的应力状态与其极限强度相比均有较大的富余,说明钢架未充分发挥其性能。

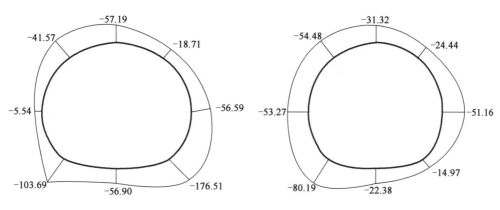

a) Ⅳ级围岩内侧钢架应力（有锚杆）　　　　b) Ⅳ级围岩外侧钢架应力（有锚杆）

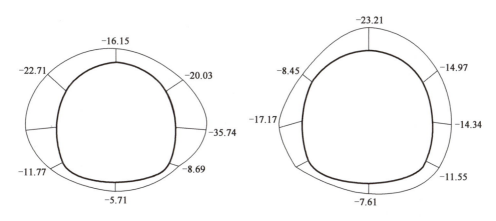

c) Ⅳ级围岩内侧钢架应力（无锚杆）　　　　d) Ⅳ级围岩外侧钢架应力（无锚杆）

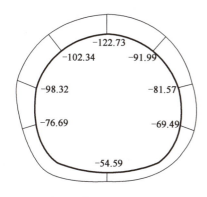 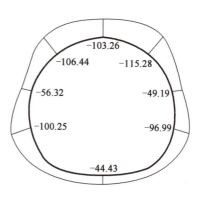

e) Ⅴ级围岩内侧钢架应力（有锚杆）　　　　f) Ⅴ级围岩外侧钢架应力（有锚杆）

图 3-15

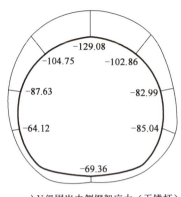
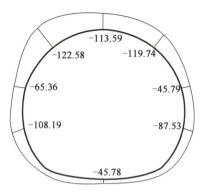

g) Ⅴ级围岩内侧钢架应力（无锚杆）　　h) Ⅴ级围岩外侧钢架应力（无锚杆）

图 3-15　钢架应力分布图（单位：MPa）

钢架应力汇总表　　　　　　　　　　　　　　　　　　　表 3-9

围岩情况	组 合 形 式	最大压应力 （MPa）	占极限抗压 强度的比例 （%）	平均压应力 （MPa）	占极限抗压 强度的比例 （%）
Ⅳ级 土质围岩	网喷+钢架+系统锚杆	176.51	44.1	53.1	13.3
	网喷+钢架	36.74	9.2	16.8	4.2
Ⅴ级 土质围岩	网喷+钢架+系统锚杆	115.28	28.8	85.6	21.4
	网喷+钢架	129.08	32.3	89.6	22.4

5) 初期支护组合形式分析

(1) 收敛变形

"网喷+钢架+系统锚杆"和"网喷+钢架"组合形式均能保证支护后隧道结构稳定,且"网喷+钢架+系统锚杆"段收敛变形略小于"网喷+钢架"段,拱顶沉降相差4.7mm,水平收敛相差1.69~5.79mm,均在允许范围内。

(2) 内力

①"网喷+钢架+系统锚杆"组合形式中最大锚杆轴力仅为其极限抗拉强度值的9.6%；无系统锚杆情况下,喷射混凝土应力是有系统锚杆情况下的1.07倍,钢架应力是有系统锚杆情况下的1.05倍,受力未发生较大改变,最大喷射混凝土应力仅为极限强度值的46.2%,最大钢架应力仅为极限强度值的22.4%,均远低于极限强度。可认为系统锚杆在深埋土质围岩隧道中未能发挥其支护作用,"网喷+钢架+系统锚杆"组合形式有效性较差。

②锚杆受力基本为0。因深埋土质围岩隧道中锚固剂与围岩握裹力不足,而浅埋土质围岩隧道往往是"塌落槽"破坏形态,锚杆打穿破裂面困难,故在土质围岩隧道中锚杆难以充分发挥其作用。喷射混凝土和钢架拱顶应力值较大,拱腰应力值略小于拱顶,拱脚和边墙应力值较小。不同组合形式下应力分布规律并未发生明显改变,可认为组合形式的不同不会改变隧道受力模式。

土质隧道采用"网喷+钢架+系统锚杆"组合形式的支护措施并没有充分发挥各支护构件的支护能力,造成不必要的浪费,有效性较差,仅采用"网喷+钢架"组合形式就能够满足支护要求,并且目前的支护参数尚存在优化的空间。

3.2.5 试验成果应用

浩吉铁路隧道现场试验研究成果表明,浅埋石质隧道系统锚杆整体锚固作用不明显;围岩完整性较好,岩石强度较高的深埋石质隧道,锚杆受力较小。黄土隧道由于锚杆在土中的锚固效果较差,发挥效益不明显。采用"网喷+钢架"的支护形式能够满足隧道结构安全和围岩稳定。

结合试验研究成果,考虑目前隧道系统锚杆的施工工艺存在不足,锚杆施作专用设备较少,施作时间长,锚杆施工质量较难保证。浩吉铁路隧道初期支护锚杆结合现场围岩实际情况布设,设置钢架地段原则上不设置系统锚杆,加强锁脚锚杆;未设置钢架地段可根据需要设置锚杆。

3.3 初期支护钢架形式

目前,国内山岭隧道Ⅳ~Ⅴ级围岩初期支护钢架一般采用格栅钢架和型钢钢架两种。型钢钢架刚度大、加工简单,架设后能较快地提供对围岩的早期支撑作用,但质量大、架设难,与开挖面不易密贴,混凝土喷射不易密实;格栅钢架质量轻、安装快,用钢量少,能与喷射混凝土良好结合、协同受力,适应变形能力强,受力分布相对均匀。综合考虑格栅钢架和型钢钢架的性能特点,浩吉铁路隧道初期支护钢架全部采用四肢主筋8字结连接格栅钢架。根据隧道截面形式、围岩条件,采用标准化钢架型号,全部采用工厂化集中生产、统一配送,保证格栅钢架加工质量。通过应用高质量的格栅钢架,有效保证初期支护质量和隧道施工安全。

考虑浩吉铁路全线隧道穿越地质条件复杂,格栅钢架应用范围广,为充分掌握格栅钢架的力学特性,论证其适用性,公司组织开展了格栅钢架喷射混凝土全环结构力学性能的研究。

3.3.1 格栅钢架结构参数

在征集全铁路系统格栅钢架设计图的基础上,浩吉铁路公司委托铁四院编制了浩吉铁路格栅钢架通用设计图。根据隧道截面形式、围岩条件,按钢架截面高度主要分为4类,依次为H130、H150、H180、H230;格栅钢架按外侧40mm、内侧30mm厚度设置混凝土保护层,格栅钢架规格类型见表3-10。

格栅钢架规格类型表 表3-10

钢架类型	喷射混凝土厚度(mm)	主筋直径(mm)	钢架间距(m)	8 字 结		
				钢筋直径(mm)	8字结长度(mm)	8字结间距(mm)
H130	200	φ20	1.2、1、0.8	φ10	350	600
H150	220、230	φ22	1.2、1、0.75	φ14	450	600
H180	250、270	φ22	0.8、0.6	φ14	500	600
H230	300	φ22	0.6、0.5	φ14	500	600

现场常用的 H150 和 H180 两种形式的格栅钢架如图 3-16、图 3-17 所示。

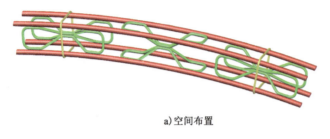

a)空间布置

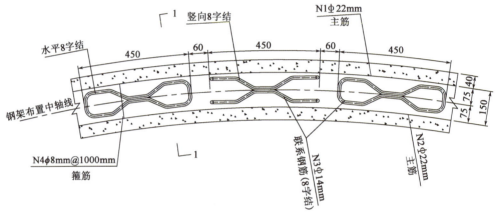

b)结构设计

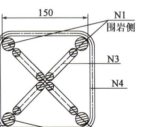

c)1-1截面

图 3-16 H150 型格栅钢架设计示意图(尺寸单位:mm)

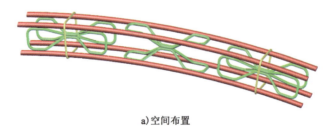

a)空间布置

图 3-17

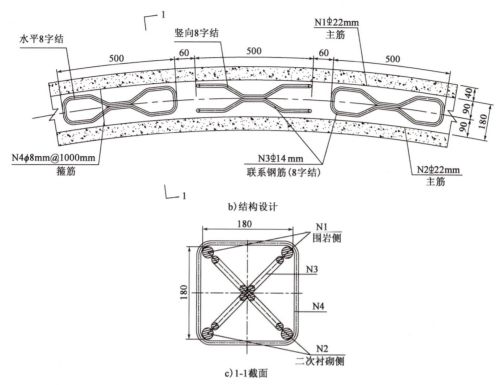

图 3-17 H180 型格栅钢架设计示意图(尺寸单位:mm)

3.3.2 全环格栅钢架试验设计

为了充分掌握格栅钢架的力学特性,确保初期支护结构能够保障施工期围岩稳定及自身结构的安全,考虑现场主要采用 H150、H180 两种类型的格栅钢架,开展了两种类型格栅钢架(比例1:1)模型试验。

1) 试验工况

考虑全环格栅钢架实际受力特点,按竖向、横向加载,不同约束状态下进行承载能力极限状态下的力学试验。工况设计及格栅钢架主要参数见表 3-11。

格栅钢架试验工况 表 3-11

试验工况	试验方案		主筋(mm)	腹筋(mm)	焊缝(mm)	试件数量
单线 H150 标准设计型	竖向加载	横向约束	22	14	70	2
		横向无约束	22	14	70	1
	横向加载	竖向约束	22	14	70	2
		竖向无约束	22	14	70	1
双线 H180 标准设计型	竖向加载	横向约束	22	14	70	2
		横向无约束	22	14	70	1

2) 试验流程

单、双线全环格栅钢架现场试验流程如图 3-18 所示。

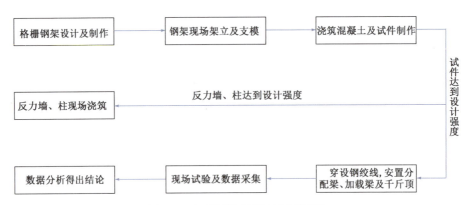

图 3-18 全环格栅钢架场地试验流程图

3) 全环格栅钢架喷射混凝土构件

单线断面采用 H150 型格栅钢架,钢架位于试件中间位置,钢架截面尺寸为 $b×h$(宽度×高度)$=150mm×150mm$,制作完成后的钢筋混凝土构件截面尺寸为 $b×h=230mm×1000mm$;双线断面采用 H180 型格栅钢架,钢架位于试件中间位置,钢架截面尺寸为 $b×h=180mm×180mm$,制作完成后的钢筋混凝土构件截面尺寸为 $b×h=270mm×800mm$。制作流程包括:①格栅钢架拼接与架立;②沿格栅钢架弧度架设内外木模;③采用隧道实际工程所用 C25 喷射混凝土一次性浇筑成型;④拆模以及对试验构件进行定期养护,直至混凝土达到设计强度。

4) 试验加载系统

全环试验采用卧式静力加载系统,试验结构纵向和环向方向施加均布荷载,加载系统由四部分构成。钢筋混凝土反力墙提供反力,钢绞线束锚固在反力墙与千斤顶之间以对构件施加千斤顶提供的加载力,钢板焊接组成的加载梁与工字钢焊接组成的弧形分配梁位于千斤顶和试验试件之间将千斤顶和钢绞线束提供的点荷载转变为均布荷载作用在试验结构上。加载系统如图 3-19 ~ 图 3-22 所示。

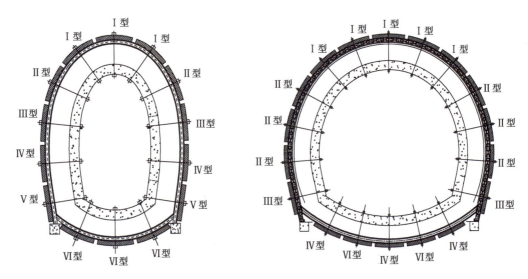

图 3-19 全环格栅钢架试验示意图

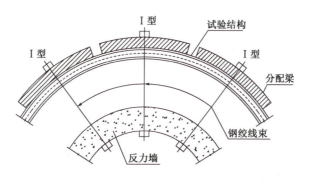

图 3-20　全环格栅钢架试验局部结构示意图

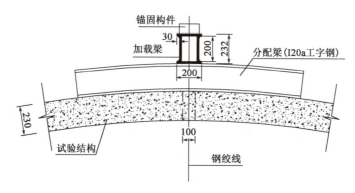

图 3-21　全环格栅钢架试验分配梁与加载梁平面图(尺寸单位:mm)

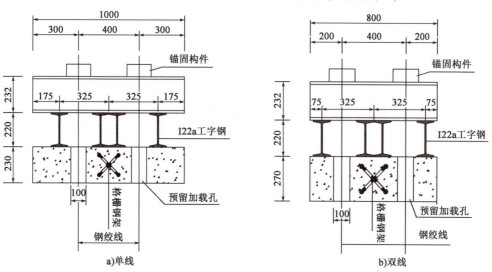

图 3-22　全环格栅钢架试验分配梁与加载梁剖面图(尺寸单位:mm)

3.3.3　全环格栅钢架混凝土结构力学试验

1) 单线 H150 型格栅钢架混凝土力学试验

单线 H150 型格栅钢架试验进行了拱顶加载—横向约束、拱顶加载—横向不约束、横向加载—拱顶约束和横向加载—拱顶不约束四种加载试验，现场试验如图 3-23 所示。

图 3-23　单线 H150 型格栅钢架混凝土全环力学试验

（1）拱顶加载—横向约束工况

通过拱顶 3 个 Ⅰ 型弧形梁处 6 个千斤顶对单线 H150 型格栅钢架混凝土试验构件施加径向向内的等大荷载，同时限制拱腰及边墙位置上 Ⅱ、Ⅲ、Ⅳ、Ⅴ 型弧形梁及仰拱 Ⅵ 型弧形梁处沿径向向外的位移。在加载的同时，在拱顶 3 个 Ⅰ 型弧形梁处设置位移计，对加载处的试验构件位移与变形进行实时量测。

为方便数据记录，结合各型号弧形梁位置和试验结构部位在俯视图中位置对试验结构各分部进行对应编号。如结构分部编号"中Ⅰ"表示处于示意图中间位置的 Ⅰ 型梁所对应结构部分，结构分部编号"右Ⅲ"表示处于示意图右边的 Ⅲ 型弧形梁所对应结构部分，以此类推，下同。单线 H150 型拱顶加载—横向约束试件荷载—位移曲线如图 3-24 所示。

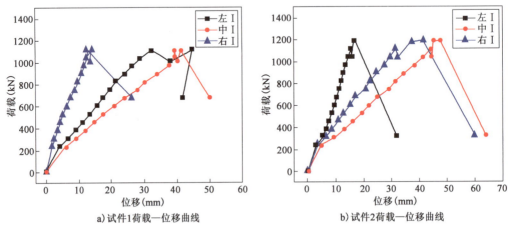

图 3-24　单线 H150 型拱顶加载—横向约束试件荷载—位移曲线

根据加载试验，单线 H150 型格栅钢架喷射混凝土全环结构在拱顶加载横向约束状态下荷载与位移见表 3-12。在横向约束状态下，格栅钢架喷射混凝土全环结构在极限状态下可承担 25.67m 高的围岩自重，在考虑钢筋混凝土结构强度安全系数为 2.4 情况下，换算成围岩自重高度为 10.7m。

H150型拱顶加载—横向约束极限荷载与位移 表3-12

试件编号	极限荷载(kN)	换算围岩压力(kPa)	换算围岩高度(m)(围岩重度按25kN/m³计)	位移(mm)		
				左Ⅰ	中Ⅰ	右Ⅰ
试件1	1115.11	619.51	24.78	44.82	41.3	12.92
试件2	1195.37	664.09	26.56	16.87	47.71	41.31
平均值	1155.24	641.80	25.67	—	—	—

(2)拱顶加载—横向不约束工况

通过拱顶3个Ⅰ型弧形梁处6个千斤顶对单线H150型格栅钢架浇筑成型的试验构件施加径向向内的等大荷载,不限制拱腰及边墙位置上Ⅱ、Ⅲ、Ⅳ、Ⅴ型弧形梁及仰拱Ⅵ型弧形梁处沿径向向外的位移。在加载的同时,于拱顶3个Ⅰ型弧形梁处设置位移计,对加载处的试验构件位移与变形进行实时量测。单线H150型拱顶加载—横向不约束试件荷载—位移曲线如图3-25所示。

根据加载试验,单线H150型格栅钢架喷射混凝土全环结构在拱顶加载横向不约束状态下荷载与位移见表3-13。在横向不约束状态下,格栅钢架喷射混凝土全环结构在极限状态下可承担5.0m高的围岩自重,在考虑钢筋混凝土结构强度安全系数为2.4的情况下,换算成围岩自重高度为2.08m。

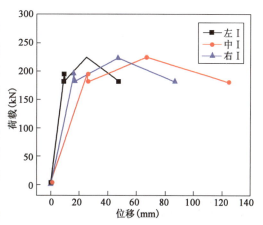

图3-25 单线H150型拱顶加载—横向不约束试件荷载—位移曲线

H150型拱顶加载—横向不约束工况极限荷载与位移 表3-13

试件编号	极限荷载(kN)	换算围岩压力(kPa)	换算围岩高度(m)(围岩重度按25kN/m³计)	位移(mm)		
				左Ⅰ	中Ⅰ	右Ⅰ
试件1	225.03	125.02	5.0	25.13	67.31	47.23

(3)横向加载—拱顶约束工况

通过拱腰及边墙位置上Ⅱ、Ⅲ、Ⅳ、Ⅴ型弧形梁16个千斤顶对单线H150型格栅钢架浇筑成型的试验构件施加径向向内的等大荷载,同时限制拱顶3个Ⅰ型弧形梁及仰拱Ⅵ型弧形梁处沿径向向外的位移。在加载的同时,于拱腰及边墙位置上Ⅱ、Ⅲ、Ⅳ、Ⅴ型弧形梁处设置位移计,对加载处的试验构件位移与变形进行实时量测。单线H150型横向加载—拱顶约束试件荷载—位移曲线如图3-26所示。

根据加载试验,单线H150型格栅钢架喷射混凝土全环结构在横向加载拱顶约束状态下荷载与位移见表3-14。在拱顶约束状态下,格栅钢架喷射混凝土全环结构在极限状态下可承担170.46kPa的围岩压力。

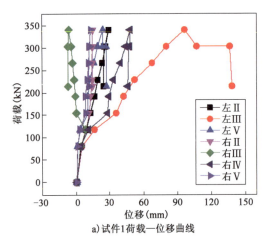
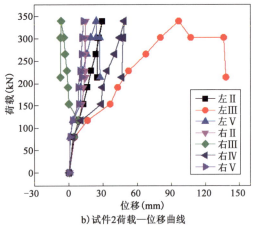

a) 试件1荷载—位移曲线　　　　b) 试件2荷载—位移曲线

图 3-26　单线 H150 型横向加载—拱顶约束试件荷载—位移曲线

单线 H150 型横向加载—拱顶约束工况极限荷载与位移　　　　表 3-14

试件编号	极限荷载(kN)	换算围岩压力(kPa)	位移(mm)							
			左Ⅱ	左Ⅲ	左Ⅳ	左Ⅴ	右Ⅱ	右Ⅲ	右Ⅳ	右Ⅴ
试件1	310.22	172.34	88.62	49.14	39.73	8.81	4.24	0	68.98	30.43
试件2	303.22	168.46	24.87	136.21	-362.51	26.74	13.86	-7.51	46.92	11.09
平均值	306.72	170.46	—	—	—	—	—	—	—	—

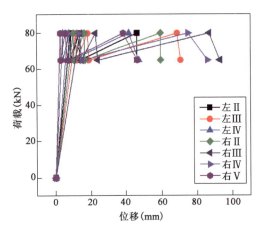

图 3-27　单线 H150 型横向加载—拱顶不约束试件荷载—位移曲线

(4) 横向加载—拱顶不约束工况

通过拱腰及边墙位置上Ⅱ、Ⅲ、Ⅳ、Ⅴ型弧形梁16个千斤顶对单线 H150 型格栅钢架浇筑成型的试验构件施加径向向内的等大荷载,不限制拱顶3个Ⅰ型弧形梁及仰拱Ⅵ型弧形梁处沿径向向外的位移。在加载的同时,于拱腰及边墙位置上Ⅱ、Ⅲ、Ⅳ、Ⅴ型弧形梁处设置位移计,对加载处的试验构件位移与变形进行实时量测。单线 H150 型横向加载—拱顶不约束试件荷载—位移曲线见图3-27。

根据加载试验,单线 H150 型格栅钢架喷射混凝土全环结构在横向加载—拱顶不约束工况下荷载与位移见表3-15。在拱顶不约束状态下,格栅钢架喷射混凝土全环结构在极限状态下可承担44.38kPa的围岩压力。

单线 H150 型横向加载—拱顶不约束工况极限荷载与位移　　　　表 3-15

试件编号	极限荷载(kN)	换算围岩压力(kPa)	位移(mm)							
			左Ⅱ	左Ⅲ	左Ⅳ	左Ⅴ	右Ⅱ	右Ⅲ	右Ⅳ	右Ⅴ
试件1	79.88	44.38	46.35	68.67	41.73	0	59.29	86.81	74.72	38.58

2) 双线 H180 型格栅钢架混凝土力学试验

双线 H180 型格栅钢架试验进行了拱顶加载—横向约束、拱顶加载—横向不约束两种工况加载试验。双线 H180 型格栅钢架混凝土力学试验如图 3-28 所示。

图 3-28 双线 H180 型格栅钢架混凝土力学试验

(1) 拱顶加载—横向约束工况

通过拱顶五个Ⅰ型弧形梁处 10 个千斤顶对双线 H180 标准型格栅钢架混凝土试验构件施加径向向内的等大荷载,同时限制拱腰及边墙位置上Ⅱ、Ⅲ型弧形梁及仰拱Ⅳ型弧形梁处沿径向向外的位移。在加载的同时,于拱顶 5 个Ⅰ型弧形梁处设置位移计,对加载处的试验构件位移与变形进行实时量测。

为了方便数据记录,与单线稍有不同,结合各弧形梁型号和试验结构部位在宏观俯视图中位置(沿环向远离拱顶中间位置)对试验结构各分部进行对应编号。如结构分部编号"中Ⅰ"表示处于示意图中间位置的Ⅰ型弧形梁所对应结构部分,结构分部编号"右Ⅱ-2"表示处于示意图右边的Ⅱ型弧形梁所对应距离拱顶"中Ⅰ"第二远位置处的结构部分,以此类推,下同。双线 H180 型拱顶加载—横向约束试件荷载—位移曲线如图 3-29 所示。

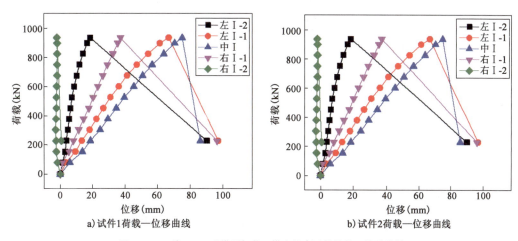

图 3-29 双线 H180 型拱顶加载—横向约束试件荷载—位移曲线

根据加载试验,双线 H180 型格栅钢架喷射混凝土全环结构在拱顶加载横向约束状态下荷载与位移见表 3-16。在横向约束状态下,格栅钢架喷射混凝土全环结构在极限状态下可承担 26.05m 高的围岩自重,在考虑钢筋混凝土结构强度安全系数为 2.4 情况下,换算成围岩自重高度为 10.85m。

双线 H180 型拱顶加载—横向约束工况极限荷载与位移　　　　　表3-16

试件编号	极限荷载(kN)	换算围岩压力(kPa)	换算高度(m)(围岩重度按25kN/m³ 计)	位移(mm)				
				左 I-2	左 I-1	中 I	右 I-1	右 I-2
试件 1	939.34	652.32	26.09	-7.16	50.29	110.4	76.31	14.85
试件 2	936.03	650.02	26.00	18.8	67.13	75.3	37.54	-1.92
平均值	937.68	651.17	26.05	—	—	—	—	—

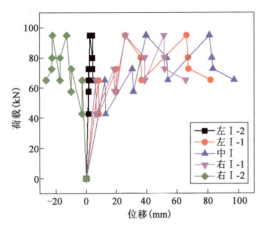

图 3-30　双线 H180 型拱顶加载—横向不约束试件荷载—位移曲线

(2) 拱顶加载—横向不约束工况

通过拱顶 5 个 I 型弧形梁处 10 个千斤顶对双线 H180 标准型格栅钢架浇筑成型的试验构件施加径向向内的等大荷载,不限制拱腰及边墙位置上 II、III 型弧形梁及仰拱 IV 型弧形梁处沿径向向外的位移。在加载的同时,在拱顶 5 个 I 型弧形梁处设置位移计,对加载处的试验构件位移与变形进行实时量测。双线 H180 型拱顶加载—横向不约束试件荷载—位移曲线如图 3-30 所示。

根据加载试验,双线 H180 型格栅钢架喷射混凝土全环结构在拱顶加载横向不约束状态下荷载与位移见表 3-17。在横向不约束状态下,格栅钢架喷射混凝土全环结构在极限状态下可承担 2.63m 高的围岩自重,在考虑钢筋混凝土结构强度安全系数为 2.4 情况下,换算成围岩自重高度为 1.1m。

双线 H180 型拱顶加载—横向不约束工况极限荷载与位移　　　　　表3-17

试件编号	极限荷载(kN)	换算围岩压力(kPa)	换算高度(m)(围岩重度按25kN/m³ 计)	位移(mm)				
				左 I-2	左 I-1	中 I	右 I-1	右 I-2
试件 1	94.77	65.81	2.63	66.49	81.29	51.5	-21.83	94.77

3.3.4　试验成果应用

浩吉铁路隧道格栅钢架喷射混凝土全环结构力学试验研究成果表明,在拱顶加载横向约束状态下,单线 H150 格栅钢架喷射混凝土全环结构在极限状态下可承担 25.67m 高的围岩自重,最大变形量均值为 44.5mm,在考虑钢筋混凝土结构强度安全系数为 2.4 的情况下,换算成围岩自重高度为 10.7m;双线 H180 格栅钢架喷射混凝土全环结构在极限状态下可承担 26.05m 高的围岩自重，最大变形量均值为 92.85mm，在考虑钢筋混凝土结构强度安全系数为 2.4 的情况下，换算成围岩自重高度为 10.85m。格栅钢架喷射混凝土全环结构表现出较高的承载能力兼顾较大的变形协调能力，能够保证施工期围岩稳定及自身结构的安全。

结合试验研究成果，浩吉铁路全线隧道初期支护钢架原则上全部采用四肢主筋 8 字结连接格栅钢架，采用工厂化集中生产、统一配送。

3.4 仰拱结构形式

浩吉铁路作为货运专线铁路，行车密度大、列车轴重大，对隧道底部结构的质量要求较高。为确保铁路仰拱结构安全，从支护参数上对部分地质段落进行了加强，优化了二次衬砌仰拱与填充层的施工界面，提高了现场的可操作性。

3.4.1 Ⅱ 级围岩地段隧底不设置找平层

隧道 Ⅱ 级围岩地段原设计为 30cm 厚钢筋混凝土底板，下设 10cm 找平层。结合现场 Ⅱ 级围岩底板爆破后往往存在凹凸不平现象，需要凿除部分凸起基岩满足 10cm 找平层要求，操作较为困难；同时，砂浆找平层厚度较薄，施作质量较难保证，砂浆强度低于底板和基岩强度。研究决定 Ⅱ 级围岩地段隧底不再单独设置找平层，直接采用 C35 钢筋混凝土底板，厚度调整至 40cm。

3.4.2 Ⅲ 级围岩泥岩段仰拱结构加强

隧道 Ⅲ 级围岩地段原设计为 C30 素混凝土仰拱。考虑全线众多隧道需穿越砂泥岩互层，而泥岩遇水存在软化、泥化现象，结合既有铁路在该类地段运营期易产生基底软化掏空、翻浆冒泥等病害现象；为确保运营期在大轴重、高密度情况下仰拱结构的稳定和安全，Ⅲ 级围岩泥岩段二次衬砌仰拱结构调整为 C35 钢筋混凝土。

3.4.3 Ⅳ 级围岩岩质地段初期支护仰拱加强

隧道 Ⅳ 级围岩岩质地段原设计初期支护拱墙设置钢架，仰拱不设置钢架。考虑隧道采用微台阶开挖，下台阶带仰拱一次爆破成型，现场二次衬砌仰拱及填充层采用大区段施工，液压自行式长仰拱栈桥一次隧道清底长度达 24m。为确保施工期间的安全，保证隧道初期支护整体强度和稳定性，Ⅳ 级围岩岩质地段仰拱隔榀设置钢架，实现全环封闭。

3.4.4 双线隧道中心水沟优化

单洞双线隧道原设计在仰拱填充层设置中心管沟，中心管沟采用 φ600mm 钢筋混凝土预制管,管顶埋深距填充层面层约 28cm。考虑设置中心管沟后,中心管沟将仰拱填充层分割,削弱了仰拱填充层结构的整体承载能力;同时,预制管需节段拼装,现场施工工序较烦琐,新老混凝土收缩不协调易造成接触界面处产生收缩裂缝。为确保运营期在大轴重、高密度行车情况下仰拱填充层结构的稳定和安全,隧道仰拱填充层宜采用整体结构。研究确定无水地段及双侧水沟过水能力满足要求的有水地段隧道取消中心管沟;富水隧道双侧水沟不满足过水能力时,在仰拱填充层内设置小型排水沟,如集义隧道、九岭山隧道等。

3.4.5 二次衬砌仰拱与填充层界面位置优化

隧道Ⅲ~Ⅴ级围岩均设置仰拱结构,弧形仰拱上方填充层采用 C20 混凝土,二次衬砌仰拱与填充层分开浇筑,二次衬砌仰拱浇筑时表面需设置弧形模板满足现场施工要求。现场实际浇筑时发现采用弧形模板后,二次衬砌仰拱混凝土振捣较困难,局部易存在少振、漏振现象,二次衬砌仰拱混凝土结构施工质量较难保障。

结合浩吉铁路隧道修建遵循隧道初期支护应确保施工期间围岩稳定及自身结构安全,二次衬砌仰拱施工基本均在初期支护变形已稳定的情况下施作,为保证二次衬砌仰拱质量,调整二次衬砌仰拱与填充层界面。二次衬砌仰拱上部浇筑成平面,平面位置为双侧水沟内边墙与仰拱内轮廓交点处;平面以下采用同级标号混凝土一次浇筑,平面以上采用 C20 混凝土填充且与平面以下分开浇筑。二次衬砌仰拱与填充层界面优化图如图 3-31 所示。

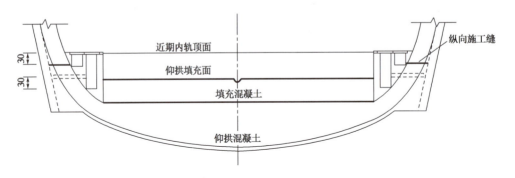

图 3-31 二次衬砌仰拱与填充层界面优化图(尺寸单位:cm)

3.5 复合式衬砌结构

目前,有关初期支护与二次衬砌在承担围岩作用上,各国的设计理念有很大差异。日本铁路隧道的初期支护是主要承载结构,二次衬砌一般作为安全储备,二次衬砌一般采用素混凝土,只有在特殊场合,需满足力学上的要求时采用钢筋混凝土。德国铁路隧道的初期支护要考虑环境影响和耐久性,当不能确保初期支护的耐久性时,由二次衬砌承担全部荷载,行车速度 200km/h 以上时二次衬砌必须采用钢筋混凝土。法国铁路隧道的初期支护明确要保证施工期间围岩的稳定与安全,二次衬砌承受全部荷载。我国的铁路隧道、公路隧道及地铁设计技术要求"初期支护是主要承载结构,二次衬砌在Ⅰ～Ⅲ级围岩可以作为安全储备,按构造要求设计;Ⅳ～Ⅵ级围岩应按承载结构设计"。浩吉铁路隧道建设遵循"初期支护为主要承载结构,承担施工期的全部荷载",二次衬砌根据施组安排施作,二次衬砌作为结构安全储备。前期系统锚杆设置试验测试数据表明本线隧道初期支护结构主要以承受小偏心受压荷载为主,初期支护的安全富裕度较高。在确保隧道支护结构安全的前提下,开展复合式衬砌结构优化,减小二次衬砌厚度或取消配筋试验研究,对节省工程投资意义重大。因此,浩吉铁路选取Ⅳ、Ⅴ级围岩一般地段条件下,开展复合式衬砌结构优化试验研究。

3.5.1 试验工况

根据浩吉铁路全线隧道的分布特点,试验选取大围山、桐木、中条山 3 座单线岩质隧道,后石尖、东官庄 2 座双线岩质隧道,郭旗、郑庄 2 座双线土质隧道,试验工况见表 3-18。

试验工况表　　　　　　　　　　　　　表 3-18

隧道名称	试验工况	试验里程
大围山隧道	DIVA	DK1665+232、DK1665+214
	DIVB	DK1665+170、DK1665+142
	DIVC	DK1665+116、DK1665+096
	DVA	DK1666+370
	DVB	DK1666+440、DK1666+470、DK1666+480
桐木隧道	DIVA	DK1706+498.6、DK1706+492.6
	DIVB	DK1706+821、DK1706+580.8
	DIVC	DK1706+534、DK1706+512.2
中条山隧道	IVA	DK624+583.2、DK624+852
	SIVA	DK624+579、YDK624+861.7
	IVB	DK624+574.5、YDK624+785.2
	SIVB	DK624+412.4、DK624+431.2
	VA	DK624+217.3、YDK624+137.2
	SVA	DK624+369.9、YDK624+172.5
后石尖隧道	SIVA	DK840+963、DK840+952、DK840+928
	DIVB	DK840+917、DK840+903、DK840+893
	DIVC	DK840+881、DK840+871、DK840+860
	SVD	DK840+848、DK840+837.25、DK840+827.25

续上表

隧道名称	试验工况	试验里程
东官庄隧道	SVA	DK821+172.05、DK821+175.05、DK821+178.05
	SVB	DK821+184.05、DK821+187.05、DK821+193.05
	SVC	DK821+196.05、DK821+199.05、DK821+202.05
	SVD	DK821+205.05、DK821+208.05、DK821+211.05
郭旗隧道	IV$_\pm$A	DK369+389、DK369+399、DK369+409
	IV$_\pm$B	DK369+419、DK369+429、DK369+439
	IV$_\pm$C	DK369+449、DK369+459、DK369+469
	IV$_\pm$D	DK369+479、DK369+489、DK369+499
郑庄隧道	Va$_\pm$A	改DK373+070、改DK373+076、改DK373+082
	Va$_\pm$B	改DK373+105、改DK373+111、改DK373+117
	Va$_\pm$C	改DK373+140、改DK373+146、改DK373+152
	Va$_\pm$D	改DK373+175、改DK373+181、改DK373+187

7座隧道试验工点支护结构参数见表3-19～表3-21。

单线隧道试验工况支护参数表 表3-19

序号	围岩级别	工况名称	初期支护 C25喷射混凝土 部位	初期支护 C25喷射混凝土 厚度(cm)	初期支护 钢架 部位	初期支护 钢架 型号和间距	二次衬砌 拱墙 厚度(cm)	二次衬砌 仰拱(底板) 厚度(cm)	防水板设置	备注
1	IV级	DIVA	全环	18	全环(仰拱隔榀设置)	H130@1.2m	35	40*	有	原设计
2	IV级	DIVB	全环	18	全环(仰拱隔榀设置)	H130@1.2m	35	40*	无	新增
3	IV级	DIVC	全环	18	全环	H130@1.0m	30	35*	有	新增
4	V级	DVA	全环	22	全环	H150@1.0m	40*	45*	有	深埋、原设计
5	V级	DVB	全环	22	全环	H150@0.75m	35*	40*	有	深埋、新增
6	V级	DVB	全环	22	全环	H150@0.75m	35	40*	有	深埋、新增

续上表

序号	围岩级别	工况名称	初期支护				二次衬砌		防水板设置	备注
			C25喷射混凝土		钢架		拱墙	仰拱（底板）		
			部位	厚度（cm）	部位	型号和间距	厚度（cm）	厚度（cm）		
7	IV级	IVa	全环	10	—	—	35	40*	有	深埋、原设计
8		SIVa	全环	15	—	—	30	35*	有	深埋、新增
9		IVb	全环	18	全环	H130@1.2m	35	40*	有	深埋、原设计
10		SIVb	全环	22	全环	H150@1.2m	30	35*	有	深埋、新增
11	V级	Va	全环	23	全环	H150@1.0m	40*	45*	有	深埋、原设计
12		SVa	全环	25	全环	H180@0.85m	35	40*	有	深埋、新增

注：标*表示钢筋混凝土，下同。

双线隧道（无砟轨道）试验工况支护参数表　　　表3-20

序号	围岩级别	工况名称	初期支护				二次衬砌		防水板设置	备注
			C25喷射混凝土		钢架		拱墙	仰拱（底板）		
			部位	厚度（cm）	部位	型号和间距	厚度（cm）	厚度（cm）		
1	IV级	SIVA	全环	22	全环(仰拱隔榀设置)	H150@1.0m	40*	45*	有	原设计
2		SIVB	全环	22	全环(仰拱隔榀设置)	H150@1.0m	40*	45*	无	新增
3		SIVC	全环	22	全环	H150@0.75m	35*	40*	有	新增
4		SIVD	全环	22	全环	H150@0.75m	35	40*	有	新增
5	V级	SVA	全环	23	全环	H150@1.0m	45*	50*	有	深埋、原设计
6		SVB	全环	23	全环	H150@1.0m	45*	50*	无	深埋、新增
7		SVC	全环	25	全环	H180@0.75m	40*	45*	有	深埋、新增
8		SVD	全环	25	全环	H180@0.75m	40	45*	有	深埋、新增

双线黄土隧道试验工况支护参数表　　　　　　　　　　　表3-21

序号	围岩级别	工况名称	初期支护				二次衬砌		防水板设置	备注
			C25 喷射混凝土		钢架		拱墙	仰拱（底板）		
			部位	厚度（cm）	部位	型号和间距	厚度（cm）	厚度（cm）		
1	IV土	IV土A	全环	22	全环	H150@1.0m	45*	50*	有	原设计
2		IV土B	全环	22	全环	H150@1.0m	45*	50*	无	新增
3		IV土C	全环	25	全环	H180@1.0m	35*	45*	有	新增
4		IV土D	全环	25	全环	H180@1.0m	40	45*	有	新增
5	Va土	Va土A	全环	25	全环	H180@0.75m	50*	50*	有	原设计
6		Va土B	全环	25	全环	H180@0.75m	50*	50*	无	新增
7		Va土C	全环	30	全环	H230@0.75m	40*	50*	有	新增
8		Va土D	全环	30	全环	H230@0.75m	40	50*	有	新增

3.5.2　试验项目

现场试验项目主要包括：围岩与初期支护间的压力、初期支护与二次衬砌间的压力、喷射混凝土应力、格栅钢架应力、二次衬砌混凝土应力、二次衬砌钢筋应力等。

1) 围岩与初期支护间的压力测试

采用埋入式压力盒进行围岩与初期支护间的压力监测，单线隧道每个断面布设10个测位，双线隧道每个断面布设12个测位，测点布设如图3-32所示。

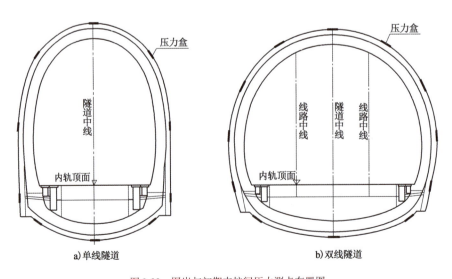

a) 单线隧道　　　　　　　　　b) 双线隧道

图3-32　围岩与初期支护间压力测点布置图

2) 初期支护与二次衬砌间的压力测试

采用埋入式压力盒进行围岩与初期支护间的压力监测,单线隧道每个断面布设10个测位,双线隧道每个断面布设12个测位,测点布设如图3-33所示。

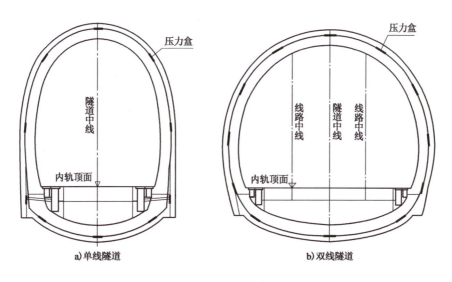

图3-33 初期支护与二次衬砌间压力测点布置图

3) 格栅钢架应力测试

采用钢筋应力计进行格栅钢架内外侧的应力监测,单线隧道每个断面布设10个测位,双线隧道每个断面布设12个测位,测点布设如图3-34所示。

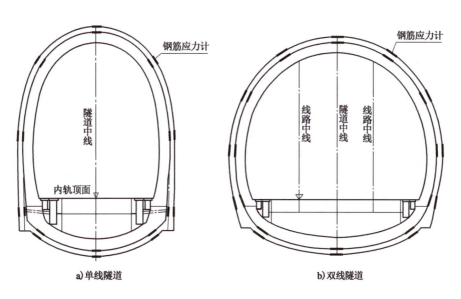

图3-34 格栅钢架应力测点布置图

4)喷射混凝土应力测试

采用埋入式混凝土应变计进行初期支护喷射混凝土应变的监测,进而得到相应应力。单线隧道每个断面布设 10 个测位,双线隧道每个断面布设 12 个测位,测点布设如图 3-35 所示。

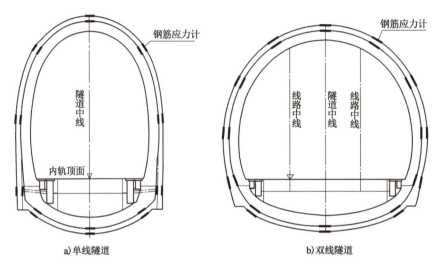

图 3-35 喷射混凝土应力测点布置图

5)二次衬砌钢筋应力测试

采用埋入式钢筋应力计进行钢筋的应力监测,单线隧道每个断面布设 10 个测位,双线隧道每个断面布设 12 个测位,测点布设如图 3-36 所示。

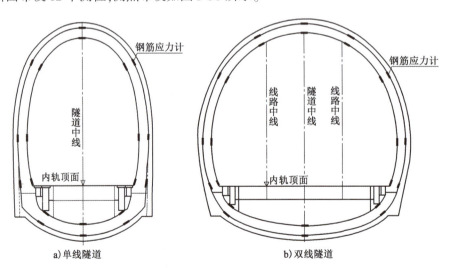

图 3-36 二次衬砌钢筋应力测点布置图

6)二次衬砌混凝土应力测试

采用埋入式混凝土应变计进行二次衬砌混凝土应变的监测,进而得到相应应力。单线隧道每个断面布设 10 个测位,双线隧道每个断面布设 12 个测位,测点布设如图 3-37 所示。

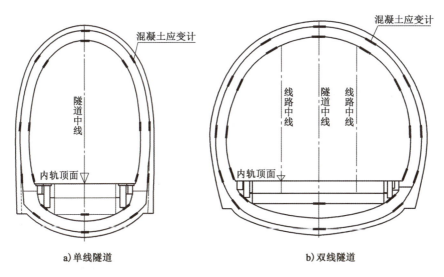

图 3-37 二次衬砌混凝土应力测点布置图

3.5.3 单线岩质隧道试验结果及分析

限于篇幅,本文仅取部分隧道试验工点的初期支护沉降收敛、初期支护与围岩间压力、初期支护钢架应力、初期支护混凝土应力、初期支护与二次衬砌间压力、二次衬砌混凝土应力等进行分析。

1) 拱顶沉降与水平收敛

中条山隧道各试验断面拱顶沉降与水平收敛量测结果如图 3-38 所示,可以看出:

(1) 各断面的拱顶沉降和水平收敛值均为正值,即隧道整体向净空侧变形,均小于变形控制值。

(2) Ⅳ级围岩最大拱顶沉降为 12.9mm,水平收敛为 9.2mm;Ⅴ级围岩最大拱顶沉降为 10.5mm,水平收敛为 10.8mm;收敛值较小,均在允许范围内。

(3) 初期支护加强断面的变形与原设计工况相比,位移值无明显减小。

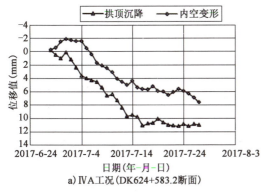

a) ⅣA工况(DK624+583.2断面)

b) SⅣA工况(DK624+579断面)

图 3-38

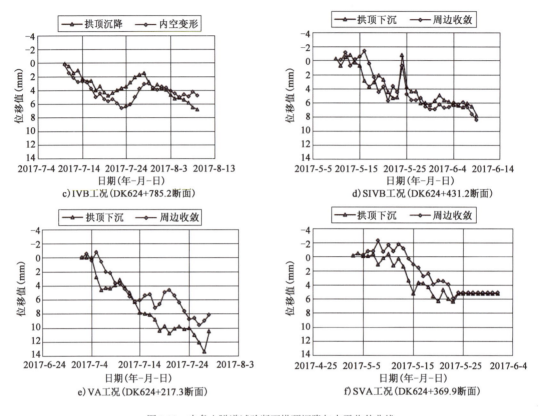

图 3-38 中条山隧道试验断面拱顶沉降与水平收敛曲线

2) 初期支护与围岩间压力

中条山隧道各试验断面初期支护与围岩间压力情况如图 3-39 所示,可以看出:①Ⅳ级围岩初期支护与围岩间压力为 0.1~0.25MPa,拱顶和两侧拱脚部位压力值较大;②Ⅴ级围岩初期支护与围岩间压力为 0.15~0.5MPa,拱顶和两侧拱脚部位压力值较大;③初期支护加强断面处的初期支护与围岩间压力值较原设计值稍有增加。

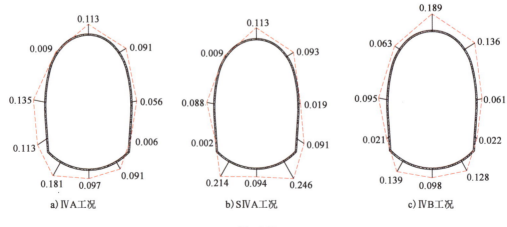

图 3-39

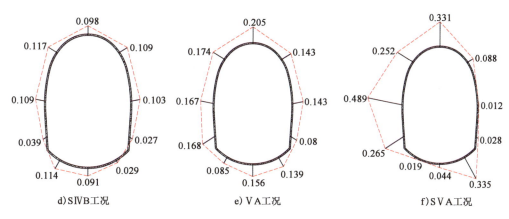

图 3-39 中条山隧道试验断面初期支护与围岩间压力情况（单位：MPa）

3) 初期支护钢架应力

大围山隧道部分试验断面初期支护钢架应力情况如图 3-40 所示，可以看出，格栅钢架均承受压力，且呈现拱部和边墙部位受力较大，拱脚及仰拱部位受力较小。初期支护钢架应力较大值范围为 100~200MPa，个别位置钢架应力达到 298.7MPa，均小于钢筋设计屈服强度值 400MPa，初期支护钢架加密二次衬砌厚度减小后钢架内力较原设计值稍有增加。

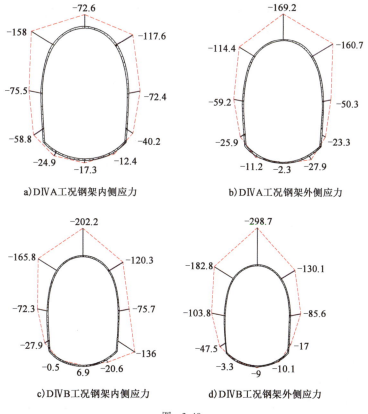

图 3-40

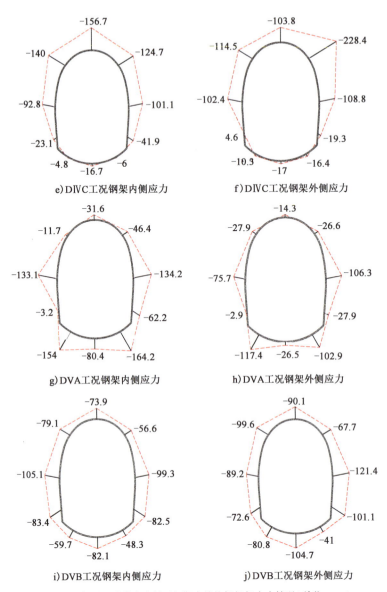

图 3-40　大围山隧道试验断面初期支护格栅钢架应力情况（单位：MPa）

4）初期支护喷射混凝土应力

大围山隧道部分试验断面初期支护喷射混凝土内力情况如图 3-41 所示，可以看出：除仰拱局部喷射混凝土承受拉应力外，其余部位均表现为压应力。喷射混凝土应力较大值范围为 5~12.6MPa，均小于喷射混凝土极限抗压强度值 18.5MPa，初期支护钢架加密后喷射混凝土应力较原设计稍有减小。

5）初期支护与二次衬砌间压力

中条山隧道部分试验断面初期支护与二次衬砌间压力情况如图 3-42 所示，可以看出：初期支护与二次衬砌间压力基本左右对称分布，压力值范围为 0.1~0.6MPa，压力峰值多集中在拱顶及拱腰部位；围岩级别越高，初期支护与二次衬砌间压力值越大。

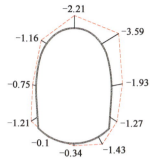
a) DIVA工况喷射混凝土内侧应力

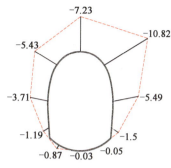
b) DIVA工况喷射混凝土外侧应力

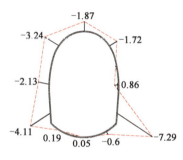
c) DIVB工况喷射混凝土内侧应力

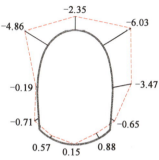
d) DIVB工况喷射混凝土外侧应力

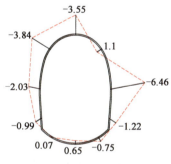
e) DIVC工况喷射混凝土内侧应力

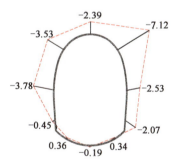
f) DIVC工况喷射混凝土外侧应力

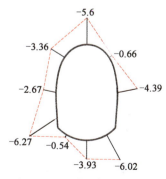
g) DVA工况喷射混凝土内侧应力

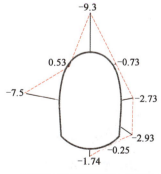
h) DVA工况喷射混凝土外侧应力

图 3-41

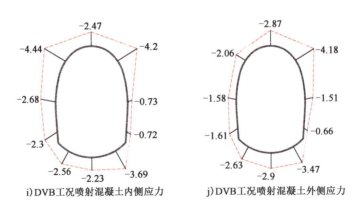

图 3-41 大围山隧道试验断面初期支护喷射混凝土应力情况(单位:MPa)

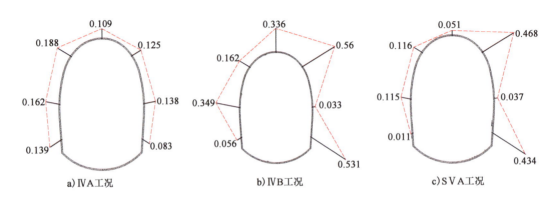

图 3-42 中条山隧道试验断面初期支护与二次衬砌间压力情况(单位:MPa)

6) 二次衬砌混凝土应力

中条山隧道部分试验断面二次衬砌混凝土应力情况如图 3-43 所示,可以看出,除拱腰和拱脚局部二次衬砌混凝土承受拉应力外,其余部位均表现为压应力。二次衬砌混凝土压应力较大值范围为 3~5MPa,均小于混凝土极限抗压强度值 28.1MPa,拱墙二次衬砌厚度减薄或取消二次衬砌配筋后,均满足隧道结构的安全要求。

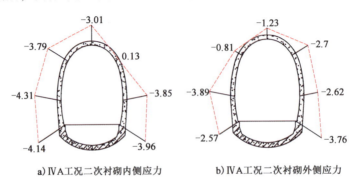

图 3-43

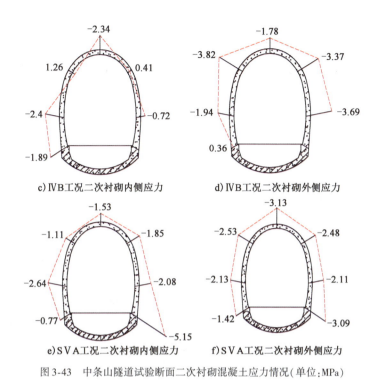

图 3-43 中条山隧道试验断面二次衬砌混凝土应力情况(单位:MPa)

3.5.4 双线岩质隧道试验结果及分析

限于篇幅,本文仅取部分隧道试验工点的初期支护沉降收敛、初期支护与围岩间压力、初期支护钢架应力、初期支护喷射混凝土应力、初期支护与二次衬砌间压力、二次衬砌混凝土应力等进行分析。

1) 拱顶沉降与水平收敛

试验断面拱顶沉降与水平收敛量测结果如图 3-44 所示,可以看出,水平收敛值为拱顶沉降值的 2 倍,拱顶沉降值为 7.2~15.2mm,水平收敛值为 17.5~32.9mm,均小于变形控制值;格栅钢架加密后(SIVC、SIVD 工况),拱顶沉降和水平收敛值均有所减小,为 5~13mm。

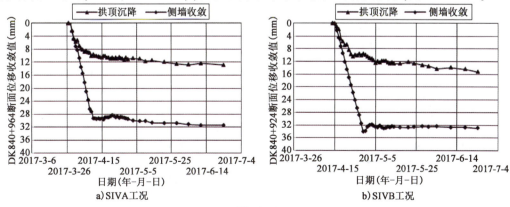

图 3-44

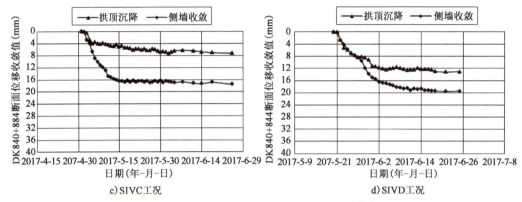

图 3-44 后尖石隧道试验断面拱顶沉降和水平收敛曲线

2)初期支护与围岩间压力

后尖石隧道各试验断面初期支护与围岩间压力情况如图 3-45 所示,可以看出,围岩压力总体呈拱部及仰拱部位较大、边墙部位较小的分布特点,拱部压力峰值为 0.6~1MPa,仰拱压力峰值为 0.05~0.4MPa,边墙压力值普遍小于 0.1MPa;格栅钢架加密后(SIVC、SIVD 工况),初期支护与围岩间压力在拱顶及仰拱部位均有所减小。

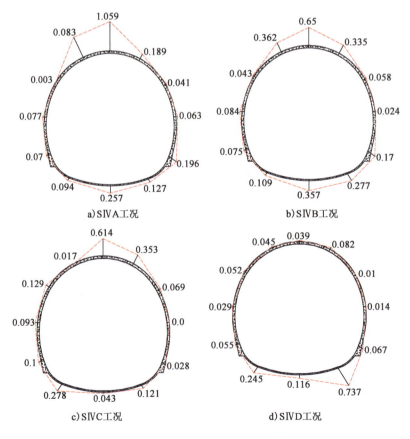

图 3-45 后尖石隧道试验断面初期支护与围岩间压力情况(单位:MPa)

3) 初期支护钢架应力

后尖石隧道部分试验断面初期支护钢架应力情况如图3-46所示,可以看出,格栅钢架均承受压应力,且呈现拱部和边墙受力较大,拱脚及仰拱受力较小。初期支护钢架应力较大值范围为100~326MPa,均小于钢筋设计屈服强度值400MPa,初期支护钢架加密后(SIVC、SIVD工况),钢架内力较原设计有所减小,减小最大幅值约100MPa。

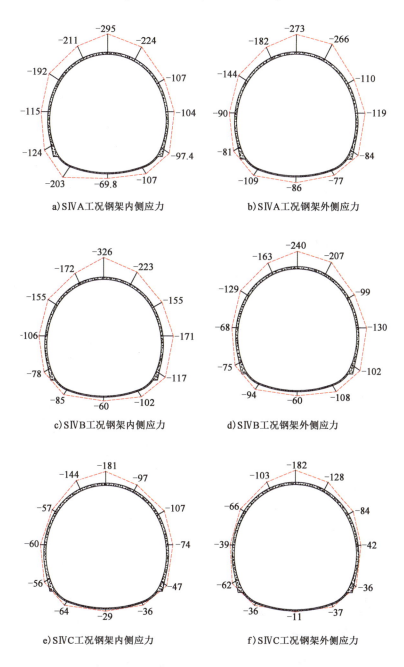

图 3-46

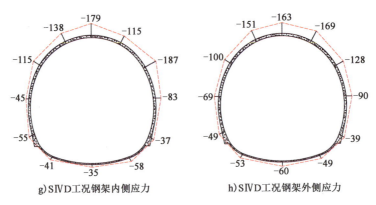

图 3-46　后尖石隧道试验断面初期支护格栅钢架应力情况(单位:MPa)

4) 初期支护喷射混凝土应力

后尖石隧道部分试验断面初期支护喷射混凝土应力情况如图 3-47 所示,可以看出,初期支护喷射混凝土主要承受压应力,应力较大值范围为 4~10.6MPa,均小于喷射混凝土极限抗压强度值 18.5MPa;初期支护钢架加密后(SIVC、SIVD 工况),喷射混凝土应力值变化不大。

5) 初期支护与二次衬砌间压力

后尖石隧道部分试验断面初期支护与二次衬砌间压力情况如图 3-48 所示,可以看出,初期支护与二次衬砌间压力基本左右对称分布,压力值总体偏小,压力值范围为 0.05~0.6MPa,不同试验断面压力峰值在拱顶、边墙、拱脚处均有出现;初期支护钢架加密后(SIVC、SIVD 工况),初期支护与二次衬砌间压力值变化不大。

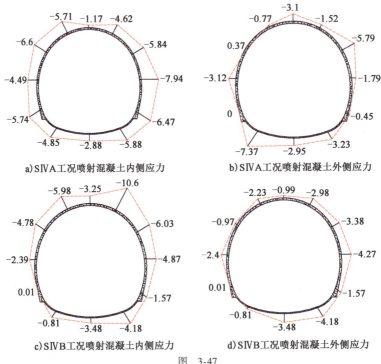

图 3-47

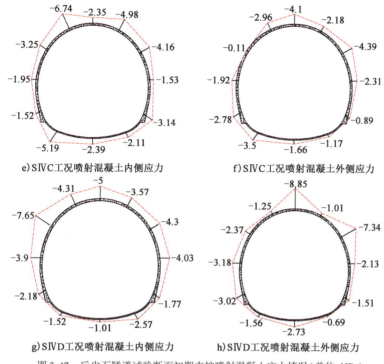

e) SIVC工况喷射混凝土内侧应力 f) SIVC工况喷射混凝土外侧应力

g) SIVD工况喷射混凝土内侧应力 h) SIVD工况喷射混凝土外侧应力

图 3-47　后尖石隧道试验断面初期支护喷射混凝土应力情况（单位：MPa）

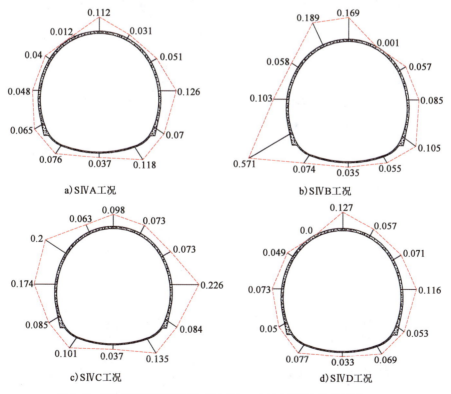

a) SIVA工况　　　　　　　　　b) SIVB工况

c) SIVC工况　　　　　　　　　d) SIVD工况

图 3-48　后尖石隧道试验断面初期支护与二次衬砌间压力情况（单位：MPa）

6)二次衬砌混凝土应力

后尖石隧道部分试验断面二次衬砌混凝土应力情况如图3-49所示,可以看出,除拱腰和拱脚局部二次衬砌混凝土承受拉应力外,其余部位均表现为压应力。二次衬砌混凝土压应力较大值范围为2~5MPa,均小于混凝土极限抗压强度值28.1MPa;初期支护钢架加密而拱墙二次衬砌厚度减薄或取消二次衬砌配筋后(SⅣC、SⅣD工况),二次衬砌混凝土压应力值均远小于混凝土极限抗压强度值,满足隧道结构的安全。

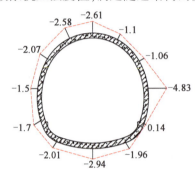

a)SⅣA工况二次衬砌混凝土内侧应力

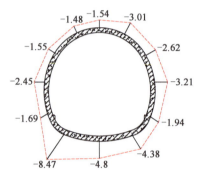

b)SⅣA工况二次衬砌混凝土外侧应力

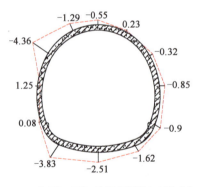

c)SⅣB工况二次衬砌混凝土内侧应力

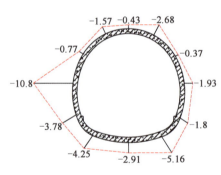

d)SⅣB工况二次衬砌混凝土外侧应力

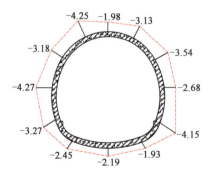

e)SⅣC工况二次衬砌混凝土内侧应力

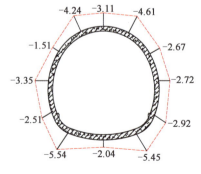

f)SⅣC工况二次衬砌混凝土外侧应力

图 3-49

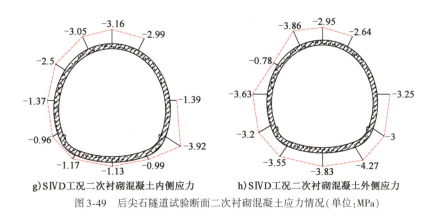

g) SIVD工况二次衬砌混凝土内侧应力   h) SIVD工况二次衬砌混凝土外侧应力

图3-49 后尖石隧道试验断面二次衬砌混凝土应力情况(单位:MPa)

3.5.5 双线土质隧道试验结果及分析

限于篇幅,本文仅取部分隧道试验工点的初期支护沉降收敛、初期支护与围岩间压力、初期支护钢架应力、初期支护喷射混凝土应力、初期支护与二次衬砌间压力、二次衬砌混凝土应力等进行分析。

1) 拱顶沉降与水平收敛

试验断面拱顶沉降与水平收敛量测结果如图3-50所示,可以看出,拱顶沉降值为13～25mm,水平收敛值为9～17mm,均小于变形控制值;喷射混凝土加厚后($IV_土C$、$IV_土D$工况),拱顶沉降和水平收敛值均有所减小,减小值为3～7mm。

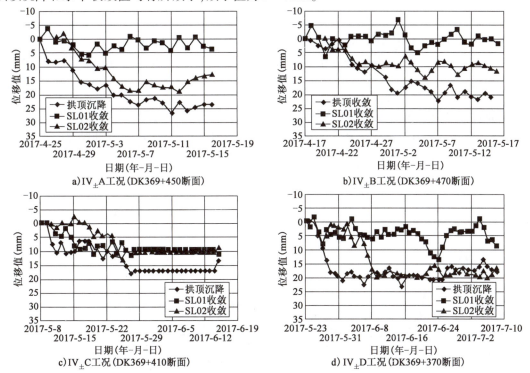

图3-50 郭旗隧道试验断面拱顶沉降和水平收敛曲线

2) 初期支护与围岩间压力

郭旗隧道各试验断面初期支护与围岩间压力情况如图 3-51 所示,可以看出,围岩压力总体分布较均匀,围岩压力值范围为 0.05~0.37MPa,较大值主要集中在拱腰及侧墙部位;喷射混凝土加厚后($IV_{土}C$、$IV_{土}D$ 工况),初期支护与围岩间压力在拱顶部位稍有减小。

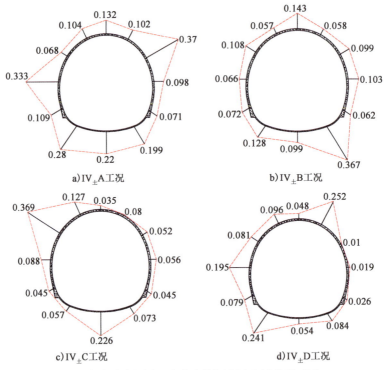

图 3-51 郭旗隧道试验断面初期支护与围岩间压力情况(单位:MPa)

3) 初期支护钢架应力

郭旗隧道部分试验断面初期支护钢架应力情况如图 3-52 所示,可以看出,除仰拱局部格栅钢架承受拉力外,其余均承受压力,且呈现拱部和边墙受力较大,拱脚及仰拱受力较小。初期支护钢架应力较大值范围为 100~240MPa,均小于钢筋设计屈服强度值 400MPa;喷射混凝土加厚后($IV_{土}C$、$IV_{土}D$ 工况),钢架应力较原设计有所减小,减小最大幅值约 100MPa。

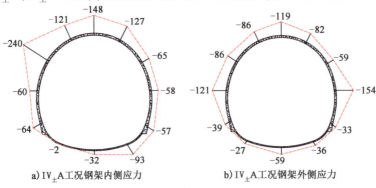

图 3-52

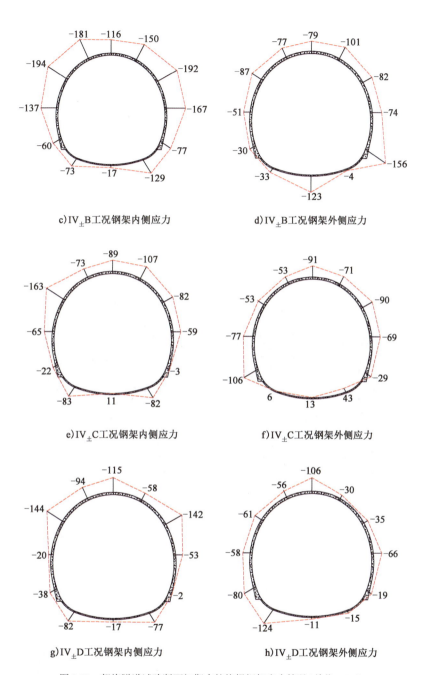

图3-52 郭旗隧道试验断面初期支护格栅钢架应力情况(单位:MPa)

4) 初期支护喷射混凝土应力

郭旗隧道部分试验断面初期支护喷射混凝土应力情况如图3-53所示,可以看出,除拱腰、仰拱局部初期支护喷射混凝土承受拉力外,其余均承受压力,应力较大值范围为5~13MPa,均小于喷射混凝土极限抗压强度值18.5MPa;喷射混凝土加厚后($IV_{\pm}C$、$IV_{\pm}D$工况),喷射混凝土应力值变化不大。

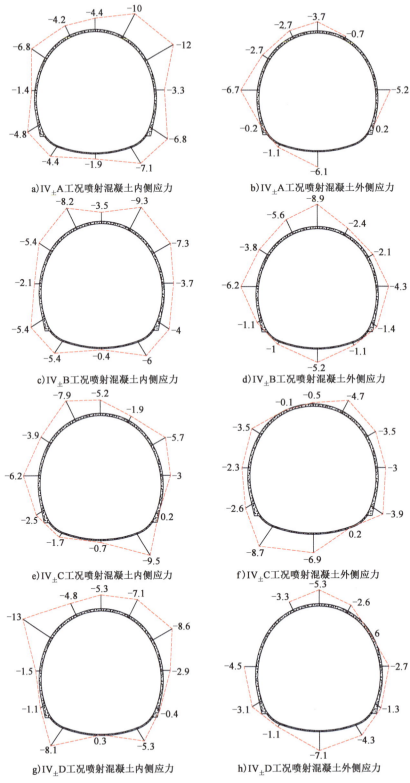

图 3-53 郭旗隧道试验断面初期支护喷射混凝土应力情况(单位:MPa)

5) 初期支护与二次衬砌间压力

郭旗隧道部分试验断面初期支护与二次衬砌间压力情况如图 3-54 所示,可以看出,初期支护与二次衬砌间压力值总体偏小,压力值范围为 0.02~0.15MPa,压力峰值主要集中在边墙部位;喷射混凝土加厚后($IV_{\pm}C$、$IV_{\pm}D$ 工况),初期支护与二次衬砌间压力值变化不大。

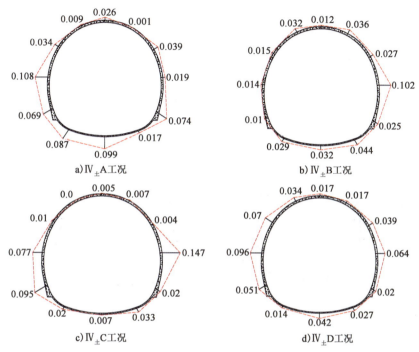

图 3-54 郭旗隧道试验断面初期支护与围岩间压力情况(单位:MPa)

6) 二次衬砌混凝土应力

郭旗隧道部分试验断面二次衬砌混凝土应力情况如图 3-55 所示,可以看出,隧道二次衬砌混凝土主要承受压应力,压应力较大值范围为 1~3MPa,均小于混凝土极限抗压强度值 28.1MPa;喷射混凝土加厚而拱墙二次衬砌厚度减小或取消二次衬砌配筋后($IV_{\pm}C$、$IV_{\pm}D$ 工况),二次衬砌混凝土压应力值均远小于混凝土极限抗压强度值,满足隧道结构的安全要求。

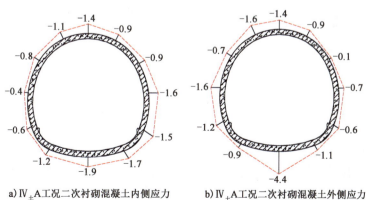

图 3-55

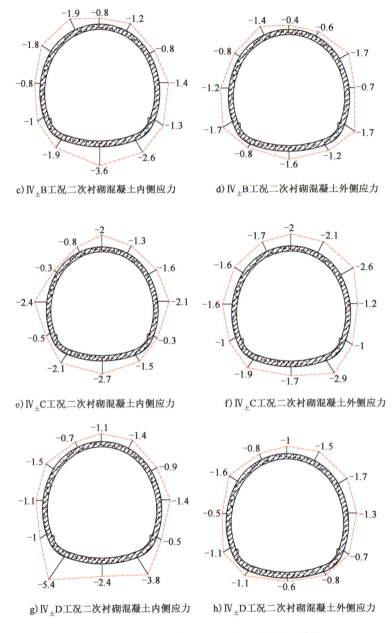

图 3-55 郭旗隧道试验断面二次衬砌混凝土应力情况(单位:MPa)

3.5.6 试验成果应用

浩吉铁路隧道现场试验研究成果表明,一般地质条件Ⅳ、Ⅴ级围岩地段,二次衬砌厚度减小或取消二次衬砌配筋后,衬砌结构实际受力远小于设计值,说明支护结构满足承载力的要求。在充分发挥围岩自承能力及初期支护作为主要承载结构的基础上,复合式衬砌结构支护参数可优化,见表3-22。

复合式衬砌支护参数优化表　　　　　　　　　　　　　表 3-22

序号	类型	围岩	初期支护	二次衬砌拱墙	二次衬砌仰拱
1	单线	Ⅳ	维持原设计	混凝土厚度由 35cm 优化为 30cm	维持原设计
		Ⅴa	维持原设计	混凝土厚度由 40cm 优化为 35cm,钢筋混凝土优化为素混凝土	混凝土厚度由 45cm 优化为 40cm
		Ⅴb	维持原设计	混凝土厚度由 45cm 优化为 40cm	混凝土厚度由 50cm 优化为 45cm
2	双线（无砟）	Ⅳa	维持原设计	混凝土厚度由 40cm 优化为 35cm	混凝土厚度由 45cm 优化为 40cm
		Ⅳb	维持原设计	混凝土厚度不变,钢筋混凝土优化为素混凝土	维持原设计
		Ⅴa	维持原设计	混凝土厚度由 45cm 优化为 40cm	混凝土厚度由 50cm 优化为 45cm
		Ⅴb	维持原设计	维持原设计	维持原设计
3	双线（有砟）	Ⅳa	维持原设计	混凝土厚度由 45cm 优化为 35cm	混凝土厚度由 45cm 优化为 40cm
		Ⅳb	维持原设计	混凝土厚度由 45cm 优化为 40cm,钢筋混凝土优化为素混凝土	维持原设计
		Ⅴa	维持原设计	混凝土厚度由 50cm 优化为 40cm	混凝土厚度由 50cm 优化为 45cm
		Ⅴb	维持原设计	混凝土厚度由 50cm 优化为 45cm	混凝土厚度由 55cm 优化为 50cm
4	双线（黄土）	Ⅳ土	维持原设计	混凝土厚度由 45cm 优化为 40cm,钢筋混凝土优化为素混凝土	混凝土厚度由 50cm 优化为 45cm
		Ⅴa土	维持原设计	混凝土厚度由 50cm 优化为 40cm	维持原设计

鉴于复合式衬砌结构优化试验工作开展相对较晚,现场试验论证完成后隧道工程已大部分施工完成,全线剩余Ⅳ级围岩未施工段落长度共计 27.83km,Ⅴ级围岩未施工段落长度共计 16.07km。结合剩余隧道工程地质条件,现场仅在部分地段开展了复合式衬砌优化成果应用并设置了监测断面进行长期监测。

3.6 限阻器新型初期支护结构

目前,高地应力、软弱围岩等不良地质极易造成初期支护结构因承受较大的围岩压力而造成支护结构开裂、变形侵限现象。在应对上述问题时,现场常选择采用大刚度、高强度、多形式组合的支护措施强支硬顶,以加强支护的方式来解决问题。然而,工程实践表明这种"强支硬顶"支护方式往往不能一次性有效解决问题,围岩变形、支护破坏总是在经历多次支护、破坏与拆换的循环后才能得到控制。

考虑浩吉铁路隧道在穿越老黄土(含水率 20%~23%)、高地应力水平岩层段落出现的混凝土表面剥落掉块、格栅钢架变形外鼓、初期支护结构开裂破坏等问题,公司组织开展了限阻器新型初期支护结构研究,研发一种与普通格栅钢架、喷射混凝土共同作用的"限制支护阻力阻尼器"(即在初期支护中沿纵向设置可控制变形的恒阻压缩装置,以下简称"限阻器"),来实现控制围岩能量释放的大行程、低阻力的支护体系,有效解决既有初期支护破坏问题。

3.6.1　限阻器工作原理

在高地应力、软弱围岩的条件下,围岩被开挖扰动后释放出较大的能量,存在长时间持续变形,现有隧道初期支护结构多为锚杆、钢架与喷射混凝土的组合,而这些支护结构的正常工作阶段变形量很小,在较小的变形量下难以充分释放围岩中赋存的大量能量,从而带来了较高的围岩压力,导致初期支护的内力超过其材料极限承载能力而破坏失效。

限阻器连接于初期支护结构中,利用低碳钢钢板较好的屈服变形能力和峰后残余承载能力,通过在受力过程中竖向钢板的弯曲塑性变形,实现限制结构内力,释放围岩压力的目的。

1) 限阻器构造

限阻器由上下传力连接钢板和竖向限阻钢板组成,上下连接钢板平行放置,竖向限阻钢板垂直焊接在上下连接钢板上,限阻器构造如图 3-56 所示。

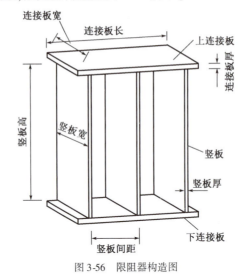

图 3-56　限阻器构造图

2) 限阻器工作过程

前期隧道现场内力测试结果表明,浩吉铁路隧道初期支护结构以承受小偏心受压荷载为主,模拟在连接板上施加竖向压力 P,在压力 P 达到竖向钢板的承载力峰值后,竖向钢板开始屈服变形,直至限阻器被压实。限阻器变形工作过程示意图如图 3-57 所示。

3) 限阻器压力—变形曲线

制作限阻器试件在万能压力机上进行性能验证性试验,得到限阻器典型压力—变形曲线如图 3-58 所示。

根据验证性试验结果,限阻器工作主要分为 4 个阶段:①弹性变形阶段,压力随变形线性增加;②屈服下降变形阶段,压力随变形下降;③屈服恒阻变形阶段,压力随变形恒定;④压实变形阶段,压力随变形急剧增加。其中屈服恒阻变形阶段是主要工作阶段,限阻器在恒定的压力下进行大行程变形。

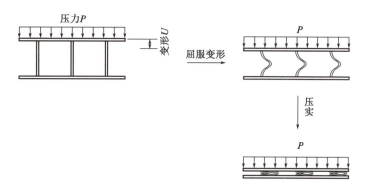

图 3-57 限阻器变形工作过程

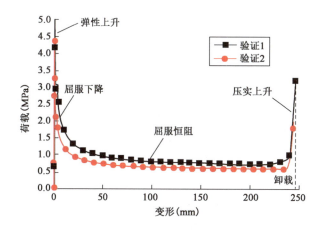

图 3-58 限阻器典型压力—变形曲线

根据基于现场实测的隧道初期支护受力模式分析,围岩压力为支护抑制围岩压力产生的形变压力,结构受力模式为小偏心受压,破坏控制为压—剪破坏控制。当围岩与结构发生变形后,围岩压力也相应减小。在台阶法施工中,初始峰值可保障初期支护不会过早发生变形以影响后续支护施工;当结构内力超过初始峰值后,限阻器屈服压缩,可提供足够大的恒阻变形空间;当限阻器被压实或人工封闭后,其强度不低于原支护强度,且除抗压强度外,竖向钢板的抗拉、抗剪强度均高于喷射混凝土强度。综上,限阻器能实现控制围岩能量释放的需求,可与格栅钢架+喷射混凝土形式的初期支护结构结合,形成新的"刚—柔—刚"型的限阻耗能型支护结构。

3.6.2 限阻器参数确定

在限阻器实际应用中,限阻器峰值不能大于初期支护结构强度,否则限阻器尚未工作初期支护已破坏;峰值也不宜过小,尤其在台阶法施工时,峰值过小会导致支护未闭合时限阻器就开始变形,影响正常施工,限阻器恒阻值和压缩量要视支护结构和工程地质情况而定。因此,需要确定限阻器的恒阻值、初始峰值、压缩量这 3 个性能指标与限阻钢板厚度、高度、间距等设计参数之间的关系,从而作为应用于隧道支护结构的依据,并进行了限阻器各参数的正交试验。

1) 试验工况

根据浩吉铁路隧道初期支护中采用的 H130、H150、H180、H230 格栅钢架,结合现场初期支护实测变形量,研究限阻钢板高度、厚度、间距与限阻峰值、恒阻值、压缩量之间的关系,设置试验工况见表 3-23。

限阻器试验工况 表 3-23

参　　数	高度(cm)	竖 向 钢 板			连接钢板厚度(mm)
		厚度(mm)	间距(cm)	板数(个)	
高度	20	6	15	3	10
	30	6	15	3	10
	40	6	15	3	10
厚度	30	4	15	3	10
	30	8	15	3	10
间距	30	6	10	3	10
	30	6	20	2	10

注:高度指限阻器高度,含连接钢板厚度。

2) 限阻器参数分析

(1) 恒阻值

①恒阻值与高度的关系

从试验结果中选取不同高度竖板的恒阻值,将其按照竖板间距10cm换算成应力,统计结果见表3-24。

恒阻值与高度统计结果 表 3-24

厚度(mm)	高度(cm)	板数(个)	平均单板恒阻值(MPa)
6	20	3	1.443
6	30	3	0.915
6	40	3	0.758

②恒阻值与厚度的关系

从试验结果中选取不同厚度竖板的恒阻值,将其按照竖板间距10cm换算成应力,统计结果见表3-25。

恒阻值与厚度统计结果 表 3-25

厚度(mm)	高度(cm)	板数(个)	平均单板恒阻值(MPa)
4	30	3	0.348
6	30	3	0.915
8	30	3	1.660

③恒阻值与板数的关系

从试验结果中选取不同竖板数的峰值及恒阻值,见表3-26。从板数关系可见,限阻器恒阻值存在群板效应,随着竖板个数的增加,其平均单板恒阻值有所降低。2块竖板和3块竖板的平均单板恒阻值已接近,可采用3块竖板的平均单板恒阻应力值来代表限阻器的恒阻应力值。

恒阻值与板数统计结果　　　　　　　　表3-26

宽度(cm)	厚度(mm)	高度(cm)	板数(个)	平均单板恒阻值(MPa)	比　例
30	8	30	1	54.50	—
			2	50.68	0.930
			3	49.81	0.983
25	6	30	1	—	—
			2	23.50	—
			3	22.58	0.961

(2)初始峰值

汇总试验结果初始峰值,竖板按照间距10cm,计算得到不同竖板厚度及高度情况下限阻器初始峰值应力,并计算峰值与恒阻值的比例关系,见表3-27。

峰值统计　　　　　　　　表3-27

厚度(mm)	高度(cm)	应力(MPa)	峰值/恒阻值
4	30	1.58~2.33	4.5~4.8
6	20	7.62~13.07	5.2~9.1
	30	6.07~9.23	6.3~10.2
	40	3.69~5.10	4.8~6.6
8	30	10.29~17.06	6.1~8.4

(3)压缩量

汇总试验结果压缩量见表3-28,竖板有效压缩高度与竖板总高度及厚度相关,限阻器平均有效压缩量为总高度的84%。

压缩量统计　　　　　　　　表3-28

厚度(mm)	高度(cm)	平均压缩量(mm)	剩余高度(mm)	有效空间比例(%)
6	20	148.0	32.0	82.2
4	30	237.9	42.1	85.0
6	30	237.6	42.4	84.9
8	30	236.1	43.9	84.3

结合上述试验数据,限阻器高度为 30cm,有效压缩量程约 25cm;连接钢板厚度为 10mm,竖向钢板厚度为 8mm,竖向钢板间距根据格栅钢架型号确定为 13.5~14.5cm。

3.6.3 限阻器设计

1) 设计原则

针对浩吉铁路高地应力、软弱围岩条件下,隧道初期支护承载以小偏心受压为主,限阻器主要用于限制初期支护压力的持续增大及允许适当的压缩变形空间。限阻器用于与隧道初期支护的环向连接,其设计原则为:限阻器峰值须大于初期支护仰拱闭合前结构内力,并小于结构极限抗压强度,保证初期支护施工期的安全稳定与后期限阻变形。限阻器须保证一定的恒阻值,约束初期支护变形速度和收敛时机在工程可接受范围内,保证不产生侵界现象。限阻器须留有足够的恒阻变形空间,确保围岩压力能够释放到结构可支护能力之内,初期支护结构不发生破坏。

2) 结构连接

为保证限阻器与隧道初期支护结构的有效连接和共同工作,限阻器与结构连接采取的措施为:限阻器与格栅钢架环向连接,在连接钢板上开螺栓孔,格栅钢架和限阻器通过接头螺栓连接。限阻器与喷射混凝土环向连接,在连接钢板上垂直焊接连接钢筋,通过连接钢筋来保证限阻器和喷射混凝土有效连接,并在限阻器 1.0m 范围内挂双侧钢筋网,防止局部应力集中导致混凝土开裂。限阻器纵向连接通过在前后两榀限阻器的上下连接钢板处用钢筋或钢板帮焊连接,使各榀限阻器在隧道纵向上连接成一条纵梁,如图 3-59 所示。

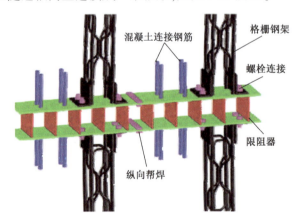

图 3-59 限阻器组装示意图

3) 限阻器型号

根据初期支护钢架型式,设置了 H150、H180、H230 钢板型环向限阻器,如图 3-60~图 3-62 所示。钢板型环向限阻器根据钢架间距分别按照 1m、0.75m、0.6m 设计,限阻器高度为 30cm,限阻器与格栅钢架采用螺栓连接,各榀环向限阻器沿纵向采用帮焊钢筋连接。限阻器连接钢板厚度采用 10mm,竖向钢板厚度为 8mm,竖向间距为 13.5~14.5cm,连接钢板与喷射混凝土侧设置连接钢筋。

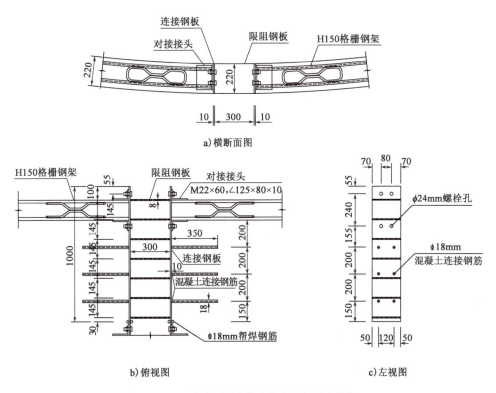

图 3-60 H150 钢板型环向限阻器示意图（尺寸单位：mm）

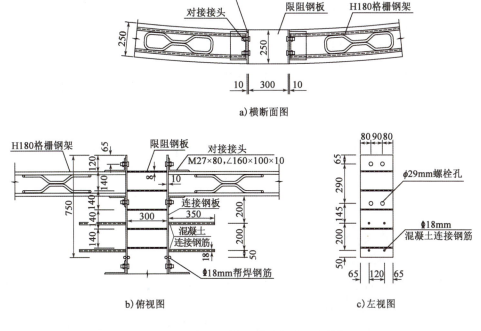

图 3-61 H180 钢板型环向限阻器示意图（尺寸单位：mm）

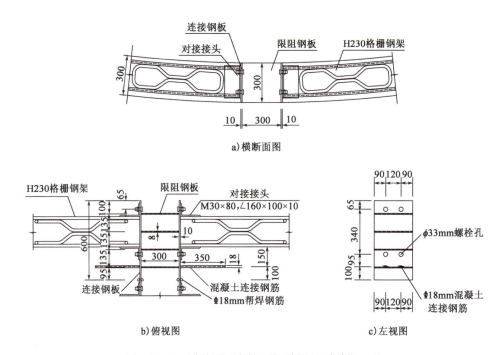

图 3-62 H230 钢板型环向限阻器示意图(尺寸单位:mm)

3.6.4 试验成果应用

1) 限阻器在深埋老黄土隧道中的应用

2016 年 5 月,浩吉铁路阳山隧道出口深埋老黄土段(DK390+708~DK390+528)初期支护发生破坏并造成初期支护侵限,破坏现象表现为上台阶左右拱腰至拱脚处混凝土开裂剥落、钢架压曲错台,掉块沿纵向贯通,破坏后的初期支护侵限达 30~40cm。2017 年 3—5 月,浩吉铁路麻科义隧道、郑庄隧道、郭旗隧道深埋老黄土段初期支护相继发生类似的破坏现象。采用加大格栅钢架型号、缩小格栅钢架间距、增大喷射混凝土厚度等措施强化初期支护结构参数,仍未完全解决初期支护开裂破坏问题。

采用限阻器新型初期支护结构后,限阻器在距离掌子面 1~2 倍洞径开始变形,受不同段落地质差异,阳山隧道、麻科义隧道、郑庄隧道及郭旗隧道等深埋老黄土段,限阻器最终压缩变形量为 5~20cm,最终拱顶沉降为 2~18cm,最终收敛变形为 1~20cm;初期支护结构在经历约 2 个月的变形收敛后趋于稳定,未发生初期支护结构性开裂破坏现象,保证了初期支护和围岩的稳定与安全。深埋老黄土隧道限阻器应用效果如图 3-63 所示。

2) 限阻器在高地应力水平岩层隧道中的应用

2017 年 4—7 月,浩吉铁路段家坪隧道、延安隧道、阳山隧道、如意隧道、集义隧道等多座隧道水平岩层段发生初期支护破坏现象,具体表现为拱顶开裂、起皮、掉块,钢架扭曲变形,初期支护破坏开始发生位置距掌子面 1~2 倍洞径。采用加强初期支护结构参数后,持续的围岩形变压力最终造成部分区段隧道支护结构内力超出材料强度而发生开裂破坏。

借鉴阳山隧道等深埋老黄土段限阻器新型支护结构的应用,在段家坪隧道、延安隧道、阳山隧道、如意隧道及集义隧道的高地应力水平岩层段,在初期支护结构受力较大的拱顶或仰拱轴线部位设置限阻器。高地应力水平岩层段限阻器距掌子面 1~1.5 倍洞径时开始变形,限阻器与初期支护的最终变形量随地质条件的不同差异较大。限阻器最终压缩变形量为 3~15cm,压缩变形量达到 15cm 的限阻器立即采用喷射混凝土+小导管注浆封闭。初期支护最终拱顶沉降值为 3~16cm,最终水平收敛值为 2~18cm,初期支护未发生结构性开裂破坏现象。高地应力水平岩层隧道限阻器应用效果如图 3-64 所示。

图 3-63 深埋老黄土隧道限阻器应用效果

图 3-64 高地应力水平岩层隧道限阻器应用效果

轻型衬砌结构

在我国采用矿山法修建的隧道中,主要采用锚喷、初期支护和二次衬砌形成复合式衬砌。在岩体强度及稳定性较好的Ⅰ~Ⅲ级围岩地段,围岩与初期支护结构的最终变形量极小,初期支护的安全富裕度较高,充分说明通过发挥围岩的自承能力能够减少支护甚至不支护即可维持围岩的长期稳定,在此情况下是否还需施作支护刚度大的二次衬砌值得商榷。

在国外,隧道支护结构除采用复合式衬砌外,挪威、瑞士、德国、巴西、南非等国家均大量采用钢纤维喷射混凝土和锚杆作为主要支护方式,在施工方法上以机械化快速施工为主,开挖后以最短时间进行支护。在挪威约 460km 的干线公路隧道中共有 160km(其中部分是海底隧道)采用喷射混凝土或喷射钢纤维混凝土,作为永久支护。1993 年 5 月,在挪威建成的 Gjolas-vik 地下体育馆(跨度 61m、长 91m、高 25m)采用喷射混凝土作为永久支护。在国内,20 世纪 60 年代在成昆铁路围岩较好的短隧道中成功采用了喷射混凝土加锚杆作为永久衬砌;近年来,铁路隧道先后在西南铁路磨沟岭隧道、西康铁路秦岭隧道、合武铁路大别山隧道进行了喷锚支护作为永久支护的试验;此外在高速公路、水电站引水隧洞、地下储库等隧道工程中也进行了较多喷锚支护的试验研究。

借鉴国内外研究与建设经验,在围岩自稳能力较好地段,充分发挥和利用围岩的自承能力,对具备完全自稳能力的围岩不支护,以及具备一定自稳能力的围岩简单支护(简称"轻型衬砌")。结合浩吉铁路当时的施工进度,在大中山隧道(双线)和张坊隧道(单线)开展了现场试验。

3.7.1 试验工点概况

结合浩吉铁路隧道工程地质和水文地质条件、断面形式以及剩余施工工点情况,在大中山隧道(双线)和张坊隧道(单线)开展了轻型衬砌应用试验,具体工点见表3-29。

试验工点　　　　　　　　　　表3-29

隧道名称	地层岩性	试验区段		长度(m)	围岩级别
大中山隧道	细粒黑云母二长花岗岩及中粒含黑云母二长花岗岩	1号斜井工区小里程方向	DK792+200～DK792+360	160	Ⅱ级
			DK792+360～DK792+400	40	Ⅲ级
张坊隧道	花岗岩	斜井工区	DK1643+526～DK1643+579	53	Ⅱ级
			DK1643+579～DK1643+696	117	Ⅱ级
		出口工区	DK1643+910～DK1643+860	50	Ⅱ级
			DK1644+187～DK1644+010	177	Ⅱ级

大中山隧道试验段DK792+200～DK792+400下伏基岩为中粒含黑云母二长花岗岩与早古生代漂池系列细粒黑云母二长花岗岩间为涌动型侵入接触关系,其中中粒含黑云母二长花岗岩,浅肉红色,细粒～中粒花岗结构,局部似斑状结构,碎裂结构,个别糜棱结构,块状构造;岩质硬,节理裂隙较发育,间距变化较大,密闭～微张,埋深较大地段多为微风化岩层,质地坚硬,结构致密,属于极硬岩,岩体多较完整,但接触带及附近岩体多较破碎。地下水为花岗岩基岩裂隙水,隧道洞身多位于弱风化～微风化二长花岗岩地层中,含水贫乏,该段单位长度最大涌水量为0.21m³/(d·m),为弱富水区。大中山隧道典型断面掌子面岩质情况如图3-65所示。

a) Ⅱ级围岩掌子面(DK792+355)　　　　b) Ⅲ级围岩掌子面(DK792+369)

图3-65　大中山隧道典型断面掌子面岩质情况

张坊隧道试验段为 DK1643+526～DK1643+696、DK1643+910～DK1643+860、DK1644+187～DK1644+010，其中，DK1643+526～DK1643+696、DK1643+910～DK1643+860 区间隧道为花岗闪长岩，灰白色、麻灰色，弱风化，节理裂隙弱发育，岩体完整～较完整，岩质较硬；DK1643+910～DK1643+860 区间隧道为花岗闪长岩，灰白色、麻灰色，弱风化，节理裂隙弱发育，岩体完整，岩质较硬。地下水为花岗岩基岩裂隙水，弱发育。张坊隧道典型断面掌子面岩质情况如图 3-66 所示。

a) Ⅱ级围岩掌子面（DK1643+608）　　　b) Ⅲ级围岩掌子面（DK1643+618）

图 3-66　张坊隧道典型断面掌子面岩质情况

3.7.2　试验段围岩分级和支护结构

1）围岩分级

根据试验段围岩掌子面岩石强度、结构特征及完整程度，参照《铁路隧道设计规范》（TB 10003—2016），对围岩级别进一步细化，见表 3-30。

围岩分级表　　　　　　　　表3-30

围岩分级	稳定状态	岩石坚硬程度	结构特征及完整状态
Ⅱ$_{X1}$	极稳定	极硬岩、硬岩	完整、巨块状
Ⅱ$_{X2}$	很稳定	极硬岩、硬岩	较完整、大块状
Ⅲ$_{X1}$	稳定，存在小掉块，不会坍塌	极硬岩、硬岩	大块状，2～3组节理，较完整
Ⅲ$_{X2}$	基本稳定，存在小掉块，长时间无支护可能诱发小坍塌	极硬岩、硬岩	大块～块状，2～3组节理，局部较破碎，破碎区域位于开挖线以内或仅占开挖面积不到10%

2）支护结构

结合隧道断面尺寸、围岩分级，轻型衬砌支护参数包括喷射纤维混凝土、锚杆、钢筋网、三肢格栅钢架等；拱墙预留30cm的补强空间，底部结构采用整体浇筑的混凝土结构。不同支护型式下结构参数见表3-31，不同支护型式下衬砌断面如图3-67～图3-73所示。

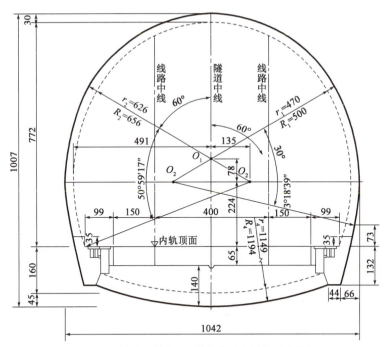

图 3-67 双线隧道轻型衬砌 II_{X1} 衬砌断面示意图（尺寸单位：cm）

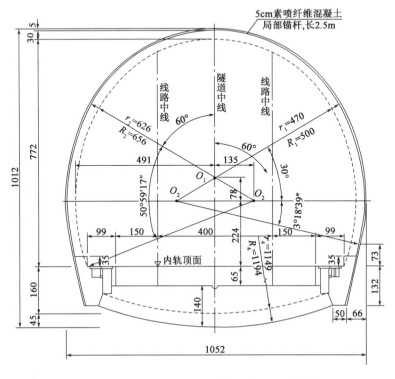

图 3-68 双线隧道轻型衬砌 II_{X2} 衬砌断面示意图（尺寸单位：cm）

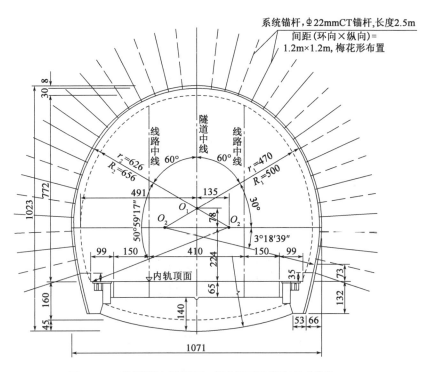

图 3-69 双线隧道轻型衬砌Ⅲ$_{X1}$衬砌断面示意图(尺寸单位:cm)

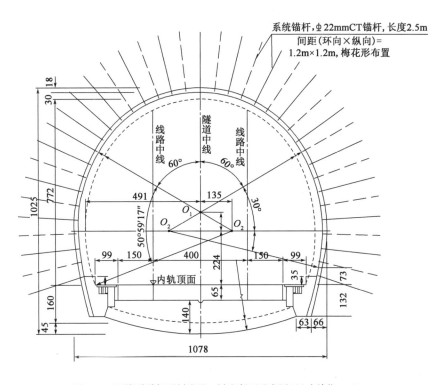

图 3-70 双线隧道轻型衬砌Ⅲ$_{X2}$衬砌断面示意图(尺寸单位:cm)

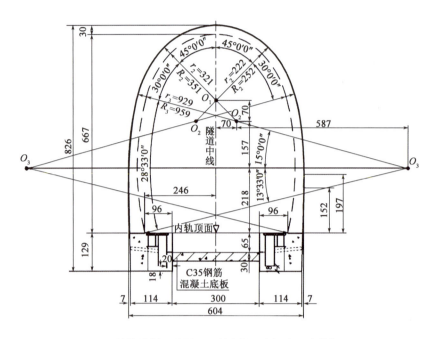

图 3-71 单线隧道轻型衬砌 II_{X1} 衬砌断面示意图（尺寸单位：cm）

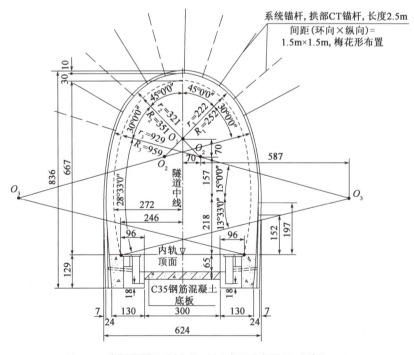

图 3-72 单线隧道轻型衬砌 II_{X2} 衬砌断面示意图（尺寸单位：cm）

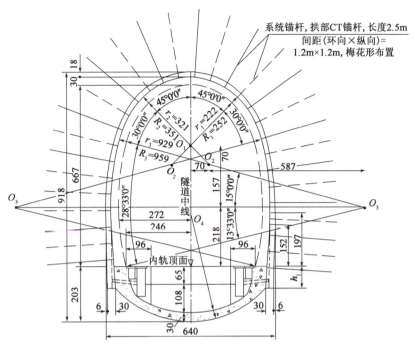

图 3-73 单线隧道轻型衬砌Ⅲ$_{X2}$衬砌断面示意图（尺寸单位：cm）

支护结构参数表　　　　　　　　　　　　　　　　　　　表 3-31

衬砌类型		初期支护（喷锚支护）							模筑衬砌	
		C35 喷射混凝土		锚杆			钢筋网		格栅钢架	拱墙	底部结构
		部位	厚度(cm)	部位	长度(m)	环向×纵向间距(m)	部位	钢筋直径(mm)	网眼尺寸(cm)	型号@间距	厚度(cm)	厚度(cm)
双线	Ⅱ$_{X1}$	—	—	局部	2.5	1~2	—	—	—	—	整体浇筑140，面层铺设单层钢筋网
	Ⅱ$_{X2}$	拱墙	5	局部	2.5	1~2	—	—	—	—	
	Ⅲ$_{X1}$	拱墙	8	拱墙	2.5	1.2×1.2	拱墙	φ8	25×25	—	
	Ⅲ$_{X2}$	拱墙	18	拱墙	2.5	1.2×1.2	拱墙	φ8	25×25	三肢H110@1.2 拱墙	
单线	Ⅱ$_{X1}$	—	—	—	—	—	—	—	—	—	底板30*
	Ⅱ$_{X2}$	拱墙	10	拱部	2.5	1~2	拱部	φ8	25×25	—	底板30*
	Ⅲ$_{X2}$	拱墙	18	拱墙	2.5	1.2×1.2	拱墙	φ8	20×20	三肢H110@1.2 拱墙	仰拱30+填充108

注：标 * 表示为钢筋混凝土。

3) 支护参数要求

(1) 喷射混凝土

混凝土强度等级为 C35,早期强度要求为 3h 不低于 1MPa,10h 不低于 5MPa,24h 不低于 15MPa;纤维采用纤维素纤维,速凝剂采用无碱速凝剂;添加硅粉来提高喷射混凝土密实度。

(2) 锚杆

采用 $\phi22$mm CT 锚杆(防腐岩石锚杆,防腐措施包含镀锌,环氧涂层,内部灌浆层,PVC 套管,外部灌浆层)或涨壳式中空注浆锚杆。

(3) 钢筋网

统一采用 $\phi8$mm 钢筋网(平面尺寸不小于 $2m \times 2m$),网片搭接通过锚杆固定,中部和四面设置钢筋钎钉来加强钢筋网片与围岩的连接。

(4) 三肢格栅钢架

主筋采用 $\phi18$mm,箍筋采用 $\phi8$mm@1000mm,钢架高度为 110mm。

(5) 底部结构

采用整体浇筑 C30 混凝土,面层设置单层 $\phi8$mm 钢筋网。

3.7.3 试验项目

为验证轻型衬砌结构支护参数的合理性,选取了具有代表性的地段设置监测断面,对喷射混凝土与围岩间的接触压力、喷射混凝土应力、锚杆应力、格栅钢架应力、隧底压力等进行测试。

1) 试验断面及测试内容

结合隧道断面形式及轻型衬砌结构参数,选取试验断面并结合支护结构参数进行了相应测试,试验断面及测试内容见表 3-32。

试验断面及测试内容   表 3-32

试 验 断 面		衬 砌 类 型	测 试 内 容
大中山隧道	DK792+340 DK792+348 DK792+355	双线Ⅱ$_{X1}$	隧道底部压力
	DK792+369	双线Ⅲ$_{X2}$	喷射混凝土与围岩间的接触压力、锚杆应力、喷射混凝土应力、格栅钢架应力
张坊隧道	DK1643+608 DK1643+613 DK1644+618	单线Ⅱ$_{X2}$	喷射混凝土与围岩间的接触压力、锚杆应力、喷射混凝土应力

2) 试验断面测点布设

根据轻型衬砌结构参数,压力盒、钢筋应力计、混凝土应变计埋设在受力变化较大的拱顶、拱腰、边墙及仰拱部位,测点布设如图 3-74~图 3-76 所示。

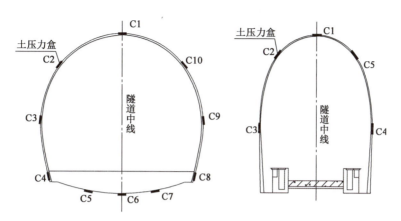

图 3-74　土压力盒测点布设示意图

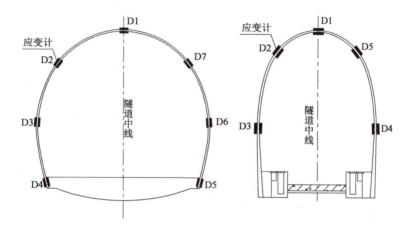

图 3-75　喷射混凝土及钢筋应力测点布设示意图

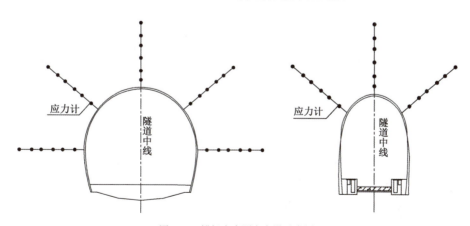

图 3-76　锚杆应力测点布设示意图

3.7.4　试验测试结果及分析

根据现场试验测试情况，分别对双线隧道 II_{X1} 和 III_{X2}、单线隧道 II_{X2} 试验数据进行分析。

1）双线隧道 II_{X1} 支护结构

根据测试数据,大中山隧道 II_{X1} 支护结构试验断面(DK792+340、DK792+348、DK792+355)的围岩压力测试情况如图3-77所示,可以看出,3个试验断面隧底压力很小,说明围岩的自承能力较强,该类支护结构形式能够保证围岩及隧道支护结构的安全。

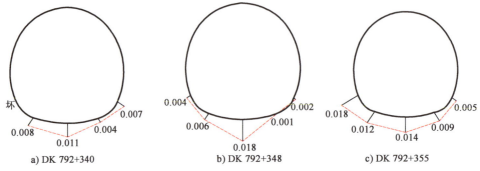

图3-77 大中山隧道 II_{X1} 支护结构隧底围岩压力分布图(单位:MPa)

2）双线隧道 III_{X2} 支护结构

根据测试数据,对大中山隧道 III_{X2} 支护结构试验断面(DK792+369)的围岩压力、喷射混凝土应力、锚杆应力及格栅钢架应力等进行分析。

（1）围岩压力

根据测试数据,大中山隧道 III_{X2} 支护结构试验断面(DK792+369)的围岩压力测试情况如图3-78所示,可以看出,初期支护与围岩间的接触压力很小,最大压力值位于隧底中部,其值为0.032MPa,说明作用在支护结构上的压力较小,围岩的自承能力较强。

（2）喷射混凝土应力

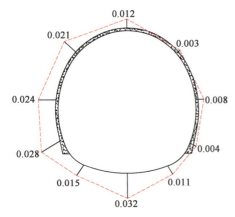

图3-78 大中山隧道 III_{X2} 支护结构围岩压力分布图(单位:MPa)

根据测试数据,大中山隧道 III_{X2} 支护结构试验断面(DK792+369)的喷射混凝土应力分布图如图3-79所示,可以看出,初期支护喷射混凝土均承受压应力,应力分布较均匀,压应力值分布范围为1.23~3.76MPa,远远小于喷射混凝土极限抗压强度值,说明该支护结构形式能够保证围岩及隧道支护结构的安全。

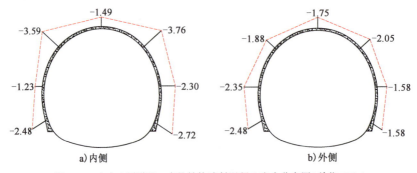

图3-79 大中山隧道 III_{X2} 支护结构喷射混凝土应力分布图(单位:MPa)

（3）锚杆应力

根据测试数据，大中山隧道Ⅲ$_{X2}$支护结构试验断面（DK792+369）的锚杆应力分布图如图3-80所示。锚杆受力均呈现受拉状态，但最大受拉位置分布具有随机性且数值无规律性，锚杆受力较小甚至部分锚杆不受力；锚杆最大拉力值为46kN，相比于锚杆极限抗拉力197.6kN，其材料性能利用率为23.3%。

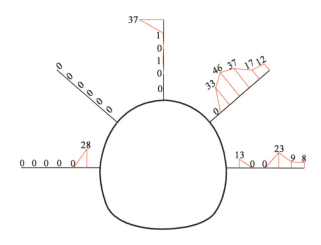

图3-80　大中山隧道Ⅲ$_{X2}$支护结构锚杆应力分布图（单位：kN）

（4）格栅钢架应力

根据测试数据，大中山隧道Ⅲ$_{X2}$支护结构试验断面（DK792+369）的格栅钢架应力分布图如图3-81所示，可以看出，初期支护格栅钢架均承受压应力，应力分布相对较均匀，最大压应力值位于边墙中部，其值为53.56MPa，远远小于格栅钢架极限抗压屈服强度值400MPa。

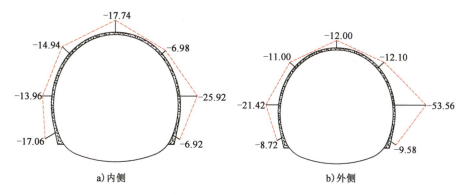

a) 内侧　　　　　　　b) 外侧

图3-81　大中山隧道Ⅲ$_{X2}$支护结构格栅钢架应力分布图（单位：MPa）

3) 单线隧道Ⅱ$_{X2}$支护结构

根据测试数据，对张坊隧道Ⅱ$_{X2}$支护结构试验断面（DK1643+608、DK1643+613、DK1643+618）的围岩压力、喷射混凝土应力、锚杆应力等进行分析。

（1）围岩压力

根据测试数据，张坊隧道Ⅱ$_{X2}$支护结构试验断面（DK1643+608、DK1643+

618)的围岩压力测试情况如图 3-82 所示,可以看出,3 个测试断面初期支护与围岩间的接触压力均很小,压力值范围为 0.011~0.116MPa,说明作用在支护结构上的压力较小,围岩的自承能力较强。

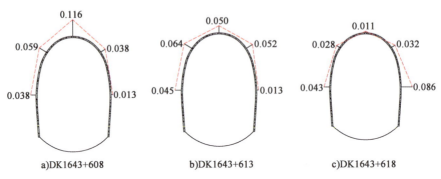

图 3-82 张坊隧道 II_{X2} 支护结构围岩压力分布图(单位:MPa)

(2)喷射混凝土应力

根据测试数据,张坊隧道 II_{X2} 支护结构试验断面(DK1643+608、DK1643+613、DK1643+618)喷射混凝土应力分布图如图 3-83 所示,可以看出,初期支护喷射混凝土均承受压应力,拱顶部位压应力值较大,最大压应力值为 9.43MPa,远小于喷射混凝土极限抗压强度值,说明该支护结构形式能够保证隧道支护结构的安全。

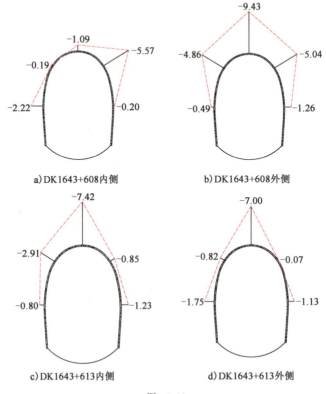

图 3-83

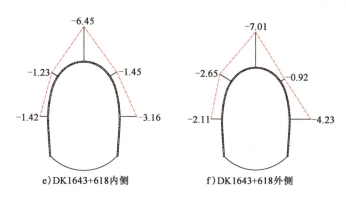

e) DK1643+618内侧　　f) DK1643+618外侧

图3-83　张坊隧道Ⅱ$_{X2}$支护结构喷射混凝土应力分布图(单位:MPa)

(3) 锚杆应力

根据测试数据,张坊隧道Ⅱ$_{X2}$支护结构试验断面(DK1643+608、DK1643+613、DK1643+618)的锚杆应力分布图如图3-84所示。锚杆受力均呈现受拉状态,但最大受拉位置分布具有随机性且数值无规律性,大部分锚杆受力较小甚至部分锚杆不受力;锚杆最大拉力值为71kN,相比于锚杆极限抗拉力197.6kN,其材料性能利用率为35.9%。

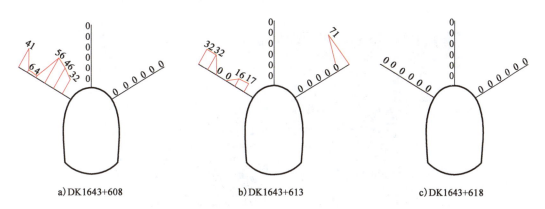

a) DK1643+608　　b) DK1643+613　　c) DK1643+618

图3-84　张坊隧道Ⅱ$_{X2}$支护结构锚杆应力分布图(单位:kN)

3.7.5 试验成果应用

大中山隧道和张坊隧道现场测试试验表明,Ⅱ~Ⅲ级围岩地段初期支护与围岩间压力、喷射混凝土应力、格栅钢架应力、锚杆受力等均远远小于材料的极限强度,安全富裕度较大,说明在围岩自稳能力较好的地段,充分发挥和利用围岩的自承能力,采用轻型衬砌结构能够保证围岩和隧道支护结构的安全。基于现场试验结果,在大中山隧道200m、张坊隧道397m段落应用了轻型衬砌结构并设置监测断面进行长期监测。现场应用情况如图3-85~图3-88所示。同时,受现有喷射混凝土施工工艺和材料性能等综合因素影响,在基岩裂隙水较发育地段偶尔会出现支护表面浸水甚至局部渗漏水现象,后续类似地层推广应用应加强对喷射混凝土抗渗性能的研究,并采取前期围岩裂隙注浆加固措施,以满足运营需求。

图 3-85　大中山隧道轻型支护喷射混凝土段落

图 3-86　大中山隧道轻型支护架设钢架段落

 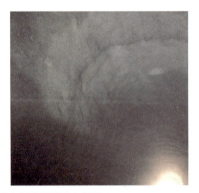

图 3-87　张坊隧道轻型支护喷射混凝土段落

 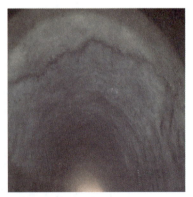

图 3-88　张坊隧道轻型支护架设钢架段落

3.8 辅助坑道支护结构

隧道辅助坑道主要承担施工期间增开正洞施工开挖面、加快正洞的施工进度以及辅助坑道承担运营期防灾救援的需求。在确保施工期间围岩稳定及隧道结构安全的前提下,可对辅助坑道的仰拱形式、初期支护结构参数和衬砌支护形式进行适当优化。

3.8.1 仰拱弧度调整

原设计岩质隧道Ⅴ级围岩段以及黄土Ⅳ、Ⅴ级围岩段均采取带较大矢跨比的仰拱衬砌类型,现场施工中仰拱需要额外增加一道工序,不利于辅助坑道施工进度。考虑到辅助坑道底部仰拱结构相对于正洞隧道无须承担列车荷载,且对结构变形要求也没正洞严格,在保证围岩稳定安全的前提下,对辅助坑道仰拱弧度进行了优化,将原设计的仰拱结构调整为微弧度平底板结构。隧道初期支护实现了全环封闭,保证了安全,现场施工可一步开挖到位,加快了施工进度。优化前后辅助坑道断面示意图如图 3-89 所示。

3.8.2 初期支护参数调整

原设计中辅助坑道钢架类型较多,永久辅助坑道与临时辅助坑道喷射混凝土厚度不一,为便于格栅钢架工厂化加工,以及确保满足初期支护承担施工期间荷载的要求,对辅助坑道初期支护参数进行了优化,简化并统一了钢架规格,永久与临时辅助坑道初期支护参数实现统一,便于现场施工和统一管理。优化前后辅助坑道初期支护参数见表 3-33、表 3-34。

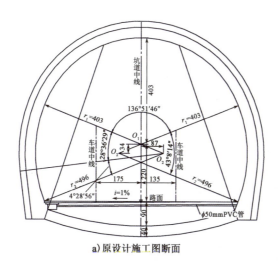

a) 原设计施工图断面

图 3-89

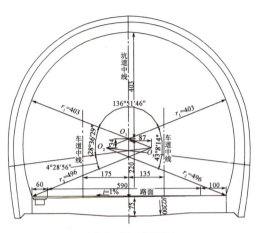

b) 优化后施工图断面

图 3-89 辅助坑道仰拱结构优化断面示意图

原设计辅助坑道初期支护参数表　　　　　　　　　　　　　　　表 3-33

分类	衬砌类型	喷射混凝土厚度（cm）	锚杆部位	锚杆长度（m）	锚杆环向×纵向（m）	钢筋网部位	钢筋网环向×纵向（mm）	钢筋网间距（cm）	钢架型式（mm）	钢架间距（m）	衬砌拱墙（cm）	衬砌铺底（cm）
单车道	喷锚衬砌	Ⅱ	拱墙5	局部	—	—	—	—	—	—	—	20
		Ⅲ	拱墙10	拱墙	2	1.5×1.5	—	—	—	—	—	20
		Ⅳ	拱墙20	拱墙	2.5	1.2×1.2	拱墙	φ8×φ6	25×25	φ20钢架，h=140	拱墙1.2	—	20
		Ⅴ	拱墙22	拱墙	3	1.2×1.2	拱墙	φ8×φ6	20×20	I16	拱墙1.0	—	35
	模筑衬砌	Ⅱ	拱墙5	局部	—	—	—	—	—	—	25	25
		Ⅲ	拱墙8	拱部	2	1.5×1.5	—	—	—	—	—	25	25
		Ⅳ	拱墙15	拱墙	2.5	1.2×1.2	拱墙	φ8×φ6	25×25	—	—	30	25
		Ⅴ	拱墙20	拱墙	3	1.2×1.2	拱墙	φ8×φ6	20×20	φ20钢架，h=140	拱墙1.0	30	35
双车道	喷锚衬砌	Ⅱ	拱墙10	拱部	2.5	—	—	—	—	—	—	—	20
		Ⅲ	拱墙15	拱墙	2.5	1.5×1.5	拱墙	φ8×φ6	25×25	φ20三肢钢架，h=140	拱墙1.2	—	30
		Ⅳ	拱墙20	拱墙	3	1.2×1.2	拱墙	φ8×φ6	20×20	φ22钢架，h=140	拱墙1.0	—	30
		Ⅴ	拱墙25	拱墙	3.5	1.2×1.2	拱墙	φ14×φ10	20×20	I18	拱墙0.8	—	40

续上表

| 分类 | 衬砌类型 | 喷锚支护 ||||||||| 衬砌 ||
| | | 喷射混凝土厚度(cm) | 锚杆 ||| 钢筋网 ||| 钢架 ||||
			部位	长度(m)	环向×纵向(m)	部位	环向×纵向(mm)	间距(cm)	型式(mm)	间距(m)	拱墙(cm)	铺底(cm)
双车道	模筑衬砌	拱墙5	局部	2.5	—	—	—	—	—	—	30	30
		拱墙10	拱墙	2.5	1.5×1.5	拱墙	φ8×φ6	25×25	—	—	30	30
		拱墙20	拱墙	3	1.2×1.2	拱墙	φ8×φ6	20×20	φ22钢架,$h=140$	拱墙1.0	35	40
		拱墙23	拱墙	3.5	1.2×1.2	拱墙	φ8×φ8	20×20	I16	拱墙1.0	40	40

优化后辅助坑道初期支护参数表   表3-34

| 分类 | 衬砌类型 | 喷锚支护 |||||| 衬砌 ||
| | | 喷射混凝土厚度(cm) | 钢筋网 ||| 钢架 |||||
			部位	直径(环向×纵向)(mm)	间距(cm)	型式(mm)	间距(m)	拱墙(cm)	铺底(cm)
单车道	喷锚衬砌	拱墙5	—	—	—	—	—	—	25
		拱墙10	拱部	φ8×φ8	20×20	—	—	—	25
		拱墙20	拱墙	φ8×φ8	20×20	φ20格栅,$h=130$	拱墙1.2	—	25
		拱墙20	拱墙	φ8×φ8	20×20	φ20格栅,$h=130$	全环1.2	—	40*
		拱墙22	拱墙	φ8×φ8	20×20	φ22格栅,$h=150$	拱墙0.8	—	40*
		拱墙22	拱墙	φ8×φ8	20×20	φ22格栅,$h=150$	全环0.8	—	50*
	整体式衬砌	拱墙5	—	—	—	—	—	25	25
		拱墙10	拱部	φ8×φ8	20×20	—	—	25	25
		拱墙20	拱墙	φ8×φ8	20×20	φ20格栅,$h=130$	拱墙1.2	30	25
		拱墙20	拱墙	φ8×φ8	20×20	φ20格栅,$h=130$	全环1.2	30	40*
		拱墙22	拱墙	φ8×φ8	20×20	φ22格栅,$h=150$	拱墙0.8	30	40*
		拱墙22	拱墙	φ8×φ8	20×20	φ22格栅,$h=150$	全环0.8	30	50*

(衬砌类型列:II、III、IV、IV±、V、V±、II、III、IV、IV±、V、V±)

续上表

分类	衬砌类型	喷锚支护						衬砌	
		喷射混凝土厚度（cm）	钢筋网			钢架		拱墙（cm）	铺底（cm）
			部位	直径（环向×纵向）（mm）	间距（cm）	型式	间距（m）		
双车道	喷锚衬砌	Ⅱ	拱墙5	—	—	—	—	—	—	25
		Ⅲ	拱墙10	拱部	$\phi8\times\phi8$	20×20	—	局部	—	25
		Ⅳ	拱墙20	拱墙	$\phi8\times\phi8$	20×20	$\phi20$格栅，$h=130$	拱墙1.0	—	25
		Ⅳ₊	拱墙20	拱墙	$\phi8\times\phi8$	20×20	$\phi20$格栅，$h=130$	全环1.0	—	40*
		Ⅴ	拱墙25	拱墙	$\phi8\times\phi8$	20×20	$\phi22$格栅，$h=180$	拱墙0.8	—	40*
		Ⅴ₊	拱墙25	拱墙	$\phi8\times\phi8$	20×20	$\phi22$格栅，$h=180$	全环0.8	—	50*
	整体式衬砌	Ⅱ	拱墙5	—	—	—	—	—	30	25
		Ⅲ	拱墙10	拱部	$\phi8\times\phi8$	20×20	—	—	30	25
		Ⅳ	拱墙20	拱墙	$\phi8\times\phi8$	20×20	$\phi20$格栅，$h=130$	拱墙1.0	35	25
		Ⅳ₊	拱墙20	拱墙	$\phi8\times\phi8$	20×20	$\phi20$格栅，$h=130$	拱墙1.0	35	40*
		Ⅴ	拱墙25	拱墙	$\phi8\times\phi8$	20×20	$\phi22$格栅，$h=180$	拱墙0.8	40	40*
		Ⅴ₊	拱墙25	拱墙	$\phi8\times\phi8$	20×20	$\phi22$格栅，$h=180$	全环0.8	40	50*

注：标*表示C35钢筋混凝土。

3.8.3 衬砌支护类型优化

原设计辅助坑道整体式衬砌均采用复合式衬砌类型，现场考虑辅助坑道二次衬砌施工不利于快速开辟正洞施工作业面，结合监控量测数据统计分析表明现有初期支护结构能确保施工期围岩的稳定及支护结构安全，以及辅助坑道后期的使用功能要求。经研究确定辅助坑道仅在洞口段、交叉口段、风机段、设备洞室开口段、后期有防灾救援需求的段落、特殊围岩段采用复合式衬砌支护类型，其余段落均采用喷锚衬砌。

第4章

隧道主要推广应用施工技术

本线隧道由北至南穿越多种不良地质,工程施工难度大、风险高、控制性工程多。浩吉铁路公司在总结多年来铁路隧道修建经验和借鉴国内外先进技术的基础上,遵循隧道工程建设内在规律,通过技术创新和试验段先行先试机制,取得了一系列成果并快速推广应用。本章介绍了浩吉铁路公司在全线隧道施工过程中推广应用的主要隧道施工技术。

隧道洞口设计与施工技术要点

隧道洞口段一般地处浅埋、偏压地形,地层多为表层覆土及全~强风化围岩,土质松软,围岩破碎。隧道开挖后不易形成承载拱,开挖过程也容易造成周边围岩松动。隧道洞口段亦经常因设计、施工措施不合理导致坡面出现滑动、洞口坍塌、地表下沉等现象。国内传统设计中,隧道洞口段通常采用长大管棚进行超前预支护,临时边仰坡刷坡并采用锚网喷防护措施,以确保隧道安全进洞。但是,采用这种进洞方式往往会较大范围的造成洞口周边植被破坏,在砂质新黄土等地层中可能因边坡扰动较大引发边坡失稳坍塌。在本线隧道工程开工前,浩吉铁路公司一直致力于组织各方进行隧道施工图现场核对优化工作,最大限度地避免因地质条件变化、施工图设计与现场实际不符等因素造成的缺陷,及时有效地优化完善设计,使结构设计更加合理,使用功能更加完善,安全、质量、环保得到保证。

4.1.1 隧道洞口设计要点

为确保隧道安全进洞,减少隧道开挖对周边地形、地貌的影响,完善工点使用功能,合理降低工程成本,避免建设资金浪费。在工程开工前,组织参建各方对隧道洞口段从洞口位置调整、洞门形式、地表加固、洞内支护、开挖方案等方面进行设计优化。

(1)洞口位置。施工前根据现场核对情况,及时调整隧道洞口明暗分界位置,实现早进洞,保证施工安全。

(2)洞门形式。隧道洞门形式选取遵循与自然环境相匹配的原则,结合实际地形进行个性化设计。

(3)边仰坡开挖。根据现场核对情况,原则上不刷坡或少刷坡,尽量保持原地表植被,以免对原始坡面造成过大破坏,影响山体稳定,尽可能做到"零开挖进洞"。

(4)地表加固措施。根据现场核对情况,当洞口埋深较小、地层条件较差时,可采取打设地表砂浆锚杆、地表注浆、施作地表旋喷桩等手段加固地层,确保进洞安全以及洞口坡面的稳定。

(5)超前支护措施。传统设计中,隧道洞口段一般采用30~40m的ϕ89mm或ϕ108mm长大管棚进行预支护;本线隧道建设过程中,针对隧道的实际地质条件,部分隧道进洞预支护采用ϕ50mm超前小导管为主,以少扰动、快开挖、快支护,实现安全快速进洞。

(6)开挖工法。传统设计中,隧道洞口段一般采用中隔壁法(CD法)、交叉中隔壁法(CRD法)、双侧壁导坑法等复杂工法;本线隧道进洞主要通过对地层进行适当的预加固或预支护,采用高效的湿喷设备及加强锁脚锚杆等措施,原则上采用台阶法施工,取消临时仰拱支护。

4.1.2 隧道洞口施工技术要点

(1)隧道建设按照"早进晚出"的施工理念,坚持"一洞一策"的指导方针,根据各个隧道的现场条件针对性地研究进出洞技术方案。原则上要求不刷坡或少刷坡,最大限度地减少地表植被破坏,如可采取地形条件接长明洞、回填反压、护拱暗挖等措施实现"零开挖"进洞;当洞口不稳定时采取设置抗滑桩、重力式挡墙、桩板墙等措施;陕北地区将削竹式洞门调整为以挡翼墙为主的洞门结构形式,加强背后填土反压,稳定仰坡。

(2)采用超前小导管进洞,在无特殊沉降要求时,原则上隧道进洞采用双层 $\phi50mm$ 超前小导管取代长大管棚进行超前预支护。

(3)简化施工工法,通过地表及掌子面加固等措施,优先采用两台阶、三台阶法开挖,采用CD法、CRD法、双侧壁导坑法等复杂工法时需经参建各方研讨商定。

(4)隧道初期支护严格遵循"两紧跟"原则,即初期支护钢架紧跟掌子面,初期支护仰拱及时封闭成环,紧跟下台阶。

(5)及时施作洞口"锁口圈",隧道洞口段在开挖长度达到1~1.5倍洞跨时,初期支护必须全断面封闭成环,形成锁口圈。

4.1.3 典型施工案例介绍

1)优化超前支护参数,采用小导管替代大管棚进洞——余家坪隧道

余家坪隧道设计全长172m,为单洞双线隧道。隧道进口段上部为粉质黏土,下伏基岩为千枚状板岩,强风化~弱风化,节理裂隙发育,岩体破碎,地下水不发育。洞口段原设计采用40m长的 $\phi108mm$ 长管棚进行超前预支护,三台阶临时仰拱法开挖施工。

根据现场实际地形、地质核对,结合隧道洞口优化思路,将原设计的 $\phi108mm$ 洞口长管棚超前预支护措施调整为 $\phi50mm$ 双层超前小导管,洞口采用零刷坡进洞,预留核心土三台阶法开挖。洞口小导管支护及隧道进洞后效果如图4-1、图4-2所示。

图4-1 洞口双层小导管支护

图4-2 进洞后洞口现状

采用优化方案施工实现了隧道顺利进洞,地表沉降及洞内初期支护收敛值均在可控范围内;采用超前小导管替代大管棚节约了工程造价,同时实现了隧道快速进洞;零刷坡进洞减少

了对原有坡面的破坏,保护了地表既有植被,使工程建设与当地环境相协调。

2)调整隧道暗洞里程,改善支护结构受力——张坊隧道

张坊隧道设计全长5755m,隧道进口段为全~强风化花岗闪长岩,岩体破碎,稳定性较差。原设计DK1640+109~DK1640+120段共计11m采用直切式洞门,DK1640+120~DK1640+148段共计28m采用偏压型明洞,DK1640+148~DK1640+190段共计42m采用φ89mm洞口管棚超前预支护,三台阶临时仰拱法施工。

根据现场核对发现,清表后的进口地形低于原设计地形,左侧部分地段覆土埋深不足1.0m,存在严重偏压。经方案比选,对原设计方案进行了如下优化:

(1)调整隧道暗洞里程,暗洞进洞里程调整至DK1640+135。

(2)进口DK1640+135~DK1640+173段共计38m,在左侧山坡设置桩板结构(图4-3),桩板结构和山体之间采用水泥含量为10%的水泥土反压回填处理。锚固桩桩长20m,截面尺寸为2.5m×2.75m,桩间距为5.0m。

(3)进口DK1640+173~DK1640+190段共计17m,在左侧山坡采取地表注浆加固处理,注浆范围为隧道中线两侧各8m,注浆孔间距为2.5m×2.5m。

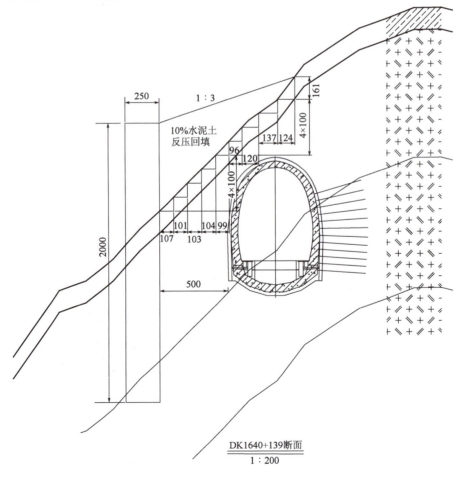

图4-3 锚固桩加固横断面图(尺寸单位:cm)

（4）进口DK1640+135～DK1640+190段共计55m采用φ50mm超前小导管预支护，采用三台阶法施工。

采用优化方案后，现场采用三台阶法顺利完成了洞口段的施工，地表沉降及洞内初期支护变形收敛均在可控范围，隧道支护结构的受力状态得到极大改善。

3）洞口段地层旋喷桩加固，提高围岩稳定性——九岭山隧道

九岭山隧道设计全长15390m，单洞双线隧道。原设计表层覆土为粉质黏土，软塑，厚0～6m；下伏基岩为全风化花岗闪长岩，厚约24.5m。

根据现场核对发现，该段地形较缓，不利于场地临时排水；外加南方降水频繁，隧道出口段地层含水率较大，土体强度较低，开挖极易造成洞口坍塌。经方案比选后，对洞口DK1696+013～DK1696+042段共计29m地表采用旋喷桩进行加固，桩径为600mm，间距1.0m×1.0m，梅花形布置。加固深度为洞身两侧加固至隧道仰拱底高程以下，两侧加固范围为开挖轮廓线外3.5m，其余部分打设至开挖轮廓线及全风化岩层分界线以下（图4-4、图4-5）。

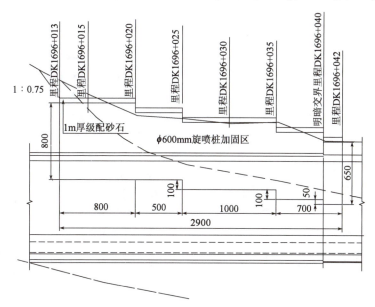

图4-4 旋喷桩地表加固纵断面图（尺寸单位：cm）

采用优化方案后，土体强度得到极大提升，围岩自稳条件得到改善，确保了隧道顺利进洞，保证了施工安全。

4）综合考虑地形地质，优化支护参数，调整开挖工法——毓秀山隧道

毓秀山隧道设计全长3727m，为三线燕尾式隧道。出口段DK1789+941～DK1790+020段共计79m，隧道拱顶覆土厚度为7～9m，洞身位于全风化～弱风化粉砂岩中；原设计采用CRD法施工，洞口超前支护采用φ108mm长管棚及洞身φ89mm长管棚预支护。

根据现场核对情况，结合地形、地质条件并考虑工期需要，对原设计方案进行了如下优化：

（1）隧道出口明暗分界里程由DK1790+020调整为DK1789+941（图4-6），仰坡坡率由1:1.25调整为1:1.5。

（2）明暗分界处（DK1789+941）洞身两侧分别增设4根直径为1.5m的钢筋混凝土灌注

桩,桩间距为2m,桩间及桩顶后仰坡采用锚网喷防护以确保洞口仰坡长期稳定。

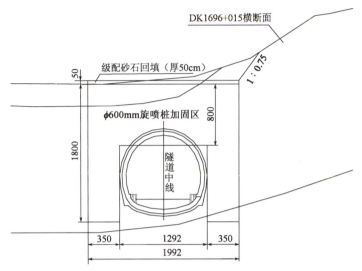

图 4-5 旋喷桩地表加固横断面图(尺寸单位:cm)

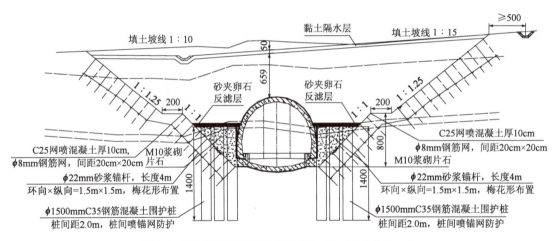

图 4-6 明暗分界断面示意图(DK1789+941)(尺寸单位:cm)

(3) 隧道出口 DK1789+876～DK1789+910 段共计 34m,洞身超前支护参数由 ϕ89mm 长管棚变更为 ϕ50mm 双层超前小导管。

(4) 隧道出口 DK1789+896～DK1789+941 段共计 45m,施工工法由 CRD 法变更为三台阶临时仰拱法。

采用优化方案后,通过调整明暗分界里程,优化超前支护参数,调整开挖工法,减少了浅埋暗挖段的施工难度,保证了洞口段的顺利掘进,同时节省施工工期约 2.5 个月,综合经济效益显著。

5) 结合现场地形,考虑施工及后期运营安全,优化调整洞口护坡——吉安隧道

吉安隧道设计全长 4861.5m,为单洞单线隧道。隧道出口原始地形较缓,地质条件较差,为 F11 断层破碎及影响带,断层上盘为长石、石英砂岩,全风化～弱风化,断层下盘为灰岩,弱风化;地下水主要为构造裂隙水及岩溶水,预测最大涌水量为 863.74m³/d。原设计出口

DK1831+579~DK1831+619段共计40m,洞口采用φ89mm管棚超前预支护,三台阶临时仰拱法开挖。

根据现场核对情况,洞口段位于鱼塘上游,地形较缓,不利于场地临时排水;外加南方降水频繁,地层含水率较大,极易诱发边坡溜塌,影响施工及后期运营安全。经各方研究,采取了如下优化方案:

(1)DK1831+619~DK1831+634段共计15m,右侧边坡与仰坡衔接区域采用钢花管注浆加固,钢花管间距为1.5m×1.5m,注浆加固范围如图4-7所示。

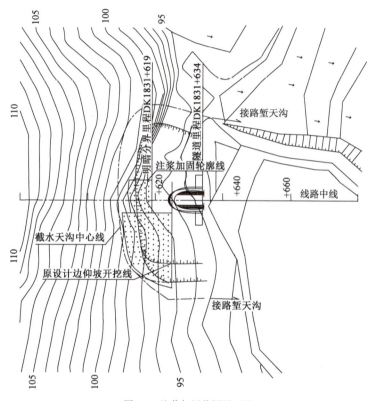

图4-7 注浆加固范围平面图

(2)DK1831+619~DK1831+634段共计15m,右侧永久边坡坡率由1:1.5调整至1:2,并采用锚网喷进行防护。隧道洞口段地表加固效果如图4-8所示。

4.1.4 结语与建议

隧道施工前,开展施工图现场核对优化工作,通过优化洞口设计方案,贯彻本线推行的隧道洞口施工技术要点,有效保证了安全、快速进洞,完善了工点使用功能,实现了使用功能与工程成本控制的效益最大化,对指导后续铁路隧道工程建设有重要的借鉴意义。

图4-8 隧道洞口段地表加固效果图

软弱围岩隧道超前小导管支护快速进洞施工技术

经过近20年大规模的隧道工程建设,大跨度隧道进洞方式事实上已经形成了以超前大管棚预支护+超前小导管辅助措施+多分块开挖工法(如CD法、CRD法、双侧壁导坑法、三台阶临时仰拱法等)的模式化设计。大管棚作为超前预支护加固手段具有防坍塌及控制地表沉降、提高围岩物理力学参数的作用,通常应用于浅埋、偏压隧道以及下穿对地层沉降非常敏感的重要建(构)筑物地段。超前小导管作为预支护的另外一种加固手段,目前广泛应用于破碎围岩的辅助加固。

在直立性较好的黄土地段,以及围岩整体性相对较好的石质地段,在保证安全和方便施工的前提下,可探索直接采用工艺工法更加灵活的超前小导管预支护措施,采用快挖、快支、快封闭成环的微台阶法修建技术,实现安全、快速进洞。本节以浩吉铁路南朝街2号隧道工程实践为例,阐述超前小导管支护快速进洞技术在软弱围岩隧道工程中的应用。

4.2.1 南朝街2号隧道工程概况

南朝街2号隧道起讫里程为DK688+915~DK689+307,全长392m,隧道最大埋深约80m,自然坡度为10°~40°,地势起伏较大,相对高差为30~100m。穿越地层主要为黄土、泥质砂岩、含砾砂岩、泥岩等软岩地层。隧道出口段上覆及洞身上部地层为砂质黄土(Q_{2-3}),灰黄色~黄褐色,稍密~中密,垂直节理发育,直立性强;洞身下部及下伏地层为全风化泥质粉砂岩夹泥岩,弱胶结,成岩程度相对较差,其下为强风化~弱风化,节理较发育,岩体较破碎。地表水欠发育,地下水主要为基岩裂隙水,欠发育。出口段地势较陡峭,自然坡度约为33°。

隧道出口段进洞原设计为贴壁进洞,采用30m长φ108mm×6mm长管棚超前支护,三台阶大拱脚法开挖。实际采用长5.0m的φ50mm小导管进行超前支护,护拱暗挖,三台阶法开挖,并及时施作洞口锁口圈。隧道开挖方法及φ50mm超前小导管支护结构参数如图4-9所示。

4.2.2 主要施工工序

1) 洞顶截排水沟

洞口上方距边、仰坡开挖线边缘不小于10m设置截水天沟,经过黄土平台时距平台边缘不小于2m,陡坎处设置跌水,截水天沟接入集水井和自然排水沟,截排洞顶地表水,减少雨水对洞口的影响。

2) 洞口边仰坡处理及防护

依据现场地形,清除边仰坡表层土,开挖后洞口坡面及时采用锚网喷加固,锚杆采用

ϕ22mm砂浆锚杆,长5.0m,间距为1.5m×1.5m,梅花形布置;采用20cm厚的C25网喷混凝土,钢筋网采用ϕ8mm,网格间距20cm×20cm。

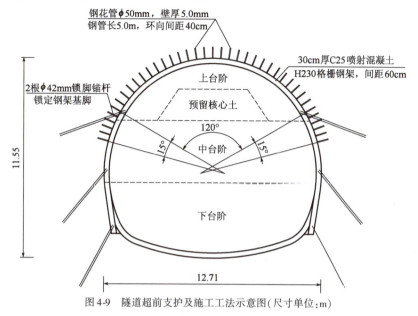

图4-9 隧道超前支护及施工工法示意图(尺寸单位:m)

3)护拱施工

(1)DK689+297~DK689+302共计5m上台阶预留核心土,架设11榀H230格栅钢架,间距50cm,钢架间采用ϕ22mm钢筋纵向连接;在第一、四、七榀钢架处打设长5m的ϕ50mm超前小导管,环向间距40cm,布设范围为拱部150°,外插角按5°~10°控制;每榀钢架基脚处设置U形混凝土垫块并各打设4根长4.0m的ϕ50mm锁脚锚杆,锚杆角度斜向45°;采用湿喷机械手由内至外喷射30cm厚的C25喷射混凝土。上断面护拱支护示意图如图4-10所示。

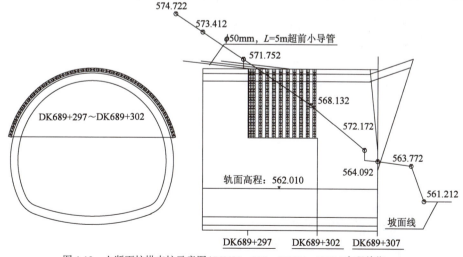

图4-10 上断面护拱支护示意图(DK689+297~DK689+302)(高程单位:m)

(2)DK689+302~DK689+306共计4m洞身两侧采用掏槽开挖,一次开挖至基底,中间预留3~6m高的核心土,两侧基底采用设置厚50cm的混凝土条形基础;架设8榀H230格栅钢架,间距50cm,采用整榀钢架一次由内至外架设;钢架底部基脚采用36a槽钢纵向连接,确保钢架基脚的稳定性;采用湿喷机械手由内至外喷射30cm厚的C25喷射混凝土。洞身护拱支护示意图如图4-11所示。

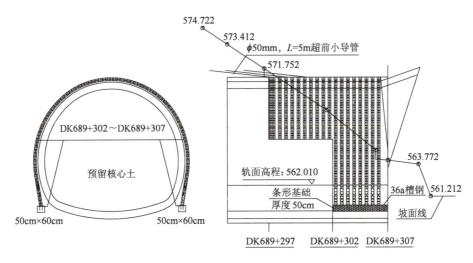

图4-11　DK689+302~DK689+307洞身护拱支护示意图(高程单位:m)

4)洞身开挖及超前支护

(1)洞身开挖

开挖采用上、中、下台阶平行作业的三台阶法开挖,上台阶长度为5m并预留核心土,中台阶长度为5m,下台阶带仰拱开挖,初期支护仰拱全断面封闭成环,形成锁口圈。上台阶每次开挖1榀钢架间距,中、下台阶每次开挖1~2榀钢架间距。具体流程为:上台阶开挖并预留核心土→中台阶开挖出渣→上、中台阶立架、下台阶带仰拱开挖→上、中台阶喷射混凝土、下台阶及仰拱立架→下台阶及仰拱喷射混凝土→及时回填洞渣至仰拱填充面高程→下一循环。台阶法开挖步距示意图如图4-12所示。

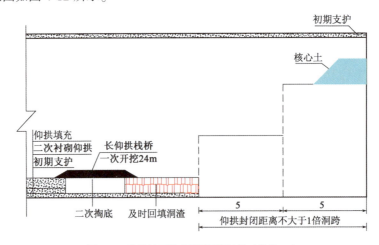

图4-12　台阶法开挖步距示意图(尺寸单位:m)

(2)超前支护

超前支护采用长 5m 的 ϕ50mm 超前小导管,孔距环向为 40cm,布设范围为拱部 150°。钻孔采用气腿式凿岩机,在上台阶预留核心土上进行操作,钻孔外插角按 5°~10°控制,钻孔直径比钢管直径大 3~5mm,采用顶进方式将小导管顶至设计深度,并用高压风将钢管内的砂土吹出。注浆采用水泥浆,水灰比为 1∶1(重量比),注浆压力按 0.5~1.0MPa 控制;注浆顺序由两侧向拱顶隔孔对称进行,注浆采用"双控法"控制,单孔注浆量达到设计注浆量的 1.0~1.2 倍或单孔注浆压力达到设计注浆压力并稳定 10min 后结束注浆。每隔 3 榀钢架施作一循环超前小导管,两排小导管纵向搭接长度不小于 1.5m。超前小导管纵向布设示意图如图 4-13 所示,超前小导管构造图如图 4-14 所示。

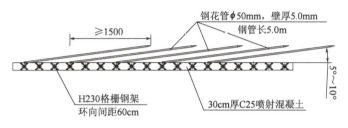

图 4-13 超前小导管纵向布设图

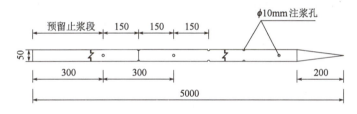

图 4-14 超前小导管构造图(尺寸单位:mm)

超前小导管支护快速进洞现场施工主要工序如图 4-15 所示。

a)超前小导管布设

b)上断面护拱施作

图 4-15

c)洞口锁口圈

d)台阶法开挖

图 4-15　现场主要工序图

4.2.3　超前小导管进洞技术应用效果分析

1）监控量测结果

（1）地表沉降

为监测地表沉降情况,在里程为 DK689+294 断面处设置沉降观测点,以隧道拱顶为中线,沿两边分别间隔 5m 共计布设 9 个观测点,地表稳定后沉降槽曲线如图 4-16 所示。根据监测数据可知,DK689+294 断面隧道中线处地表沉降值最大,为 30.1mm,远小于正常控制值 90mm。

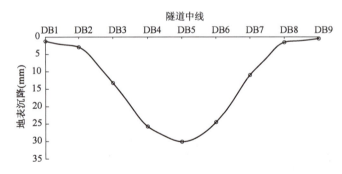

图 4-16　地表沉降槽曲线(DK689+294)

（2）初期支护拱顶沉降

隧道洞内每隔 5m 在拱顶布设一沉降监测点,里程为 DK689+294、DK689+289、DK689+284 断面处隧道初期支护结构拱顶沉降时程曲线如图 4-17 所示。

由隧道洞口的三个监测断面的初期支护拱顶沉降时程曲线可知,下台阶带仰拱开挖阶段,初期支护拱顶沉降值在 12mm 左右;当下台阶带仰拱开挖形成较大的临空面时,初期支护结构变形速率急剧增加;初期支护仰拱封闭成环后,初期支护结构整体刚度和强度得到极大提升,初期支护结构变形迅速得到控制,三个监测断面最终沉降值稳定在 23.4~24.2mm,远小于正常控制值 90mm。这说明采用小导管超前支护和微台阶开挖,在快挖、快支、快封闭成环的指导思想下,能确保围岩和隧道支护结构的稳定,实现安全、快速进洞。

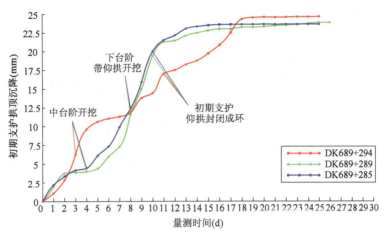

图4-17　初期支护拱顶沉降曲线

2) 施工进度及资源投入

按照超前小导管预支护的进洞专项施工方案,截水沟施作(2d),DK689+297～DK689+302段上台阶开挖、架立钢架及喷射混凝土(5d),DK689+302～DK689+307段边墙基础开挖、架立钢架及喷射混凝土(5d),DK689+294～DK689+297段上台阶开挖、架立钢架及喷射混凝土(2d),共计14d,较原设计采用长大管棚预支护措施节省了导向墙和管棚施作的时间(共计15d)。由于导向墙和管棚的取消,以及贴壁进洞减少了部分边仰坡刷方量,节省工程费用20余万元。在节省工期、费用,保护环境方面均取得了良好效果。

3) 现场应用情况

全线229座隧道,经逐工点现场核对,结合洞口地形地貌、地质条件,以确保安全和方便施工为原则,强调隧道进出洞"少扰动",全线共计200多处洞口(主要为直立性较好的黄土地段、围岩整体性较好的石质地段),将超前长大管棚优化为超前小导管。缩短了隧道进洞工期且节省了部分费用,减少了边仰坡刷方量,基本维持了原有地貌,实现了"零开挖"进洞。部分工点采用小导管进出洞,如图4-18所示。

a) 槐树营隧道进口

b) 赵吾4号隧道进口

图　4-18

c)余家坪隧道进口　　　　　　　　　d)永庆1号隧道出口

图 4-18　部分工点隧道小导管进(出)洞

4.2.4　结语与建议

在直立性较好的黄土地段、围岩整体性较好的石质地段,采用超前小导管支护能有效保证隧道支护结构和围岩的稳定,实现快速、安全进洞;该技术能尽可能地保持洞口原有地貌,综合经济效益显著;结合隧道跨度大小,建议在类似地层推广应用。

浅埋新黄土隧道微台阶法施工技术

在黄土地区修建双线或大跨度隧道,经过几十年的发展,施工技术得到了很大进步,基本上形成了三台阶法(含三台阶七步开挖法、三台阶大拱脚临时仰拱法)、CD 法、CRD 法、双侧壁导坑法等成熟工法。李国良等在高桥隧道中采用台阶法双层初期支护替代双侧壁导坑法、CRD 法等复杂工法成功下穿南同蒲铁路;李国良在秦东、潼洛川、高桥等隧道的砂质新黄土和老黄土段采用三台阶七步开挖法试验研究表明,仰拱封闭与掌子面的距离宜控制在$(1.5\sim2.5)B$(超浅埋新黄土封闭距离小于 $1.0B$,采用双层初期支护,B 为隧道跨度),封闭时间控制在 $10\sim20d$,二次衬砌距初期支护仰拱不宜过长,控制在 $30\sim40m$。

现有研究表明,一般地质条件下的大断面黄土隧道,三台阶法施工逐步成为主导,而在浅埋、浅埋偏压的新黄土洞口地段仍推荐 CD 法、CRD 法或双侧壁导坑法等分部开挖法。

本节以浩吉铁路黄土隧道工程实践为依托,阐述微台阶法施工技术在浅埋新黄土隧道工程中的应用。

4.3.1　黄土隧道工程概况

全线共有 63 座黄土隧道,共计 146km。黄土隧道开挖面积为 $114.12\sim135.54m^2$,开挖跨度为 12.37~13.81m。浅埋地段洞身穿越地层主要为砂质新黄土,稍密~中密,稍湿,呈松散结构;黏质新黄土,硬塑~坚硬,呈松散结构。

全线隧道黄土的物理力学性质具有如下特点:

(1)孔隙率大、密度小、透水性好。黄土的孔隙较大、孔隙率高,一般为45%~55%(孔隙比为0.8~1.1);干密度较小,通常在1.3~1.5g/cm^{3}之间。

(2)含水率较高。黄土的含水率在10%~29%之间,饱和度在85%~90%之间,因含水率不同呈现硬塑~流塑状态。

(3)抗水性差。黄土以粉粒和亲水弱的矿物为主,具有大孔结构,天然含水率小,具有黏粒的强结合水联结和盐分的胶结联结,在干燥时可以承担一定荷载而变形不大,但受水浸湿后,土粒联结显著减弱,引起土结构破坏产生湿陷变形。特别是对干燥的黄土,遇水极易崩解。

(4)黄土湿陷性差异大。由于黄土成因、结构特征及粉土颗粒含量不同,黄土湿陷性差异较大,湿陷性系数在0.015~0.126之间,从不具湿陷性到强湿陷性。

(5)塑性较小。黄土的液限通常在23%~33%之间,塑限一般在15%~20%之间,塑性指数则在8~13之间。

(6)自然状态下的黄土,黏聚力通常在0.03~0.06MPa之间,内摩擦角通常在15°~25°之间。受水浸湿后,黄土的压缩性随着含水率的增加而急剧增大,然而抗剪强度却随之显著降低。

4.3.2 浅埋新黄土隧道微台阶法技术参数

浅埋偏压、富水饱和新黄土地段,土质结构比较松散,垂直节理发育,遇水极易软化,围岩变形释放快且具有突然性,稍有不慎,易造成隧道拱顶及掌子面坍塌。浅埋新黄土地质条件下,隧道大断面机械开挖必须做到快挖、快支,保证初期支护喷射混凝土的早期强度,确保初期支护全断面早封闭成环。

浅埋新黄土隧道采用以快挖、快支、快成环为核心的微台阶法施工,具体施工技术参数见表4-1。该工法具有如下特点:

(1)采用微台阶,台阶长度为3~5m,上台阶预留核心土,预留核心土处左右同步开挖,一般不设置临时仰拱。

(2)强调"两紧跟"措施(初期支护格栅钢架紧跟掌子面,初期支护仰拱及时封闭成环紧跟下台阶),初期支护喷射混凝土采用高效的湿喷机械手作业。

(3)初期支护仰拱快速封闭成环,初期支护仰拱封闭成环距掌子面距离一般为1~1.5倍洞跨(特殊地段按不大于2倍洞跨控制),仰拱初期支护封闭后及时回填洞渣,以实现连续施工。

(4)后期二次掏底洞渣长度一次不小于24m,二次衬砌仰拱及填充层一次浇筑长度为9~12m。

(5)不设置二次衬砌步距限制,初期支护变形基本稳定后,二次衬砌施工根据施工组织安排确定。

浅埋新黄土隧道微台阶法技术参数　　　　　表 4-1

施工图示	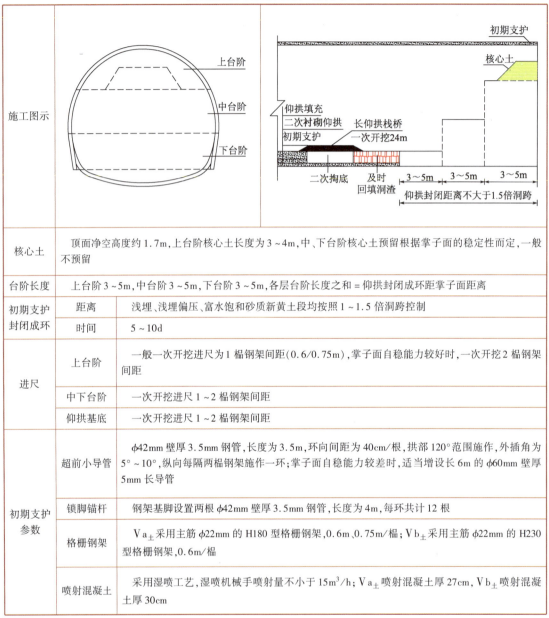	
核心土		顶面净空高度约 1.7m,上台阶核心土长度为 3~4m,中、下台阶核心土预留根据掌子面的稳定性而定,一般不预留
台阶长度		上台阶 3~5m,中台阶 3~5m,下台阶 3~5m,各层台阶长度之和 = 仰拱封闭成环距掌子面距离
初期支护封闭成环	距离	浅埋、浅埋偏压、富水饱和砂质新黄土段均按照 1~1.5 倍洞跨控制
	时间	5~10d
进尺	上台阶	一般一次开挖进尺为 1 榀钢架间距(0.6/0.75m),掌子面自稳能力较好时,一次开挖 2 榀钢架间距
	中下台阶	一次开挖进尺 1~2 榀钢架间距
	仰拱基底	一次开挖进尺 1~2 榀钢架间距
初期支护参数	超前小导管	ϕ42mm 壁厚 3.5mm 钢管,长度为 3.5m,环向间距为 40cm/根,拱部 120°范围施作,外插角为 5°~10°,纵向每隔两榀钢架施作一环;掌子面自稳能力较差时,适当增设长 6m 的 ϕ60mm 壁厚 5mm 长导管
	锁脚锚杆	钢架基脚设置两根 ϕ42mm 壁厚 3.5mm 钢管,长度为 4m,每环共计 12 根
	格栅钢架	Ⅴ$a_{土}$采用主筋 ϕ22mm 的 H180 型格栅钢架,0.6m、0.75m/榀;Ⅴ$b_{土}$采用主筋 ϕ22mm 的 H230 型格栅钢架,0.6m/榀
	喷射混凝土	采用湿喷工艺,湿喷机械手喷射量不小于 15m³/h;Ⅴ$a_{土}$喷射混凝土厚 27cm,Ⅴ$b_{土}$喷射混凝土厚 30cm

4.3.3　浅埋新黄土隧道微台阶法力学响应数值分析

全线需穿越浅埋、浅埋偏压、富水饱和等各类新黄土地段累计约 39.6km,均采用微台阶法施工。以张裕 2 号隧道工程为例,阐述微台阶法施工在浅埋新黄土隧道施工中的合理性及优越性。

1）张裕 2 号隧道工程简介

张裕 2 号隧道起讫里程为 DK638 + 460 ~ DK639 + 000,全长 540m,最大埋深约 48.7m,全

隧围岩级别为$V_土$级,设计支护参数为$Vb_土$,开挖断面尺寸为12.71m×11.55m(跨度×高度)。数值分析段里程为DK638+860~DK638+920(60m),隧道埋深为7.6~15.3m,坡面角约7.5°。洞身穿越地层为第四系上更新统坡洪积(Q_3^{dl+pl})砂质新黄土,稍密~密实,稍湿,孔隙发育。隧道开挖原设计采用CD法施工,实际采用微台阶法施工,隧道支护结构如图4-19所示。

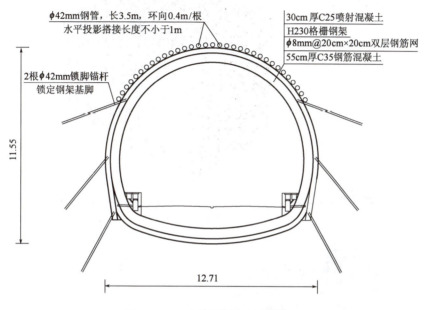

图4-19 $Vb_土$支护结构图(尺寸单位:m)

现场开挖及支护流程如下:

(1)上台阶预留核心土开挖(核心土长3.6m),台阶长度为4.8m,循环进尺0.6m,格栅钢架紧跟掌子面,拱顶120°打设超前小导管,钢架基脚每处打设2排ϕ42mm、壁厚3.5mm、长4m的锁脚锚杆。

(2)中台阶长度为4.8m,循环进尺0.6m,格栅钢架紧跟上台阶,钢架基脚处打设锁脚锚杆。

(3)下台阶长度为4.8m,循环进尺0.6m,格栅钢架紧跟中台阶,钢架基脚处打设锁脚锚杆。

(4)仰拱基底开挖,初期支护钢架封闭成环紧跟下台阶。

(5)喷射初期支护混凝土后及时回填洞渣,确保下一道工序及时有序开展。仰拱初期支护封闭成环距掌子面为14.4m,初期支护仰拱封闭成环时间为6~8d。

2)数值模型的建立

采用FLAC 3D有限差分软件进行数值分析,隧道尺寸、洞身覆土均按现场实际情况模拟。为消除应力边界影响,左、右及下边界取约3倍隧道开挖洞跨,上边界取为自由面,模型尺寸为90m×60m×65m(长×宽×高)。建立的三维数值模型如图4-20所示,隧道开挖支护各工序空间位置如图4-21所示。

模拟采用莫尔—库仑模型(Mohr-Coulomb模型),初期支护喷射混凝土采用结构单元shell单元模拟,格栅钢架的作用采用等效方法予以考虑,拱顶120°范围内超前ϕ42mm小导管加固作用通过适当提高相应区域砂质新黄土参数进行模拟。根据地勘参数及参考相关文献确定相关材料的力学参数,见表4-2。

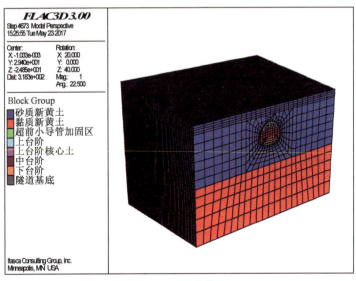

图4-20 三维数值模型图

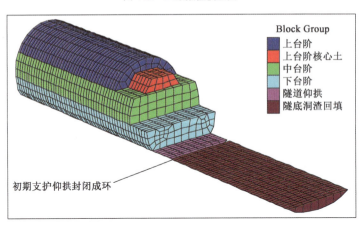

图4-21 隧道开挖步距示意图

黄土及支护结构参数　　　　　　　　　　　　　　　表4-2

材 料 名 称	弹模(GPa)	密度(kg/m³)	泊 松 比	黏聚力(kPa)	内摩擦角(°)
砂质新黄土	0.05	1650	0.35	25	25
黏质新黄土	0.08	1800	0.30	50	30
小导管加固区	0.1	1800	0.30	40	30
初期支护(含拱架)	24.77	2400	0.20	—	—

3)数值模拟结果分析

(1)位移结果分析

提取隧道DK638+890断面处各开挖工序下初期支护结构竖向变形情况,如图4-22所示。不计上台阶弧形开挖阶段引起初期支护拱顶竖向变形值3.5mm(上台阶初期支护喷射混凝土后再布设测点),提取各开挖工序下拱顶初期支护竖向变形值与现场实际量测数据,如图4-23所示,总体上初期支护拱顶变形量测值与实测值变化趋势及总变形量大致吻合,说明数值模型参数取值基本合理。

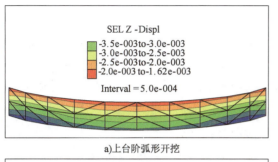
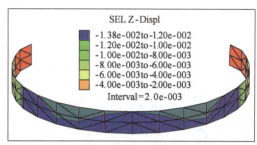
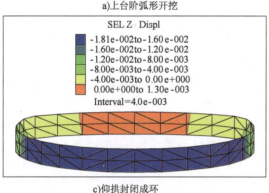
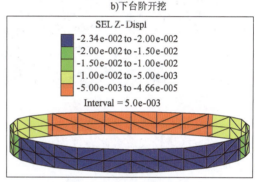

图4-22 不同步序下初期支护竖向变形云图(DK638+890)

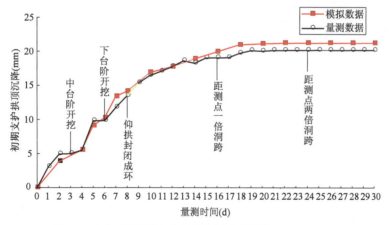

图4-23 初期支护拱顶竖向变形实测值与模拟值(DK638+890)

结合上图分析可知,初期支护仰拱未封闭成环前,初期支护拱顶竖向变形量随着台阶开挖而不断增大且变形速率亦不断增大,开挖至下台阶时初期支护拱顶竖向变形值为9.7mm;初期支护仰拱封闭成环后,初期支护拱顶竖向变形值增大至15.3mm,占累计变形值20.2mm的75.7%,初期支护拱顶变形速率有所减小。在初期支护仰拱封闭成环段距测点增大至1倍洞跨时,初期支护拱顶竖向变形值仅增加了3.7mm,其值为19.0mm;初期支护仰拱封闭成环段距测点继续增大至2倍洞跨时,初期支护拱顶竖向变形值基本无变化,其峰值为20.2mm。从初期支护拱顶变形发展趋势可知,初期支护仰拱及时封闭成环能有效减缓隧道初期支护变形速率,确保隧道周围扰动围岩尽早趋于稳定。

(2)围岩塑性区分析

采用微台阶法修建技术条件下,隧道外轮廓周边新黄土剪切、拉伸破坏区域分布情况如图4-24、图4-25所示。

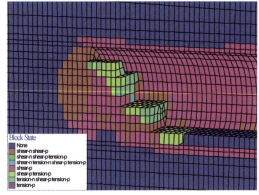

图4-24 新黄土塑性区纵向分布云图　　图4-25 新黄土塑性区环向分布云图

隧道外轮廓区域新黄土剪切、拉伸破坏区沿掌子面纵向分布范围呈现拱顶及隧底较小而中台阶前方区域较大。具体表现为:上台阶掌子面前方塑性区纵向长度为1.8～3.6m,中台阶掌子面前方塑性区纵向长度最大约为3.6m(不含中台阶长度),下台阶掌子面前方塑性区纵向长度为2.5～3.0m。总体上隧道掌子面前方最大塑性区范围控制在1倍开挖台阶长度,采用该开挖方法隧道掌子面稳定性总体较好。

新黄土剪切、拉伸破坏区沿隧道外轮廓呈现拱顶及隧底塑性区径向范围较小,而自隧道拱腰往边墙直至拱脚处新黄土塑性区径向范围不断增大。具体表现为隧道拱顶上方新黄土塑性区径向尺寸为0.6～1.0m,隧底下方新黄土塑性区径向尺寸为1.2m;隧道左、右拱腰处新黄土塑性区径向尺寸约为1.5m,隧道边墙中部及拱脚处新黄土塑性区范围达到峰值,最大径向尺寸约为5m。采用在隧道拱顶上方施作超前小导管加固及确保初期支护仰拱早封闭成环并及时回填洞渣,有效减少了新黄土塑性区的进一步发展。

(3)初期支护结构内力及安全系数分析

①初期支护内力分析

以隧道DK638+890断面为例,提取各分部开挖及初期支护仰拱封闭成环距分析断面不同位置处,初期支护拱顶、上中台阶连接部位、中下台阶连接部位、拱脚及仰拱中心处初期支护结构内力,见表4-3(初期支护轴力以受压为正,弯矩以初期支护临空面受拉为正,受压为负)。

由表4-3可知,随着中、下台阶的开挖直至初期支护仰拱封闭成环,各特征部位初期支护结构受力不断增大,尤其是初期支护拱顶和中下台阶连接部位增加明显;初期支护刚封闭成环至初期支护封闭成环段距分析断面为1倍洞跨时,各特征部位初期支护结构内力持续增大,其中初期支护拱顶轴力由1481kN增大至2628kN,增幅为77.4%;当初期支护封闭成环段距分析断面增大至1.5倍洞跨时,各特征部位初期支护结构内力增加幅度较小,初期支护拱顶处轴力值增幅仅为9.67%;当初期支护封闭成环段距分析断面增大至2倍洞跨时,各特征部位初期支护结构受力基本稳定。

不同步序下各特征部位初期支护结构内力值(DK638+890)　　表4-3

位　置	结　构　内　力									
	拱顶		上中台阶连接部位		中下台阶连接部位		拱脚		仰拱中心	
	轴力(kN)	弯矩(kN·m)	轴力(kN)	弯矩(kN·m)	轴力(kN)	弯矩(kN·m)	轴力(kN)	弯矩(kN·m)	轴力(kN)	弯矩(kN·m)
上台阶开挖至分析断面	11.94	-7.14	39.61	4.29	—	—	—	—	—	—
中台阶开挖至分析断面	360	-3.02	109	-32.29	792	-15.17	—	—	—	—
下台阶开挖至分析断面	941.4	4.85	306	-44.34	1045	-39.36	10	-15.38	—	—
分析断面初期支护仰拱封闭成环	1481	7.05	542	-45.66	1026	-41.93	618	-46.92	57	10.07
初期支护封闭成环距分析断面1倍洞跨	2628	9.64	1244	-45.05	753	-42.08	1630	-69.94	303	20.06
初期支护封闭成环距分析断面1.5倍洞跨	2882	11.07	1406	-45.28	710	-43.2	1879	-71.68	567	20.84
初期支护封闭成环距分析断面2倍洞跨	2885	11.54	1412	-45.42	710	-43.53	1880	-71.81	568	20.98

注:初期支护弯矩内侧受拉为正,受压为负。

总体上隧道初期支护结构受力以小偏心受压为主,拱部初期支护因最先承担外部围岩压力而承受较大的轴力,隧道两侧拱脚处初期支护承受较大的内力,其弯矩达到峰值。

②安全系数分析

为进一步分析采用微台阶法施工时浅埋新黄土隧道初期支护结构的安全性,采用安全系数对初期支护结构进行评价,安全系数参照《铁路隧道设计规范》(TB 10003—2016)中钢筋混凝土压弯构件计算方法进行计算。

$$KM \leqslant R_w bx\left(h_0 - \frac{x}{2}\right) + R_g A'_g (h_0 - a')$$

式中:K——安全系数;

M——弯矩;

R_w——混凝土弯曲抗压极限强度;

b——截面宽度;

x——混凝土受压区高度;

h_0——截面的有效高度;

R_g——钢筋的抗拉或抗压计算强度;

A'_g——受压区钢筋截面面积;

a'——钢筋中心至截面最近边缘的距离。

计算初期支护封闭成环段距分析断面分别为1倍洞跨、2倍洞跨时各特征部位的初期支护结构安全系数,见表4-4。

各特征部位初期支护结构安全系数 表4-4

位 置	拱 顶	上中台阶连接部位	中下台阶连接部位	拱 脚	仰拱中心
1倍洞跨	2.30	3.95	5.85	2.90	13.80
2倍洞跨	2.09	3.56	6.03	2.53	7.91

由表4-4可知,隧道初期支护结构拱顶及上中台阶连接部位安全系数较小,而中下台阶连接部位及仰拱中心处初期支护结构安全系数有较大的富裕量;初期支护封闭成环距分析断面由1倍洞跨增大至2倍洞跨,初期支护结构安全系数有小幅度的减小,拱顶处初期支护结构最小安全系数仍远大于1.0。说明浅埋新黄土隧道采用微台阶法施工技术,能保证隧道施工期间支护结构的安全。

4.3.4 浅埋新黄土隧道微台阶法应用效果

1) 现场监控量测数据

全线隧道监控量测数据统一纳入信息管理平台,并纳入施工工序管理。自全线隧道2015年8月开工至2016年5月,全线63座黄土隧道已全部开工,黄土隧道开挖长度累计超过80km。通过统计全线5954个(其中$Va_±$断面2090个,$Vb_±$断面3864个)初期支护变形已稳定的监测断面量测数据(表4-5)显示,采用微台阶法施工可有效控制隧道初期支护变形,保证浅埋、浅埋偏压段新黄土采用大断面机械开挖的施工安全。

V级新黄土隧道初期支护监控量测数据统计值 表4-5

围岩级别	拱顶沉降(mm)		水平收敛(mm)	
	最大值	平均值	最大值	平均值
$Va_±$	72.4	13.9	38.7	8.9
$Vb_±$	93.3	23.0	44.0	10.9

注:已剔除个别异常点数据。

2) 资源投入

调研本线现场4个施工工点主要机械配置及劳动力组织,见表4-6。浅埋、浅埋偏压新黄土段采用微台阶法开挖替代传统CD法等复杂工法,能充分发挥大型机械的高施工工效,减少人工的投入数量及工人劳动强度,减少分部小断面开挖作业条件下的各施工工序间的干扰。

现场施工工点主要机械配置及劳动力组织 表4-6

调研工点		主要机械配置	劳动力组织
微台阶法	张家园隧道	小松220挖掘机1台,龙工850装载机1台,奥龙310自卸汽车4辆,风镐4把,湖南五新CHP30C湿喷机械手1台	开挖班9人,支护班9人,喷浆班5人
	柳湾1号隧道	小松PC-240挖掘机1台,柳工50装载机1台,豪沃自卸汽车3台,GHP20L-I型车载式湿喷台车1台	开挖班8人,支护班12人,喷浆班5人
	张裕2号隧道	卡特320挖掘机1台,柳工ZL150装载机1台,自卸汽车2台,风镐2把,HPS3016S湿喷机械手1台	开挖、支护班14人,喷浆班5人
	孟家坡隧道	VIVO220挖掘机1台,柳工856装载机1台,陕汽德龙自卸汽车4台,风钻3台,湿喷机械手1台	开挖班11人,支护班9人,喷浆班4人
CRD法	秦东隧道出口工区	PC220挖掘机1台,ZL40E装载机2台,三菱15t自卸汽车4台,风镐8台,TK961湿喷机2台	开挖、支护班24人,喷浆班10人

3) 施工进度

浅埋、浅埋偏压新黄土段,隧道每循环开挖进尺为 0.6m/0.75m,调研统计现场 4 个施工工点,各工序施工时间及综合施工进度见表 4-7。

各施工工序时间　　　　表 4-7

调研工点	进尺(m)	调研工点掌子面开挖、支护作业循环时间(h)					施工进度(m)		
		开挖	出渣	立拱	喷射混凝土	合计	日进度	综合月进度	月最高进度
张家园隧道	0.75	2.5	2	2	1.5	8	2.25	67.5	70
柳湾1号隧道	0.75	4	3	2.5	2.5	12	1.5	45.0	60
张裕2号隧道	1.2	3.5	0.5	4	2.5	10.5	1.5	45.0	55
孟家坡隧道	1.2	5	2	3	3	13	2.2	66	70

采用微台阶法替代传统 CD 法等复杂开挖工法,极大地提高了施工工效,现场综合施工进度能达到 45~67.5m/月,远高于原设计 CD 法 30m/月的施工进度指标,同时减少了大量临时支护等废弃工程量,节约了工程造价,综合效益显著。

4.3.5 结语与建议

(1)在浅埋、浅埋偏压等大跨度新黄土隧道洞口段,通过微台阶开挖(台阶长度控制在 3~5m)、两紧跟措施、初期支护早封闭成环(封闭时间控制在 6~8d),能有效控制隧道初期支护变形(初期支护拱顶沉降平均值为 13.9~23.0mm,水平收敛平均值为 8.9~10.9mm)。

(2)采用微台阶法替代传统三台阶临时仰拱法、CD 法能实现大断面机械快速开挖,湿喷机械手施作初期支护混凝土快速封闭围岩,现场综合施工进度达到 45~67.5m/月,较 CD 法 30m/月的施工进度指标提高 50%~125%。

(3)通过改进施工工艺、施工装备,实现大断面机械开挖替代小断面分部开挖,有利于提升隧道施工机械化程度。本节仅探讨了基于大跨度断面(12~14m)的微台阶法修建技术研究,建议对该修建技术在特大跨度断面(14m 以上)的应用进行更深入地研究。

4.4 软弱石质围岩隧道微台阶带仰拱开挖施工技术

软弱石质围岩隧道施工中,一般采用台阶法施工。传统台阶法施工一般将仰拱与下台阶作为独立工序存在,仰拱开挖滞后于下台阶开挖,同时,存在上、中、下台阶长度过长的现象,初期支护结构无法及时全断面封闭成环,造成围岩及初期支护结构变形较大甚至引发隧道关门塌方事故。浩吉铁路公司在隧道开工建设之初就下发了《关于确保蒙华铁路隧道质量安全的指导意见》(蒙华工技〔2015〕73号),明确初期支护仰拱设置钢架地段应及时封闭成环,仰拱紧跟下台阶施工(特殊情况下仰拱与掌子面的极限距离为:两台阶法施工时按1倍洞径控制,三台阶法施工时按2倍洞径控制)。

为满足上述要求,实现软弱围岩隧道初期支护全断面快速封闭成环,将下台阶与仰拱一次爆破开挖,在满足围岩掌子面稳定及施工作业空间的要求下,尽量控制各台阶长度,仰拱初期支护封闭成环后及时进行洞渣回填,以实现连续、快速施工。软弱围岩单线隧道一般采用两台阶法,双线隧道采用三台阶法。

4.4.1 微台阶带仰拱开挖施工技术参数

1)单线隧道两台阶带仰拱开挖施工技术

(1)施工关键参数

两台阶带仰拱开挖施工主要适用于单线铁路隧道Ⅳ、Ⅴ级软弱围岩隧道,考虑简易台架安放、人员操作空间及机械的最大操作半径,上台阶长度控制在5~6m;上台阶开挖使用简易台架,同时兼顾无机械配合下工人作业的便捷性,台阶高度控制在5.5~6.0m,下台阶不使用开挖台架,台阶高度为4.0~4.5m。两台阶带仰拱开挖施工断面如图4-26所示。

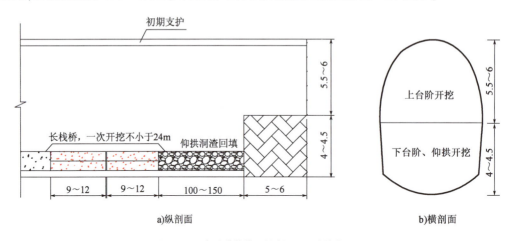

图4-26 两台阶带仰拱开挖断面(尺寸单位:m)

(2)施工流程

两台阶带仰拱开挖快速封闭成环施工与传统两台阶法的区别主要为:采用一次爆破、两次扒渣,一次喷射混凝土到位,下台阶带仰拱一次开挖支护,及时全断面封闭成环。两台阶带仰拱开挖施工流程图如图4-27所示。

施工各工序之间平行作业空间规划具体内容如下:

①上、下台阶及仰拱一次性爆破后,挖掘机对上台阶进行扒渣作业,上台阶扒渣完毕后,挖掘机将简易台架及拱架、网片、锚杆、连接筋等材料运送至上台阶,如图4-28所示。

②上台阶立拱架,施作锚杆(管)、网片与超前支护,装载机配合自卸汽车出渣,仰拱栈桥不得移动,以保证出渣汽车与运送材料的挖掘机通行,如图4-29所示。

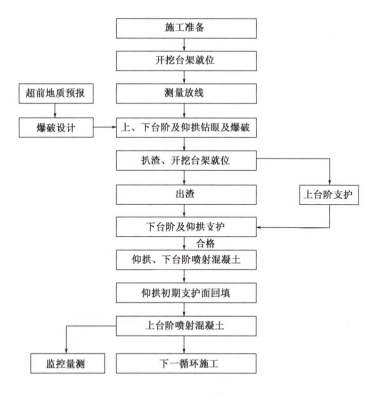

图 4-27 两台阶带仰拱开挖施工流程图

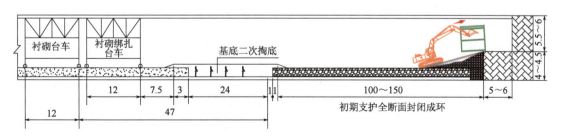

图 4-28 平行作业 1 空间规划示意图(尺寸单位:m)

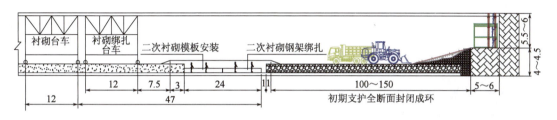

图 4-29 平行作业 2 空间规划示意图(尺寸单位:m)

③出渣结束后开始下台阶立拱架、施作锚杆(管)与网片,同时人工配合挖掘机进行仰拱扒渣及清渣,这部分洞渣预留用作仰拱底部回填,仰拱扒渣结束后开始仰拱部位立钢架与网片施工,如图 4-30 所示。

167

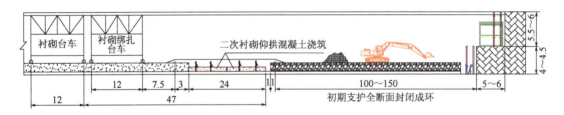

图 4-30　平行作业 3 空间规划示意图(尺寸单位:m)

④下台阶立钢架、锚杆(管)与网片施作完成后,湿喷机械手与混凝土罐车进入,开始喷射初期支护混凝土,喷射混凝土时先喷射仰拱及下台阶,完成后进行仰拱底部洞渣回填,然后用挖掘机退去上台阶台架,之后进行上台阶喷射混凝土。仰拱栈桥不得移动以保证湿喷机械手与混凝土罐车通行,如图 4-31 所示。

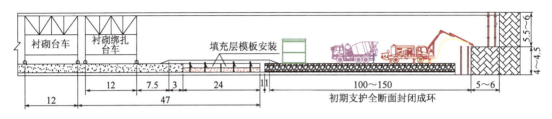

图 4-31　平行作业 4 空间规划示意图(尺寸单位:m)

⑤上、下台阶及仰拱初期支护混凝土施作完成后,湿喷机械手撤离,挖掘机清理上台阶回弹料,然后将简易台架运至上台阶,扒仰拱渣,上、下台阶及仰拱测量、钻孔,如图 4-32 所示。

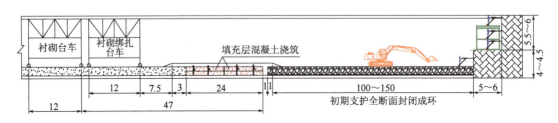

图 4-32　平行作业 5 空间规划示意图(尺寸单位:m)

⑥钻孔完成后,上、下台阶及仰拱装药、连线,挖掘机将上台阶台架退出,一次性起爆,如图 4-33 所示。

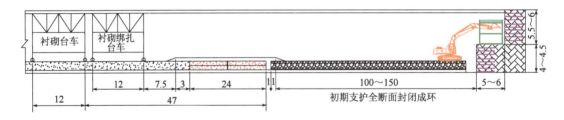

图 4-33　平行作业 6 空间规划示意图(尺寸单位:m)

2) 双线隧道三台阶带仰拱开挖施工技术

(1) 施工关键参数

三台阶带仰拱开挖施工主要适用于双线铁路隧道Ⅳ、Ⅴ级软弱围岩隧道,考虑简易台架安放、人员操作空间及机械的最大操作半径,上台阶长度控制在 4~6m;考虑挖掘机扒渣及简易台架施工,上台阶高度为 3.5~5.5m;考虑作业空间,中台阶长度为 4~6m;采用爬梯辅助作业,考虑人工施钻、立钢架操作方便,台阶高度为 3~3.5m。三台阶带仰拱开挖施工断面如图 4-34 所示。

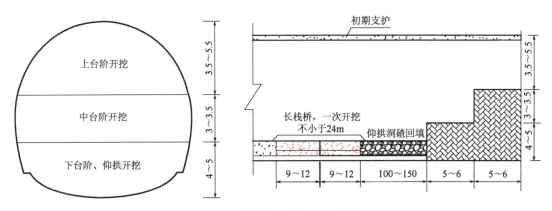

图 4-34 两台阶带仰拱开挖断面(尺寸单位:m)

(2) 施工流程

三台阶带仰拱开挖快速封闭成环施工与传统三台阶法的区别主要在于:采用一次爆破、两次扒渣,一次喷射混凝土到位,下台阶带仰拱一次开挖支护,及时全断面封闭成环。三台阶带仰拱开挖施工流程如图 4-35 所示。

施工各工序之间平行作业空间规划具体内容如下:

①上、中、下台阶及仰拱一次性爆破后,挖掘机对上、中台阶进行扒渣作业,下台阶出渣;上、中台阶扒渣完毕后,挖掘机将简易台架及钢架、网片、锚杆、连接筋等材料运送至上、中台阶,如图 4-36 所示。

②上、中台阶立拱架,施作锚杆(管)、网片与超前支护,装载机配合自卸汽车出渣,仰拱栈桥不得移动以保证出渣汽车与运送材料的挖掘机通行,如图 4-37 所示。

③出渣结束后开始下台阶立钢架、施作锚杆(管)与网片,同时人工配合挖掘机进行仰拱扒渣及清渣,这部分洞渣预留用作仰拱底部回填,仰拱扒渣结束后开始仰拱部位立拱架与网片施工,如图 4-38 所示。

④下台阶及仰拱立钢架、锚杆(管)与网片施作完成后,用挖掘机退去上台阶台架,湿喷机械手与混凝土罐车进入,开始喷射初期支护混凝土,喷射混凝土时先喷射仰拱及下台阶,完成后进行仰拱底部洞渣回填,再进行上台阶喷射混凝土;仰拱栈桥不得移动以保证湿喷机械手与混凝土罐车通行施工,如图 4-39 所示。

⑤上、中、下台阶及仰拱初期支护喷射混凝土施作完成后,湿喷机械手撤离,挖掘机清理上、中台阶回弹料,然后将简易台架运至上台阶,扒仰拱渣,上、中、下台阶及仰拱测量、钻孔施工,如图 4-40 所示。

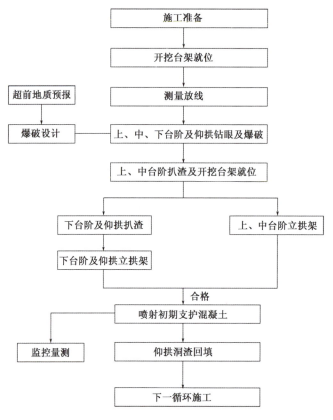

图 4-35　施工流程图

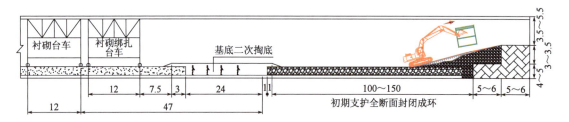

图 4-36　平行作业 1 空间规划示意图(尺寸单位:m)

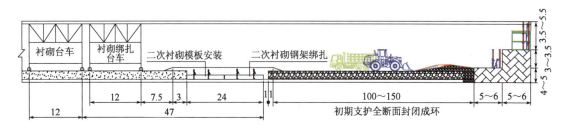

图 4-37　平行作业 2 空间规划示意图(尺寸单位:m)

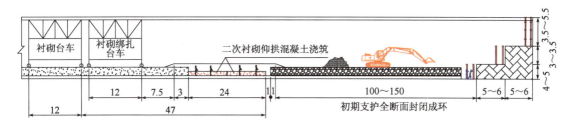

图 4-38 平行作业 3 空间规划示意图(尺寸单位:m)

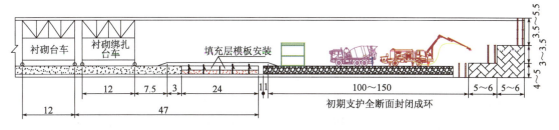

图 4-39 平行作业 4 空间规划示意图(尺寸单位:m)

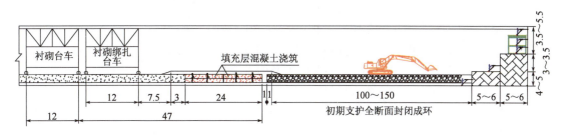

图 4-40 平行作业 5 空间规划示意图(尺寸单位:m)

⑥钻孔完成后,上、中、下台阶及仰拱装药、连线,挖掘机将上台阶台架退出,一次性起爆施工,如图 4-41 所示。

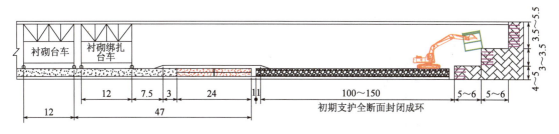

图 4-41 平行作业 6 空间规划示意图(尺寸单位:m)

4.4.2 微台阶带仰拱开挖施工技术特点

(1)下台阶带仰拱一次开挖,实现了隧道初期支护全断面尽早封闭成环,有效控制围岩及初期支护变形,确保了隧道施工安全;上、中、下台阶长度较短,能够满足大型湿喷机械手作业半径要求,确保喷射混凝土质量和施工工效。

(2)下台阶带仰拱一次开挖,减少了爆破次数,可避免风管、水管等设备因多次爆破受损以及迁移作业带来的损失和投入,出渣作业以及喷射混凝土作业次数减少,同时因集中作业可使粉尘暴露时间减少,作业环境得到改善。

(3)下台阶带仰拱一次开挖,能够充分发挥各工序平行作业特点,同时减少了仰拱单独开挖对其他工序造成的干扰,提高了施工工效。

(4)下台阶带仰拱一次钻孔,有利于仰拱钻眼外插角的精度控制,可有效提高仰拱爆破成型质量,减少超挖量。

4.4.3 微台阶带仰拱开挖施工案例

1)中条山隧道两台阶带仰拱开挖施工

(1)工程概况

中条山隧道设计为双洞单线隧道,隧道最大埋深约840m,隧道左线长18405m,右线长18410m。其中Ⅲ级围岩15380m、Ⅳ级围岩9700m、Ⅴ级围岩10735m、Ⅵ级围岩1000m,Ⅳ、Ⅴ、Ⅵ级围岩采用两台阶带仰拱开挖。

隧道进口段Ⅴ级围岩采用两台阶带仰拱一次开挖,技术参数为:上台阶高度为6.1m,长5m;下台阶高度为3.53m,仰拱开挖高度0.9m。上台阶采用2座拼装式小型台架辅助作业,下台阶带仰拱采用爬梯辅助作业,左右侧同步开挖,仰拱及填充层采用作业空间不小于24m的全液压履带式栈桥,仰拱一次捡底为24m,仰拱及仰拱填充层每个循环施工12m。

(2)初期支护变形

以某监测断面为例,隧道初期支护结构全断面封闭成环时间为6d,仰拱初期支护封闭成环后,初期支护结构的整体刚度和强度得到极大提升,初期支护变形收敛趋势得到快速控制,隧道初期支护结构水平收敛时程曲线如图4-42所示。监测数据显示在初期支护封闭成环后4d左右变形收敛已基本趋于稳定,上台阶收敛值为12mm,下台阶收敛值为30mm,均小于正常控制值40mm的变形总量管理等级。说明采用微台阶开挖,在快挖、快支、快封闭成环的施工情况下,能够保证围岩和支护结构的稳定和隧道施工安全。

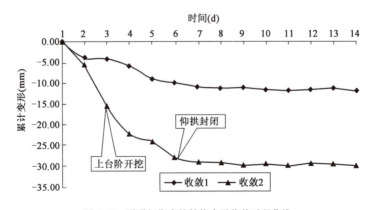

图4-42 隧道初期支护结构水平收敛时程曲线

(3)施工工效

原设计计划进度指标：Ⅳ级围岩地段进度指标为70m/月，Ⅴ级围岩地段为50m/月。采用两台阶带仰拱开挖施工技术后，施工工效得到极大提升，Ⅳ级围岩循环进尺1.2~2.4m，实际月平均进尺为90m；Ⅴ级围岩循环进尺0.75~2m，实际月平均进尺为75m。Ⅳ、Ⅴ级围岩循环施工时间见表4-8。

中条山隧道Ⅳ、Ⅴ级围岩施工循环表 表4-8

序号	施工工序	Ⅳ级围岩工序时间（min）	Ⅴ级围岩工序时间（min）	备注
1	施工准备	30	30	含开挖作业台架就位
2	测量放线	15	15	平行作业，不占循环时间
3	上、下台阶及仰拱钻眼爆破	150	130	含布孔、钻孔、清孔、验孔合计100(90)min，装药爆破50(40)min
4	扒渣、开挖台架就位	60	50	
5	出渣	180	160	与上台阶支护平行作业，不占循环时间
6	上台阶支护	150	180	上台阶钢架、锚杆、钢筋网、超前小导管安装
7	下台阶及仰拱支护	80	120	下台阶及仰拱钢架、锚杆、钢筋网安装，不包含与上台阶平行作业的60min
8	仰拱、下台阶喷射混凝土	60	50	自下而上，先仰拱后下台阶
9	仰拱洞渣回填	25	20	回填洞渣
10	上台阶喷射混凝土	130	120	湿喷机械手前行至上台阶喷射混凝土
	单循环时间合计	715	680	

2）段家坪隧道三台阶带仰拱开挖施工

(1)工程概况

段家坪隧道设计为单洞双线隧道，隧道全长10722.98m，其中Ⅲ级围岩6250m、Ⅳ级围岩1475m、Ⅴ级围岩242.98m，Ⅳ、Ⅴ级围岩采用三台阶带仰拱开挖。

隧道进口Ⅴ级围岩段，采用三台阶带仰拱一次开挖成型，技术参数为：上台阶高度为3.8m，长度为4m；中台阶高度为3m，长度为3m；下台阶带仰拱高度为4.56m。上台阶采用简易台架辅助作业，中、下台阶采用爬梯辅助作业，左右侧同步开挖，仰拱及填充层采用有效作业空间不小于24m的全液压履带式栈桥，仰拱一次捡底长度为24m，仰拱及仰拱填充层每循环施工长度为12m。

(2)初期支护变形

以某监测断面为例，隧道初期支护结构全断面封闭成环时间为5d，仰拱初期支护封闭成环后，初期支护结构的整体刚度和强度得到极大提升，初期支护变形收敛趋势得到快速控制，隧道初期支护结构变形收敛时程曲线如图4-43所示。监测数据显示在初期支护封闭成环后5d左右变形收敛已基本趋于稳定，拱顶沉降值为35mm，远小于正常控制值90mm；上台阶收敛值为25mm,中台阶收敛值为17mm,均小于正常控制值45mm。说明采用微台阶开挖,在快挖、快支、快封闭成环的施工情况下,能够保证围岩和支护结构的稳定和隧道施工安全。

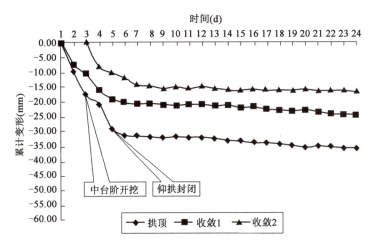

图4-43 隧道初期支护结构变形收敛时程曲线

(3)施工工效

Ⅳ级围岩地段进度指标为70m/月,Ⅴ级围岩地段为50m/月。采用三台阶带仰拱开挖施工技术后,施工工效得到极大提升,Ⅳ、Ⅴ级围岩开挖施工单循环时间控制在13h30min左右,每天开挖进度Ⅳ级围岩约为4.2m、Ⅴ级围岩约为3.5m,实际月进尺Ⅳ级围岩达到120m、Ⅴ级围岩达到100m。Ⅳ、Ⅴ级围岩循环施工时间见表4-9。

段家坪隧道Ⅳ、Ⅴ级围岩施工循环表 表4-9

序号	施工工序	Ⅳ、Ⅴ级工序时间(min)	备注
1	施工准备	30	含开挖作业台架就位
2	测量放线	20	平行作业,不占循环时间
3	上、中、下台阶及仰拱钻眼爆破	190	含布孔、钻孔、清孔、验孔合计140min,装药爆破50min
4	扒渣、开挖台架就位	60	
5	出渣	150	与上台阶支护平行作业不占循环时间
6	上台阶支护	180	上台阶钢架、锚杆、钢筋网、超前小导管安装
7	中、下台阶及仰拱支护	100	中、下台阶及仰拱钢架、锚杆、钢筋网安装,不包含与上台阶平行作业的80min
8	仰拱、中、下台阶喷射混凝土	80	自下而上,先仰拱后中、下台阶
9	仰拱洞渣回填	30	回填洞渣
10	上台阶喷射混凝土	120	湿喷机械手前行至上台阶喷射混凝土
	单循环时间合计	810	

4.4.4 结语与建议

(1)采用微台阶带仰拱开挖施工技术,能够尽快实现软弱围岩隧道初期支护结构全断面快速封闭成环,确保围岩及支护结构的稳定,满足现有大型湿喷机械手、挖掘机等设备的作业半径要求,有利于提升隧道施工机械化程度。

(2)微台阶带仰拱开挖,满足掌子面各工序平行作业条件,使各工序循环作业时间与各台阶操作时间相匹配,最大限度地提高了软弱围岩隧道施工工效。

(3)软弱围岩隧道采用微台阶带仰拱开挖相比于 CD 法、三台阶临时仰拱法等,一次开挖断面更大,为了控制围岩变形,应确保台阶处锁脚锚杆(管)的施工质量;仰拱初期支护喷射混凝土的早期承载能力应满足洞渣回填后施工设备的作业要求,确保仰拱初期支护结构免受破坏。

(4)现阶段部分隧道Ⅳ级围岩段初期支护结构拱墙设有钢架支护,而仰拱部位未设钢架,导致隧道初期支护结构尚未真正实现封闭成环;为加强初期支护结构刚度,本线对仰拱部位未设钢架地段采用隔榀设置钢架封闭成环;建议类似地层可研究适当强化初期支护结构刚度,实现初期支护结构全断面封闭成环,确保围岩和隧道支护结构的稳定。

4.5 二次衬砌仰拱及填充层大区段施工技术

在国内铁路隧道工程建设中,隧道二次衬砌仰拱及填充层施工一般采用施工单位自制的简易式栈桥进行施工,栈桥有效作业长度通常为 6~12m,仰拱一次捡底 6~12m,二次衬砌仰拱、填充层及二次衬砌拱墙无法做到"三缝合一";简易式栈桥一般结构单一,作业空间狭小,通过装载机实现栈桥移动,施工过程中存在一定的安全隐患。

为减少隧道仰拱及填充层的施工接缝,保证隧道仰拱及填充层混凝土结构的施工质量及整体性,要求全线一般情况下隧道仰拱一次清底长度为 24m,仰拱及填充层浇筑长度根据模筑衬砌台车浇筑长度进行分段浇筑,一次浇筑长度为 9~12m。针对这一要求,全线累计投入全液压履带式长栈桥设备 329 座,覆盖所有正洞施工作业面。本节将从设备配套、施工工艺、案例介绍等方面详细阐述二次衬砌仰拱及填充层大区段施工技术。

4.5.1 全液压履带式长栈桥设备

全液压履带式长栈桥设备主要由引桥、从动行走系统、仰拱端固定支撑、主桥、履带行走系统、开挖端固定支撑、液压系统七个部分组成,如图 4-44 所示。

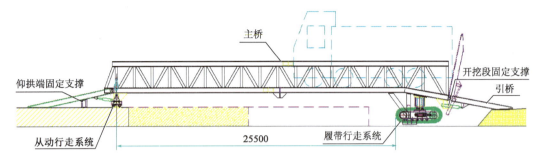

图 4-44　仰拱栈桥设计结构图(尺寸单位:mm)

1) 引桥

由开挖端(前端)引桥与仰拱衬砌端(后端)引桥组成,为方便运输车装渣,开挖端引桥可向上折叠,引桥通过液压油缸实现举升、下降。其中开挖端引桥为确保在凹凸地面上有效接触,可根据现场实际设计为左右两部分,可单独举升、下降。

2) 仰拱端固定支撑

仰拱端固定支撑是栈桥工作状态时的承力结构,为减小接地比压、保护填充面混凝土,固定支撑与混凝土的接触面采用整体钢板结构。

3) 从动行走系统

从动行走系统为可伸缩结构,只有在行走状态时滚轮才接触仰拱填充面。滚轮由四节 $\phi 245mm \times 16mm$ 的无缝钢管制作而成(图 4-45),能有效减小行走接地比压、保护填充面混凝土。

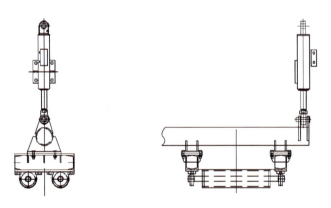

图 4-45　仰拱栈桥从动轮结构图

4) 主桥

主桥为栈桥工作时承力的主要结构,需确保施工车辆安全、可靠地通行。其主体由纵梁、横梁及桥面螺纹钢拼焊而成,两侧设置侧桁架,可改善栈桥通车状态下结构的强度和刚度,提升安全防护性能。

5) 开挖端固定支撑

开挖端固定支撑是栈桥工作状态时的承力结构,由于工作面地面为弧形,所以支撑设计成

"船形"结构,以减小接地比压,防止下陷,固定支撑与地面的接触面采用整体钢板结构。

6)液压系统

液压系统主要包括液压泵站、引桥举升油缸、主/从动行走举升油缸及履带行走的驱动马达;泵站、油缸皆采用成熟产品,系统可靠性良好。

7)履带行走系统

采用履带底盘结构(仰拱栈桥履带结构如图4-46所示),为国内成熟产品,为增强系统可靠性,驱动马达采用进口品牌。"四轮一带"采用标准型号,便于维修。

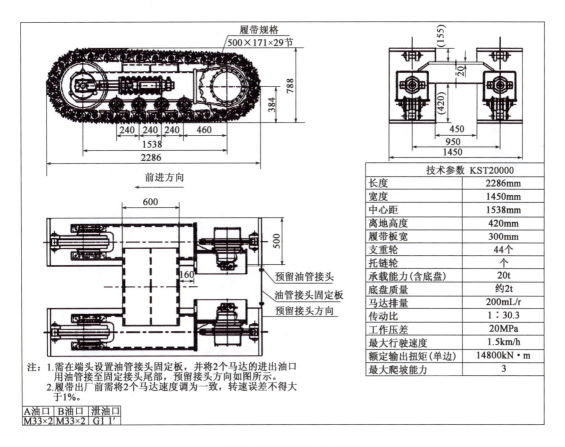

图4-46 仰拱栈桥履带结构图(尺寸单位:mm)

全液压履带式长栈桥设备的设计参数见表4-10。

栈桥设计参数　　　　　　　　　　　　　表4-10

序号	项目	技术要求	备注
1	通车限重	55t	不含设备自重
2	通车限宽	3.2m	
3	有效跨距	25m	
4	工作方式	液压驱动	

续上表

序号	项 目	技 术 要 求	备 注
5	行走方式	履带式	
6	外观尺寸	36.5(长)×3.8(宽)×3(高)m	
7	产品质量	50t	
8	最大行走速度	2.5m/min	
9	引桥坡度	≤12°	
10	履带爬坡能力	≤5°	
11	驱动力	29000N·m	
12	总功率	7.5kW	
13	行走状态接地比压	≤1MPa	
14	通车状态接地比压	≤1MPa	

4.5.2 二次衬砌仰拱及填充层施工工艺

1) 长栈桥工作流程

根据隧道开挖工序,长栈桥主要有4种工作状态(图4-47),即通车状态、捡底装渣状态、准备行走状态和行走就位状态。通过上述4种状态的切换,可满足施工时对各种位置、姿态的需要。

（1）通车状态

通车状态下,主/从动行走油缸收缩,栈桥前后皆以固定支撑作为受力结构;仰拱端/开挖端引桥油缸皆收缩,引桥落地,如图4-48所示。

（2）捡底装渣状态

主/从动行走,油缸收缩,栈桥前后皆以固定支撑作为受力结构;仰拱端引桥油缸收缩,引桥落地;开挖端引桥油缸伸出,引桥举起;挖掘机在举起的引桥前端进行捡底、装渣作业;渣土车停靠在栈桥的开挖端进行装渣,如图4-49所示。

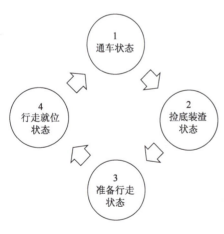

图4-47 仰拱栈桥工作流程图

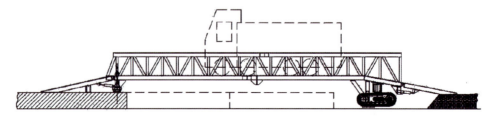

图4-48 通车状态图

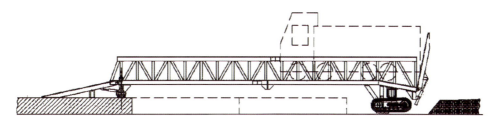

图 4-49　捡底清渣状态图

（3）准备行走状态

主/从动行走油缸伸出，使行走超出固定支撑与地面接触；仰供端/开挖端引桥油缸伸出，引桥举起离开地面；进入行走状态，如图 4-50 所示。

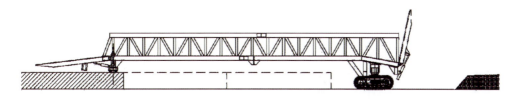

图 4-50　准备行走状态图

（4）行走就位状态

栈桥前进到下一工序位置后，首先主/从行走油缸收缩，使前后固定支撑作为受力结构；引桥油缸收缩，引桥落地，就位动作完成，开始下循环施工作业，如图 4-51 所示。

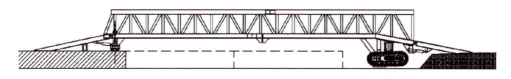

图 4-51　行走就位状态图

2）施工流程

二次衬砌仰拱及填充层主要施工工序：回填洞渣清理、栈桥行走、仰拱钢筋绑扎、施工缝处理、二次衬砌仰拱模板安装、仰拱混凝土浇筑、二次衬砌仰拱模板拆除及填充层模板安装、填充层混凝土浇筑、模板拆除及混凝土养护，二次衬砌仰拱及填充层大区段施工流程如图 4-52 所示。

3）施工操作要点

（1）测量放样

测量人员准确放样出二次衬砌仰拱侧模的平面位置，标示出仰拱填充层顶面高程，在左右侧边墙上每 5m 放样出一对高程控制点（红色油漆倒三角 + 水泥钉标识），并形成书面交底给二次衬砌仰拱施工班组长。

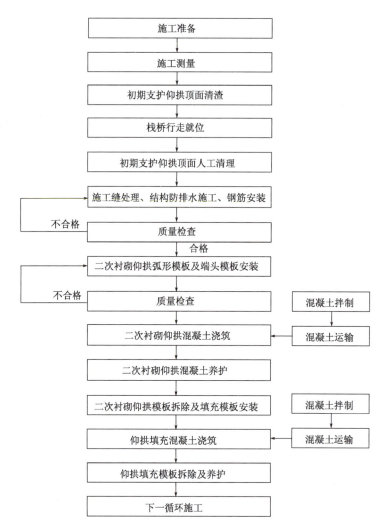

图 4-52 二次衬砌仰拱及填充层大区段施工流程图

(2) 作业流程

① 仰拱回填洞渣清理及栈桥前行

初期支护仰拱开挖支护与边墙开挖支护同步进行,初期支护仰拱支护完成后回填洞渣至边墙墙脚处。仰拱二次衬砌施工前利用每次开挖钻眼工序作业时,人工配合挖掘机将回填的洞渣清除,每次清渣区段长度为 4.5m 或 6m。采用挖掘机配合自卸式汽车出渣。每次回填洞渣清理完成后,仰拱二次衬砌栈桥前行一次。前行过程中,为保证栈桥后端已施工完成的仰拱填充面混凝土不因受力面积小而压坏,在仰拱填充面上铺设钢板(长 1.2m,宽 1.5m,厚 6mm)以增大受力面积。仰拱回填洞渣清理示意图如图 4-53 所示。

② 二次衬砌仰拱钢筋每 9～12m(每组衬砌长度)作为一个钢筋安装单元,仰拱回填洞渣清理完 9～12m 后,仰拱栈桥暂时先就位且不得移动,保证车辆正常通行。二次衬砌仰拱作业人员及时按照要求对上组仰拱二次衬砌端头进行凿毛处理,处理完成后开始绑扎二次衬砌仰拱钢筋。二次衬砌仰拱钢筋分段绑扎施工示意图如图 4-54 所示。

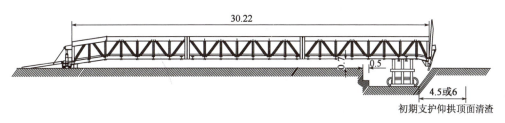

图 4-53 仰拱回填洞渣清理示意图(尺寸单位:m)

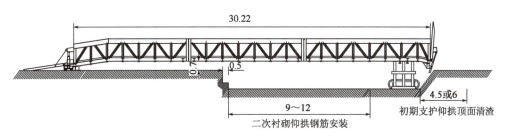

图 4-54 二次衬砌仰拱钢筋分段绑扎施工示意图(尺寸单位:m)

③二次衬砌仰拱绑扎钢筋的同时,利用掌子面开挖钻眼作业时间继续清理回填洞渣。洞渣清理完 18~24m 后,仰拱栈桥就位且不得移动,保证出渣汽车通行。二次衬砌仰拱作业人员同时进行第二个 9~12m(每组衬砌长度)钢筋单元绑扎和第一个 9~12m 钢筋单元位置仰拱模板安装施工。二次衬砌仰拱钢筋和仰拱模板平行施工示意图如图 4-55 所示。

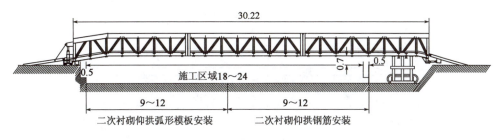

图 4-55 二次衬砌仰拱钢筋和仰拱模板平行施工示意图(尺寸单位:m)

④仰拱模板安装和端头施工缝防排水处理完成后,开始浇筑仰拱混凝土。仰拱中间部位混凝土利用溜槽从仰拱栈桥中间浇筑窗直接浇筑,自一端往另一端分层进行浇筑。浇筑过程中 4 名工人负责振捣,2 名工人负责移动溜槽、放料。矮边墙混凝土利用溜槽从栈桥侧面浇筑,每侧矮边墙分两段、左右交替浇筑。二次衬砌仰拱混凝土分区浇筑施工示意图如图 4-56 所示。

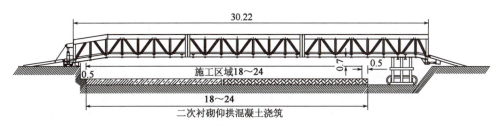

图 4-56 二次衬砌仰拱混凝土分区浇筑施工示意图(尺寸单位:m)

⑤仰拱混凝土浇筑完成8h后,开始拆除仰拱弧形边模板,安装填充层侧模,12h后开始浇筑填充层混凝土,填充层混凝土分两层浇筑,浇筑工艺同二次衬砌仰拱中间部位混凝土。仰拱填充层混凝土分层浇筑施工示意图如图4-57所示。

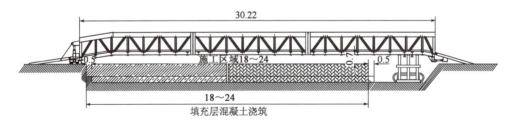

图4-57 仰拱填充层混凝土分层浇筑施工示意图(尺寸单位:m)

⑥仰拱填充层混凝土浇筑完成8h后,开始拆除侧模和端头模板,并安排专人进行洒水养护,养护时间不少于14d。

4.5.3 二次衬砌仰拱及填充层施工案例

1)中条山单线石质隧道

中条山隧道为双洞单线隧道,全长18405m,左、右线合计Ⅲ级围岩15380m、Ⅳ级围岩9700m、Ⅴ级围岩10735m、Ⅵ级围岩1000m。二次衬砌仰拱及填充层采用全液压履带式栈桥进行全幅大区段一次性施工,单次施工长度为12~24m,即拱墙1~2组衬砌,确保二次衬砌仰拱与拱墙施工缝位于同一断面。二次衬砌仰拱及填充层大区段施工示意图如图4-58所示。

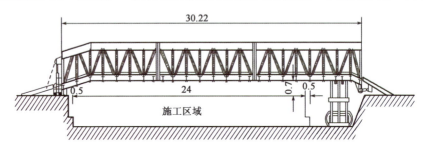

图4-58 二次衬砌仰拱及填充层大区段施工示意图(尺寸单位:m)

(1)仰拱及填充层模板制作

根据单线隧道不同围岩级别支护结构参数的特点,Ⅳ~Ⅵ级围岩二次衬砌仰拱为钢筋混凝土,采用弧形定制钢模板,通过二次衬砌钢筋固定到位;Ⅲ级围岩二次衬砌仰拱为素混凝土结构,若采用弧形钢模板,需采用大量的定位钢筋进行模板固定和定位,费时费力,现场施工工效较低。同时,单块仰拱二次衬砌弧形模板和填充层模板重量较大,倒运全部采用人工,投入的人力较大。为此,提出一种单线隧道大区段仰拱自行式悬挂模板,适用于各级围岩条件下的二次衬砌仰拱及填充层施工,且安装、拆除简单方便,简化了工作量,极大提高了工作效率。

①模板设计方案

悬挂模板通过手拉葫芦吊挂(1)在液压履带式栈桥下方,模板随栈桥移动同步前行。模板分左右两侧模板,单侧模板可拼装成12m和24m,由2m长的单块小模板拼接而成,环向模板(6)与竖直模板(7)通过铰链连接,脱模时环向模板通过丝杠收回,支模时通过丝杠将模板顶出。整体式模板定位通过5t手拉葫芦(1)调整模板高度,借助千斤顶通过对向移动活动夹板(4)位置,调整模板距中线的距离,通过加固支撑丝杠(2)对模板进行支撑加固。该方案可实现模板随栈桥移动,快速支模定位。模板设计方案如图4-59所示。

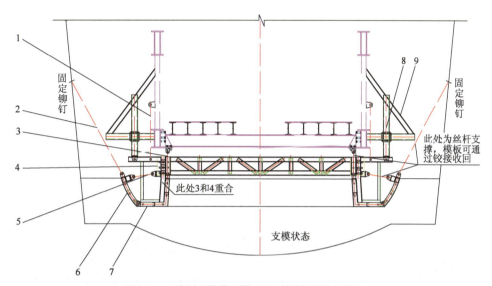

图4-59 二次衬砌仰拱及填充层悬挂模板设计方案图
1-5t手拉葫芦;2、3、5-支撑丝杠;4-活动夹板;6-环向模板;7-竖直模板;8-限位立柱;9-侧吊支架

②模板施工方法

a. 模板随栈桥移动

行走前在仰拱基面上标记出中线,防止栈桥偏离中线,若偏离过大,则模板无法准确就位。移动时为防止整体式模板出现前后较大摆动,在栈桥下方使用支撑丝杠(3)进行固定;为防止整体式模板出现左右较大摆动,通过侧吊支架(9)和限位立柱(8)进行限位。

b. 模板定位

水平高程定位:按照测量控制点,使用5t手拉葫芦(1)调整模板高度。中线定位:按照测量控制点,使用千斤顶调动支撑桁架处活动夹板(4)位置。定位完成后在两侧初期支护边墙上打设固定铆钉,通过支撑丝杠(2)固定模板,防止在浇筑过程中模板左右和上下移位。

c. 脱模

脱模顺序:拆除加固支撑丝杠(2)→拆除环向模板(6)与竖向模板(7)之间的支撑丝杠(5),收回模板(6)→松开活动夹板(4)的紧固螺栓→通过5t手拉葫芦(1)提升整体式模板完成脱模工序。

(2)仰拱及填充层大区段施工

①仰拱洞渣清理

每次利用开挖钻眼工序进行仰拱洞渣清理,每次清渣区段长6m,采用挖掘机配合自卸式汽车出渣;每次回填洞渣清理完成后,仰拱栈桥前行一次;清渣长度达到12m后,开始进行施工缝处理及二次衬砌仰拱钢筋绑扎工作。仰拱栈桥与已施作填充层接触部位采用钢板增大受力面积,以防填充层被压坏。仰拱洞渣清理示意图如图4-60所示。

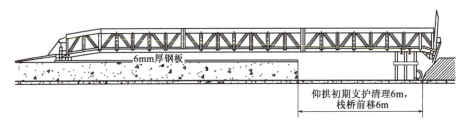

图 4-60　仰拱洞渣清理示意图

②仰拱施工缝处理及钢筋绑扎

二次衬砌仰拱钢筋每 12m 作为 1 个钢筋安装单元。仰拱回填洞渣清理 12m 后,仰拱栈桥暂时就位且不得移动,以保证车辆正常通行。二次衬砌仰拱作业人员及时按照设计及规范要求对上组二次衬砌仰拱端头进行凿毛防水处理,凿毛后露出的新鲜混凝土面积不低于总面积的 75%,并采用高压风清扫,处理完成后开始绑扎第 1 段 12m 二次衬砌仰拱钢筋;同时继续清理回填洞渣,洞渣清理 24m 后,仰拱栈桥就位且不得移动,以保证出渣汽车通行;同时进行第 2 段 12m 钢筋绑扎和第 1 段 12m 仰拱模板安装施工。钢筋和模板平行施工示意图如图 4-61 所示。

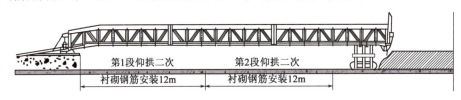

图 4-61　钢筋和模板平行施工示意图

③仰拱混凝土浇筑

仰拱模板安装和端头施工缝防排水处理完成后,开始浇筑二次衬砌仰拱混凝土。仰拱中间部位混凝土利用溜槽从仰拱栈桥中间浇筑窗直接浇筑,从已施工的二次衬砌端往掌子面分 4 层进行浇筑,浇筑过程中 4 名工人负责振捣,2 名工人负责移动溜槽、放料;矮边墙混凝土利用溜槽从栈桥侧面浇筑,每侧矮边墙分 2 段左右交替浇筑。二次衬砌仰拱混凝土分层分区浇筑施工示意图如图 4-62 所示。

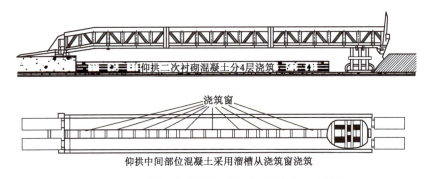

图 4-62　二次衬砌仰拱混凝土分层分区浇筑施工示意图

④填充层混凝土浇筑

根据现场同条件试件试验数据得出 C30 混凝土 8h 强度能达到 2.5MPa。在二次衬砌仰拱混凝土浇筑完成 8h 后开始拆除仰拱弧形模板,12h 后开始浇筑填充层混凝土。填充层混凝土分2层浇筑完成,浇筑工艺同二次衬砌仰拱中间部位混凝土。填充层混凝土分层浇筑施工示意图如图4-63所示。

图4-63　填充层混凝土分层浇筑施工示意图

⑤拆模养护

仰拱填充层混凝土在强度达到2.5MPa后,开始拆除侧模和端头模板,并安排专人进行洒水养护,养护时间不少于14d。

(3)仰拱及填充层施工工效

①Ⅳ、Ⅴ级围岩段

Ⅳ、Ⅴ级围岩段二次衬砌仰拱设计为钢筋混凝土。施工工序主要有初期支护仰拱表面清渣、二次衬砌仰拱钢筋安装、二次衬砌仰拱弧形边模板安装、二次衬砌仰拱混凝土浇筑及仰拱填充层混凝土浇筑。通过合理安排各工序作业时间,采用全液压履带式长栈桥,施工一组24m长二次衬砌仰拱及填充层需131h,每月可施工5组,合计120m,满足施工进度需求(根据施工组织计划安排,Ⅳ级围岩每月施工70~90m,Ⅴ级围岩每月施工50~70m)。Ⅳ、Ⅴ级围岩段二次衬砌仰拱及填充层大区段施工横道图如图4-64所示。

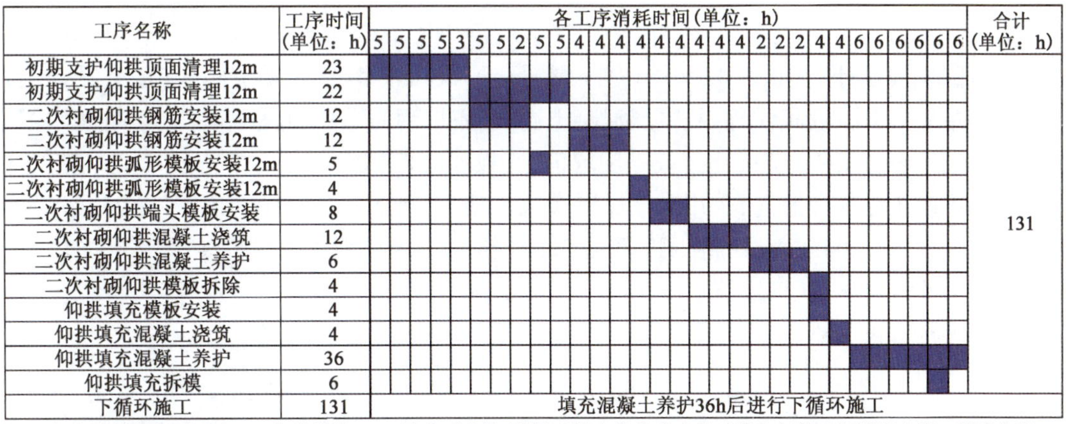

工序名称	工序时间(单位:h)	各工序消耗时间(单位:h) 5 5 5 5 3 5 5 5 4 4 4 4 4 4 4 4 4 4 2 2 4 4 6 6 6 6 6 6	合计(单位:h)
初期支护仰拱顶面清理12m	23		
初期支护仰拱顶面清理12m	22		
二次衬砌仰拱钢筋安装12m	12		
二次衬砌仰拱钢筋安装12m	12		
二次衬砌仰拱弧形模板安装12m	5		
二次衬砌仰拱弧形模板安装12m	4		131
二次衬砌仰拱端头模板安装	8		
二次衬砌仰拱混凝土浇筑	12		
二次衬砌仰拱混凝土养护	6		
二次衬砌仰拱模板拆除	4		
仰拱填充模板安装	4		
仰拱填充混凝土浇筑	4		
仰拱填充混凝土养护	36		
仰拱填充拆模	6		
下循环施工	131	填充混凝土养护36h后进行下循环施工	

注:1.初期支护仰拱顶面清理:每次清渣6m,清完后出渣(利用开挖支护作业中的喷浆和打钻时间清渣出渣,清渣出渣24m需要利用4个循环约45h),栈桥前后行进行初期支护仰拱顶面清理及结构防排水施工。
2.二次衬砌仰拱钢筋安装:每12m为一安装单元,前12m平行作业不占循环时间。
3.二次衬砌仰拱弧形模板安装:包括二次衬砌仰拱弧形模板安装、纵向施工缝止水带安装、止水条预留槽模板安装。
4.二次衬砌仰拱端头模板安装:包括环向施工缝止水带安装、端头模板安装;二次衬砌仰拱模板拆除与仰拱填充模板安装同步进行;二次衬砌仰拱模板拆除同时进行仰拱施工缝凿毛处理;仰拱填充拆模过程中进行仰拱填充施工缝凿毛处理;二次衬砌仰拱与仰拱填充错开0.5m施工;二次衬砌仰拱及仰拱填充每循环施工需131h,约5.5d。

图4-64　Ⅳ、Ⅴ级围岩段二次衬砌仰拱及填充层大区段施工横道图

②Ⅲ级围岩段

Ⅲ级围岩段二次衬砌仰拱设计为素混凝土。施工工序主要有初期支护仰拱表面清渣、二次衬砌仰拱弧形边模板安装、二次衬砌仰拱混凝土浇筑及仰拱填充层混凝土浇筑。通过合

理安排各工序作业时间,采用全液压履带式长栈桥,施工一组24m长的二次衬砌仰拱及填充层需97h,每月可施工7组,合计168m,满足施工进度需求(根据施工组织计划安排,Ⅲ级围岩每月施工150m)。Ⅲ级围岩段二次衬砌仰拱及填充层大区段施工横道图如图4-65所示。

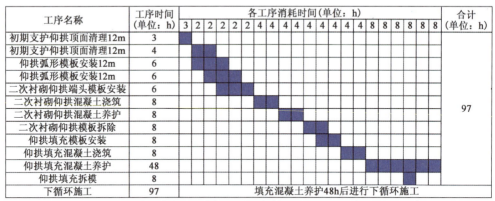

图4-65 Ⅲ级围岩段二次衬砌仰拱及填充层大区段施工横道图

③Ⅱ级围岩段

Ⅱ级围岩段设计为10cm找平层(C25混凝土)+30cm钢筋混凝土底板(C35混凝土)。施工工序主要有开挖底板清理、找平层混凝土浇筑、底板钢筋绑扎、底板模板安装、底板混凝土浇筑(后期公司组织的设计优化将找平层取消,底板厚度调整至40cm,详见第3.4.1节)。通过合理安排各工序作业时间,采用全液压履带式长栈桥,施工一组24m长底板需76h,每月可施工8.5组,合计204m,满足施工进度需求(根据施工组织计划安排,Ⅱ级围岩每月施工200m)。Ⅱ级围岩找平层及底板大区段施工横道图如图4-66所示。

2)万荣双线黄土隧道

万荣隧道为单洞双线隧道,全长7683m。隧道穿越地层主要为第四系砂质新黄土、砂质老黄土、黏质新黄土、黏质老黄土、粉砂及细砂,Ⅳ级围岩为180m,占2.3%;Ⅴ级围岩为7403m,占96.4%;Ⅵ级围岩为100m,占1.3%;为Ⅰ级高风险隧道。主要不良地质为隧道穿越第四系地层,广泛分布砂质新黄土,浅黄色~褐黄色,稍密~密实,稍湿~饱和,土质均匀,砂感较强,具湿陷性,为Ⅳ级(很严重)自重湿陷性场地。

万荣隧道大部分段落围岩自稳能力较差,需采用超前水平旋喷桩进行超前加固。施工方法采用三台阶法开挖,初期支护仰拱封闭成环距上台阶掌子面不得大于1.5倍洞径(17m)。为加快黄土隧道施工进度,初期支护尽早封闭成环,避免隧道仰拱洞渣回填及二次清底工作,节省仰拱立模时间,提高仰拱混凝土振捣质量,满足二次衬砌仰拱及填充层采用全液压履带式栈桥进行全幅大区段一次性施工24m,对长仰拱栈桥进行了优化改进。

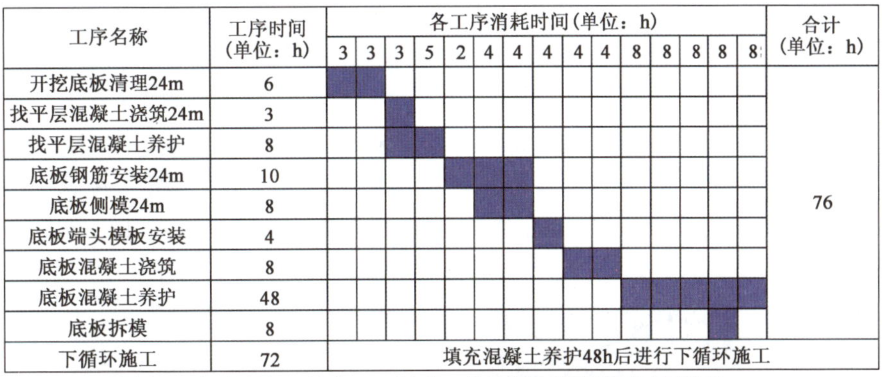

工序名称	工序时间(单位:h)	各工序消耗时间(单位:h)															合计(单位:h)
		3	3	3	5	2	4	4	4	4	4	8	8	8	8	8	
开挖底板清理24m	6	■	■														76
找平层混凝土浇筑24m	3			■													
找平层混凝土养护	8				■	■											
底板钢筋安装24m	10						■	■									
底板侧模24m	8								■	■							
底板端头模板安装	4										■						
底板混凝土浇筑	8											■					
底板混凝土养护	48												■	■	■		
底板拆模	8															■	
下循环施工	72							填充混凝土养护48h后进行下循环施工									

注: 1.开挖底板清理:每次清渣4m,清完24m后出渣,栈桥前行后进行围岩表面清理。
2.找平层混凝土养护:包括找平层混凝土养护及结构防排水施工。
3.底板侧模安装:包括底板两侧模板安装、纵向施工缝止水带安装、止水条预留槽模板安装。
4.底板端头模板安装:包括坏向施工缝止水带安装、端头模板安装;底板拆模过程中进行底板施工缝凿毛处理;找平层及底板每循环施工需76h,约3.2d。

图 4-66　Ⅱ级围岩找平层及底板大区段施工横道图

(1) 长栈桥结构

采用全液压自行式仰拱栈桥,行车轨道中心距为5.5m,栈桥净宽为3.8m,总长度为46.5m,主栈桥主梁长度为29m,有效长度为24m,前引栈桥为18.9m,后引栈桥为10.8m。为满足移动要求,在栈桥两端设置移动行走机构,并设置限位预警装置;行走时,栈桥抬起、放下由液压系统执行机构完成。栈桥行走装置由2台250型蜗杆减速机和2台11kW电动机带动行走。栈桥液压部分由12只油缸和1台液压站组成,由液压站控制每只油缸升降。移动栈桥主要由钢桥、行走装置、液压系统及限位装置等组成。仰拱栈桥结构示意图如图4-67所示。

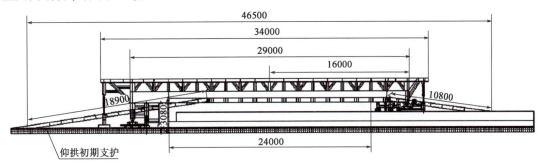

图 4-67　仰拱栈桥结构(尺寸单位:mm)

①前引桥搭接中台阶

考虑围岩条件较差,循环进尺短且需花费较多时间进行围岩超前预加固,为缩短仰拱施工时间,对仰拱栈桥前引桥进行了适当加长,使下台阶和仰拱初期支护可在仰拱栈桥的前引桥下施工,保证了隧道初期支护仰拱与二次衬砌仰拱钢筋绑扎、二次衬砌仰拱及填充层混凝土浇筑等工序同步作业。

②悬挂式模板

为提高二次衬砌仰拱及填充层施工工效,采用悬挂式弧形模板和下挂仰拱模板。模板采用模块化设计,单块长度为1.5m,模板仅需1次组装,定位准确,降低了工人劳动强度。

③排架式振捣器和整平机

二次衬砌仰拱为钢筋混凝土结构,一次浇筑长度为24m,混凝土体积达300m³以上,混凝土浇筑面跨度大,栈桥下无工作平台,人工振捣较困难。为确保大体积仰拱混凝土振捣密实,减少工人振捣劳动强度,在仰拱栈桥下方加装了全自动高频排架式振捣器和整平机。

(2)长栈桥搭接中台阶作业

隧道开挖采用三台阶法施工,上台阶采用弧形预留核心土开挖,台阶长度为5m,高度为3.8m,核心土长度宜为2~3m,开挖进尺为1~2榀钢架间距;中台阶能满足挖掘机、湿喷机械手、超前旋喷加固设备的工作要求,台阶长度为10m,高度为3.5m,长栈桥前引桥直接搭在中台阶上,搭接长度不小于3m;下台阶高度为2.7m,仰拱高度为1.86m,一次开挖长度不大于3m。

下台阶开挖时,挖掘机安放于中台阶上,左右侧边墙同步对称开挖,自卸汽车停在仰拱栈桥上,挖取土体后直接放入自卸汽车内。仰拱开挖作业时,通过操作前引桥油缸,前引桥升起,交通临时中断,仰拱开挖完成后,栈桥前移就位后,通过操作前引桥油缸将前引桥回落至中台阶上,在前引桥下进行仰拱钢架安装施工,钢架安装验收合格即可进行仰拱喷射混凝土施工,依次循环推进,直到仰拱开挖支护达到24m时,即可进行二次衬砌仰拱施工。仰拱栈桥搭接中台阶如图4-68所示。

图4-68 仰拱栈桥搭接中台阶

(3)二次衬砌仰拱及填充层施工

①仰拱钢筋绑扎、止水带安装

根据仰拱施作长度24m,提前把仰拱钢筋采用挤压套筒连接至设计仰拱长度,钢筋搭接长度符合设计及验标要求。通过仰拱弧形模板和初期支护的间隙把仰拱钢筋拉入仰拱初期支护上,按照设计要求,分层绑扎钢筋。仰拱纵向钢筋通过钢筋卡槽定位,有效控制钢筋间距。

②定位仰拱弧形模板、立端头模

通过手动葫芦把仰拱弧形模板放下;放样定出仰拱位置,通过仰拱平移油缸结合拉动手动葫芦,使仰拱弧形模板定位准确;仰拱端头采用钢模(留有钢筋卡槽),有效控制钢筋间距和止水带平整度。

③仰拱混凝土浇筑

混凝土罐车行至栈桥上,采用溜槽浇筑混凝土,采取分片分层浇筑,加强混凝土振捣摊铺;混凝土浇筑不宜太快,不宜大于30m³/h;设计有过轨管件时,可通过仰拱栈桥中间预留的2.6m×0.9m孔洞或仰拱弧形模板和初期支护的间隙放入仰拱,按照设计要求安装。

④立仰拱填充层端模

填充层与仰拱端部对齐,按照规范要求预留沉降缝;仰拱填充层端头采用钢模,在钢模上进行标记,以控制好填充面高程。

⑤仰拱填充层浇筑

混凝土罐车行至栈桥上,采用溜槽浇筑混凝土;混凝土浇筑不宜太快,不宜大于30m³/h;采取分片分层浇筑,加强混凝土振捣摊铺;混凝土振捣采用全自动高频排架式振捣器,填充层采用整平机整平。填充层混凝土振捣及表面整平作业图如图4-69、图4-70所示。

图 4-69 填充层混凝土振捣作业

图 4-70 填充层表面整平作业

⑥脱模养护

通过拉动手动葫芦、收缩仰拱平移油缸进行仰拱脱模,仰拱弧形模板拉至填充面以上30cm即可;仰拱及填充层脱端模时不要用锤重击,尽量避免损坏模板;采用土工布覆盖混凝土表面,并进行洒水养生。

(4)施工工效

采用液压履带式仰拱栈桥实现了仰拱开挖、初期支护、二次衬砌在同一仰拱栈桥下施工,仰拱栈桥紧跟开挖工作面,保证了各工序的平行作业,有效加快了施工进度,月平均进度可达70m,较以往类似地层施工每月进度提升20m。

4.5.4 结语与建议

(1)全液压履带式长栈桥可实现全幅一次仰拱清底不小于24m,且可分区段进行清渣、钢筋绑扎、仰拱弧形模板安装等,栈桥上自卸汽车出渣等平行作业,施工效率较高。

(2)履带式行走机构对施工适应性好,可快速移动就位,操作灵活简单,性能稳定可靠,有效降低了工人劳动强度;通过栈桥可配挂弧形边模和自行式悬挂仰拱模板,安装、定位、拆除简单方便,同时能减少人工,降低工作劳动强度。

(3)二次衬砌仰拱及填充层大区段施工,减少了钢筋搭接和止水带的使用数量,提高了二次衬砌仰拱的整体性;仰拱捡底单循环作业时间较长,各项隐蔽工程暴露时间长,有利于仰拱及填充层施工质量控制。

4.6 二次衬砌台车关键工装工艺改进施工技术

二次衬砌台车作为施作二次衬砌的主要设备,其工装工艺对二次衬砌实体质量起决定性作用。目前施工中普遍使用的二次衬砌台车存在如下现象:①窗口少且小,混凝土振捣不充分,易产生不密实、集料窝等问题;②分层分仓布料劳动强度大,浇筑时间长,易产生施工冷缝、驼峰;③拱部混凝土浇筑无有效监控措施,易产生拱部背后脱空;④养护环境差,温度和湿度较难控制,易造成混凝土初期强度不足,产生收缩裂纹。上述现象在一定程度上导致了隧道衬砌质量问题日益突出,在已建成的铁路隧道中出现了衬砌蜂窝麻面、剥落掉块、开裂、空响、渗漏水等质量缺陷(病害),严重影响了列车运营安全。

为解决上述问题,浩吉铁路公司组织开展了二次衬砌台车关键施工装备及施工工艺的改进,以期提高二次衬砌混凝土实体质量,满足隧道结构及列车运营安全。

4.6.1 二次衬砌台车关键施工装备改进

1)混凝土布料系统

通过安装自动化布料系统,改传统的人工移管布料为机械化自动布料,解决狭窄空间布料难题,实现分层、分窗浇筑。

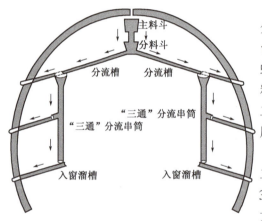

图4-71 二次衬砌台车混凝土分流串筒布置示意图

为满足逐窗、逐层浇筑混凝土,每个窗口配有分料串筒。浇筑混凝土时通过混凝土泵车泵送到台车顶部料斗,然后通过左右两侧分流槽(或无轴螺旋输送机)进行横向运送,再通过每个窗口的分料串筒分送到各个窗口,实现各个窗口同时浇筑。二次衬砌台车混凝土分流串筒布置如图4-71所示。

为保证二次衬砌混凝土振捣质量,新设计的二次衬砌台车增加了浇筑窗口数量,单层窗口由3个增加至6个,窗口尺寸由450mm×450mm增大至1000mm×450mm,为混凝土浇筑过程中的人工振捣工序提供了更大的操作空间,同时配合附着式振动器,保证了混凝土振捣质量。二次衬砌9m台车浇筑窗口分布示意图如图4-72所示。

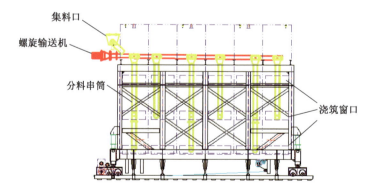

图4-72 二次衬砌9m台车浇筑窗口分布示意图(双线)

2)骨架及模板

通过增加骨架及模板的刚度,减少门架组数,优化支撑数量,扩大台车顶部及两侧操作空间,同时模板增开操作窗口,以解决因空间狭窄而造成的浇筑及振捣不到位的问题。

对于单线隧道,为增加台车作业空间,创新了主体结构设计,仅在模板两端外侧设置门架,以纵向简支花梁结构作为模板台车行走状态下的主要承载结构,以模板本身作为衬砌工作状态下的主要承载结构(图4-73),有效地增加了二次衬砌工人的作业空间,便于台车脱模、就位及混凝土振捣工作的顺利进行。

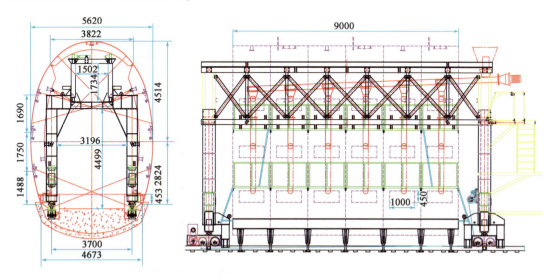

图4-73 单线台车门架优化断面图(尺寸单位:mm)

模板在隧道断面上分为顶模和边模,组装后形成隧道整体断面。模板台车中部无门架支撑,故将边模的拱板设计加宽,保证整体模板强度。为保证混凝土养护质量,在面板内侧粘贴聚氨酯保温材料。台车模板采用液压油缸控制脱模就位,模板与架体采用丝杠进行支撑。

对于双线隧道,由于台车作业空间相对比较充裕,二次衬砌台车的主体结构依然采用传统的门架式设计,仅在台车顶部增设观察窗口,窗口尺寸为450mm×500mm。双线台车断面如图4-74所示。

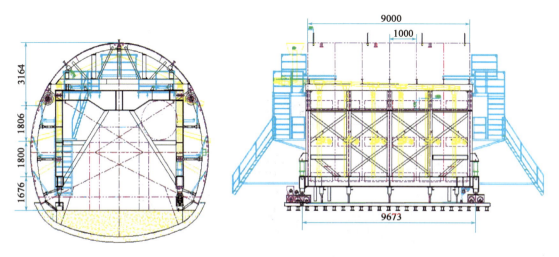

图4-74 双线台车断面图(尺寸单位:mm)

3）施工平台

利用主骨架沿台车纵向安装施工操作平台，保证平台纵向贯通，以解决纵向无平台、人工振捣无法作业的难题。

单线二次衬砌台车边模工作平台分两层，纵向通长布置，两层平台间距 2.2m，上部平台距离台车顶部超过 2m。顶模部分操作梯固定于两端头门架上，门梁上部设置纵向贯通的平台，平台距离顶部 1.8m。单线台车作业平台示意图如图 4-75 所示。

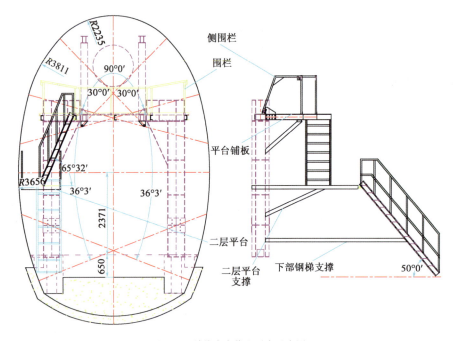

图 4-75　单线台车作业平台示意图

双线二次衬砌台车边模工作平台分两层，设置在立柱上，纵向贯通，两层平台间距 1.7m，上部平台距离台车顶部超过 1.76m。顶模部分操作梯子固定于门梁及吊梁上，呈"凸"字形布置，以便于顶模部位的作业。吊梁底部设置纵向贯通平台，平台距离顶部 1.8m。双线台车作业平台示意图如图 4-76 所示。

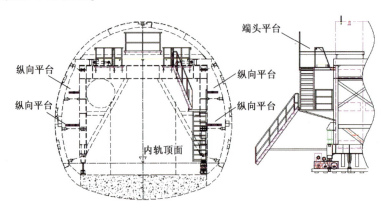

图 4-76　双线台车作业平台示意图

4) 混凝土浇筑监控系统

利用液位继电器工作原理,在台车拱部及浇筑面安装相应电极,并将声光报警器安装在台车底层纵梁上,从而实现精确判断混凝土冲顶是否饱满,解决拱部脱空的问题。

液位监测器由液位继电器和埋设在拱部的监测线组成,监测线接触器(线头)每组拱墙段在拱顶设置4个断面,纵向均匀分布,监测线电极采用12V的安全电压,可确保作业人员的人身安全,在施工过程中把接触器(线头)固定到拱顶防水板最高处,当拱部混凝土浇筑饱满时,接触线导电形成回路,警示红灯长亮。液位继电器及拱部监测线布设如图4-77所示。

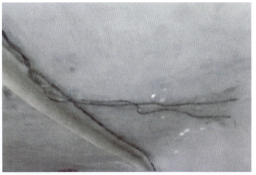

图4-77 液位继电器及拱部监测线布设

5) 衬砌台车布设注浆装置

为确保隧道二次衬砌混凝土拱部密实,对二次衬砌台车进行施工装备改造,台车顶部布设注浆孔,在二次衬砌混凝土初凝后及时进行拱顶带模注浆。

按照台车长度设计注浆孔数量,9~12m台车不少于4个注浆孔。注浆孔孔径为40mm,沿衬砌台车拱顶中心线开设,注浆孔距离侧端模为60~100cm,端模排气孔(也作为注浆孔)距端模边缘100~150cm,中间排气孔(注浆孔)安置在混凝土灌注口之间平均分布。台车注浆孔纵断面布设示意图如图4-78所示。

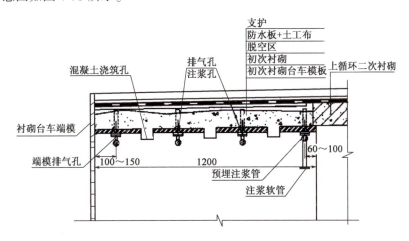

图4-78 台车注浆孔纵断面布设示意图(尺寸单位:cm)

4.6.2 工艺流程及控制要点

二次衬砌混凝土施工流程重点包含分流槽布料及浇筑,混凝土浇筑监控、拱顶带模注浆。二次衬砌混凝土施工总流程图如图 4-79 所示。

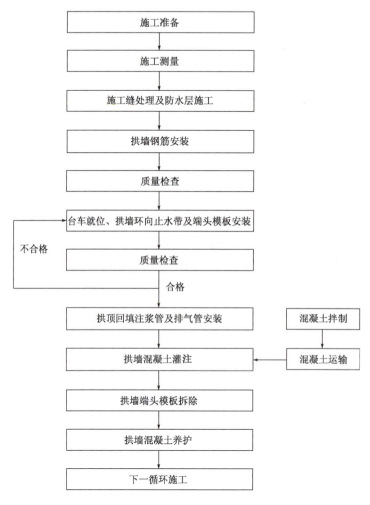

图 4-79 二次衬砌混凝土施工总流程图

1) 分流槽布料及浇筑

混凝土浇筑采用分流槽逐窗灌注,混凝土浇筑时通过输送泵将混凝土泵入台车顶主料斗,通过各级插板阀门,使混凝土经主滑槽、"三通"分流槽、分流串筒和入窗溜槽,导流至各相应窗口。具体浇筑步骤为:浇筑第 1 层窗口→关闭分流串筒 1 层阀门→浇筑第 2 层窗口→关闭分流串筒 2 层阀门→浇筑第 3 层窗口→泵管接入拱顶灌注口,进行冲顶作业。布料系统工艺及浇筑流程图如图 4-80 所示。

混凝土浇筑前需将串筒和分流槽进行润管;浇筑过程中及时关注两侧浇筑速度和高度,通过调节各窗口串筒混凝土通过量,确保左右侧混凝土面高差不得超过 0.5m,前后高差不得超过0.5m；浇筑过程中,利用纵向贯通平台进行人工逐窗分层振捣,确保混凝土振捣到位。

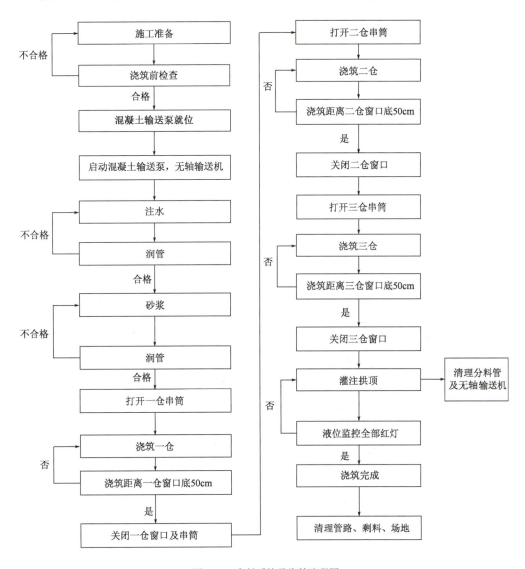

图4-80 布料系统及浇筑流程图

2）混凝土浇筑监控

浇筑拱顶混凝土时,一般通过观察拱顶预留的出浆口来判断拱顶是否浇筑饱满、密实。在既有监控手段上,在混凝土浇筑前沿拱顶轴线布设监测线(设置3个监测点)与液位监测器电极连接,联通后指示灯为绿色。混凝土浇筑过程中1号监测点被混凝土充填密实后,1号监测灯由绿色变成红色；混凝土2号、3号监测点被混凝土充填密实后,2号、3号监测灯依次由绿色变成红色。混凝土浇筑监测流程图如图4-81所示。

3）拱顶带模注浆

一般在混凝土灌注结束1~2h后,开始拱顶混凝土带模注浆。从侧端模至端模依次布设

1号~4号注浆孔,注浆顺序为侧端模向端模方向依次进行。对1号注浆孔进行注浆,当2号注浆孔出浆或压力表读数超过1.0MPa时停止注浆,依次对2号、3号注浆孔进行注浆,当二次衬砌端模处和排气孔出浆时,结束注浆;4号注浆孔为备用,根据出浆情况选择使用。

注浆以排气孔和端模流出浓浆判断注浆饱满,当注浆孔处出浆压力达到1.0MPa,仍未出浓浆时,应更换注浆孔注浆,直至端模排气孔流出浓浆时停止注浆;RPC注浆管内须饱满,注浆完毕更换注浆连接件时应及时封堵RPC注浆管。待二次衬砌混凝土强度达到8MPa后,敲除RPC注浆管,台车脱模前行,进入下一循环施工工序。拱顶带模注浆施工流程图如图4-82所示。

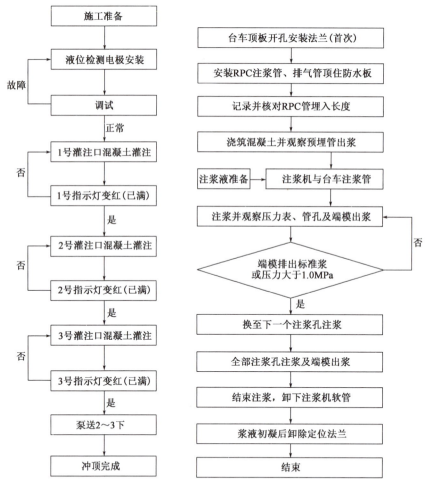

图4-81 混凝土浇筑监测流程图　　图4-82 拱顶带模注浆施工流程图

4.6.3 二次衬砌逐窗浇筑及带模注浆应用效果

以万荣隧道为例,通过对二次衬砌台车关键工装工艺进行改进,同时将隧道二次衬砌混凝土逐窗浇筑及拱顶带模注浆纳入工序管理,保证了二次衬砌实体质量。

1) 二次衬砌逐窗浇筑效果

通过主料斗、主溜槽、"三通"分流槽、分流串筒和入窗溜槽结合的方式,实现二次衬砌混凝土逐窗进料浇筑。采用本工艺浇筑二次衬砌混凝土,作业组 8 人,只需 8h 即可完成 1 个循环。该工艺减少了换管工序,一次安装重复使用,操作简单便捷,有效避免了混凝土离析、骨料堆积、产生"人"字坡冷缝等弊端,有效提升了混凝土浇筑的实体质量和外观质量。二次衬砌混凝土脱模后边墙和拱顶外观质量效果图如图 4-83 所示。

2) 拱顶带模注浆效果

衬砌施工完毕后,利用衬砌台车及时注浆,每一循环时间约 2h,不占用其他工序时间,每一循环平均注浆量约 $0.36m^3$。通过及时注浆,保证了拱部二次衬砌混凝土的饱满、密实,避免了拱顶脱空。二次衬砌拱顶混凝土芯样如图 4-84 所示,二次衬砌拱顶雷达扫描检测效果如图 4-85 所示。

图 4-83 二次衬砌拱顶及边墙混凝土外观质量

图 4-84 二次衬砌拱顶混凝土芯样

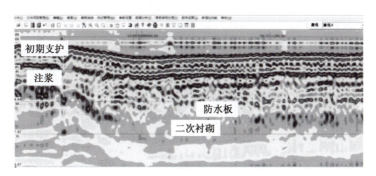

图 4-85 二次衬砌拱顶雷达检测波形图

4.6.4 结语与建议

(1) 通过布料系统实现逐窗浇筑,克服了传统跳层浇筑和集中布料导致的混凝土离析;省去传统浇筑时存在的导管多次组装和拆解等工序,降低了堵管风险,实现了混凝土连续浇筑,避免出现施工冷缝,有效提升了混凝土浇筑质量。

(2) 拱顶及时带模注浆避免了传统衬砌注浆液与衬砌"两层皮"的现象,使注浆材料与二次衬砌混凝土形成良好的受力整体,保证了拱顶混凝土密实;采用高流动性微膨胀注浆材料相比传统高水灰比浆液材料,避免了传统注浆不当导致的隧道防排水系统堵塞所造成的后期运营隐患。

(3)通过对二次衬砌台车关键施工装备及施工工艺改进,在确保混凝土实体质量的同时,减少了施工工序,降低了工人劳动强度;利用施工工序间隙进行拱顶回填注浆,有效提高了工作效率。

第5章

典型隧道工程修建技术

白城砂质新黄土马蹄形盾构隧道修建技术

目前铁路隧道施工中，主要以矿山法为主，辅以少量的硬岩隧道掘进机(TBM)和盾构法；其中盾构法主要用于下穿河流、海峡及城市软土地层中。白城隧道全长3345m，最大埋深约81m，隧道主要穿越地层以粉砂、细砂、砂质新黄土为主，围岩级别为Ⅴ、Ⅵ级，其中Ⅴ级围岩地段长2730m，Ⅵ级围岩地段长305m。隧道需下穿天然气管道(埋深7m)、供水管道(埋深10.79m)、石油管道(12m)、高压电塔(8~28m)、包茂高速公路(28m)等构筑物，采用传统矿山法施工难度大、风险高，地质纵断面图如图5-1所示。

5.1.1 矿山法与盾构法比选

在山岭隧道中，开挖方法以矿山法为主，主要因为矿山法的适用范围广泛、断面选择自由度大，也较为经济。白城隧道由于洞身工程地质为稍密稍湿、局部具空隙的砂质新黄土，进口表层分布松散的风积沙，因此原设计施工工法以三台阶大拱脚临时仰拱法为主，不良地质段落需采用双层 ϕ159mm 长管棚超前预支护、地表旋喷桩加固等辅助措施，施工安全风险高、劳动强度大、进度慢。然而，盾构法在城市浅埋地层和跨江越海隧道的施工中得到了大量应用，施工质量、安全、工期等均能得到有效控制。

1) 盾构法工程适用性及机型选择

白城隧道主要穿越地层以砂质新黄土为主，细颗粒含量多，天然含水率较小，弱透水(新黄土渗透系数为 $2.9 \times 10^{-6} \sim 7.8 \times 10^{-6}$ m/s)。隧道黄土地基承载力大于200kPa，盾构主机总重与盾体投影面积比值(40kPa)小于该数值，能够保证主机掘进过程中不会下沉，满足盾构法施工要求。

勘测期间地下水位于隧道洞身以下，周边未发现泉、井；雨季部分段落含水率可能增大，或出现少量流水。因此，可考虑采用土压平衡盾构机。采用土压平衡盾构机掘进时，易于获得流塑性良好的渣土，建立土仓的平衡压力，掘进时能够有效控制地表沉降。考虑城市地铁黄土地层土压平衡盾构施工已经有成功经验，且土压平衡盾构机综合投资要低于泥水平衡盾构机，因此，若白城隧道采用盾构法施工，宜选用土压平衡盾构机。

2) 盾构法与矿山法方案比选

施工方法的合理性、可靠性，直接影响甚至决定工程的施工安全。因此，从安全、质量、工期、投资、环保等方面对盾构法与矿山法方案进行比选。

(1) 安全比选

隧道进出口浅埋段为松散的粉细砂地层，不能自稳，容易发生流砂及坍塌；洞身为砂质新

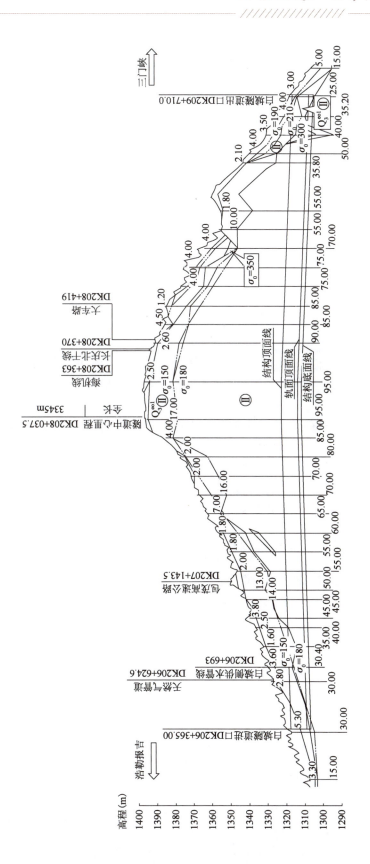

图5-1 白城隧道地质纵断面图

黄土,地层松散,掌子面不易稳定,易坍塌;下穿包茂高速公路、天然气管及供水管段,地表沉降不易控制,易导致地表开裂、天然气管及供水管开裂等不利影响,且地方主管部门认为采用矿山法施工安全风险较大,穿越包茂高速公路段要求地表设置桥梁跨越。盾构施工具有保压系统和注浆系统,不会出现无支护状态,下穿高速公路、天然气管及供水管能够满足沉降控制的要求,施工风险较低。因此,盾构法更安全。

(2) 质量比选

采用矿山法,隧道施工中可能产生超欠挖,易导致二次衬砌混凝土振捣不密实、拱顶填充不密实等质量通病;防水板铺设不规范及施工缝处理不到位,易造成隧道渗漏水。盾构施工采用专业的装备和专业化队伍,盾构管片采用工厂预制生产,作业更规范、监管更容易,但管片拼装过程可能局部出现错台和破损现象;管片接缝采用成熟的防水橡胶,对比地铁隧道管片和复合衬砌,盾构管片防渗效果明显更好。因此,采用盾构法施工质量更高。

(3) 工期比选

采用矿山法施工批复工期为34个月;采用盾构法施工,考虑设备制造13个月,设备安装调试4个月,施工掘进17个月,累计34个月;两者均满足工期要求。

(4) 投资比选

采用矿山法,隧道支护结构和辅助措施多,费用较高;采用盾构法,机械设备一次性投入大(考虑60%机械设备折旧),管片预制费用较高,因此,盾构法投资稍高。

(5) 环保比选

采用矿山法,需要进行土方开挖及喷射混凝土作业,内燃机械于洞内作业,粉尘、废气大,施工环境差;采用盾构法,电动机械密闭施工,基本无粉尘、废气产生。因此,盾构法更环保。

综上所述,盾构法由于存在初期的盾构研发费用和制造成本,在考虑较高的机械折旧率情况下,投资较矿山法略高。但盾构法施工在安全、质量、环保等方面有明显优势,因此经补充地质调查、专家论证和综合研究,确定采用盾构法施工。

5.1.2 马蹄形盾构机与圆形盾构机比选

盾构隧道断面形式主要以圆形为主,国际上也有采用双圆甚至三圆土压平衡盾构机的先例,但开挖断面加大会导致受力效果变差。白城隧道内轮廓为马蹄形断面,因此若采用马蹄形盾构机进行施工,与圆形断面相比,其断面面积小,空间利用率高,投资有所降低。

1) 内轮廓对比

马蹄形内轮廓和圆形内轮廓的净空尺寸和限界关系如图5-2所示,两种断面的净空面积对比见表5-1。采用马蹄形断面较圆形断面内轮廓可减少约7.1 m^3,减少部位为圆形断面仰拱底部填充层,马蹄形断面可显著减少传统圆形盾构机的仰拱底部填充层混凝土圬工方量。

马蹄形盾构机与圆形盾构机净空对比　　　　表5-1

项　目		轨面以上有效净空面积(m^2)	轨面以下有效净空面积(m^2)	全部净空面积(m^2)
无砟	马蹄形盾构机	66.1	15.1	81.2
	圆形盾构机	69	19.3	88.3

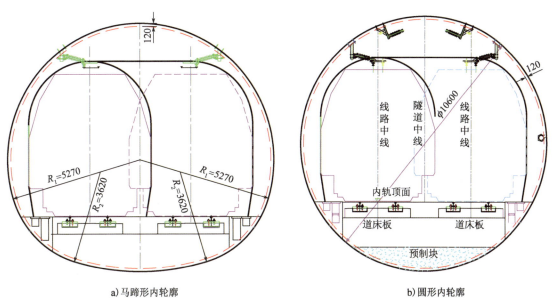

a) 马蹄形内轮廓　　　　　b) 圆形内轮廓

图 5-2　盾构机内轮廓图(尺寸单位:mm)

2) 刀盘对比

圆形单一刀盘需要配套大功率主轴承,一般需要定制,生产周期长,造价高;马蹄形盾构机刀盘由多个小型刀盘组成,可采用多个标准的较低功率的主轴承进行组合,可大大降低成本和制造周期。圆形盾构机为面板式开挖刀盘,开挖不存在盲区,刀盘适应地层相对较为广泛;马蹄形盾构机刀盘由于存在开挖盲区,目前只适合在软土中施工,对于硬质地层施工还需要进一步深化研究,以减小或消除开挖盲区。

3) 管片拼装方式对比

圆形盾构机目前一般多采用通用环管片拼装方式,而马蹄形盾构机由于断面不规则,无法采用通用环模式,一般直线地段采取"奇数环+偶数环"拼装方式,曲线地段需按照"左转环+右转环+直线环"的模式,因此马蹄形盾构管片类型相对偏多,其纠偏能力及防翻滚能力也较圆形盾构管片要弱。

4) 管片受力及配筋对比

马蹄形盾构机的每环管片位置是相对固定的,因此每环管片按照其受力形态配筋即可,每环管片配筋均不一样,存在较大差异性。圆形盾构机由于采用通用环布置,其管片配筋是按照内力计算图中内外侧最大受力来进行配筋的,各环管片配筋无差异,因此,个别部位的管片配筋存在一定浪费。由于白城隧道地层起伏较大,不同埋深下结构受力及配筋相差较大,采用荷载—结构模型计算浅埋($\leqslant 1.5D$,D 为盾构宽度)、中埋($1.5D \sim 2.5D$)、深埋($\geqslant 2.5D$)3 种工况下管片的受力,进而确定管片配筋。

(1)浅埋工况

在浅埋断面且外界条件均一样的情况下,2 种断面形式盾构管片弯矩图如图 5-3 所示,典型部位弯矩和轴力对比见表 5-2。

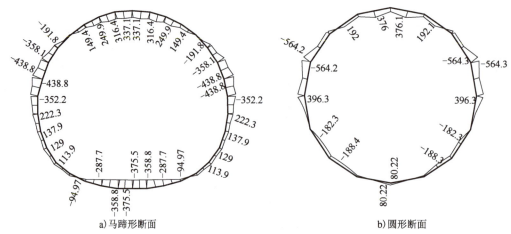

图 5-3 浅埋工况管片弯矩图（单位：kN·m）

浅埋工况典型部位管片弯矩和轴力 表 5-2

断面形式		典型部位			
		拱顶	拱肩	边墙	仰拱
马蹄形	弯矩(kN·m)	337.1	438.8	352.2	375.5
	轴力(kN)	1880	2190	2733	3958
圆形	弯矩(kN·m)	376.1	564.2	396.3	80.22
	轴力(kN)	1718	2128	2763	4025

由浅埋工况管片弯矩对比可以看出，马蹄形断面拱顶、拱肩、边墙处弯矩均小于圆形断面，其中拱肩弯矩差距较大，由438.8kN·m增大到564.2kN·m；仰拱处马蹄形断面弯矩较圆形断面要大，且差别很大，由375.5kN·m减小到80.22kN·m。由浅埋工况管片轴力对比可以看出，马蹄形断面与圆形断面各处轴力没有明显差别。

（2）中埋工况

在中埋工况且外界条件均一样的情况下，两种断面形式盾构管片弯矩图如图5-4所示，典型部位弯矩和轴力对比见表5-3。

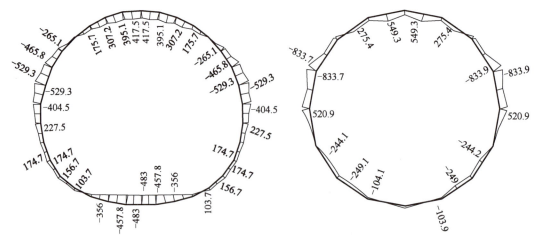

图 5-4 中埋工况管片弯矩图（单位：kN·m）

中埋工况典型部位管片弯矩和轴力 表5-3

断面形式		典型部位			
		拱顶	拱肩	边墙	仰拱
马蹄形	弯矩(kN·m)	417.5	529.3	404.5	483.0
	轴力(kN)	2769	3200	3979	5541
圆形	弯矩(kN·m)	549.3	833.7	510.9	103.9
	轴力(kN)	2542	3151	4089	5694

由中埋工况管片弯矩对比可以看出，马蹄形断面拱顶、拱肩、边墙处弯矩均小于圆形断面，其中拱肩弯矩差距较大，由529.3kN·m增大到833.7kN·m；仰拱处马蹄形断面弯矩较圆形断面要大，且差别很大，由483.0kN·m减小到103.9kN·m。由中埋工况管片轴力对比可以看出，马蹄形断面与圆形断面各处轴力没有明显差别。

(3) 深埋工况

在深埋工况且外界条件均一样的情况下，两种断面形式盾构管片弯矩图如图5-5所示，典型部位弯矩和轴力对比见表5-4。

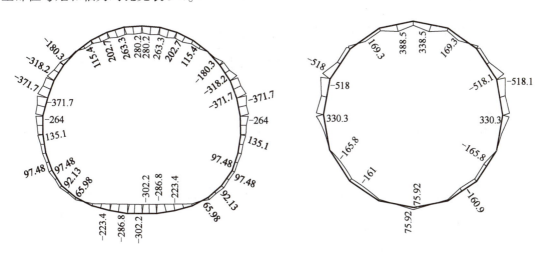

图5-5 深埋工况管片弯矩图(单位：kN·m)

深埋工况典型部位管片弯矩和轴力 表5-4

断面形式		典型部位			
		拱顶	拱肩	边墙	仰拱
马蹄形	弯矩(kN·m)	280.2	371.7	264.0	302.2
	轴力(kN)	1778	2069	2571	3725
圆形	弯矩(kN·m)	338.5	518.0	330.3	75.92
	轴力(kN)	1607	1997	2587	3754

由深埋工况管片弯矩对比可以看出,马蹄形断面拱顶、拱肩、边墙处弯矩均小于圆形断面,其中拱肩弯矩差距较大,由371.7kN·m增大到518kN·m;仰拱处马蹄形断面弯矩较圆形断面要大,且差别很大,由302.2kN·m减小到75.92kN·m。由深埋工况管片轴力对比可以看出,马蹄形断面与圆形断面各处轴力没有明显差别。

结合3种埋深工况下的管片内力计算,确定管片配筋,见表5-5。从配筋对比来看,圆形断面由于采用通用环布置,其管片配筋是按照内力计算图中内外侧最大值来进行配筋,因此配筋用量比马蹄形盾构机高。

马蹄形管片与圆形管片配筋对比　　　　表5-5

工　况	圆形管片(kg/m³)	马蹄形管片(kg/m³)
浅埋	215	171
中埋	276	185
深埋	184	168

综上所述,通过对内轮廓、刀盘、管片拼装方式、管片配筋等进行综合对比,最终确定采用马蹄形盾构机。

5.1.3　马蹄形盾构机和管片设计参数

马蹄形盾构机于2015年11月开始设计和制造,于2016年7月11日在河南郑州下线,并于2016年11月11日在白城隧道进口始发。

1) 马蹄形盾构机概况

马蹄形盾构机刀盘高10.95m、宽11.9m,开挖断面面积约为105m²,盾体采用双螺旋输送机出土,目前是世界上最大尺寸的异形掘进机(图5-6)。

(1) 刀盘

马蹄形盾构机刀盘总功率为1980kW,开挖形式采用平行轴式9刀盘布置方案,3前6后成"品"字形,开挖覆盖率能达到90%以上,大刀盘由6根刀梁组成,开口率达到58.2%。沿切口环周向布置切刀,以增加切土能力及耐磨性。每个刀盘既可同时转动,也可单个转动、任意组合转动、不同方向转动,有调试、掘进、维保3种模式可供选择;当盾构机发生滚转时,可通过多个刀盘同向转动使盾构机获得反方向的转矩,以达到滚转纠偏的目的。由于盾构机刀盘分为9个小型刀盘,刀盘转矩相对较小,其轴承目前均可实现国内生产。

(2) 扭矩

每个刀盘配置一组驱动,每个驱动配置有6台电机和6台减速机,为刀盘提供可靠、足够的扭矩,最大直径刀盘额定扭矩为2250kN·m。

图5-6　马蹄形盾构机刀盘布置

（3）推力

顶推装置配置44根等推力油缸,总推力达14080t。

（4）推进速度

一般推进速度为40mm/min,最大推进速度为60mm/min。

（5）出渣能力

设备配置2台轴式螺旋输送机,螺旋轴输出的额定扭矩为125kN·m,额定转速为25r/min,出渣能力为335m³/h,满足相应推进速度下的出渣要求。

2) 马蹄形管片设计

（1）管片衬砌

综合考虑地层条件以及大直径盾构施工经验,盾构管片采用单层衬砌、钢筋混凝土管片类型。

（2）管片宽度

管片宽度的选择需综合考虑结构受力、防水、盾构机械能力、线路曲线以及掘进速度等要求。管片环宽过大不利于施工运输和拼装;管片环宽过小则会增加接缝长度和拼装次数,降低施工速度,增大接缝处渗漏水的风险。由于管片内轮廓非圆形,采用真空吸盘吊装困难,选择采取机械抓取吊装,这对吊装能力有一定的要求。结合目前国内机械抓举吊装经验,将管片吊装质量要求控制在10t左右。综合考虑上述因素,设计管片宽度取环宽1600mm。

（3）管片分块

衬砌环的分块在满足施工机械能力的前提下,应尽量减少纵向、环向接缝。管片分块需考虑的因素有:管片的拼装形式、盾构机的拼装能力、纵向螺栓的位置分布等。考虑目前国内大直径盾构隧道管片多采用1/3封顶块方案,决定采用1/3封顶块方案。

经综合分析比较,考虑到施工的便利性、管片的力学特征、对盾构机拼装设备的要求等方面,管片分块采用"7+1"划分模式。每块管片的圆心角根据衬砌不同曲线拟定,"7+1"方案最大块质量为9.23t,最小块质量为3.08t。

（4）管片参数

盾构管片按照覆土厚度<1.5D、1.5D~2.5D、≥2.5D（D为盾构宽度）3种条件,采用均质圆环法、梁—弹簧模型分别进行管片配筋计算,以最不利受力状况进行了配筋设计。管片厚度为50cm,管片混凝土强度等级为C50,抗渗等级为P10。管片设置奇偶环,无楔形量,采取错缝拼装。管片连接采用螺栓连接,环向44颗RD30螺栓,纵向16颗RD36螺栓,机械性能等级为8.8级。

5.1.4 主要施工技术简介

1) 盾构始发

盾构机采用整体始发的方式。主要内容包括:始发前场地准备、施作盾构始发基座、盾构机就位、明洞加强段、格栅钢架密封装置、管片拼装定位、盾构机试运转、格栅钢架段回填、管片周边回填、盾构机加压贯入作业面和试掘进等。

（1）始发基座

盾构机组装前,依据隧道设计轴线、洞门位置、盾构机的尺寸及门吊吊装盲区,确定始发基座的位置。基座上的轨道按实测洞门中心居中对称放置,同时在轨道上涂硬质润滑油以减小盾构机在始发基座上向前推进时的阻力。始发基座平面结构示意图如图 5-7 所示。

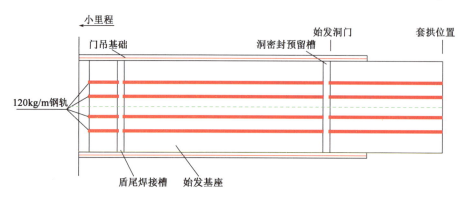

图 5-7　始发基座平面结构示意图

(2)始发导洞

在套拱向小里程方向,施作始发导洞。始发导洞大里程与套拱连接,小里程进洞端焊接预埋钢环,保证盾构机在通过钢架区时呈密封状态。钢架与始发基座需连接牢固,导台距帘布须留 600mm 的间距,防止盾构进洞后刀盘将帘布橡胶板破坏。始发导洞拼装示意图如图 5-8 所示。

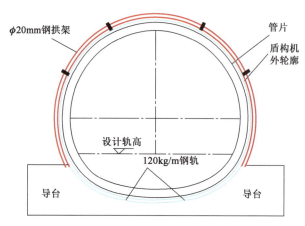

图 5-8　始发导洞拼装示意图

(3)端头加固

为确保盾构进洞时洞顶地层稳定,一般需在隧道进口范围内进行加固处理。因本项目隧道范围内上部为砂质新黄土,原状土稳定性较好,底部为致密细砂层,在始发掘进时,通过洞门密封装置及掘进过程中的保压措施,可保证洞顶地层稳定,无须再进行端头加固施工。

(4)其他配套设备及始发准备工作

盾构机在隧道进口组装始发,出渣方式采用连续皮带运输机,管片、注浆材料和辅助材料采用有轨运输完成。在盾构始发前,完成连续皮带运输机的安装调试、电瓶车编组、电瓶充电机安装调试、循环水箱和搅拌站的安装调试等工作。

(5)盾构机组装

盾构机组装场地分成三个区:后配套拖车存放区、主机及配件存放区、吊机放置区。根据明洞结构空间,盾构机采用后配套拖车与主机分别组装、整体调试。总体上按照主机大件组装→安装拼装机梁→组装拼装机、组装螺旋输送机→后配套拖车在明洞口组装成整体,沿着明洞推进到主机位置后与后配套联机→管线安装→调试的顺序进行。主机组装和后配套组装如图5-9所示。

图5-9　主机组装和后配套组装图

(6)空载调试

盾构机组装和连接完毕后,进行空载调试,空载调试的目的主要是检查设备是否能正常运转。主要调试内容为:液压系统、润滑系统、冷却系统、配电系统、注浆系统、泥水处理系统,以及各种仪表的校正。

电气部分运行调试流程为:检查送电→检查电机→分系统参数设置与试运行→整机试运行→再次调试。

液压部分运行调试流程为:推进和铰接系统→螺旋输送机→管片安装机→管片吊机和拖负载调试。

(7)负载调试

空载调试完成且盾构机及其辅助设备满足初步要求后,进行盾构机的负载调试。负载调试的主要目的是检查各种管线及密封设备的负载能力,对空载调试不能完成的调试项目进一步完善,以使盾构机的各个工作系统和辅助系统达到满足正常生产要求的工作状态。

(8)密封装置安装

在管片脱出盾尾后,按照要求进行始发洞的密封,即将管片与格栅钢架之间的缝隙进行封闭。用铁皮封闭盾构洞钢架与管片之间缝隙,铁皮分块制作好,精确定位后焊接在格栅钢架上,同时在钢架内安设支撑,防止在喷浆或者同步注浆时,封闭块发生变形,铁皮必须牢固地嵌入喷浆料且单面紧靠钢架,灌注混凝土或填筑砂浆时不得松动,以免影响使用。

(9) 0 环管片、明洞加强段位置确定

根据明洞总长及每节模板长度确定 0 环管片位置。依据 0 环管片位置、盾构机的长度以及盾构机刀盘在始发前所能到达的最远位置确定明洞加强段位置。

(10) 管片定位拼装

根据始发场地的长度及设计洞口的宽度,确定需要在导台上拼装的管片数量。管片拼装第一环必须注意断面的圆度和与隧道轴线的垂直度,为整环拼装做准备。

第一环管片在盾壳内的正常安装位置进行拼装。在安装第一环管片之前,为保证第一环管片不破坏盾构机尾部的密封刷,保证拼装好以后能顺利向后推进,在盾壳内安设厚度不小于盾尾间隙的槽钢,使管片在盾壳内的位置得到保证。第一环管片拼装完成后,将管片连接螺栓拧紧,操作盾构机的千斤顶向后推出,推出距离达到可以拼装下一环时停止推进,拼装下环管片。如此循环施作,直到第一环管片被推出盾构机的壳体,此时将螺栓复紧,然后用手拉葫芦将管片上部拉紧以防止管片向外侧张开,拉紧时须控制好管环的直径,避免过紧或者过松;另外在管片的外侧即管片与盾构机基座之间楔入铁楔子将管片固定牢固,并灌填 C20 混凝土。

(11) 盾构机防扭装置

盾构机刀盘进洞切削掌子面时会产生巨大的扭矩,为了防止此时盾构机壳体在始发导轨上发生偏转,在始发导轨两侧的盾构机壳体上焊接防扭装置,防扭装置每隔 2.5m 左右在盾构机两侧各焊接一个。随着盾构机的前行,当防扭装置靠近洞门密封时,将之割除,防止其破坏洞门密封。

(12) 盾构机加压贯入作业面和试掘进

盾构机进入原状土地层后,为了更好地掌握盾构机的各类参数。将盾构机始发段 100 环作为盾构机推进试验段,此试验段施工时应注意推进参数的设定及地面变形与施工参数之间的关系,并对推进时的各项技术数据进行采集、统计、分析,争取在较短时间内掌握盾构机械设备的操作性能,确定盾构机推进的施工参数设定范围。

2) 盾构掘进

盾构掘进一般分为始发段掘进(100 环)、正常段掘进、接收段掘进(100 环)。盾构掘进主要通过控制盾构机刀盘转速及扭矩,推进油缸总推力、推进速度及各组油缸行程差,土仓压力的设定,泡沫剂等参数的调整,确保盾构顺利。

(1) 盾构机刀盘转速及扭矩

盾构机刀盘转速及扭矩在不同的地质条件、不同的施工阶段所取的参数也随之改变。土压平衡盾构机掘进砂质新黄土地层时,为了防止地层扰动过大、保持土体的强度及自稳性,在掘进时刀盘转速不易过高,如果转速过高,会加大刀盘、刀具的磨损;刀盘转速过低时,刀盘切削下来的渣土和泥浆(或泡沫)未搅拌充分,刀盘扭矩高,推进速度慢,渣土在土仓底部堆积,造成出渣困难。以大刀盘为例,始发和接收掘进段刀盘转速为 $0.8 \sim 1.0$ r/min,刀盘扭矩为 $600 \sim 1000$ kN·m;正常掘进段刀盘转速为 $0.8 \sim 1.0$ r/min,刀盘扭矩为 $700 \sim 1200$ kN·m。

(2) 推进油缸总推力、推进速度及各组油缸行程差

盾构机必须具有平行掘进、上下坡掘进、左右拐弯等施工能力,马蹄形盾构机断面尺寸与常规圆形盾构机相比大大增加,开挖面各点压力更加不均、盾构机或管节发生滚转偏差对隧道

净空位置的影响明显都对马蹄形盾构机的姿态控制及滚转纠偏功能提出更高的要求。盾构机采用 44 根推进油缸,最大推力为 13982t;推进油缸分为 6 个分区,油缸成单、双缸布置,共 18 个小组。每个分组中的油缸均有内置式位移传感器,位移行程可显示于上位机;装有位移传感器的推进缸控制阀组上同时装有压力传感器,通过调整每区油缸的推进压力来进行盾构纠偏和调向。推进油缸布置图如图 5-10 所示。

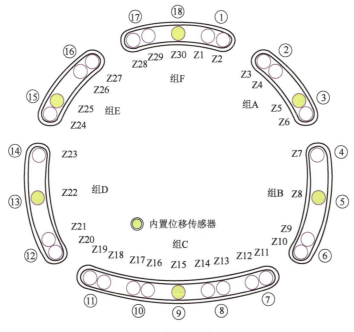

图 5-10 推进油缸布置图

砂质新黄土地层中,始发和接收掘进段推进速度为 15~25mm/min,总推力为 4500~5000t,行程差≤60mm;正常掘进段推进速度为 15~25mm/min,总推力为 5000~7500t,行程差≤40mm。

(3) 土仓压力

土仓压力通过采取设定掘进速度、调整排土量或设定排土量、调整掘进速度两种方法建立,并应维持切削土量与排土量的平衡,以使土仓内的压力稳定平衡。采用两台螺旋输送机出渣,能够有效地匹配推进速度,防止超欠挖;螺旋机转速可无级调速,控制土仓左、右压力实现土压平衡,有效控制地表沉降。砂质新黄土地层中,始发和接收掘进段土仓压力为 0~0.4MPa,正常掘进段土仓压力为 0.2~0.6MPa。

3) 管片拼装

马蹄形断面没有圆形断面的中心对称优势,每块管片具有内表面变曲率、重量大、惯性大、重心偏置等特点,从而使管片安装时存在微调工作量很大、管片错位搭接现象多,且楔形块在最后拼装时周向压紧力不易传导等难题。为确保管片拼装顺利,管片安装机共设置 5 个自由度:管片安装机的旋转功能、管片安装机半径油缸的伸缩功能、抓举头的前后移动功能、抓举头的三方向微调旋转功能、抓举头的自动锁紧管片功能。管片安装机结构如图 5-11 所示。

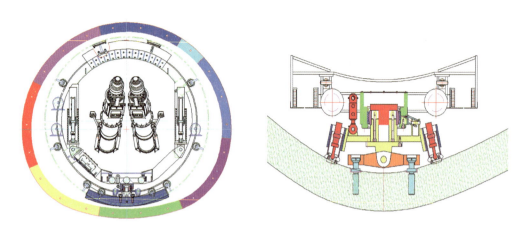

图 5-11 管片安装机结构图

管片安装时安装司机、螺栓安装人员就位,首先安装最下方一块管片,先连接纵向螺栓;由下到上左右对称安装剩余管片,随每块管片的安装将纵向螺栓及环向螺栓连接好并进行紧固;封顶块安装时,先搭接 1/3,再径向插入,边调整位置边缓慢纵向顶推;整环管片全部安装完后,用风动扳手紧固所有螺栓;盾构掘进时,在上一个循环管片脱出盾尾后,及时用风动扳手对所有管片环纵向螺栓进行复紧。管片安装流程图如图 5-12 所示。

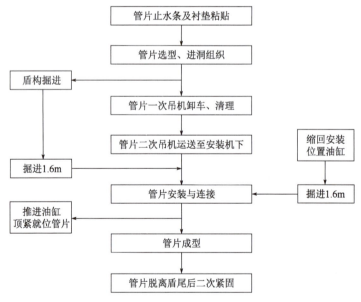

图 5-12 管片安装流程图

4) 同步注浆

同步注浆目的是填充刀盘开挖直径与管片外径之间的间隙,确保管片安装完成后不出现上浮、下沉及地面沉降现象,同时还可作为隧道外防水层及结构加强层。注浆液需具备和易性好、泌水性小及一定强度,确保空隙得到及时足量充填。注浆材料性能应满足初凝时间 3~5h,28d 终凝强度不小于 2.5MPa,稠度 80~120mm。

优化浆液配合比,浆液材料包含水泥、粉煤灰、黄土、减水剂,使用黄土作为主要的浆液材料,不仅可以改善浆液的工作性能,同时也降低了造价。

通过调整水固比[水与固体材料(水泥、粉煤灰、黄土)的质量之比]、粉灰比(粉煤灰与水泥的质量之比)、土灰比(黄土与水泥的质量之比)、减胶比[减水剂与胶凝材料(水泥、粉煤灰)的质量之比]等参数配置注浆液,对浆液的流动度、凝结时间、抗压强度、泌水率等性能指标进行测试,获得了同步注浆浆液的最优配合比,水泥:粉煤灰:黄土:水:减水剂 = 180:355:640:480:1.5。

5)渣土改良

马蹄形断面面积大,九个刀盘同时开挖,搅拌效果不均,同时存在搅拌盲区,对盾体姿态控制影响大。因此,需要对渣土进行改良。

针对砂土地层的开挖,土压平衡盾构机在穿越时,由于砂层和砂质新黄土土体流塑性差,摩擦系数较大,强度较高,盾构机的推力大大增加,导致出土困难,刀盘扭矩、螺旋输送机扭矩增大,掘进速度降低甚至无法推进等问题。渣土改良采用了水 + 泡沫剂、水 + 膨润土、水 + 泡沫 + 膨润土、水 + 泡沫 + 聚合物等复合渣土改良方式。在盾构机上设置两个储水箱,敷设 $\phi 150mm$ 水管进洞解决施工用水,在工业进水不足时采用挤压泵为渣土改良提供用水补给;泡沫原液在泡沫混合箱中混合,通过泡沫发生器发泡;特殊地质需要用膨润土和聚合物改良渣土的需把膨润土和聚合物提前存入储水箱。水、泡沫、膨润土、聚合物通过管路输送至掌子面及土仓。通过室内土工试验及现场应用综合确定采用加泡沫剂进行渣土改良;掘进时每环(环宽1.6m)泡沫剂用量取200L左右,每环加入水量为 $50\sim60m^3$,同时根据改良效果加入适当的水或外加剂。

6)连续皮带运输机出渣

城市盾构掘进出渣一般采用轨道车出渣,存在二次倒运问题。白城隧道位于毛乌素沙漠腹地,隧道弃渣场距隧道洞口较近,地层岩土主要为砂质新黄土,宜采用连续皮带运输机出渣,渣土直接输送至弃渣场。连续皮带运输机设计长度为3km,由连续皮带和转载皮带负责出渣。连续皮带运输机由2台200kW的电机在头部驱动,张紧绞车安装在距离机头100m的位置,绞车电机功率为45kW;转载皮带长0.3km,由1台200km的电机在尾部驱动,通过尾部张紧绞车张紧皮带。皮带运输机位置关系如图5-13所示。

7)盾构接收

盾构接收主要内容包括:施作接收基座及接收端墙、施作接收套拱、端头加固、配套设备及接收准备工作、盾构机进入加固地层的掘进、盾构姿态控制、加固区同步注浆及二次补浆、洞门凿除、盾构一次接收、盾构二次接收等。

(1)接收基座及接收端墙

盾构接收前,依据隧道设计轴线、既有仰坡位置、盾构机的尺寸及管片拼出接收挡墙距离,确定接收基座的位置。接收基座须具有足够的刚度、强度和稳定性。在盾构机主机即将抵达接收基座时,在接收基座的轨道上涂硬质润滑油以减小盾构机在接收基座上向前推进时的阻力。在接收基座上设置3根钢轨作为盾构接收期间的导向轨道,底部导轨居中,上部两根钢轨距中心4.8m。

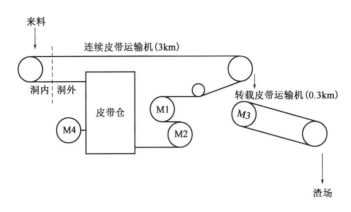

图 5-13　皮带运输机布置图

（2）接收套拱

接收端墙施作完成后，其与背后仰坡存在近 11m 回填区域，为防止盾构接收期间因盾构埋深浅造成顶面垮塌现象，在端墙位置向小里程方向施作套拱并覆土回填，以确保出洞安全。套拱采用 C35 钢筋混凝土衬砌，厚 70cm，套拱断面满足盾构机出洞空间要求。

（3）端头加固

盾构隧道出口位置埋深较浅，为保证盾构接收期间顶层土体稳定，不发生垮塌现象，必须对接收端进行加固。出洞加固采用水泥土搅拌桩加固。

（4）配套设备及接收准备工作

盾构机在白城隧道出口到达拆机，拆机方式采用两台履带式起重机配合主机拆解翻身，履带式起重机规格分别为 600t 和 300t。在盾构机到达接收基座前，需提前做好拆机场地硬化及履带式起重机组装工作。

（5）盾构机进入加固地层的掘进

盾构机进入加固土体前 12m 推进速度控制在 20~30mm/min，盾构机进入加固土体后推进速度控制在 5~10mm/min 以内并密切关注刀盘周围土体变化，并对推进速度做相应调整直至刀盘出洞。盾构机进入加固区时推力不超过 7000t，盾构机刀盘抵达端墙后推力不超过 3000t。在接收期间掘进时根据地质情况并结合正常段掘进期间的施工经验对渣土进行改良和出渣量控制。通过采用加水或膨润土作为改良剂，进行室内土工试验，得出膨润土的最优膨化浓度和最优膨化时间或最优加水方量。在盾构掘进至加固施工中，严格控制每一环出土量，做到尽可能不出现超挖现象，保证土体的稳定。

（6）盾构姿态控制

马蹄形盾构机铰接角度为 0°，盾构机刀盘及前体较重，接收端轴线处于下坡状态，接收过程中极可能出现盾构机"低头"的情况，盾构机的接收姿态宜适当"抬头"。在盾构机开始接收前，根据贯通前测量的数据对接收端墙处洞门钢环中心高程、平面位置及盾构姿态进行复测，以便调整盾构接收的推进轴线，保证盾构机顺利通过加固区，准确抵达洞门端墙预埋钢环。盾构机刀盘推出端墙即将抵达接收基座支撑轨枕前，测量组及时复核主机轴线与接收基座平行度，尽量控制盾构主机与接收支撑钢轨保持顺直，为主机抵达接收基座后更好地在基座钢轨上向前顺利平移提供便利条件。

(7) 加固区同步注浆及二次补浆

同步注浆与盾构掘进同时进行，即在盾构机向前推进盾尾空隙形成的同时，采用四泵八管路(八注入点)对称注浆。盾尾进入接收端加固区后，开始调整注浆参数。在同步注浆的过程中，设定额定的注浆压力，当注浆过程中注浆压力达到设定值，注浆量达到理论注浆量的85%以上时，即可认为同步注浆完成。为稳定周围土体，需时刻检查管片壁后注浆饱满度。施工时根据地表沉降监测反馈信息，结合出渣量和开孔探测管片衬砌背后有无空洞的方法，综合判断是否需要进行二次注浆。

(8) 洞门凿除

当刀盘距离端墙50cm时，盾构机操作手将土仓压力降至0后，立即采取粉碎性凿除的方式凿除钢环范围内30cm厚素混凝土，凿除工序采取自上而下，随凿随清的方式。洞门凿除工作要连续施工，尽量缩短作业时间，减少正面土体的流失量。

(9) 盾构一次接收

当洞门处混凝土凿除并清理干净后，应立即进行脚手架拆除作业，并在最短的时间内顶推盾构。同时为防止同步浆液沿着盾壳从刀盘处向前流窜，需停止同步浆液的压注。在刀盘至基座延伸导轨前停止刀盘旋转，在盾构推进的过程中，需密切关注盾构姿态，防止出现"磕头"现象，同时为保证盾构主机顺利地爬上延伸导轨，延伸导轨需沿着盾构掘进方向切割出一个上坡的豁口。

当盾尾至洞口约1.2m时，完成第一次出洞，盾构机停止推进，在洞门钢环与盾构外壳之间空隙采用段焊方式焊接整圈弧形钢板对洞圈进行封堵，并把预留有注浆管的钢板焊在相应的位置，钢板与盾壳、钢环间的缝隙用速凝水泥填充。在封堵完成后，对加固区内的管片外建筑空隙进行注浆，离盾尾3环处压住双液水泥浆或直接在盾尾采取同步注浆配合AB液的方式进行填充，注浆量根据建筑空隙及地面沉降情况综合确定。

(10) 盾构二次接收

补压浆工作结束后，开孔检查浆液凝固效果。待浆液基本凝固后，盾构机开始进行第二次接收，盾构机爬上接收基座导轨后继续推进。待盾尾完全露出接收端墙后，立即用1mm厚钢板封闭盾构洞钢环与管片之间的缝隙，钢板分块制作好，精确定位后焊接在洞门钢环上，钢板在洞门钢环处焊接均采取满焊，在焊接结束后，及时用早强浆液对管片与洞门钢环处的空隙进行填充，以减少水土流失及管片下沉。

5.1.5 盾构掘进相关问题及对策

1) 冬季连续皮带运输机防冻

(1) 概况

陕西靖边冬季历年最冷月平均温度为-11℃，根据施工安排，冬季也将进行盾构掘进施工。为防止冬季低温冻结渣土及连续皮带运输机，造成停机，必须对连续皮带运输机进行防护保温。

(2) 处理措施及效果

结合现场实际情况,主要采取了以下应对措施:①冬季施工前完成皮带运输机防护罩安装,增加供暖设施,如图 5-14 所示;②研究防冻型渣土改良外加剂;③加强工序衔接,避免人为因素造成的停机。

通过上述措施,连续皮带运输机在冬季施工正常,未影响施工进度。

2) 衬砌管片开裂

(1) 概况

盾构掘进前期,管片存在破损、裂缝现象。前期破损位置基本呈现在 3 点、5 点、7 点、9 点位置,如图 5-15、图 5-16 所示,上述部位在管片脱出盾尾后均出现不同程度的破损、开裂情况。破损的具体情况大多为管片接缝位置沿纵向、从前向后于内弧表面发生规律性整块破碎,破损深度为 2~20cm。

图 5-14 皮带运输机保温罩

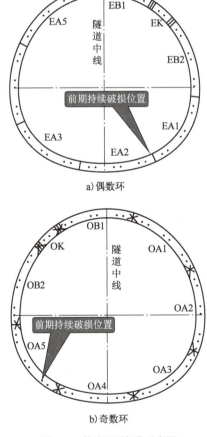

图 5-15 管片开裂部位示意图

(2) 原因分析

①盾构姿态与管片姿态不相匹配,管片的环面与盾构推进方向存在夹角,其合力作用下的管片部位发生破碎;②管片脱出盾尾壳后,在同步注浆作用下,管片呈现整体上浮现象,底部上鼓,导致凹凸榫处应力集中,产生压剪破坏;③凹凸榫处加强筋施作时预留的钢筋保护层厚度偏大。

(3) 处理措施及效果

结合现场实际情况,主要采取了以下应对措施:①严格控制盾构行走姿态;②对已预制管片进行植筋;③同步注浆中添加 AB 液,控制同步注浆浆液凝固时间,如图 5-17 所示;④未预制管片增设角部钢筋,提高抗剪能力。

图 5-16　现场管片开裂照片

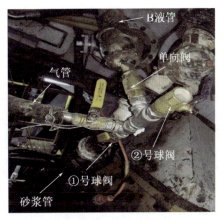

图 5-17　同步注浆添加 AB 液

通过采取上述措施,管片开裂现象得到有效控制。

3) 遭遇钙质结核推进困难

(1) 概况

2017 年 6 月 9 日,盾构掘进到第 900 环时地质开始发生变化,渣土中出现少量钙质结核体及坚实的老黄土土块,该段掘进还处于可控状态。

6 月 22 日,盾构推力逐渐加大(由 7.2×10^4 kN 升至 8.5×10^4 kN),导致螺旋机转矩增大并发生断裂。7 月 12 日,螺旋输送机修复完成,恢复掘进(第 1045 环)初期推力仍居高不下(达 8.5×10^4 kN 以上),掘进速度基本维持在 8~10mm/min;后续掘进中推力持续增大,最大推力达 9.2×10^4 kN,同时底部 4 号、5 号、6 号刀盘几乎无转矩,且盾构姿态出现上浮迹象,渣土中大块老黄土及结核块增多;在 7 月 17 日掘进至第 1064 环时,盾构推力达 9.0×10^4 kN 以上,刀盘转矩极低且掘进速度几乎为 0。由于掘进中添加了膨润土改良剂,怀疑刀盘被糊住,开仓后发现刀盘正常,掌子面底部往上 2~3m 为黏质老黄土夹姜石、3~7m 为黏质老黄土。实验室测得姜石块无侧限抗压强度为 2.06MPa。

(2)原因分析

马蹄形盾构机刀盘由9个大、小刀盘组成,刀盘切割存在盲区(图5-18),盲区主要依靠盾构机壳周边切刀切割,底部盲区较大,且底部分布含姜石的黄土块,强度较高,切刀无法切动,导致盾构推力加大,但掘进速度几乎为0。

(3)处理措施及效果

结合现场实际情况,主要采取了以下应对措施:

①在土仓底部5点和7点位置增加圆锥形分渣器,破坏此处掌子面老黄土块。

②为防止渣土在5号刀盘中心旋转轴下部集结,取消底部搅拌器,并在原搅拌器中间位置增加大型分渣器(图5-19),便于渣土直接排到螺旋输送机口,保证出土顺畅。

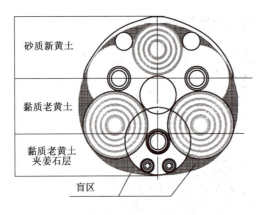

图5-18 马蹄形盾构机盲区示意图

图5-19 分渣器

设置分渣器后,盾构推力下降到 $5.0 \times 10^4 kN$ 左右,盾构推进正常,日管片成环约10环。

5.1.6 结语与建议

(1)采用盾构法对比矿山法施工类似地层,盾构法施工在安全、质量、环保等方面优势明显,在考虑较高盾构折旧率的情况下,投资较矿山法稍高。白城隧道采用原矿山法施工每延米造价约12万元,采用盾构法施工每延米造价约14万元,费用增幅约16%;但施工过程中质量高、安全,可创造良好的经济和社会效益。

(2)采用马蹄形盾构机较圆形盾构机内轮廓减小约 $7.1 m^3$,管片配筋率小于圆形盾构机,可降低工程造价。盾构管片设计采用单层衬砌、钢筋混凝土管片类型,环宽1600mm,厚度为500mm,采用"7+1"管片划分模式和1/3封顶块方案。

(3)盾构掘进过程中遭遇的连续皮带运输机防冻、管片开裂、遭遇含姜石老黄土顶进困难等问题,均通过采取有效措施得到解决。施工实践证明,马蹄形盾构机在黄土隧道施工风险低、质量高,安全可控,施工掘进速度较矿山法提高3倍以上。

(4)大断面铁路山岭隧道穿越砂质黄土地层采用马蹄形土压平衡盾构机掘进施工,白城隧道是国内首次成功应用。作为一种全机械化的铁路黄土隧道施工方法,该案例为山岭隧道穿越类似地层选择施工工法提供了一种新思路。

5.2 阳山深埋老黄土隧道限阻器新型衬砌修建技术

2016年5月上旬,阳山隧道出口DK390+530~DK390+715段长185m范围内初期支护在左右两侧上、中台阶锁脚锚杆附近发生破坏现象,主要表现为初期支护喷射混凝土表面剥落掉块、格栅钢架变形外鼓、多处钢筋外露等。为确保安全,对变形破坏段进行了套拱加固,后续施工段落DK390+520~DK390+085采用加强初期支护的方案;隧道初期支护在经历长时间的缓慢变形后,拱顶下沉和净空收敛最终收敛平衡,但初期支护加强段在DK390+456~DK390+467局部仍出现喷射混凝土剥落现象。为避免隧道初期支护后续再发生结构破坏,浩吉铁路公司组织开展了限阻器新型初期支护结构研究,研发一种与普通钢架、喷射混凝土共同作用的"限制支护阻力阻尼器"(简称"限阻器"),来实现控制围岩能量释放的大行程、低阻力的支护体系,有效解决深埋老黄土隧道初期支护破坏问题。

5.2.1 工程概况

阳山隧道出口工区起讫里程为DK388+650~DK391+270,最大埋深174m。深埋老黄土段(DK389+580~DK390+960)洞身地层岩性为第四系中更新统黏质老黄土(Q_2),棕红色局部夹棕黄色,土体坚硬为主,夹多层古土壤层,层位稳定,钙质含量高,钙质结核局部成层,节理不发育,呈大块状压实结构,遇水具膨胀性,为弱膨胀土,自由膨胀率为54%,蒙脱石含量为17.1%,阳离子交换量为226mmoL/kg。水文地质为第四系孔隙水,主要受大气降水补给,水量较小,土体平均含水率约17.9%、塑限20%、液限33.4%、塑性指数13.4,开挖未见地下水。阳山隧道出口工区地质纵断面图如图5-20所示。

1)设计情况

阳山隧道出口工区深埋老黄土段原设计围岩级别为$IV_\pm$,采用复合式衬砌支护。隧道支护结构设计参数如图5-21所示。

设计断面高11.1m,宽11.2m,面积约为110m²。拱部120°范围内采用φ42mm×3.5mm超前小导管支护,长3.5~4m,外插角为10°~15°,环向间距0.4m;格栅钢架采用H150型,主筋采用HRB400钢筋,直径为22mm,"8"字结钢架直径为14m;台阶处设置2根φ42mm×3.5mm锁脚锚杆,长4m;全环范围设纵向φ6mm×环向φ8mm钢筋网,网格尺寸为20cm×20cm;全环喷射C25混凝土,厚度为22cm,喷射混凝土24h强度不低于10MPa。

2)施工情况

施工开挖采用人工配合机械施工,断面尺寸根据设计轮廓放大5cm,预留12cm变形量,采用三台阶法施工。每循环开挖进尺 2 榀格栅钢架间距,上台阶长 6~8m、高 3.8m,中台阶长 6~8m、高 3.8m,下台阶含仰拱高 3.7m。现场三台阶法施工如图 5-22 所示。

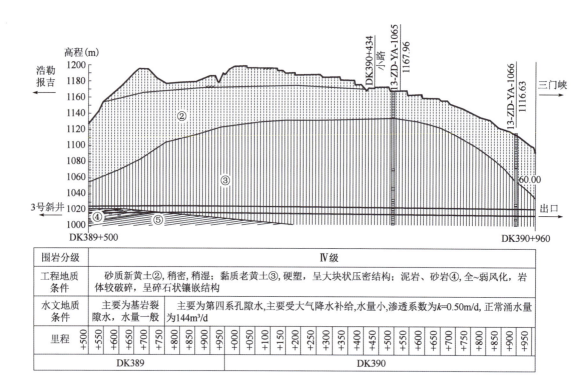

图 5-20　阳山隧道出口工区地质纵断面图

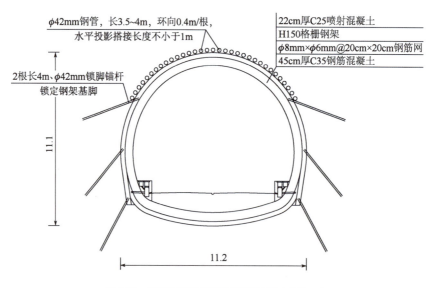

图 5-21　隧道支护结构设计参数图(尺寸单位:m)

图 5-22　现场三台阶法施工

3) 初期支护破坏和应急处理

2016 年 5 月上旬,阳山隧道出口 DK390+530~DK390+715 段长 185m 范围内初期支护在左右两侧上、中台阶锁脚锚杆附近发生破坏。初期支护破坏初始部位距离掌子面约 95m,破坏处出现渗水,最初表现为缓慢的轻微破坏,喷射混凝土表面脱落掉块,然后为迅速发展的严重破坏,结构沿环向产生斜向围岩侧的贯穿裂缝,格栅钢架变形外鼓,多处钢筋外露,严重破坏时呈错台状扭曲,初期支护破坏严重,变形量大。现场初期支护破坏如图 5-23 所示。

为确保安全,对变形破坏段分 17 段进行了套拱加固,共计 155 榀(现场套拱加固如图 5-24 所示)。套拱加固后隧道初期支护变形及开裂破坏基本得到控制,但破坏变形侵入和套拱加固造成了大量的侵限;采用全站仪、断面扫描仪进行初期支护净空断面测量,部分初期支护侵限情况统计见表 5-6。

a) 破坏沿纵向贯通

b) 混凝土表面剥落

图　5-23

c) 混凝土斜向开裂　　　　　　　d) 钢架错台扭曲

图 5-23　隧道初期支护破坏示意图

图 5-24　隧道初期支护破坏段落套拱加固

部分里程段初期支护侵限情况　　　　　表 5-6

断面里程	左　侧		右　侧	
	侵限高度（m）	侵限值（cm）	侵限高度（m）	侵限值（cm）
DK390+645	内轨顶上 0.68~2.1	15.3~18.1	内轨顶上 0.68~7.65	11.9~20.9
	内轨顶上 4.51~7.71	9.5~21.7	内轨顶上 8.2~8.54	5.2~15.8
DK390+635	内轨顶上 0.31~2.02	8.4~14.7	内轨顶上 1.16~4.89	8.8~21.8
	内轨顶上 7.14~8.89	6.5~17.7	内轨顶上 8.45~8.89	7.1~12.1
DK390+625	内轨顶上 0.15~1.79	9.4~12.6	内轨顶上 0.67~4.24	9.8~20.5
	内轨顶上 4.34~8.44	14.7~22.3	内轨顶上 7.77~8.46	8.2~20.8
DK390+615	内轨顶上 2.79~4.98	5.7~16.1	内轨顶上 2.34~5.34	6.2~21.5
DK390+600	内轨顶上 5.01~5.81	9.4~19.2	内轨顶上 3.14~5.76	5.6~20.3
DK390+585	内轨顶上 0.18~1.78	8.8~18.5	内轨顶上 0.18~1.23	6.5~20.9

续上表

断面里程	左 侧		右 侧	
	侵限高度(m)	侵限值(cm)	侵限高度(m)	侵限值(cm)
DK390+575	内轨顶上 0.39~1.99	14.6~22.3	内轨顶上 0.38~5.8	5.9~21.5
DK390+555	内轨顶上 4.98~6.49	6.1~21.6	内轨顶上 3.12~4.97	7.5~18.6
DK390+545	内轨顶上 4.98~5.77	7.1~20.4	内轨顶上 3.03~5.68	10.8~20.3

4）加强初期支护

最初考虑隧道初期支护结构破坏主要由支护结构强度不足导致，故首先将支护参数加强，后续施工段落 DK390+520~DK390+085 段将支护由 $\text{IV}_\pm$ 衬砌调整至 V_C 衬砌。提高格栅钢架型号，由 H150 调整至 H230；增大主筋直径，由 $\phi22\text{mm}$ 调整至 $\phi28\text{mm}$；减小格栅钢架间距，由 1.0m 缩短至 0.6m；增加喷射混凝土厚度，由 22cm 调整至 30cm。采用加强初期支护的方案，隧道初期支护在经历长时间的缓慢变形后，拱顶下沉和净空收敛最终趋于平衡，但 DK390+456~DK390+467 段初期支护局部仍出现喷射混凝土剥落现象（图 5-25），但格栅钢架并无明显扭曲，说明在老黄土隧道渗水的情况下，围岩压力持续增大，初期支护结构内力已达到强度临界值，采用加强型支护结构亦不能完全解决初期支护破坏问题。

图 5-25 初期支护局部喷射混凝土剥落（DK390+456~DK390+467）

采用加强初期支护的方案，隧道初期支护在经历长时间的缓慢变形后，拱顶下沉和净空收敛最终趋于稳定，但初期支护 DK390+456~DK390+467 段局部出现喷射混凝土剥落现象，说明在老黄土隧道渗水的情况下，围岩压力增大，初期支护结构内力已达到强度临界值。为避免隧道初期支护后续再发生结构破坏，浩吉铁路公司组织开展了限阻器新型初期支护结构研究，研发一种与普通钢架、喷射混凝土共同作用的限阻器，来实现控制围岩能量释放的大行程、低阻力的支护体系，有效解决深埋老黄土隧道初期支护破坏问题。

5.2.2 初期支护破坏机理研究

为准确掌握阳山隧道出口工区 DK390+530~DK390+715 段初期支护在上台阶与下台阶相连处的喷射混凝土发生剪切破坏、格栅钢架发生压屈失稳破坏原因，通过采用声波测试、钻孔取芯、土样破坏试验、数值分析等手段，综合分析初期支护破坏机理。

1）声波测试

根据隧道初期支护变形情况,现场随机选取 5 处(DK390+543 左侧、DK390+545.2 右侧、DK390+552.7 右侧、DK390+563.4 右侧和 DK390+563.4 左侧)进行了围岩波速测试。每处钻 4 个孔,分别布置在初期支护开裂的上、下侧各 2 个钻孔,孔间距为 1m,孔位布置如图 5-26 所示。

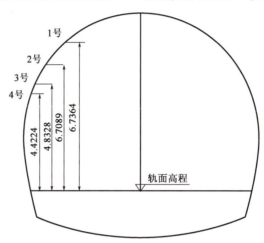

图 5-26　围岩波速测试孔位示意图(尺寸单位:m)

(1)围岩波速—孔深曲线

断面 DK390+543 左侧、DK390+545.2 右侧、DK390+552.7 右侧、DK390+563.4 右侧和 DK390+563.4 左侧 5 处的各孔围岩波速—孔深曲线如图 5-27～图 5-31 所示。

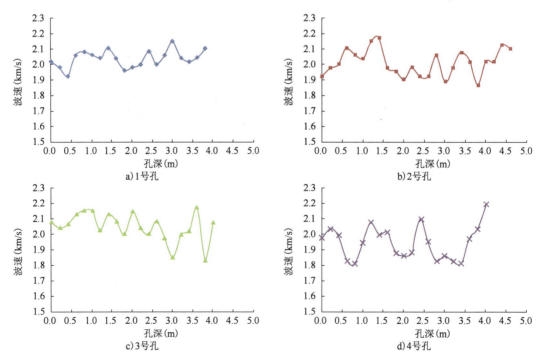

图 5-27　DK390+543 左侧围岩波速—孔深分布曲线

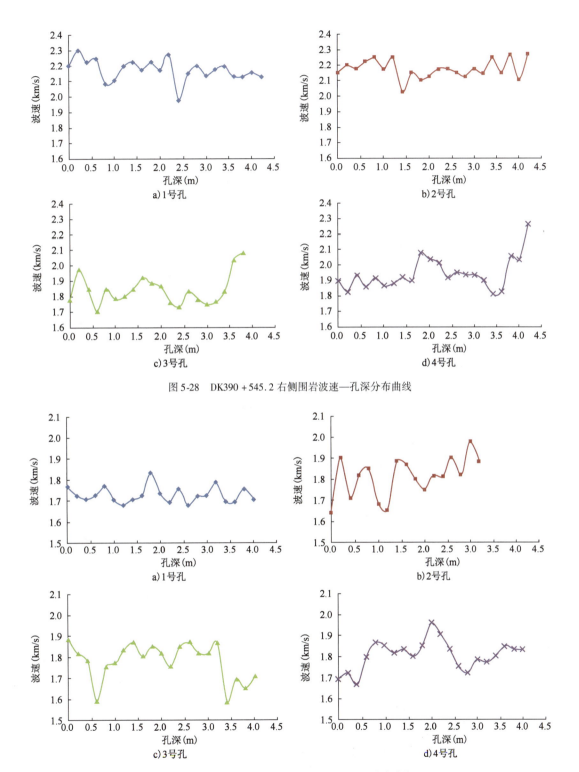

图 5-28 DK390+545.2 右侧围岩波速—孔深分布曲线

图 5-29 DK390+552.7 右侧围岩波速—孔深分布曲线

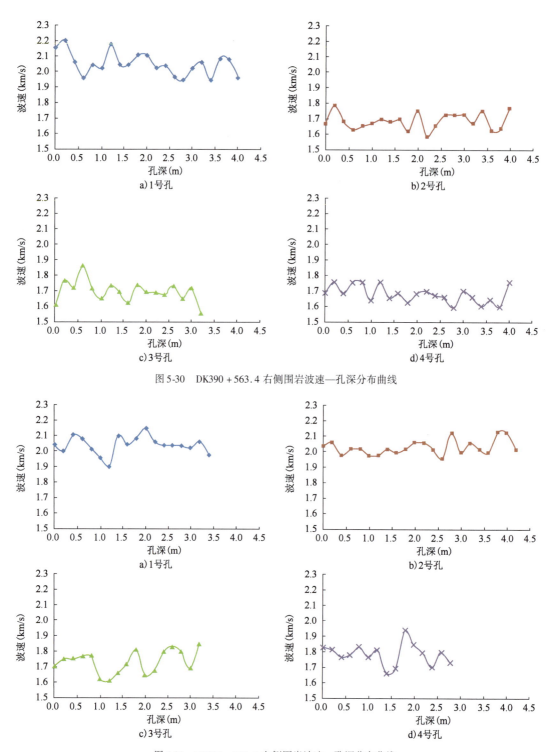

图 5-30　DK390+563.4 右侧围岩波速—孔深分布曲线

图 5-31　DK390+563.4 左侧围岩波速—孔深分布曲线

提取断面 DK390+543 左侧、DK390+545.2 右侧、DK390+552.7 右侧、DK390+563.4 右侧和 DK390+563.4 左侧共计 5 处钻孔声波波速降低对应的孔深,统计结果见表 5-7。

波速降低对应孔深统计表 表5-7

里程及部位	孔号	声波降低对应孔深1（m）	声波降低对应孔深2（m）	声波降低对应孔深3（m）
DK390+543 左侧	1	0.4	2.6	3.4
	2	0.4	3.2	3.8
	3	0.4	3.0	3.8
	4	0.7	2.4	3.4
DK390+545.2 右侧	1	0.9	—	2.4
	2	2.4	—	4.0
	3	0.6	—	3.2
	4	2.6	—	3.6
DK390+552.7 右侧	1	2.2	—	3.6
	2	2.2	—	2.8
	3	0.6	—	3.4
	4	0.4	—	2.8
DK390+563.4 右侧	1	0.6	2.8	3.4
	2	0.6	2.2	3.8
	3	0.4	2.6	3.8
	4	2.0	—	3.8
DK390+563.4 左侧	1	2.2	—	3.0
	2	0.4	2.6	3.6
	3	2.2	2.2	3.0
	4	0.6	2.5	2.5

（2）各断面潜在滑移面

提取各钻孔最深的围岩波速降低点，作出初期支护破坏附近的围岩潜在滑移面，如图5-32所示。由图可知，剪切滑移面距离初期支护深度为3~4m，围岩波速沿孔深存在多个波速降低点，说明剪切滑移块内存在分区劈裂破坏。

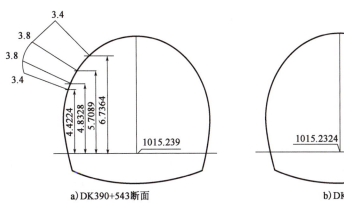

图 5-32

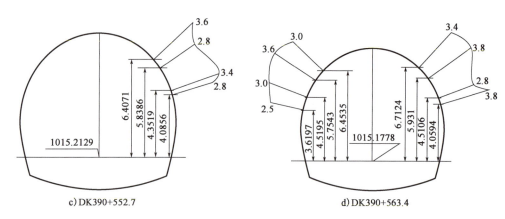

图 5-32 各测试断面潜在滑移面图示(尺寸单位:m)

2) 钻孔取芯

为验证围岩波速测试结果,对 DK390+527.8、DK390+528.5、DK390+530.9、DK390+523 共计 4 个断面随机选取 5 处钻孔取芯,具体位置如图 5-33 所示。

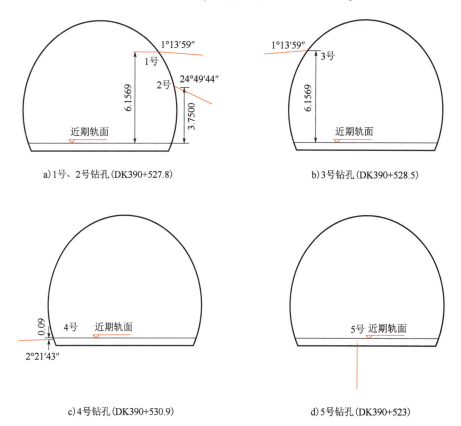

图 5-33 钻孔取芯位置示意图

钻取 5 个孔的芯样,如图 5-34 所示。由图可知,1 号、3 号孔的芯样分别在约 3.5m、3.7m 处有斜向断裂,验证了剪切滑移面的存在,同时也验证了围岩波速测试结果的正确性。

a) 1号孔

b) 2号孔

c) 3号孔

d) 4号孔

e) 5号孔

图 5-34 各孔芯样

3) 土样破坏试验

为掌握老黄土的受力性能,制作了 2 个土样进行无侧限抗压强度试验。试验测试情况如图 5-35 所示;绘制荷载—变形曲线,如图 5-36 所示。试验结果显示 1 号试件最大荷载为 3.80kN,相应土样应力为 0.61MPa;2 号试件最大荷载为 3.63kN,相应土样应力为 0.6MPa。土样在峰值荷载后仍具有一定的承载能力,相应变形量持续增加。

a) 1号土样试件和破坏状态

b) 2号土样试件和破坏状态

图 5-35　土样荷载试验

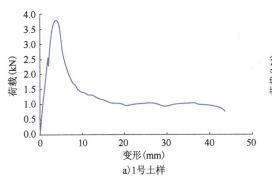
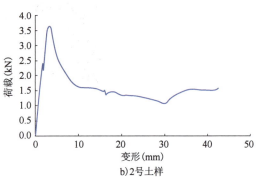

a) 1号土样　　　　　　　　　　　b) 2号土样

图 5-36　土样试件荷载—变形试验曲线

4）数值分析

为掌握围岩变形与围岩压力的关系，建立数值模型，根据补勘及原设计资料提供的围岩物理力学参数,对黄土参数取值如下:$E=22\text{MPa}$,$\nu=0.3$,$c=69.3\text{kPa}$,$\varphi=20.9°$,$\gamma=20\text{kN/m}^3$。计算得到围岩塑性区分布(图5-37)和隧道拱顶及拱腰围岩应力随变形的变化曲线(图5-38),由图5-38可知,围岩剪切滑移破坏过程中,产生变形压力,对初期支护持续产生压力,该压力为持续的形变压力,变形释放后围岩荷载变小,围岩—支护体系达到新的平衡状态。

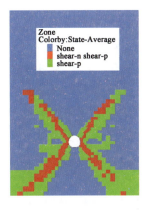

图5-37 围岩塑性区分布

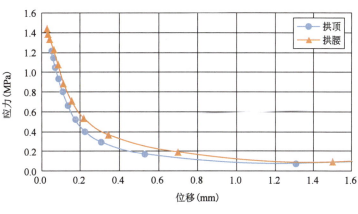

图5-38 围岩应力—位移曲线

同时,变形钢架拆换的其中一榀钢架凿除喷射混凝土后,放置约1个月,周围未发生明显的围岩挤出现象(图5-39),说明初期支护在变形卸载后,围岩和初期支护又达到了新的平衡状态。

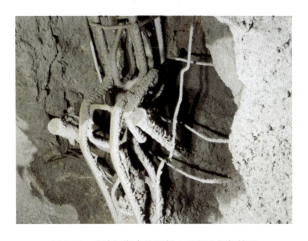

图5-39 破除初期支护混凝土后留置钢架情况

5)综合分析

通过声波测试、钻孔取芯、土样破坏试验、数值分析等手段,结合现场调查可知:

(1)阳山隧道深埋老黄土段初期支护上、中台阶连接处存在较大的围岩塑性区,带来剪切滑移面,导致该处受力较大。

(2)开挖过程中测试黄土含水率为15%,在经历连续降雨后,雨水通过老黄土裂隙下渗导致土体含水率增大,开裂破坏处有水渗出,土体含水率增加导致老黄土软化,自承能力降低,围岩持续变形,将更多的围岩压力转移到隧道初期支护结构上,直至超过隧道初期支护承载能力导致开裂破坏。

(3)老黄土塑性变形能力强,发生较大的变形后围岩仍未解体,围岩压力通过变形释放后,围岩—支护达到新的平衡状态;围岩和初期支护峰后承载能力均可利用。

5.2.3 限阻器新型衬砌试验段设计

通过对初期支护破坏机理研究,以及采用加强型的初期支护结构发生局部混凝土剥落掉块可知,单纯增加支护结构参数并不能有效治理持续增大的围岩形变压力。由此,在此类地质条件下,不宜采用"强支硬抗"的措施,应采用能发生较大变形且能充分吸收围岩中储存的能量的结构进行"抗放结合"的支护手段。采用柔性支护结构,在前期可以限制初期支护阻力持续增大,允许围岩和支护进行较大的变形,后期支护阻力增大,最终使初期支护和围岩共同平衡(图5-40)。

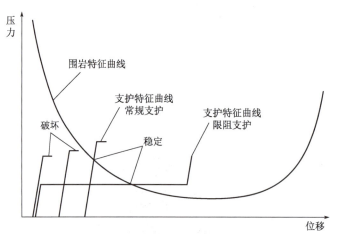

图5-40 围岩—支护结构特征曲线

结合现场实际,浩吉铁路公司组织研发了一种与普通格栅钢架、喷射混凝土共同作用的限阻器,来实现控制围岩能量释放的大行程、低阻力的支护体系,限阻器新型初期支护结构工作原理、参数确定等详见第3.6节。

1)设计支护结构形式

限阻器新型初期支护结构支护级别仍保持原IV_+型支护不变,即采用H150格栅钢架、22cm厚的C25喷射混凝土,在上、下台阶连接处左右侧各设置1处钢板型环向限阻器,钢架间距为1.0m;取消上台阶锁脚锚杆以保持限阻器变形不受影响,将原设计初期支护拱脚左右各外扩15cm,全环预留8~12cm的变形量。阳山隧道出口工区试验段具体设计支护结构形式如图5-41所示。

2)限阻器设计参数

限阻器宽度为初期支护宽度,即22cm,竖向钢板厚度为8mm、净空高度为28cm、间距为10~15cm(根据钢架间距调整)。限阻器与格栅钢架通过接头螺栓实现环向连接,连接钢板上焊接竖向钢筋并在限阻器上下 1.0m 范围内挂双侧钢筋网片来加强与喷射混凝土的连接,前后两榀钢架通过采用钢筋或钢板帮焊连接,纵向形成一道纵梁。限阻器与格栅钢架连接设计图如图 5-42 所示。

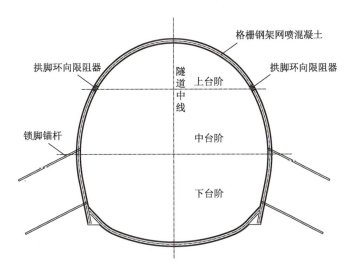

图 5-41　阳山隧道出口工区试验段设计支护结构形式

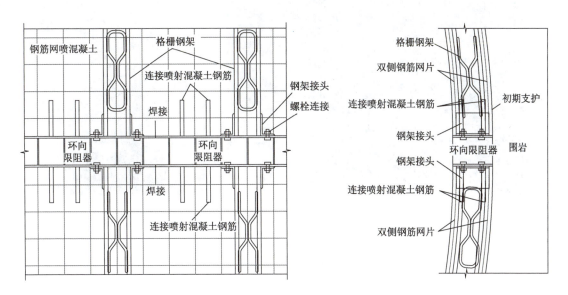

图 5-42　限阻器与格栅钢架连接设计图

3) 施工步骤

限阻器新型初期支护结构的施工步骤除增加上、中台阶连接处设置限阻器外,其余步骤均与原初期支护施工步骤相同,其施工步骤为:

(1) 上台阶开挖→安装上台阶钢筋网片 + 格栅钢架 + 纵向连接筋→安装上台阶基脚处限阻器并与上榀限阻器纵向连接→上连接板焊接与喷射混凝土连接筋 + 铺设局部加强钢筋网

片→喷射上台阶混凝土。

(2)中台阶开挖→安装中台阶钢筋网片+格栅钢架+纵向连接筋→螺栓连接钢架与限阻器→下连接板焊接与喷射混凝土连接筋+铺设局部加强钢筋网片→打设中台阶锁脚锚杆→喷射中台阶混凝土。

(3)下台阶与仰拱开挖与支护,同原支护施工步骤。

4)试验段施工

2016年12月23日开始,在阳山隧道出口工区施工DK390+168~DK390+152(长16m)试验段,于2017年1月1日实施完成,共计10d。试验段开始和完成时间见表5-8。施工过程如图5-43所示。

试验段施工时间   表5-8

序号	里程	初期支护施作时间(年-月-日)			备注
		上台阶	中台阶	下台阶	
1	DK390+168	2016-12-23	2016-12-25	2016-12-28	开始
2	DK390+152	2016-12-27	2016-12-30	2017-1-1	完成

图5-43 限阻器新型初期支护结构现场安装照片

5.2.4 限阻器新型衬砌试验段力学特性研究

1)位移监测

分别在试验段DK390+165、DK390+160、DK390+155三个断面设置位移监测点,测点布置为拱顶沉降测点、限阻器上下各0.5cm处布置1条水平测线,拱脚以上1.5m处布置1条水平测线,即共计1个拱顶沉降观测点和3条水平收敛测线。测点布设示意图如图5-44所示。

三个监测断面的位移变化曲线如图5-45所示。由图可知,经历近2个月的变形收敛后,隧道支护结构与围岩受力达到平衡稳定状态。隧道初期支护结构变形速率在开挖后2~3d变形速率较大,最大可达 30~40mm/d,变形大致在开挖后 1 周左右趋于收敛,趋于收敛一段时间后,变形有增大的趋势,但增长相对较缓慢,后续缓慢变形直至稳定。拱顶沉降值普遍小于水平收敛值,拱顶沉降值为 47.7~57.6mm,测线 1 水平收敛值为 65.2~136.1mm、测线 2 水平收敛值为 35.2~95.1mm、测线 3 水平收敛值为 30.5~71.4mm。

2) 围岩压力监测

在试验段 DK390+163、DK390+159、DK390+155 三个断面布设土压力盒,每个断面分别在拱顶、拱脚、边墙、墙脚共计设置 7 处监测点,具体布置图如图 5-46 所示。

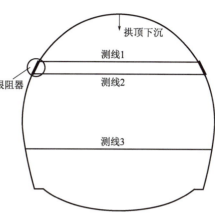

图 5-44 拱顶沉降和水平收敛测点布设示意图

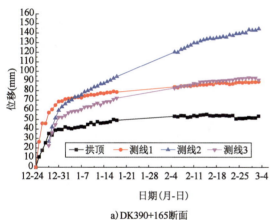

a) DK390+165 断面

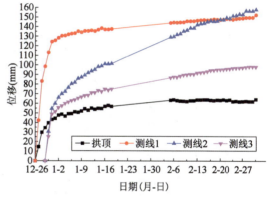

b) DK390+160 断面

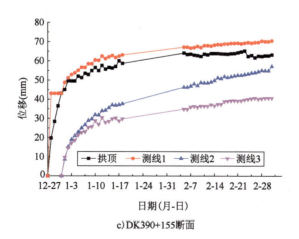

c) DK390+155 断面

图 5-45 试验断面拱顶沉降和水平收敛曲线

图 5-46 围岩压力测点布置示意图

三个监测断面围岩压力时程曲线及最大压力值分布图如图 5-47~图 5-49 所示。由图可知,各个断面所测试的围岩压力大致在 1 周左右趋于收敛;隧道拱脚处压力普遍较大,这也与实际结构在该处产生开裂破坏相符;测试断面最大围岩压力值在 0.6MPa 左右,整体压力值可控。

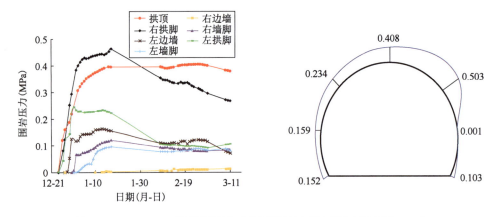

图 5-47 DK390+163 断面围岩压力时程曲线及最大压力值分布图(单位:MPa)

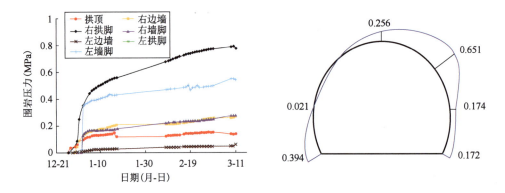

图 5-48 DK390+159 断面围岩压力时程曲线及最大压力值分布图(单位:MPa)

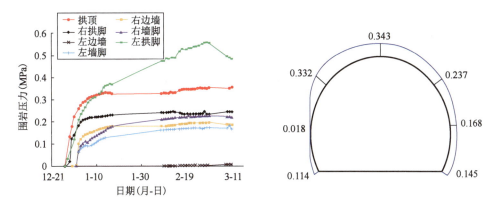

图 5-49 DK390+155 断面围岩压力时程曲线及最大压力值分布图（单位：MPa）

3）格栅钢架应力监测

在试验段 DK390+163、DK390+159、DK390+155 三个断面布设格栅钢架应力监测点，每个断面分别在拱顶、拱脚、边墙、墙脚共计设置 7 处监测点，监测格栅钢架主筋内外侧应力，具体布置图如图 5-50 所示。

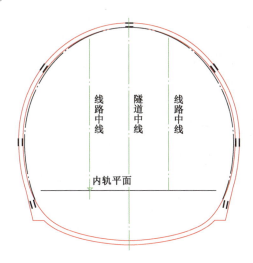

图 5-50 格栅钢架应力监测测点布置示意图

3 个监测断面格栅钢架应力时程曲线如图 5-51～图 5-53 所示。由图可知，各个断面所测试的格栅钢架钢筋应力在 2 周左右趋于收敛，趋于收敛一段时间后，应力值有增大的趋势，但增长相对较缓慢，后续在 2～3 个月趋于稳定。格栅钢架总体上承受压应力，除个别测点存在较小的拉应力，压应力较大值分布在 100～200MPa，格栅钢架应力尚未达到屈服强度，全环结构总体上以小偏心受压为主，并未出现弯矩较大的受拉部位。

4）喷射混凝土应力监测

在试验段 DK390+163、DK390+159、DK390+155 三个断面布设喷射混凝土应力监测点，每个断面分别在拱顶、拱脚、边墙、墙脚共计设置 7 处监测点，监测喷射混凝土应力，具体布置图如图 5-54 所示。

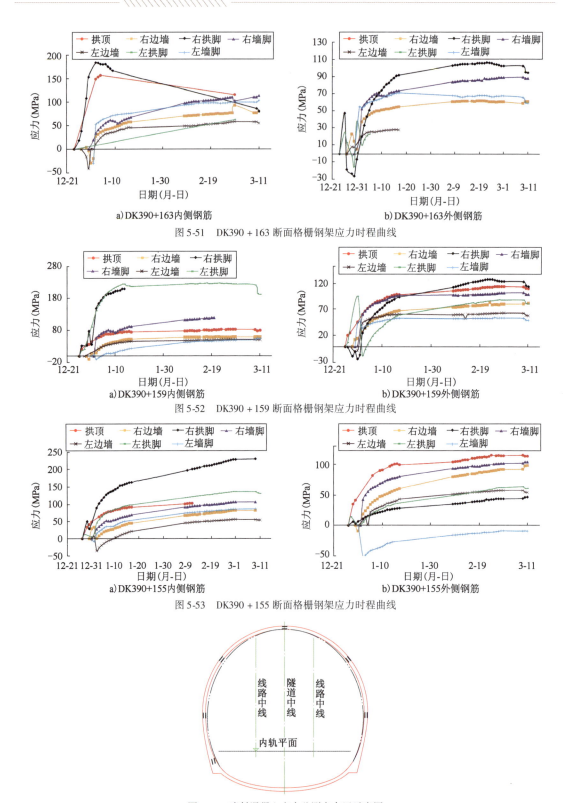

a) DK390+163内侧钢筋 b) DK390+163外侧钢筋

图 5-51　DK390 + 163 断面格栅钢架应力时程曲线

a) DK390+159内侧钢筋 b) DK390+159外侧钢筋

图 5-52　DK390 + 159 断面格栅钢架应力时程曲线

a) DK390+155内侧钢筋 b) DK390+155外侧钢筋

图 5-53　DK390 + 155 断面格栅钢架应力时程曲线

图 5-54　喷射混凝土应力监测点布置示意图

3个监测断面喷射混凝土应力时程曲线如图5-55～图5-57所示。由图可知,各个断面所测试的喷射混凝土应力在2周左右趋于收敛,趋于收敛一段时间后,应力值有增大的趋势,但增长相对较缓慢,后续在2～3个月趋于稳定。喷射混凝土总体上承受压应力,除个别测点某段时期存在较小的拉应力,压应力较大值分布在15～25MPa,少数部位超过喷射混凝土极限强度(18.5MPa)。全环结构总体上以小偏心受压为主,并未出现弯矩较大的受拉部位。

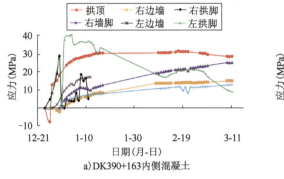 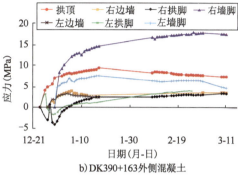

图5-55　DK390+163断面喷射混凝土应力时程曲线

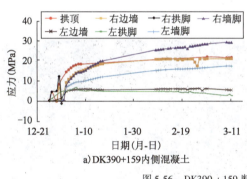 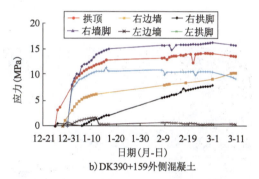

图5-56　DK390+159断面喷射混凝土应力时程曲线

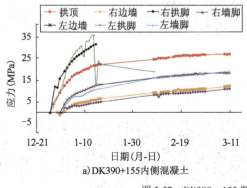 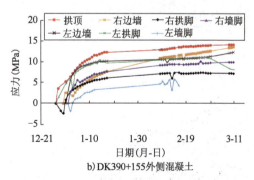

图5-57　DK390+155断面喷射混凝土应力时程曲线

5) 试验段结构现状

(1) 现状调查

① 右拱腰限阻器

根据2017年1月11日现场调查,绘制试验段右拱腰限阻器附近裂缝及渗漏水示意图如

图 5-58 所示,现场限阻器变形及附近喷射混凝土开裂图如图 5-59 所示。

②左拱腰限阻器

根据 2017 年 1 月 11 日现场调查,绘制试验段左侧拱腰限阻器附近裂缝及渗漏水示意图如图 5-60 所示,现场限阻器变形及附近喷射混凝土开裂图如图 5-61 所示。

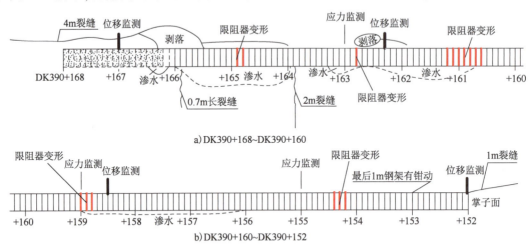

图 5-58　右拱腰限阻器附近裂缝及渗漏示意图

a) 紧邻限阻器大里程端纵向裂缝

b) 紧邻限阻器大里程端环向裂缝

c) 限阻器上方喷混凝土剥落

d) 限阻器变形

图 5-59

e) 限阻器上方喷混凝土剥落

f) 限阻器混凝土纵向开裂变形

图 5-59　右拱腰限阻器变形及附近喷射混凝土开裂图

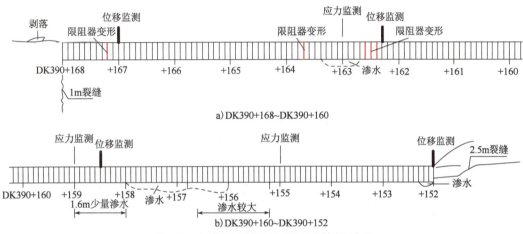

图 5-60　左拱腰限阻器附近裂缝及渗漏水示意图

a) 紧邻限阻器大里程端环向裂缝

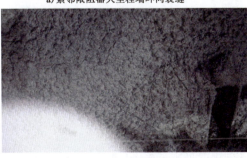
c) 紧邻限阻器小里程端纵向裂缝

d) 左拱腰限阻器全景

图 5-61　左拱腰限阻器变形及附近喷射混凝土开裂图

（2）裂缝原因

①限阻器端头部位裂缝

限阻器试验段与加强支护段连接,加强支护段格栅钢架间距为0.6m,喷射混凝土厚度为30cm;限阻器试验段格栅钢架间距为1.0m,喷射混凝土厚度为22cm,两者存在刚度差异。根据结构内力刚度分配原则,刚度越大分配的荷载越大,当结构内力超过喷射混凝土极限强度时,就造成加强支护段产生裂缝。限阻器试验段与加强支护段连接处开挖轮廓线存在突变,造成作用在结构上的围岩压力存在差异,导致变截面处的剪力增大,超过喷射混凝土抗剪强度,造成了环向裂缝。

②限阻器上方喷射混凝土裂缝

限阻器上方喷射混凝土部分由中台阶喷射混凝土作业补喷,两次喷射混凝土作业间隔时间较长(2～3d),容易在接触面处形成薄弱面,一旦结构受力较大就会造成混凝土局部开裂,形成小范围的环、纵裂缝。

6) 限阻器设置段落与初期支护加强段落变形分析

（1）限阻器设置段落结构变形

统计阳山隧道DK390+080～DK389+590设置限阻器段落结构变形最大值如图5-62所示。限阻器段落拱顶沉降最大值为136mm,最小值为14.1mm,平均值为53.6mm;测线1的水平收敛最大值为144.9mm,最小值为17.7mm,平均值为59.9mm;测线2的水平收敛最大值为140.0mm,最小值为15.2mm,平均值为59.5mm;测线3水平收敛最大值为197.6mm,最小值为12.5mm,平均值为62.6mm。

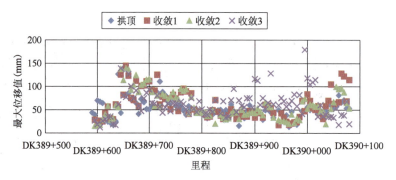

图5-62　DK390+080～DK389+590段结构变形最大值分布图

（2）初期支护加强段落结构变形

统计阳山隧道DK390+520～DK390+085采用Ⅴc加强衬砌段落结构变形最大值如图5-63所示。限阻器段落拱顶沉降最大值为81.2mm,最小值为6.8mm,平均值为41.0mm;测线1水平收敛最大值为163.2mm,最小值为17.4mm,平均值为72.7mm;测线2水平收敛最大值为102.4mm,最小值为21.1mm,平均值为49.7mm;测线3水平收敛最大值为119.4mm,最小值为17.5mm,平均值为54.8mm。

（3）限阻器设置段落与初期支护加强段落结构变形对比分析

对比限阻器设置段落与初期支护加强结构变形数据见表5-9。由表可知,限阻器设置段落与初期支护加强段落都是水平收敛值大于拱顶沉降值;设置限阻器后,结构变形量普遍增大,但测线 1 水平收敛初期支护加强段落要大于限阻器设置段落。

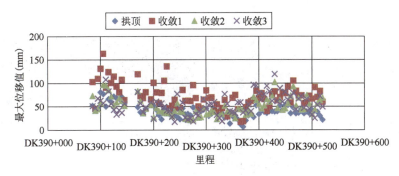

图 5-63 DK390+520~DK390+085 段结构变形最大值分布图

限阻器设置段落与初期支护加强段落结构变形对比表　　　　表 5-9

项 目		Vc 加强段	限阻器段
拱顶沉降 （mm）	最大值	81.20	136.00
	最小值	6.80	14.10
	平均值	41.03	53.62
水平收敛 1 （mm）	最大值	163.20	144.88
	最小值	17.40	17.70
	平均值	72.69	59.91
水平收敛 2 （mm）	最大值	102.40	139.99
	最小值	21.20	15.16
	平均值	49.74	59.50
水平收敛 3 （mm）	最大值	119.40	179.60
	最小值	17.50	12.46
	平均值	54.75	62.61

7）综合分析

通过试验段的分析可知,设置限阻器的支护结构在开挖后 1 周左右就趋于收敛,说明该支护和围岩能较快地达到平衡稳定状态,最大累计拱顶沉降值为 56.5mm、最大累计水平收敛值为 135.5mm,要稍大于初期支护加强段；围岩压力、初期支护喷射混凝土应力、格栅钢架应力等力学参数均在可控范围内,且主要以承受小偏心受压荷载为主；初期支护除小范围的补喷射混凝土发生开裂、剥落外,其余均未发生破坏,初期支护结构处于安全状态。总体上采用限阻器新型初期支护结构能够保证围岩及自身结构的稳定,保证初期支护结构不发生大范围结构性破坏。

5.2.5 限阻器新型衬砌应用效果

1）麻科义隧道

2017 年 3 月,麻科义隧道深埋老黄土段出现初期支护混凝土剥落掉块现象,开始采用限阻器新型衬砌支护。截至2017年9月,麻科义隧道出口施作完成476.2m、1号斜井小里程275m、1号斜井大里程268m,共计1019.2m。限阻器施作及变形如图5-64所示。

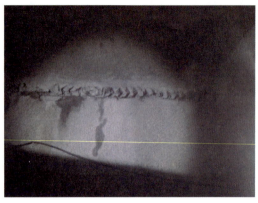

图5-64　麻科义隧道限阻器施作及变形

麻科义隧道使用限阻器段落初期支护结构变形普遍较小,且拱顶沉降普遍大于水平收敛,限阻器压缩量为5~10cm。麻科义隧道拱顶下沉最大值为64.9mm,平均值为21.4mm;测线1水平收敛最大值为34.6mm,平均值为11.7mm;测线2水平收敛最大值为34.4mm,平均值为14.8mm。麻科义隧道初期支护结构变形最大值随里程统计图如图5-65所示。

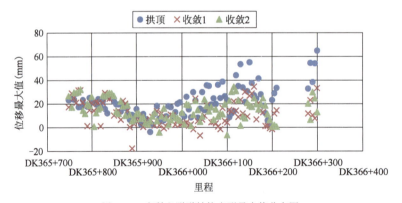

图5-65　麻科义隧道结构变形最大值分布图

2)郑庄隧道

2017年4月,郑庄隧道深埋老黄土段出现初期支护混凝土剥落掉块现象,开始采用限阻器新型衬砌支护。截至2017年9月,郑庄隧道斜井工区小里程限阻器施作331.0m,斜井大里程施作301.0m,共计632.0m。限阻器施作及变形如图5-66所示。

郑庄隧道斜井工区使用限阻器段落初期支护结构变形普遍较大,限阻器最终压缩量为10~20cm。测线2水平收敛均值大于测线1水平收敛均值,测线1水平收敛均值大于拱顶沉降均值。郑庄隧道拱顶下沉最大值为179mm,平均值为85.1mm;测线1水平收敛最大值为168.5mm,平均值为77.1mm;测线2水平收敛最大值为200.4mm,平均值为100.3mm。郑庄隧道初期支护结构变形最大值随里程统计图如图5-67所示。

图 5-66　郑庄隧道限阻器施作及变形

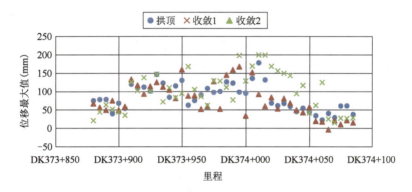

图 5-67　郑庄隧道结构变形最大值分布图

3）郭旗隧道

2017 年 5 月，郭旗隧道深埋老黄土段出现初期支护混凝土剥落掉块现象，开始采用限阻器新型衬砌支护。截至 2017 年 9 月，郭旗隧道出口工区共施作限阻器 122.0m。

郭旗隧道使用限阻器段落初期支护结构变形较小，限阻器最终压缩量 10～20cm。郭旗隧道初期支护结构变形最大值随里程统计图如图 5-68 所示。

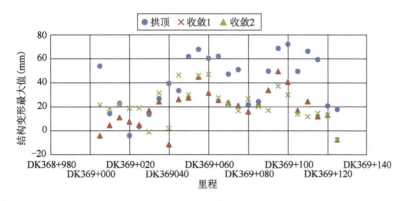

图 5-68　郭旗隧道结构变形最大值分布图

初期支护结构拱顶沉降均值大于水平收敛均值。郭旗隧道拱顶下沉最大值为72.4mm，平均值为40.4mm；测线1水平收敛最大值为49.6mm，平均值为19.2mm；测线2水平收敛最大值为47.2mm，平均值为22.0mm。

5.2.6 结语与建议

（1）深埋老黄土遇水易导致围岩软化，自承能力降低，产生较大的围岩塑性区，围岩持续变形造成隧道支护结构受力较大；而传统的大刚度支护结构允许变形量较小，难以解决围岩持续变形导致的支护结构破坏问题。在应对此类地质问题时，应从大刚度、强支护方式转变为允许围岩适当变形、有效控制围岩能量释放的限阻释能型支护方式。

（2）通过研发一种与普通钢架、喷射混凝土共同作用的限阻器，来实现控制围岩能量释放的大行程、低阻力的支护体系。试验结果表明限阻器新型初期支护结构在该类地质条件下能在施作2个月左右，实现支护结构和围岩达到平衡稳定状态；初期支护结构喷射混凝土应力、格栅钢架应力等力学参数均在可控范围内，保证初期支护结构不发生结构性破坏。

（3）采用限阻器新型支护结构，在阳山、麻科义、郑庄、郭旗等隧道的深埋老黄土段落得到成功推广应用，在未提高初期支护结构强度等级的情况下，支护结构未发生结构性开裂破坏。说明围岩能量释放后，施加在结构上的围岩压力得以减少，支护参数可不再加强；采用限阻器新型初期支护结构能够保证安全性的同时又提高了经济性，在该类地质条件极具工程实用价值。

5.3 段家坪隧道高地应力水平岩层修建技术

2016年5月，段家坪隧道2号斜井转入正洞施工，已开挖施作初期支护段落部分仰拱格栅钢架局部扭曲变形，存在隆起现象；2016年9月起，陆续发现2号斜井工区正洞段DK454+240～DK453+605初期支护拱顶出现纵向裂纹，喷射混凝土出现脱皮、掉块现象，二次衬砌仰拱混凝土出现开裂。在隧道支护结构出现开裂破坏前，隧道支护结构变形缓慢，监控量测数据未出现大量的黄色、红色预警。为保证隧道支护结构安全，公司组织开展了段家坪隧道初期支护破坏机理研究，通过开展增强支护参数、增设缓冲层、锚杆+加筋底板、加装限阻器等试验段研究，获得最优的支护措施，有效地控制初期支护变形破坏。

5.3.1 工程概况

段家坪隧道位于陕西省宜川县境内，为单洞双线隧道，全长10722.98m，最大埋深约450m，其中Ⅱ级围岩长2755m、Ⅲ级围岩长6250m、Ⅳ级围岩长1475m、Ⅴ级围岩长242.98m。设置2座斜井，其中段家坪隧道2号斜井长1228m，埋深约200m，与线路平面（大里程）57°角交于DK454+230,2号斜井承担正洞任务为小里程方向承担正洞长度为1578m,大里程方向承担正洞长度为892m。

1) 工程地质条件

段家坪隧道洞身围岩以三叠系上统厚层砂岩、粉砂岩夹薄层泥岩为主,岩层产状272°∠2°(近似水平状),砂岩、粉砂岩节理裂隙较发育~很发育。优势节理裂隙主要有2组,产状分别为190°∠90°和78°∠89°,经地表调查测量,节理间距为25~50cm,一般为密闭节理,地表局部地段节理呈张开状,岩体较破碎,泥岩为软弱夹层,呈薄层状,竖向节理裂隙很发育。砂岩、粉砂岩呈灰色、白色,弱风化,中厚层~厚层层状构造,层厚10~100cm,节理裂隙较发育~发育,岩体较完整,呈大块状结构。泥岩呈灰黑色,弱风化,薄层状构造,层厚小于10cm,岩体破碎,呈碎石状镶嵌结构,在拱部、边墙局部及仰拱底部偶夹少量薄层泥岩。隧道典型断面地质素描图如图5-69所示。

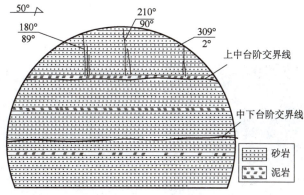

图5-69 隧道典型断面地质素描图

结合钻孔水位测量及物探测井结果,地下水位埋深为9.6~153.6m,主要接受大气降水的补给,水量受降雨和构造密集程度影响,2号斜井区段地下水主要为第四系潜水和基岩裂隙水,水量较少,开挖揭露主要为点状水滴出,未成线。

2) 设计情况

段家坪隧道2号斜井工区原设计围岩级别为Ⅲ和Ⅳ,采用复合式衬砌。其中Ⅳa型衬砌设计断面高10.85m,宽11.02m,面积约100m²。拱部120°范围内采用$\phi 42mm \times 3.5mm$超前小导管支护,长3.5m,外插角10°~15°,环向间距0.4m;拱墙范围设H130型格栅钢架,间距1.2m,主筋采用HRB400钢筋,直径为22mm,8字结钢架直径为10mm;台阶处设置2根$\phi 42mm \times 3.5mm$锁脚锚杆,长4m;拱墙范围设纵向$\phi 6mm \times$环向$\phi 8mm$钢筋网,网格尺寸为25cm×25cm;喷射C25混凝土,拱墙厚度22cm,仰拱厚度10cm;喷射混凝土24h强度不低于10MPa。隧道Ⅳa型衬砌支护结构设计参数如图5-70所示。施工方法采用台阶法,开挖循环进尺为不大于2榀钢架间距。

3) 支护结构破坏和应急处理

2016年5月,段家坪隧道2号斜井转入正洞施工,已开挖施作初期支护段落部分仰拱格栅钢架局部扭曲变形,存在隆起现象(图5-71);2016年9月,陆续发现段家坪隧道2号斜井工区正洞段DK454+240~DK453+605初期支护拱顶出现纵向裂纹,喷射混凝土出现脱皮、掉块现象,裂纹分布在隧道拱顶中线附近,呈"S"形曲线,裂纹宽度约 5mm(图 5-72)。

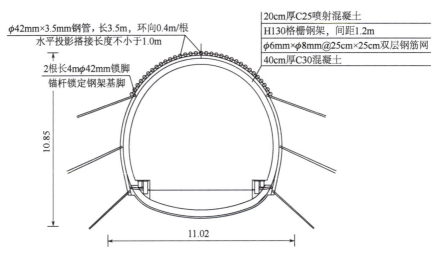

图 5-70　隧道Ⅳa 型衬砌支护结构设计参数图(尺寸单位:m)

图 5-71　仰拱初期支护格栅钢架变形扭曲

图 5-72　拱顶初期支护纵向开裂

2016 年 9 月,陆续发现正洞 DK454+240～DK453+770 段已施作的 26 组仰拱填充层混凝土,其中 10 组出现开裂,共 17 条裂缝。裂缝均为从左侧边墙延伸至右侧边墙,呈斜向贯通裂缝,裂缝方向与路线夹角约 60°(图 5-73)。

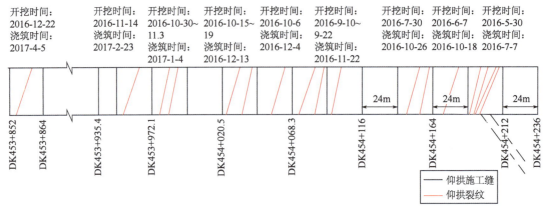

图 5-73　仰拱填充层混凝土开裂

为确保隧道支护结构安全,对已施工完成的隧道初期支护开裂部分进行局部拆换补强,开裂严重段落全环设置钢筋加强环,加强环长4m,环向主筋直径20mm,纵向钢筋直径16mm,间距20cm×20cm,喷射8cm厚的混凝土。仰拱填充层开裂地段前期主要通过加强观察,并在DK453+888.6~DK453+876.7施作一组二次衬砌,布设应力、应变传感器,对二次衬砌受力进行监测;正洞二次衬砌已施工段落设置位移监测断面,及时掌握支护结构变形情况。

4) 加强初期支护

前期考虑隧道初期支护结构破坏主要由支护结构强度不足导致,同时支护结构监控量测数据基本正常,未出现较大的变形快速增长趋势。故首先考虑将初期支护参数加强,将原设计的Ⅲb和Ⅳa型衬砌,调整至Ⅴa和Ⅴc型衬砌,格栅钢架由H130调整至H150、H180、H230,相应喷射混凝土厚度为22cm、25cm、30cm。加强后的初期支护在距离掌子面10~20m仍出现混凝土剥落掉块,格栅钢架局部扭曲;经历近2个月的持续缓慢变形后稳定,但变形总量尚未达到预警级别。说明该地质条件下,单纯采用加强型支护结构亦不能解决初期支护结构破坏问题。

5.3.2 初期支护破坏成因分析

1) 区域地质构造及地应力分析

(1) 区域地质构造

段家坪隧道隧址区由北向南区域构造依次为如意背斜、吉县断裂、铜川—韩城隆起、韩城断裂带、汾渭地堑(图5-74)。经调查和隧道开挖分析,隧址区位于如意背斜北翼,受韩城活动断裂挤压及压扭性力作用产生的水平构造应力可能会形成高地应力区段,导致隧道初期支护结构破坏。

图5-74 区域地质构造平面示意图

(2) 地应力测试

段家坪隧道水平构造应力导致初期支护变形开裂段落里程为DK454+230~DK453+400,长为830m,埋深为150~350m。为探究构造地应力大小与初期支护变形破坏特征之间的关系,分别在段家坪隧道2号斜井小里程方向DK453+830、2号斜井大里程方向DK454+330、1号斜井大里程方向DK452+650处各施作1个竖向地应力测试钻孔,共计3个测孔,采用水压致裂法进行地应力测量,地应力测量结果见表5-10。其中,垂直洞轴线方向的最大初始应力为12.69~14.46MPa,岩石单轴饱和强度为57.7~87.6MPa。根据地质区域构造可知,受韩城活动断裂挤压及压扭性力作用产生的小型向斜是最大水平主应力明显大于垂直主应力的主因。

段家坪隧道岩体强度应力比评估表　　　　　　表5-10

测试里程	测试深度(m)		主应力值(MPa)				R_c (MPa)	应力比 R_c/σ_{max}
	钻孔深度	总埋深	S_H	S_h	S_V	σ_{max}		
DK452+650	33~44	313.0~324.0	17.53	10.40	8.45	14.46	78.10	5.40
DK453+830	44~47	325.2~328.2	19.38	11.56	8.66	14.26	57.70	4.05
DK454+330	33~47	313.0~327.0	12.69	8.84	7.87	12.69	87.60	6.90

注：S_H 为最大水平主应力，S_h 为最小水平主应力，S_V 垂直主应力，σ_{max} 为垂直洞轴线方向的最大初始应力，R_c 为岩石单轴饱和抗压强度。

（3）地应力状态判定

隧道洞身围岩为坚硬岩~较硬岩，根据《工程岩体分级标准》（GB/T 50218—2014）判断段家坪隧道钻孔附近洞周围岩处于高地应力状态（强度应力比均在4~7之间）。现场测量隧道走向约为121°，地应力测量得到的最大水平主应力 S_H 方向约为N79°E，最大水平主应力方向与隧道轴线夹角约为42°，夹角较大，可能导致岩爆现象。

2）初期支护变形特征

隧道初期支护变形以拱部竖向变形为主，水平收敛变形较小。支护参数加强区段拱顶沉降变形最大累计值未超过100mm（图5-75），水平收敛变形最大累计值未超过35mm，日变形速率较小。由于隧道支护结构变形较缓慢，累计值相对常规高水平地应力区段要小很多，导致隧道初期支护变形开裂破坏的前期阶段未有效预警。隧道围岩主要为水平层状的坚硬岩~较硬岩，变形量相对较小，围岩为近似水平状薄层结构，持续的层间滑移导致隧道初期支护持续受力增大。

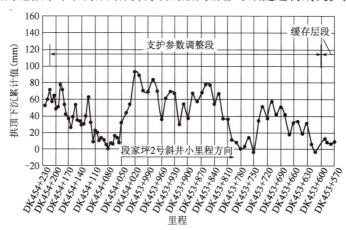

图5-75　高地应力段落隧道初期支护加强区段拱顶沉降累计值

3）初期支护破坏分析

隧道初期支护变形破坏主要发生在拱顶、仰拱部位，个别地段边墙有环向未贯通裂缝出现，且朝掌子面方向右侧边墙裂缝数量及宽度明显较左侧边墙严重。

（1）拱顶及仰拱初期支护混凝土开裂成因

在最大水平构造应力垂直于隧道洞轴线分量的作用下，拱部及仰拱水平砂岩层间发生剥离滑移,紧贴初期支护的岩层会最先折断;同时竖向节理面张开并纵向错动,水平构造应力释放的能量作用在处于以小偏心受压的初期支护结构上,加剧了混凝土的破坏。拱部及仰拱承受最大水平构造应力,以及竖向节理影响,导致在该处初期支护混凝土最先产生压剪破坏(图 5-76)。随着隧道初期支护开裂,变形进一步加剧,相应的构造地应力基本释放完成后趋于稳定。

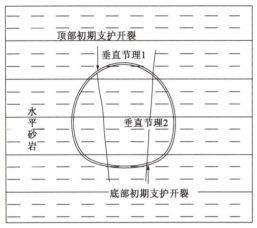 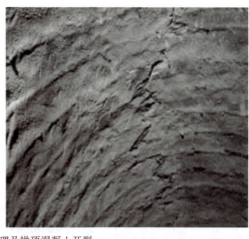

图 5-76 掌子面竖向节理及拱顶混凝土开裂

另外,现场发现仰拱初期支护的变形和破坏一般比对应的拱顶初期支护破坏严重,主要原因为仰拱初期支护施工后及时进行洞渣回填,洞渣有一定的约束作用限制了结构变形,导致受力更大;另外仰拱初期支护施工完成后回填洞渣掩盖了仰拱初期支护破坏,现场也未及时采取任何加固措施。

(2)边墙右侧裂缝明显多于左侧

隧道边墙开裂主要受区域水平构造应力和松动圈内的竖向节理影响,右侧围岩竖向节理裂隙较左侧要发育(图 5-77),在松动圈内围岩竖向节理面张开及错动影响下导致右侧支护结构受力明显大于左侧,从而导致边墙右侧裂缝明显多于左侧。

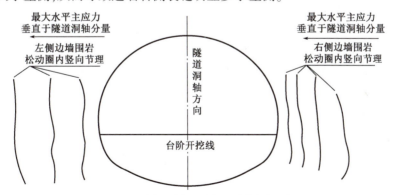

图 5-77 围岩左右侧竖向节理裂隙分布示意图

5.3.3 现场试验方案设计

通过对段家坪隧道初期支护破坏成因进行分析,以及采用加强型的初期支护结构未能有效解决混凝土开裂破坏问题,说明单纯的大刚度支护结构并不能有效治理高地应力水平岩层持续的围岩形变压力造成的初期支护结构破坏。综合考虑拱顶及仰拱初期支护破坏情况,开展了增设缓冲层、拱顶及仰拱加装限阻器、锚杆+加筋底板等试验段研究,获得最优的支护措施有效控制初期支护变形破坏。

1) 试验内容

现场试验段依次开展增设缓冲层、拱顶及仰拱加装限阻器、锚杆+加筋底板等初期支护试验见表5-11,每个试验段设置监测断面,对隧道初期支护变形、围岩压力、格栅钢架应力、喷射混凝土应力、锚杆轴力等进行监测。

隧道初期支护试验段 表5-11

序号	段落里程	措施/现状	长度(m)	监测内容
1	DK453+595~DK453+560	土工布+高密度海绵做缓冲层	35	变形、内力
2	DK453+560~DK453+524 DK453+302~DK453+272	拱顶及仰拱安装钢筋限阻器 拱顶及仰拱安装钢板限阻器	36 30	变形、内力
3	DK453+524~DK453+488 (拱墙H180,仰拱H230)	锚杆+加筋底板	36	变形、内力
4	DK453+488~DK453+452 (全环H230)	锚杆+加筋底板	36	变形、内力

2) 监测方案

(1) 缓冲层试验段

试验段按照10m设置监测断面,埋设压力盒、钢筋计、混凝土应变计,全环布设10处监测点。设置1个拱顶沉降观测点,3条水平收敛测线。测点布设如图5-78所示。

(2) 拱顶及仰拱加装限阻器试验段

试验段按照10m设置监测断面,埋设压力盒、钢筋计、混凝土应变计,全环布设10处监测点。设置1个拱顶沉降观测点,3条水平收敛测线。测点布设如图5-79所示。

(3) 锚杆+加筋底板试验段

试验段按照10m设置监测断面,埋设压力盒、钢筋计、混凝土应变计,全环布设10处监测点;拱顶及仰拱部位各布设3根涨壳式中空预应力锚杆内力监测点。设置1个拱顶沉降观测点,3条水平收敛测线。测点布设如图5-80所示。

3) 试验段概况

(1) 缓冲层试验段

①工程地质条件

试验段掌子面揭示为三叠系上统砂岩、粉砂岩夹泥岩。砂岩主要成分为石英、长石及少量云母等;灰白色,弱风化,厚层~巨厚层状构造,节理裂隙发育,岩体较完整,呈大块结构。泥岩,灰黑色,薄层~中厚层层状结构,节理裂隙发育,岩体较破碎,呈块状~碎石状镶嵌结构。岩层产状309°∠2°,两组竖向节理171°∠87°、211°∠90°。掌子面围岩情况如图5-81所示。

②支护参数

初期支护采用拱墙H180格栅钢架,间距0.75m/榀,喷射混凝土厚度为25cm;仰拱H230

格栅钢架,间距0.75m/榀,喷射混凝土厚度为30cm;全环采用纵向 $\phi6mm\times$ 环向 $\phi8mm$ 双层钢筋网片,间距 $25cm\times25cm$;仰拱中心设置纵向限阻器。初期支护背后拱墙设置隔离缓冲层,材料采用土工布 + 高密度海绵,厚度5～10cm,高密度海绵参数见表5-12。

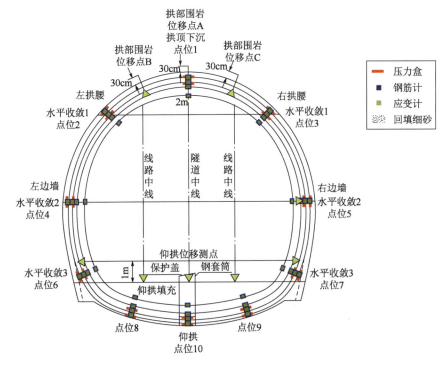

图 5-78 缓冲层试验段测点布设示意图

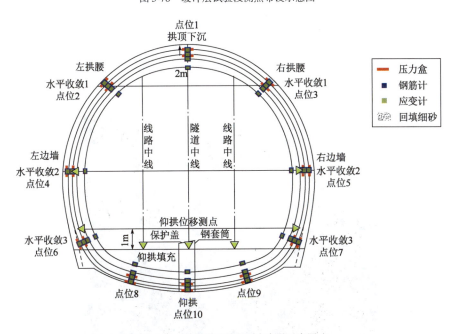

图 5-79 限阻器试验段测点布设示意图

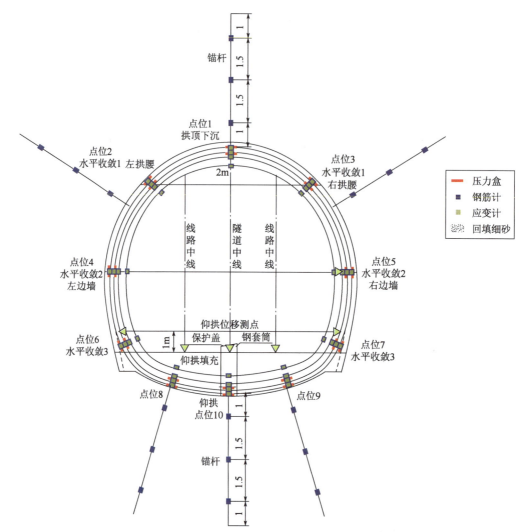

图 5-80 锚杆+加筋底板试验段测点布设示意图(尺寸单位:m)

图 5-81 掌子面围岩情况

高密度海绵参数表　　　　　　　　　　表5-12

序号	类　　别	单位	标准要求	检测结果	检测结论
1	表面密度	kg/m³	16～25	21	合格
2	拉伸强度	kPa	30～50	47	合格
3	伸长率	%	≥100	112	合格
4	75%压缩永久变形	%	≥15	16	合格
5	撕裂强度	N/cm	≥1.6	1.9	合格
6	压缩25%时硬度	N	≥80	88	合格
7	压缩65%时硬度	N	≥100	110	合格

③施工方法

采用两台阶法施工，上台阶长度为8m，高度为6.5m；下台阶带仰拱开挖，约5d实现初期支护全断面封闭成环。开挖成形后初喷射混凝土，安装拱墙钢架后，在钢架背后由两侧墙脚向拱顶依次铺设高密度海绵，拱部厚度10cm，边墙厚度5cm；然后由一侧墙脚向另一侧墙脚铺设土工布（图5-82）。

(2)拱顶及仰拱加装限阻器试验段

①工程地质条件

试验段掌子面揭示为三叠系上统砂岩、粉砂岩夹泥岩。砂岩、粉砂岩，灰白色，弱风化，中厚～厚层状构造，节理裂隙较发育，岩体较完整，呈大块状结构；泥岩，灰黑色，弱风化，薄层～中厚层状构造，节理裂隙发育，岩体较破碎，岩石完整性较差，呈块石、碎石状镶嵌结构。岩层产状309°∠2°。岩层整体近水平，测得两组竖向节理236°∠87°、249°∠89°。掌子面围岩情况如图5-83所示。

图5-82　缓冲层安装效果图

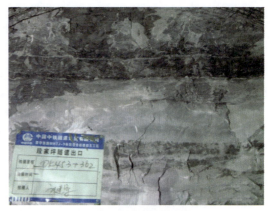

图5-83　掌子面围岩情况

②支护参数

DK453+560～DK453+524试验段初期支护采用拱墙H180格栅钢架，间距0.75m/榀，喷射混凝土厚度为25cm；仰拱H230格栅钢架，间距0.75m/榀，喷射混凝土厚度为30cm；全环采用纵向φ6mm×环向φ8mm双层钢筋网片，间距25cm×25cm。DK453+302～DK453+272试验段初期支护采用全环H230格栅钢架，间距1.0m/榀，喷射混凝土厚度为30cm；全环采用纵向φ6mm×环向φ8mm双层钢筋网片，间距25cm×25cm；拱顶及仰拱中心设置纵向限阻器。

限阻器主要材料规格参数见表5-13。

限阻器材料规格参数表   表5-13

部件		直径/厚度（mm）	长度（mm）	宽度（mm）	数量（个）	密度（kg/m³）	总质量（kg）
钢筋限阻器	限阻钢筋	22	650	—	6	7850	11.634
	连接钢板	6	842	250	2	7850	19.829
钢板限阻器	限阻钢板	8	300	300	7	7850	39.564
	连接钢板	10	1000	300	2	7850	47.100

注：限阻器结构设计形式详见第3.6.3节。

③施工方法

采用两台阶法施工，上台阶长度为8m，高度为6.5m；下台阶带仰拱开挖，约3d实现全断面初期支护封闭成环。开挖成形后初喷射混凝土，安装上台阶拱墙钢架及拱顶限阻器，喷射混凝土；安装下台阶及仰拱钢架及仰拱限阻器，喷射混凝土。钢板型限阻器安装效果如图5-84所示。

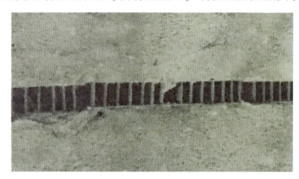

图5-84 限阻器安装效果图

(3)锚杆+加筋底板试验段（拱墙H180，仰拱H230）

①工程地质条件

掌子面揭示围岩为三叠系上统砂岩、粉砂岩夹泥岩。砂岩主要成分为石英、长石及少量云母等；灰白色，弱风化，中厚层～厚层层状构造，节理裂隙较发育，岩体较完整，呈大块结构；泥岩，泥质结构，主要分布于拱顶及下台阶、仰拱，灰黑色，弱风化，薄层层状构造，节理裂隙发育，岩体较破碎，岩石完整性较差，呈块状、碎石状镶嵌结构。岩层产状309°∠2°，断口较粗糙。测得两组竖向节理237°∠88°、266°∠90°。掌子面围岩情况如图5-85所示。

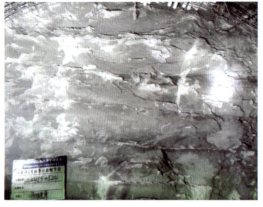

图5-85 掌子面围岩情况

②支护参数

初期支护采用拱墙H180格栅钢架，间距0.75m/榀，喷射混凝土厚度为25cm；仰拱H230格栅钢架，间距0.75m/榀，喷射混凝土厚度为30cm；全环采用纵向φ6mm×环向φ8mm双层钢筋网片，间距25cm×25cm。在隧道底部设置C25喷射混凝土加筋底板，厚度为100cm。加筋底板配筋:环向主筋 $\phi25mm@250mm$,纵向分布筋 $\phi16mm@250mm$,箍筋 $\phi8mm@250mm×250mm$。在拱部120°范围及仰拱加筋底板部位打设 $\phi25mm$ 涨壳式中空注浆锚杆,$L=6m$,间距 $0.8m×0.8m$(环×纵);拱脚以上2.5m范围打设中空注浆锚杆3根,$L=3m$,间距 $1.0m×1.0m$(环×纵)。

③施工方法

采用两台阶法施工,上台阶长度为8m,高度为6.5m;下台阶带仰拱开挖,约3d实现全断面初期支护封闭成环。开挖成形后初喷射混凝土,安装上台阶拱墙钢架,涨壳式中空锚杆打设、注浆、张拉,喷射混凝土;安装下台阶钢架,以及加筋底板钢筋绑扎,中空锚杆施工,喷射混凝土;安装仰拱钢架,喷射混凝土。

锚杆施工工序包含测量放样、钻孔、清孔、锚杆安装、张拉、注浆。为确保锚杆有效张拉,外露长度控制在10~15cm;预应力大小为80~100kN;注浆采用水泥砂浆强度不低于M20,注浆压力不大于0.4MPa。现场锚杆施工图如图5-86所示。

a)锚杆安装

b)锚杆张拉

图5-86 现场锚杆施工图

(4)锚杆+加筋底板试验段(全环H230)

①工程地质条件

掌子面揭示围岩为三叠系上统砂岩、粉砂岩夹泥岩。砂岩主要成分为石英、长石、及少量云母等;灰白色、弱风化,中厚层~厚层层状构造,节理裂隙较发育,岩体较完整,呈大块结构;泥岩,泥质结构,主要分布于拱顶及下台阶、仰拱,灰黑色、弱风化,薄层状构造,节理裂隙发育,岩体较破碎,岩石完整性较差,呈块状、碎石状镶嵌结构。岩层产状309°∠2°,断口较粗糙。测得两组竖向节理283°∠90°、213°∠88°。掌子面围岩情况如图5-87所示。

②支护参数

初期支护采用全环H230格栅钢架,间距0.75m/榀,喷射混凝土厚度为30cm;全环采用纵向 $\phi6mm×$ 环向 $\phi8mm$ 双层钢筋网片,间距 $25cm×25cm$。在隧道底部设置C25喷射混凝土加筋底板,厚度100cm。加筋底板配筋:环向主筋 $\phi25mm@250mm$,纵向分布筋 $\phi16mm@250mm$,箍筋 $\phi8mm@250mm×250mm$。在拱部

图5-87 掌子面围岩情况

120°范围及仰拱加筋底板部位打设 $\phi 25mm$ 涨壳式中空注浆锚杆，$L=6m$，间距 $0.8m\times0.8m$（环向×纵向）；拱脚以上 2.5m 范围打设中空注浆锚杆 3 根，$L=3m$，间距 $1.0m\times1.0m$（环向×纵向）。

③施工方法

本试验段仅对支护参数作出调整，由原来的拱墙 H180 钢架、仰拱 H230 钢架调整为全环 H230 钢架，其他施工工序及工艺流程均同上，故不再赘述。

5.3.4 现场试验力学特性研究

经现场试验段测试，对增设缓冲层、拱顶及仰拱加装限阻器、锚杆+加筋底板等方案的初期支护力学特性分析如下。

1）缓冲层试验段

（1）变形收敛

由图 5-88 可知，DK453+590 断面拱顶累计下沉 10.9mm，测线 1 水平收敛 23.8mm、测线 2 水平收敛 9.3mm、测线 3 水平收敛 17.7mm；DK453+580 断面拱顶累计上升 13.5mm，测线 1 水平收敛 21.5mm、测线 2 水平收敛 17.1mm、测线 3 水平收敛 7.4mm；DK453+570 断面拱顶累计下沉 6.5mm，测线 1 水平收敛 18.2mm、测线 2 水平收敛 20.4mm、测线 3 水平收敛 8.7mm。从变形过程来看，下台阶封闭成环后初期支护变形一直在持续发展，只是变化量值较小；在经历近 1 个月的持续变形、距离掌子面约 65m，变形趋势有所减缓；在经历近 2 个月的持续缓慢变形、距离掌子面约 90m，变形基本趋于稳定。

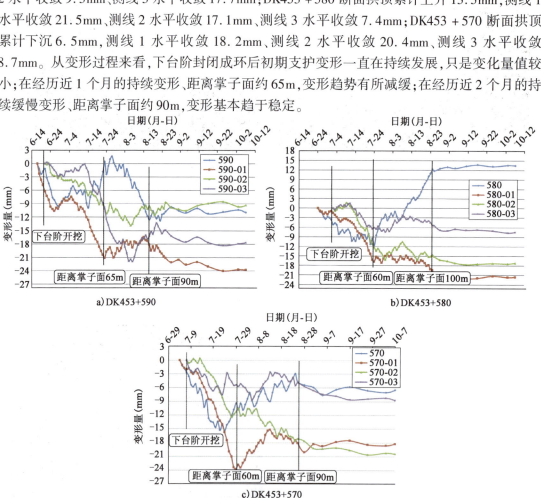

图 5-88 监控断面拱顶沉降及水平收敛时程曲线

(2) 围岩压力

由图 5-89 可知，DK453+590 断面围岩压力最大值出现在拱顶，其值为 0.97MPa，两侧拱脚处围岩压力值亦较大，最大值为 0.64MPa；在下台阶开挖完成初期支护封闭成环后围岩压力迅速增加，在距离掌子面约 90m、历时近 2 个月，围岩压力趋于稳定。DK453+580 断面围岩压力最大值出现在左拱腰，其值为 0.4MPa，其他部位围岩压力值相对较小；在下台阶开挖完成初期支护封闭成环后围岩压力增加较快，在距离掌子面约 60m、历时近 1 个月，围岩压力趋于稳定。DK453+570 断面围岩压力整体偏小，最大值出现在仰拱左侧，仅为 0.09MPa；在下台阶开挖完成初期支护封闭成环后围岩压力增加较快，在距离掌子面约 110m、历时近 2 个月，围岩压力趋于稳定。

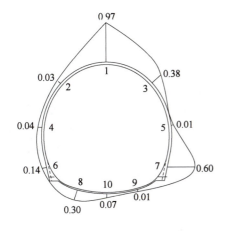
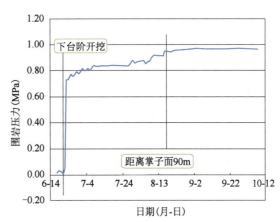

a) DK453+590

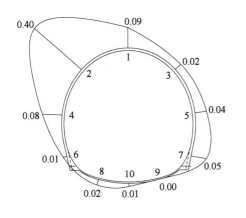
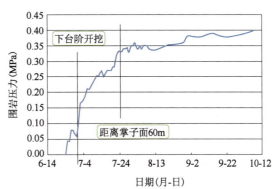

b) DK453+580

图 5-89

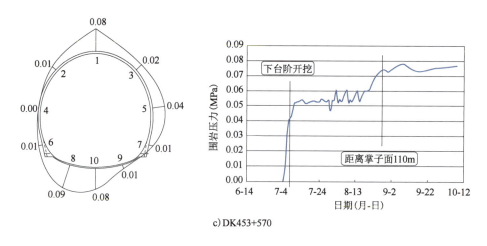

c) DK453+570

图 5-89 试验断面围岩压力分布及时程曲线(单位:MPa)

(3) 格栅钢架应力

由图 5-90 可知,DK453+590 断面全环承受小偏心受压荷载,拱腰及两侧拱脚处格栅钢架压应力较大,最大值位于右侧拱脚,压应力值为 106.31MPa;在下台阶开挖完成初期支护封闭成环后格栅钢架应力迅速增大,在距离掌子面约 40m、历时近 1 个月,格栅钢架应力趋于稳定。DK453+580 断面全环主要承受以小偏心受压荷载为主,拱腰及两侧拱脚处格栅钢架压应力较大,最大值位于仰拱右侧,压应力值为 102.09MPa;仰拱中心内侧存在较小的拉应力,拉应力值为 20.41MPa;在距离掌子面约 40m、历时 12d 左右,外侧格栅钢架应力逐步趋于稳定;在距离掌子面约 90m、历时近 2 个月,内侧格栅钢架应力趋于稳定。DK453+570 断面全环主要承受以小偏心受压荷载为主,拱顶、边墙及两侧拱脚处格栅钢架压应力较大,最大值位于拱顶,压应力值为 105.68MPa;仰拱中心内侧存在较小的拉应力,拉应力值为 24.78MPa;在距离掌子面约 40m、历时 15d 左右,内侧格栅钢架应力逐步趋于稳定;在距离掌子面约 80m、历时近 40d,外侧格栅钢架应力趋于稳定。

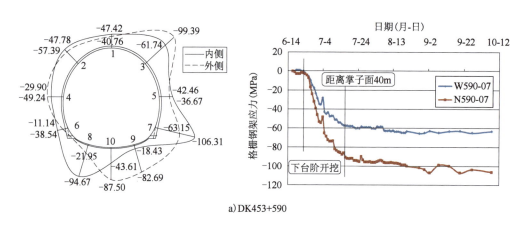

a) DK453+590

图 5-90

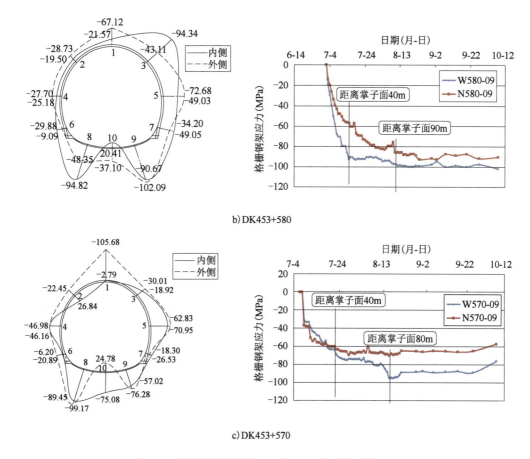

b) DK453+580

c) DK453+570

图 5-90 试验断面格栅钢架应力分布及时程曲线(单位:MPa)

(4)喷射混凝土应力

由图 5-91 可知,DK453+590 断面全环承受小偏心受压荷载,拱部及两侧拱脚处压应力较大,外侧喷射混凝土压应力最大值出现在左拱脚处,其压应力值为 28.34MPa,超过喷射混凝土抗压强度极限值(18.5MPa);内侧喷射混凝土压应力最大值出现在右拱腰处,其压应力值为 23.63MPa,超过喷射混凝土抗压强度极限值;在距离掌子面 25m、历时 8d 左右,内侧喷射混凝土压应力趋于稳定;在距离掌子面约 70m、历时近 1 个月,外侧喷射混凝土压应力趋于稳定。DK453+580 断面拱顶、右侧边墙及两侧拱脚喷射混凝土均承受较大的拉应力,其拉应力值为 3.14MPa,超过喷射混凝土抗拉强度极限值(2.0MPa);右侧边墙外侧喷射混凝土最大压应力值为 22.68MPa,超过喷射混凝土抗压强度极限值;在下台阶封闭成环后初期支护喷射混凝土受力快速增大,在距离掌子面约 40m、历时 20d 左右,变化速率有所减缓,在距离掌子面约 80m、历时 50d 左右,喷射混凝土应力变化趋于稳定。DK453+570 断面拱顶喷射混凝土承受较大拉应力,其拉应力值为 3.46MPa,超过喷射混凝土抗拉强度极限值;仰拱承受较大的压应力,仰拱右侧喷射混凝土最大压应力值为 20.66MPa,超过喷射混凝土抗压强度极限值;在距离掌子面 20m,历时 7d 左右变化速率有所减缓,在距离掌子面约 110m、历时近 2 个月,喷射混凝土应力基本趋于稳定。

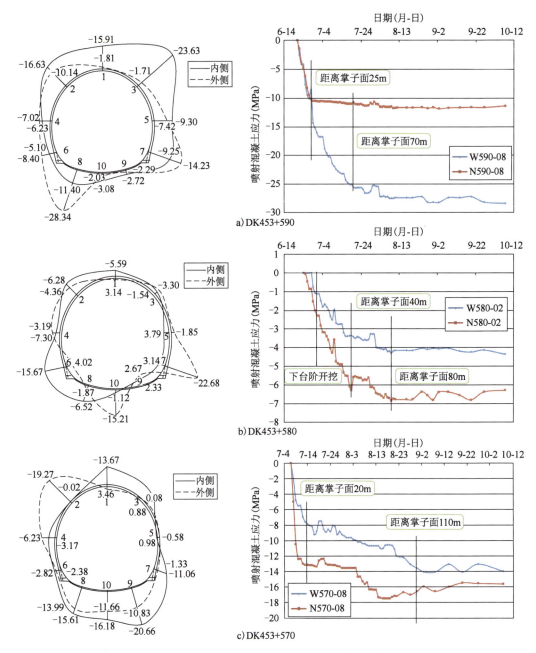

图 5-91 试验断面喷射混凝土应力分布及时程曲线（单位：MPa）

(5) 缓冲层变形

试验断面初期支护变形及受力趋于稳定后，在 DK453+590、DK453+580 断面左、右边墙进行钻孔取芯，了解海绵层的变形情况（图 5-92），钻芯发现 DK453+590 断面边墙海绵层基本未发生压缩现象；DK453+580 断面边墙海绵层压缩较大，其右边墙海绵层压缩至 3cm 左右。

(6) 初期支护开裂及稳定情况

缓冲层试验段初期支护直至二次衬砌施作，均未发现初期支护混凝土开裂、掉块现象。结合3个试验断面的测试数据来看,DK453+590断面拱顶最大压应力值达到0.97MPa,3个断面初期支护喷射混凝土局部拉、压应力均超过了喷射混凝土极限强度值。由于局部受力较大,随着后期发展,可能会出现初期支护喷射混凝土开裂情况。

a) DK453+590左边墙

b) DK453+590右边墙

c) DK453+580左边墙

d) DK453+580右边墙

图5-92 试验断面边墙海绵层压缩情况

2) 钢筋限阻器试验段

(1) 变形收敛

由图5-93可知,DK453+550断面拱顶累计下沉43.8mm,测线1水平收敛17.7mm,测线2水平收敛22.3mm,测线3水平收敛3.2mm;从变形过程来看,下台阶封闭成环后初期支护变形在持续发展,在距离掌子面约40m、历时20d左右,变形速率有所减缓;在距离掌子面约100m、历时50d左右,初期支护变形趋于稳定。DK453+540断面拱顶累计下沉17.5mm,测线1水平收敛16.2mm,测线2水平收敛19.8mm,测线3水平收敛9.2mm;从变形过程来看,下台阶封闭成环后,初期支护变形在持续发展,在距离掌子面约40m、历时20d左右,变形速率有所减缓;在距离掌子面约90m、历时50d左右,初期支护变形趋于稳定。DK453+530断面拱顶累计上升10.2mm,测线1水平收敛23.1mm,测线2水平收敛13.1mm,测线3水平收敛6.8mm;从变形过程来看,下台阶封闭成环后初期支护变形在持续发展,水平收敛都表现为向内收敛,拱顶变形先下沉后在较大水平力作用下出现持续上升现象;在距离掌子面约60m、历时约40d,初期支护变形趋于稳定。

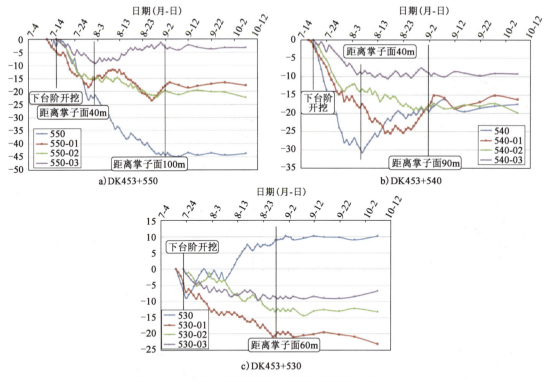

图 5-93 监控断面拱顶沉降及水平收敛时程曲线(单位:mm)

(2)围岩压力

由图 5-94 可知,DK453+550 断面围岩压力最大值出现在仰拱右侧,其值为 0.54MPa,其他部位围岩压力值均较小,不大于 0.1MPa;在距离掌子面约 100m、历时近 50d,围岩压力趋于稳定。DK453+540 断面围岩压力最大值出现在仰拱右侧,其值为 0.39MPa,其他部位围岩压力值均较小;前期围岩压力增长较快,在距离掌子面约 30m、历时 10d,围岩压力增长趋于缓慢,在距离掌子面约 80m、历时 40d 后,围岩压力趋于稳定。DK453+530 断面围岩压力最大值出现在仰拱右侧,其值为 0.12MPa,其他部位围岩压力值均较小;前期围岩压力一直处于波动状态,在距离掌子面约 80m、历时 45d 后,围岩压力趋于稳定。

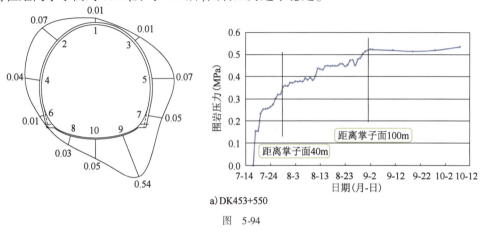

图 5-94

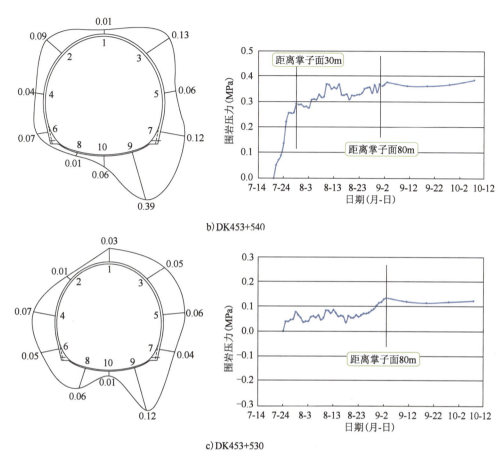

图 5-94 试验断面围岩压力分布及时程曲线(单位:MPa)

(3) 格栅钢架应力

由图 5-95 可知,DK453+550 断面全环主要承受小偏心受压荷载为主,两侧边墙及拱脚格栅钢架承受较大的压应力,最大值位于仰拱左侧,压应力值为 103.75MPa;仰拱中心内侧存在拉应力,其值为 52.36MPa;在距离掌子面约 30m、历时 12d 左右,格栅钢架拉应力趋于稳定。DK453+540 断面拱部及仰拱两侧处格栅钢架承受一定的拉应力,拱部格栅钢架拉应力值为 17.16MPa,左侧仰拱格栅钢架拉应力值为 39.68MPa;格栅钢架最大压应力位于右侧边墙,其值为 66.05MPa;前期格栅钢架应力增长较快,在距离掌子面约 30m、历时 10d,变化速率有所降低;在距离掌子面约 80m、历时 40d,格栅钢架应力趋于稳定。DK453+530 断面拱部左侧及仰拱中心处格栅钢架承受一定的拉应力,拱顶左侧格栅钢架拉应力值为 17.1MPa,仰拱中心格栅钢架内侧拉应力值为 5.32MPa;最大压应力位于仰拱中心格栅钢架外侧,其值为 56.34MPa;前期格栅钢架应力增长较快,在距离掌子面约 40m、历时 20d,格栅钢架变化速率有所降低,其后有一定的减小;在距离掌子面约 80m、历时 45d,格栅钢架应力基本趋于稳定。

(4) 喷射混凝土应力

由图 5-96 可知,DK453+550 断面基本以承受小偏心受压荷载为主,仰拱两侧喷射混凝土承受较大的压应力,最大压应力位于仰拱左侧,其值为 16.55MPa;边墙局部存在拉应力,右侧边墙喷射混凝土最大拉应力值为 1.62MPa；在距离掌子面 40m、历时 15d 左右，喷射混凝土应力趋于稳定。DK453+540 断面拱顶及右侧拱脚喷射混凝土承受较大的拉应力，拱顶喷射混凝土拉应力值为 3.31MPa，右侧拱脚喷射混凝土拉应力值为 4.56MPa；最大压应力位于左侧边墙，其值为 6.93MPa；在距离掌子面约 30m、历时 15d 左右，喷射混凝土应力变化速率变缓；在距离掌子面约 100m、历时 50d 左右，喷射混凝土应力基本趋于稳定。DK453+530 断面拱部右侧及仰拱局部喷射混凝土承受较大的拉应力，拱部右侧喷射混凝土拉应力最大值为 5.54MPa，仰拱中心喷射混凝土拉应力值为 0.93MPa；边墙两侧及仰拱承受较大的压应力，最大值压应力位于右侧边墙，其值为 14.9MPa；在距离掌子面约 40m、历时 25d 后，喷射混凝土应力变化速率减缓；在距离掌子面约 80m、历时 45d 后，喷射混凝土应力基本趋于稳定。

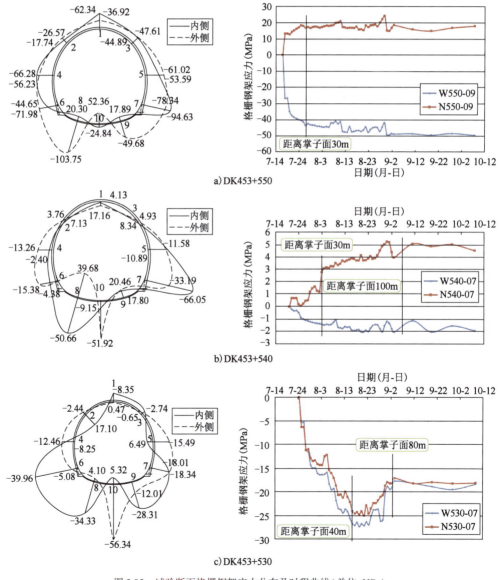

图 5-95　试验断面格栅钢架应力分布及时程曲线（单位：MPa）

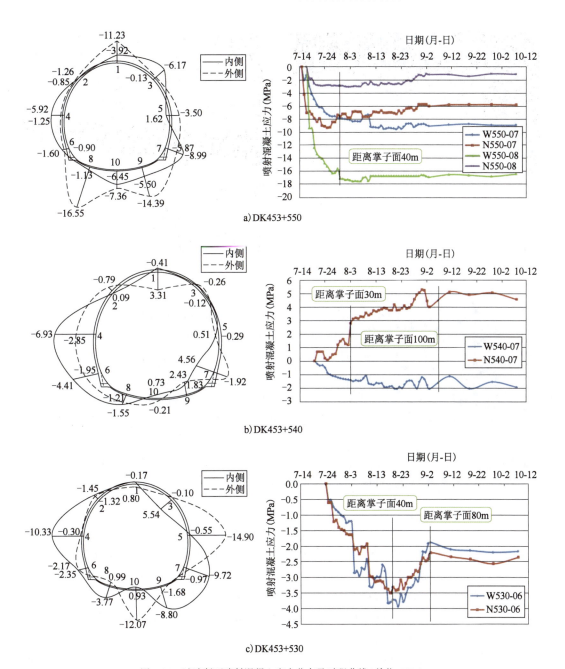

图 5-96 试验断面喷射混凝土应力分布及时程曲线（单位：MPa）

(5) 限阻器变形

DK453+550、DK453+540、DK453+530 试验断面采用钢筋限阻器，限阻器变形主要表现为限阻钢筋扭曲（图 5-97），限阻器压缩变形量分别为 60.1mm、62.8mm、25.8mm，均在允许压缩控制值范围内。为提高限阻器结构的整体抗压缩变形能力，后续在 DK453+302～DK453+272 采用了钢板限阻器进行试验，限阻器变形主要表现为限阻腹板压弯屈曲，压缩变形量为 7.7～33.8mm（图 5-98），远小于允许压缩值。

图 5-97 拱顶钢筋限阻器扭曲(喷射混凝土封闭)　　图 5-98 拱顶钢板限阻器腹板压弯屈曲

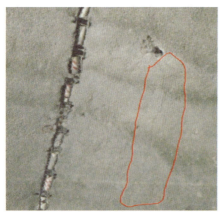

图 5-99 钢筋限阻器拱顶局部喷射混凝土开裂

(6)初期支护开裂及稳定情况

DK453+560~DK453+524 钢筋限阻器试验段初期支护拱顶局部存在喷射混凝土开裂、掉块现象,开裂位置距离掌子面为 17~34m(图 5-99),主要原因为局部喷射混凝土拉应力超过极限强度值,但总体上围岩压力值、格栅钢架压应力值、喷射混凝土压应力值相比缓冲试验段较小,初期支护结构整体安全;限阻器设置部位应适当加密钢筋网片,避免应力集中造成喷射混凝土开裂。DK453+302~DK453+272 钢板限阻器试验段初期支护混凝土未发生开裂、掉块现象。

3)锚杆+加筋底板试验段

(1)变形收敛

由图 5-100 可知,DK453+515 断面拱顶累计下沉27.9mm,测线1水平收敛22.0mm、测线2水平收敛12.6mm、测线3水平收敛11.0mm;从变形过程来看,下台阶封闭成环后初期支护变形在持续发展,在距离掌子面约100m、历时45d左右,初期支护变形趋于稳定。DK453+505 断面拱顶累计下沉11.1mm,测线1水平收敛16.1mm、测线2水平收敛22.1mm;从变形过程来看,下台阶封闭成环后初期支护变形在持续发展,在距离掌子面约100m、历时45d左右,初期支护变形趋于稳定。DK453+495 断面拱顶累计下沉12.6mm,测线1水平收敛20.3mm、测线2水平收敛19.0mm、测线3水平收敛14.6mm;从变形过程来看,下台阶封闭成环后,初期支护变形在持续发展,在距离掌子面约90m、历时35d左右,初期支护变形趋于稳定。

(2)围岩压力

由图 5-101 可知,三个试验断面的围岩压力值总体较小,大部分位置小于 0.1MPa。DK453+515 断面围岩压力最大值出现在右拱腰,其值为0.07MPa,在下台阶开挖初期支护封闭成环后围岩压力有较快的增长,在距离掌子面约30m、历时25d后,围岩压力趋于稳定。DK453+505 断面围岩压力最大值出现在左边墙,其值为0.12MPa,在下台阶开挖初期支护封闭成环后,围岩压力基本趋于稳定,在距离掌子面约80m、历时35d后,围岩压力趋于稳定。DK453+495断面围岩压力最大值出现在拱顶,其值为0.04MPa,在下台阶开挖初期支护封闭成环后,围岩压力仍有较快的增长趋势,但总量值很小,在距离掌子面约50m、历时25d后,围岩压力趋于稳定。

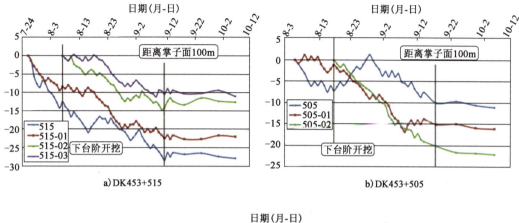

图5-100 监控断面拱顶沉降及水平收敛时程曲线(单位:mm)

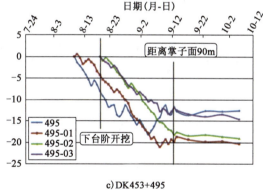

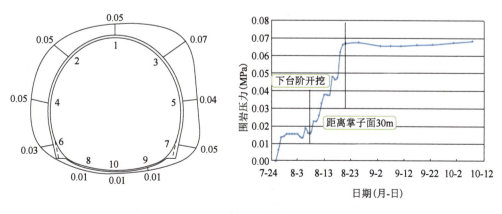

a) DK453+515

图 5-101

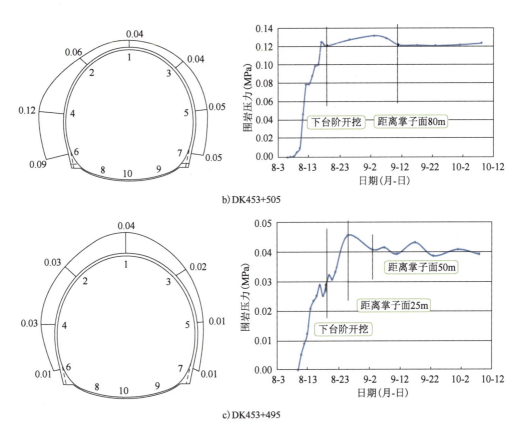

图 5-101 试验断面围岩压力分布及时程曲线(单位:MPa)

(3) 格栅钢架应力

由图 5-102 可知,DK453+515 断面全环主要承受小偏心受压荷载为主,拱顶及右拱腰格栅钢架承受较大的压应力,最大值位于右拱腰,其值为 72.95MPa;在距离掌子面 30m、历时 25d,格栅钢架受力趋于稳定。DK453+505 断面全环格栅钢架受力相对较小,分布较均匀;内侧格栅钢架应力最大值位于左拱脚处,拉应力值为 8.51MPa;外侧格栅钢架应力最大值位于右边墙处,压应力值为 6.05MPa;在下台阶开挖初期支护封闭成环后,格栅钢架受力快速趋于稳定,在距离掌子面 80m、历时 35d,格栅钢架受力趋于稳定。DK453+495 断面左侧格栅钢架受力远大于右侧,最大值位于左侧边墙,压应力值为 22.75MPa;在下台阶开挖初期支护封闭成环后,格栅钢架受力总量值快速趋于稳定,但受力在一定时间内存在波动。

(4) 喷射混凝土应力

由图 5-103 可知,DK453+515 断面拱部较大范围和拱脚处喷射混凝土承受较大的拉应力,左拱腰拉应力最大值为 2.07MPa,右拱腰拉应力最大值为 4.67MPa;边墙两侧承受压应力,最大压应力值为 8.42MPa;在下台阶开挖完成初期支护封闭成环后,喷射混凝土受力快速趋于稳定,在距离掌子面约 30m、历时 25d,喷射混凝土应力趋于稳定。DK453+505 断面全环喷射混凝土受力较小,两侧墙脚处喷射混凝土存在较大的拉应力,其值为 1.5MPa;在下台阶开挖完成初期支护封闭成环后,喷射混凝土受力趋于稳定。DK453+495 断面全环喷射混凝土受力较小,左侧拱腰及两侧墙脚喷射混凝土存在拉应力,左侧拱腰喷射混凝土拉应力最大值为1.69MPa;在下台阶开挖完成初期支护封闭成环后,喷射混凝土受力趋于稳定。

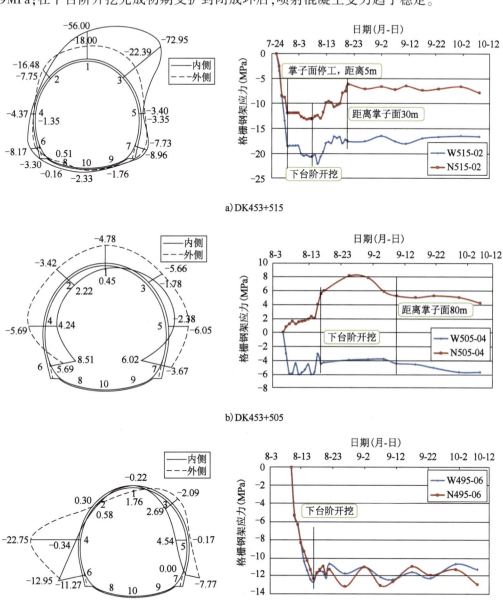

图5-102 试验断面格栅钢架应力分布及时程曲线图(单位:MPa)

(5)锚杆、加筋底板受力

①锚杆受力分析

拱顶锚杆受力较底板锚杆受力要大,锚杆最大拉力值位于锚头段处,其值为6.89kN,底板锚杆拉力值普遍较小,其值小于1kN(图5-104);在下台阶开挖完成初期支护全断面封闭成环后,锚杆受力迅速趋于稳定。

271

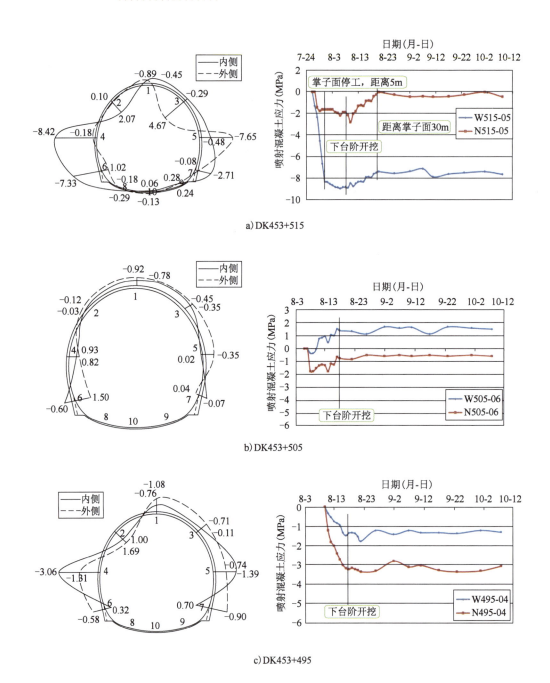

图 5-103 试验断面喷射混凝土应力分布及时程曲线图(单位:MPa)

②加筋底板受力分析

由图 5-105、图 5-106 可知,加筋底板的受力普遍较小。底板钢筋应力主要承受压应力,最大值位于仰拱中心,其压应力值为 2.33MPa,仰拱左侧局部钢筋承受拉应力,其值为 0.51MPa;底板混凝土左侧承受拉应力,最大值为 0.28MPa;底板混凝土右侧承受压应力,最大值为 0.29MPa。

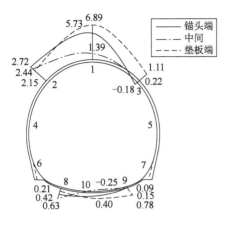 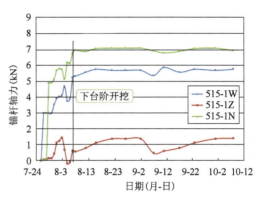

图 5-104 DK453+515 试验断面锚杆轴力分布及时程曲线图（单位：kN）

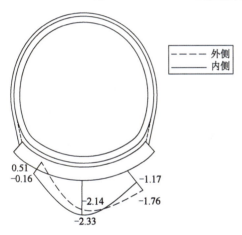

图 5-105 DK453+515 试验断面底板钢筋应力（单位：MPa）

图 5-106 DK453+515 试验断面底板混凝土应力（单位：MPa）

（6）初期支护开裂及稳定情况

DK453+524 ~ DK453+488 锚杆 + 钢筋底板试验段初期支护拱顶存在喷射混凝土开裂、掉块现象，开裂部位距离掌子面为 12 ~ 18m（图 5-107），主要是局部喷射混凝土因应力集中造成喷射混凝土拉应力超过极限强度值。因锚杆内部加固围岩作用，总体上试验段围岩压力值、格栅钢架应力值、喷射混凝土压应力值均相对较小，初期支护结构整体处于安全状态。

5.3.5 试验方案比选及现场应用

1）试验方案比选

通过对增设缓冲层、拱顶及仰拱加装限阻

图 5-107 锚杆 + 钢筋底板试验段拱顶局部喷射混凝土开裂

器、锚杆+加筋底板等方案试验段的现场测试及外观调查,形成统计结果见表5-14。

现场测试及外观调查统计表　　　　表5-14

力学指标		试验方案				
		缓冲层段	限阻器段		锚杆+加筋底板 (拱墙 H180, 仰拱 H230)	锚杆+加筋底板 (全环 H230)
			钢筋型	钢板型		
最大变形量 (mm)	拱顶	13.5(上升) 10.9(下沉)	43.8(下沉)	14.0(下沉)	27.9(下沉)	26.5(下沉)
	水平	23.8(收敛)	22.3(收敛)	15.0(收敛)	22.1(收敛)	24.5(收敛)
较大围岩压力(MPa)		0.4~0.97	0.39~0.54	0.05~0.1	0.1~0.12	0.1~0.16
较大钢筋应力(MPa)		102.09~106.31 (受压)	56.34~103.75 (受压)	20.22~34.55 (受压)	22.75~72.95 (受压)	27.55~45.21 (受压)
较大混凝土应力(MPa)		22.68~28.34 (受压)	6.93~16.55 (受压)	1.00~5.18 (受压)	3.06~8.42 (受压)	3.62~7.83 (受压)
稳定历史(d)		40~60	40~50	30~50	35~45	30~35
稳定距掌子面距离(m)		90~110	80~100	90~100	80~100	90~110
开裂情况		未发现开裂	拱顶局部开裂	未发现开裂	拱部开裂、掉块	拱部开裂、掉块
开裂距掌子面距离(m)		—	17~34	—	12~18	15~64

(1)增设缓冲层方案

缓冲层的设置为围岩前期变形提供了空间和初期支护混凝土强度提高争取了时间,初期支护承受围岩压力及变形时自身结构刚度较大,一定程度上导致了围岩压力、钢架应力值、喷射混凝土应力值相比其他方案均偏大;虽试验段尚未发现混凝土开裂、掉块现象,但由于初期支护受力较大,缓冲层变形空间相对较小且前期对围岩的变形约束能力较弱,在持续较大围岩变形情况下,初期支护结构有可能会发生开裂破坏现象。

(2)增设限阻器方案

通过在受力较大的拱顶及仰拱部位增设限阻器,来实现控制围岩能量释放的同时,支护结构和围岩共同持续变形;由于限阻器形成的低阻力支护体系,不会导致初期支护结构因受力过大而造成整体破坏。实践证明采用钢板限阻器控制变形的能力优于钢筋限阻器,且更不易造成拱顶应力集中导致混凝土开裂、掉块现象。同时,限阻器制作加工简单、操作方便,对现场工序影响较小,适用变形能力强。

(3)锚杆+加筋底板方案

采用锚杆从内部对围岩进行加固,能够充分发挥围岩的自承能力,能较好地减少支护结构受力;底部采用刚度较大的加筋底板能形成较好的反压效应,同时仰拱设置限阻器能较好地协调初期支护仰拱变形。但由于高地应力水平岩层持续变形的影响,隧道拱顶初期支护混凝土易造成局部应力集中而开裂、掉块。同时,加筋底板和锚杆施工作业时间较长,对施工工效有一定影响。

综上所述,三个方案均能保证隧道初期支护结构的整体安全及围岩稳定,采用增设钢板限阻器方案能保证初期支护结构受力相对较小且开裂控制效果较好。限阻器支护结构成本较锚杆+加筋底板、增设缓冲层方案均要低;限阻器加工制作简单、现场安装方便,施工工效相对较高。

2) 钢板限阻器支护结构现场应用

结合试验段应用成果,钢板限阻器支护结构相继在段家坪隧道、阳山隧道、如意隧道、集义隧道、延安隧道等多座隧道高地应力水平岩层段落得到推广应用。结合各段落地质条件及支护结构变形程度,分别在既有初期支护结构参数上,在拱顶及仰拱均安装限阻器和仅在拱顶安装限阻器。

(1)支护参数

钢板型环向限阻器根据钢架间距分别按照1m、0.75m、0.6m设计,限阻器高度为30cm,限阻器与格栅钢架采用螺栓连接,各榀环向限阻器沿纵向采用帮焊钢筋连接。限阻器连接钢板厚度为10mm,竖向钢板厚度为8mm,竖向间距为13.5~14.5cm,连接钢板与喷射混凝土侧设置连接钢筋。钢板型环向限阻器参数详见3.6.3节,此处不再赘述。

钢架主要有H150、H180和H230三种形式,间距分别为1m、0.75m、0.6m,钢架基脚处每侧设置2根3.5m长ϕ42mm锁脚锚杆,喷射混凝土厚度主要有22cm、25cm、30cm;双层钢筋网片采用纵向ϕ6mm×环向ϕ8mm,间距25cm×25cm;拱部120°范围内设置3.5m长ϕ42mm超前小导管,环向间距0.4m。隧道初期支护结构示意图如图5-108所示。

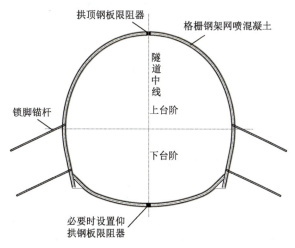

图5-108 钢板限阻器型初期支护结构示意图

(2)施工方法

高地应力水平岩层段落施工工法主要采用两台阶法,上台阶高度为6.5~7.5m,下台阶高度为4.5~5.5m。现场施工流程图如图5-109所示。

(3)注意事项

为避免钢板限阻器区域局部应力集中造成喷射混凝土开裂、掉块现象,应在钢板型环向限阻器区域上下各1m范围适当加密钢筋网片。喷射混凝土作业时应采用土工布堵塞钢板型环向限阻器的竖向钢板缝隙,防止喷射混凝土堵塞限制前期限阻器变形。当钢板型环向限阻器压缩量达到15cm时,应立即喷射混凝土封闭,必要时补充注浆。

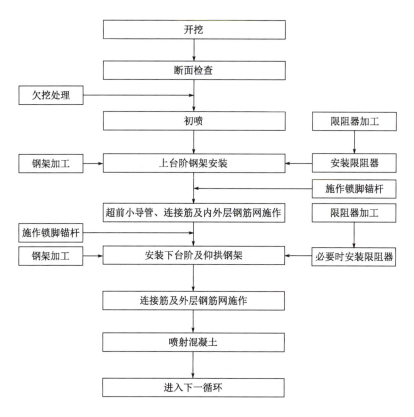

图 5-109　现场施工流程图

5.3.6　结语与建议

（1）高地应力水平岩层地段，因岩体强度较高，围岩会存在较长时间的持续缓慢变形，易造成初期支护结构拱顶及仰拱部位受力较大，导致喷射混凝土开裂、掉块现象，影响初期支护结构整体安全。

（2）采用在围岩和初期支护之间设置缓冲层结构能在一定程度上为围岩前期变形提供空间，为初期支护混凝土强度提高争取时间，但不能解决围岩持续变形造成初期支护结构受力较大的问题；采用锚杆从内部加固围岩、仰拱底部设置大刚度的加筋底板能充分发挥围岩的自承能力，较好的减少支护结构受力，但仍存在拱顶因应力集中造成喷射混凝土开裂、掉块现象；同时锚杆+加筋底板施工工序较复杂，作业时间长，一定程度上使得施工工效降低。

（3）钢板型环向限阻器初期支护结构能有效控制围岩能量释放，在持续的变形过程中能够约束围岩变形同时自身结构内力在可控范围内，有效解决了喷射混凝土开裂、掉块问题，初期支护结构整体处于安全状态。同时，限阻器加工制作简单、现场操作方便，对各施工工序影响小，在既有围岩等级下无须提高支护结构参数，经济效益和社会效益显著。

中条山隧道第三系高承压富水安全快速修建技术

随着我国铁路隧道建设的高速发展,隧道长度、埋深和跨度越来越大,穿越地区的地质条件越来越复杂,工程的规模和难度越来越大;隧道工点存在施工组织难度大,自然条件差,且风险高、工期紧、任务重等特点。本节以中条山隧道为例,针对隧道施工过程中探索形成的微台阶带仰拱开挖快速封闭成环、二次衬砌仰拱大区段施工、穿越第三系高承压富水地层基底处理及体外排水施工、富水隧道利用长大斜井反坡排水等关键技术进行介绍。

5.4.1 工程概况

中条山隧道穿越中条山山脉,进口位于运城市盐湖区解州镇,出口位于平陆县常乐镇。设计为双洞单线隧道,线间距35m,最大埋深为840m,左线全长18405m,右线全长18410m。隧道设计为"人"字坡,进口端14.6km为上坡,出口端3.8km为下坡,设5座斜井,1座平导。

1) 工程地质和水文地质条件

隧道穿过的主要地层有太古界变质岩,震旦系和寒武系沉积岩,第三系半成岩砾岩、泥岩、砂质泥岩,第四系新、老黄土层。不良地质主要有断层破碎带、岩爆、第三系高承压水等。洞身长距离穿越过第三系上新统砾岩、砂质泥岩、砂层地层,该段为高承压含水第三系N2洪积扇层,水头高出隧道底板80~177m,正常涌水量36500m³/d,现场实际在穿越此地层段落施工时掌子面涌水量最大达300m³/h,整个段落涌水量最大达67000m³/d。中条山隧道地层岩性分布图如图5-110所示。

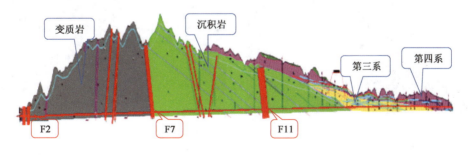

图5-110 地层岩性分布图

2) 工程重难点分析

中条山隧道工程地质条件复杂,施工风险极高,难度极大,为全线控制性工程、Ⅰ级风险隧道。施工重难点主要包括以下几个方面:

(1) 富水可溶岩地层的安全施工

DK624+635～DK628+690 段通过泥岩、页岩与可溶岩分界、寒武系可溶岩与第三系地层接触带等段落,岩溶裂隙发育,局部可能发育有小型溶洞,属富水区,可能出现突水、涌水、涌泥等情况,施工过程中防突涌是施工安全控制的重点。

5号、6号斜井及其承担施工任务的 DK628+490～DK632+500 正洞段落,通过富水高承压水层,属富水段,反坡排水是重点。可溶岩实际施工揭示情况如图 5-111 所示。

图 5-111　可溶岩施工揭示情况

(2) 第三系高承压富水地层的安全施工

隧道 DK628+690～DK631+040 段为第三系 N2 洪积扇地层,存在高承压富水,水头距隧道底板高度 80～177m,正常涌水量达 36500m³/d,施工风险极大。地层为砾岩、砂质泥岩,砾岩中等胶结、弱胶结,夹砂层,砂质泥岩半成岩,岩石强度低,暴露易风化,遇水易软化。第三系高承压富水地层揭示情况如图 5-112 所示。

图 5-112　第三系地层高承压富水地层揭示情况

(3) 断层破碎区域的安全施工

隧道通过断层破碎带及其影响带,岩体呈碎石角砾状;第三系砾岩、砂质泥岩地层,岩体强度低,遇水易软化,防止隧道坍塌是施工安全控制重点。

(4) 高地应力地层的安全施工

DK617+400～DK624+760 段,设计为片麻岩、石英岩等硬质岩,开挖过程中可能出现岩爆,洞壁岩体会有剥离和掉块现象。因此高地应力段如何降低或消除岩爆发生概率,是施工安全的控制重点。

(5)长距离斜井通风

进口及1号、2号、3号斜井独头施工距离长,施工通风条件困难,如何科学设计通风方案,加强日常管理,创造良好的作业环境以保证安全是施工组织管理重点。

(6)环境灾害控制

中条山山区生态脆弱,隧道部分地段下穿一级、二级水源保护区和碳酸盐岩溶水文区,其上零星分布有村庄,如何在施工期间控制地下水排放,防止出现环境灾害是本工程的重点和难点。

5.4.2 微台阶带仰拱开挖快速封闭成环施工

为保证施工安全,软岩围岩采用两台阶法施工。大量施工案例表明,台阶法施工受到步距限制,极大影响施工效率。如果超步距施工,则可能因初期支护闭合不及时造成安全隐患。针对中条山隧道一般软岩地层(如果地层为细砂层或掌子面为不稳定的软岩则需超前预加固),均采用了微台阶带仰拱一次开挖快速封闭成环的施工技术。

1)施工关键参数

(1)两台阶开挖

软弱围岩段落一般一次开挖进尺为1~2榀钢架间距,开挖台阶长度为5~6m,上台阶台阶高度为5.5~6m,下台阶高度为4.0~4.5m。微台阶开挖断面示意图如图5-113所示。

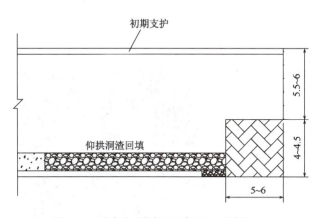

图5-113 微台阶开挖断面示意图(尺寸单位:m)

隧道开挖爆破采用下台阶、仰拱与上台阶同步钻孔、装药、连线,同步装药起爆。炮眼的深度和角度符合设计要求,掏槽眼眼口间距误差和眼底间距误差不得大于5cm;辅助眼眼口排距、行距误差均不得大于10cm;周边眼眼口位置误差不大于5cm,眼底不超出开挖断面轮廓线15cm。尽量减小周边眼外插角的角度,孔深小于3m时外插角的允许斜率宜为孔深的±5%;孔深大于3m时外插角斜率宜为孔深的±3%;外插角的方向与该点轮廓线的法线方向一致。同时,根据不同的炮眼深度,适当调整斜率。上台阶、下台阶带仰拱炮眼布置如图5-114所示。

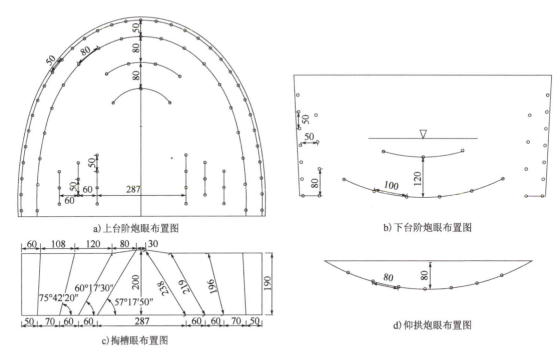

图 5-114　上台阶、下台阶带仰拱炮眼布置图(尺寸单位:cm)

(2)快速封闭成环

初期支护钢架尽量紧跟掌子面,初期支护仰拱封闭成环紧跟下台阶,全断面快速封闭成环,确保初期支护尽早整体受力,使扰动的围岩及早趋于稳定,两台阶法施工初期支护仰拱全断面封闭成环距掌子面距离按 1 倍洞径控制,现场施工情况如图 5-115 所示。

图 5-115　全断面及时封闭成环

(3)强化初期支护结构

采用湿喷工艺,提高初期支护喷射混凝土的早期强度,使用大型湿喷机械手作业,湿喷机喷射速度不小于 $30m^3/h$(图 5-116)。初期支护钢架采用工厂化集中加工的"8 字结"格栅钢架(图 5-117),确保初期支护质量。

280

图 5-116　湿喷机械手

图 5-117　格栅钢架工厂化加工

（4）及时回填洞渣形成工作面

仰拱初期支护封闭成环后，及时回填洞渣，形成连续作业面，确保后续工序及时快速跟进。现场施工示意图如图 5-118 所示。

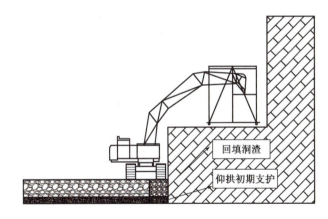

图 5-118　回填洞渣后工作面示意图

2）施工流程

微台阶带仰拱一次开挖快速封闭成环施工，即上、下台阶及仰拱同步钻孔爆破，起爆后首先进行上台阶扒渣，待钢架进至上台阶并开始立拱后，进行下台阶及仰拱出渣与立拱；如果局部出现欠挖，则采用手持风镐对欠挖处进行处理，满足净空条件后才能立拱。立拱完成后，按仰拱、下台阶、上台阶顺序施作初期支护喷射混凝土，下台阶与仰拱初期支护喷射混凝土施作完成后，采用洞渣回填仰拱以满足行车要求，待施作仰拱二次衬砌与填充层时再以人工配合机械进行仰拱回填洞渣的清运。微台阶带仰拱一次开挖快速封闭成环施工流程图如图 5-119 所示。

3）施工应用效果

微台阶带仰拱一次开挖快速封闭成环施工技术，能实现各工序之间平行作业，软弱围岩段落单循环作业时间为 680~715min，综合月实际进度指标可达 70~75m。采用该施工技术减少了后期仰拱开挖对掌子面施工的干扰，成环时间短，符合"快挖、快支、快封闭"的新奥法施工理念；仰拱与掌子面同时开挖爆破，减少了后期仰拱开挖爆破对围岩的扰动；仰拱与下台阶初期支护钢架一次性安装到位,有利于控制初期支护施工质量。中条山隧道采用该施工技术,安全、快速、顺利通过了第三系高承压富水地层、断层破碎带、高地应力等不良地质段落,综合经济和社会效益显著。

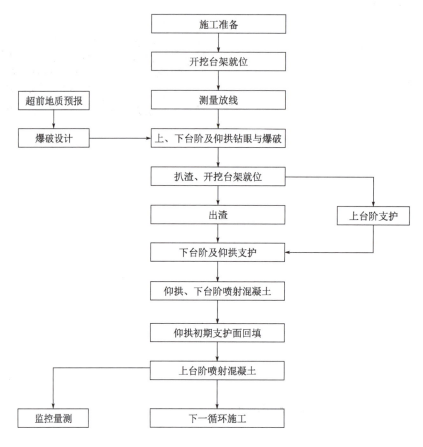

图 5-119　微台阶带仰拱一次开挖快速封闭成环施工流程图

5.4.3　二次衬砌仰拱及填充层大区段施工

为确保仰拱基底清理干净,保证仰拱施工质量,减少仰拱之间施工缝隙对接次数,浩吉铁路公司提出了与《铁路隧道工程施工技术指南》要求(仰拱分段长度宜为 4~6m)不一样的仰拱施工工法,即每次仰拱基底清理长度不得小于 24m,每次浇筑仰拱长度尽量与二次衬砌台车长度一致,做到仰拱、二次衬砌同缝,简称"大区段仰拱施工法"。

1)全液压履带式长栈桥设备

现场仰拱二次衬砌混凝土及仰拱填充采用了铁路单线隧道全液压履带式栈桥(有效跨距 25.5m),分区段同步平行作业。仰拱栈桥外观尺寸为 36.5m(长)×3.8m(宽)×3m(高),桥面与仰拱填充面之间高差 76cm。全液压履带式长栈桥设备能保证仰拱开挖及支护、二次衬砌仰拱钢筋绑扎及混凝土浇筑、隧道出渣等各项工序同步作业,仰拱初期支护清渣效果如图 5-120 所示,栈桥下仰拱二次衬砌钢筋绑扎图如图 5-121 所示。

图 5-120 仰拱初期支护清渣效果图

图 5-121 栈桥下仰拱二次衬砌钢筋绑扎图

2）施工流程

仰拱二次衬砌施工时主要施工流程为：回填洞渣清理→栈桥行走→仰拱钢筋绑扎、施工缝处理→仰拱二次衬砌模板安装→仰拱混凝土浇筑→仰拱二次衬砌模板拆除及填充模板安装→填充混凝土浇筑→模板拆除及混凝土养护。二次衬砌仰拱及仰拱填充大区段施工流程如图 5-122 所示。

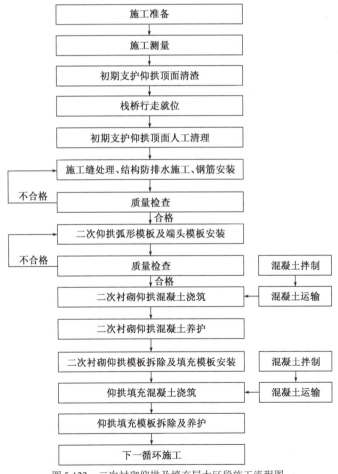

图 5-122 二次衬砌仰拱及填充层大区段施工流程图

3）施工应用效果

二次衬砌仰拱及填充层采用大区段施工，Ⅳ～Ⅴ级围岩有钢筋地段单循环时间在131h左右，每月综合进尺120m左右；Ⅲ级围岩仰拱二次衬砌单循环时间为97h左右，每月综合进尺168m左右；能够满足各级围岩开挖进尺施组要求。采用该施工技术能实现仰拱分区段进行清渣、钢筋绑扎、仰拱弧形模板安装等工序平行作业，施工集中，减少工序衔接，提高工效；和传统施工工法相比，减少了劳动力投入，减少了纵向钢筋接头和施工缝设置，减少了机械设备投入，节约了成本；实现了二次衬砌仰拱施工机械化，改善了二次衬砌仰拱的施工安全条件。

5.4.4 穿越第三系高承压富水地层基底处理及体外排水施工

中条山隧道 DK628+690～DK631+040 段通过第三系富水弱胶结砾岩、泥岩和砂质泥岩地层，该段隧道涌水量大，岩体强度低，遇水易软化，隧道基底承载力小于200kPa。

为减少泥化程度，提高隧道基底承载力，改善仰拱初期支护混凝土施工质量，增强仰拱排水能力、防止基底形成水压，开展了基底碎石换填加固施工技术和仰拱体外排水施工技术的应用。

1）基底碎石换填加固施工技术

（1）施工流程

富水地层软弱地层基底碎石换填注浆加固施工流程图如图5-123所示。

①隧道仰拱开挖至设计轮廓线后，人工清理基底软弱扰动层，沿基底弧形圈铺设厚度不小于30cm的级配碎石并人工夯实。

②喷射仰拱处初期支护混凝土，回填洞渣形成通道，使车辆正常行驶。

③采用全自动液压自行式长仰拱栈桥对回填洞渣进行清理，避免与前方开挖支护施工交叉影响，达到平行作业条件。

④采用移动式钻机在初期支护混凝土面钻孔、安装注浆管注浆，使浆液均匀地渗入回填碎石及岩层空隙中，排出空隙中的水分和空气，浆液凝固后将岩层和碎石层胶结成整体，改善持力层受力状态和荷载传递性能，从而使地基得到加固，提高其基底承载力。基底碎石换填注浆加固设计如图5-124所示。

（2）关键参数设计

为保证基底加固效果，开展了基底碎石换填加固的碎石级配及浆液配合比设计研究，确定碎石级配、选择注浆材料、选择注浆浆液配合比。

①碎石级配采用紧密空隙率较小，满足5～31.5mm连续级配、不易离析的配合比，即5～10mm(20%)、10～20mm(45%)、16～31.5mm(35%)。

②通过对双快双液浆和单液浆的材料来源、成本、凝结时间、堵水效果等方面开展试验研究，最终确定具有良好的抗分散性和早强、高强的性能，具有微膨胀性，胶结后能有效封堵出水通路，堵水效果较好的双快硫铝酸盐水泥单液浆进行注浆加固。

③分别选取水灰比0.6:1、0.8:1、1:1的硫铝酸盐水泥单液浆，对胶凝时间和抗压强度进行室内试验。试验结果表明，水灰比为0.8:1的硫铝酸盐水泥单液浆胶凝时间(75min)和抗

压强度适合基底换填加固注浆,其8h抗压强度为6.4MPa、12h抗压强度为17.8MPa、3d抗压强度为19.2MPa、7d抗压强度为21.4MPa、28d抗压强度为22.8MPa。

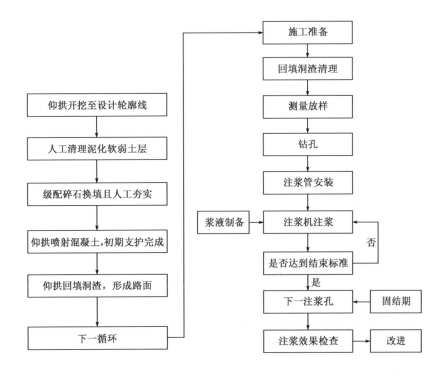

图5-123 基底碎石换填注浆加固施工流程图

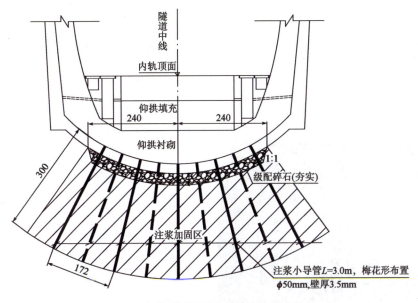

图5-124 基底碎石换填注浆加固设计图(尺寸单位:cm)

④通过采用三序孔注浆:先对三个周边进行注浆,从而形成对中间部位水流方向的约束,中间形成水流排出通道。可以实现地层注浆的逐渐挤密作用,注浆排水效果明显,钻孔和注浆总体时间相对较短。

(3)注浆加固

①注浆孔按梅花形布置,环向、纵向间距均为1.5m,注浆孔采用潜孔钻开孔,孔径52mm,孔深3.0m,钻孔完毕后及时进行清孔,验收合格后进行注浆管安装。

②安装注浆管,采用$\phi 50mm \times 3.5mm$的热轧无缝钢管,钢管长3m,尾端30cm采用麻筋缠绕,锚固剂锚固。

③注浆前进行压水试验,检查机械设备是否正常;水泥浆液水灰比0.8:1(重量比),注浆压力0.5~1MPa,注浆时纵向每5m一循环,从隧道两侧向中线注浆,下方注浆孔注浆时,发现上方注浆孔有浆液流出或压力达到1MPa时即停止注浆,封闭注浆管。

④从掌子面往仰拱方向,先封闭端部过水通道,防止注浆过程中水流带走过多浆液,影响注浆效果,从两侧往中间注浆,从而形成对中间部位水流方向的约束,中间形成水流排出通道。为确保基底加固质量,每段基底注浆加固完成后对隧道中线两侧各1.5m范围内进行补注浆,起到整体补强,补充薄弱点作用。每24m补注23孔,孔深1.5m,横向间距1.5m,纵向间距2.0m,梅花形布置,如图5-125所示。

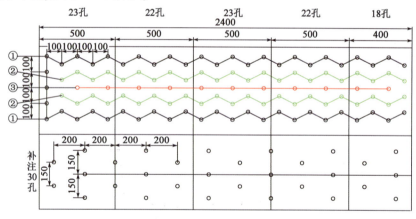

图5-125 仰拱基底注浆加固孔位布置图(尺寸单位:mm)

图5-126 水泥结石体芯样

(4)加固效果评价

注浆后通过取芯检验处理效果,在注浆孔间布置2%~3%质量自检孔,钻孔取芯具体要求按照《工程地质钻探标准》(CECS 240—2008)执行,检查孔内芯水泥结石体浆液填充饱满情况。试验结果表明:水泥结石体7d单轴抗压强度大于5MPa,喷射混凝土与围岩之间碎石层与浆液固结效果良好,现场芯样如图5-126所示。对注浆后地层的基底承载力检测发现,实测值为380~440kPa,满足设计承载力不小于200kPa的要求。

2)仰拱体外排水施工技术

传统富水隧道施工主要采用注浆堵水,造价较高,且影响施工进度。此外,该施工方法不能保证仰拱基底的水完全堵住,实现无水施工。在仰拱施工完成后,一旦有水则无法排出,聚积在初期支护与二次衬砌仰拱之间往往导致隧道仰拱混凝土开裂,在铁路运营中极易产生泵吸效应,破坏仰拱结构,严重影响运营安全。为此,本隧道研究采取体外排水施工,在初期支护与二次衬砌间构成了一套单独的排水体系,极大程度上解决了隧底积水无法排出的情况,减少了仰拱底部水的聚集。

(1)施工流程

首先对仰拱进行清底,其次在仰拱初期支护面上安装网状排水盲管形成仰拱独立的排水系统,然后覆盖土工布、防水板,最后浇筑混凝土。在隧道初期支护仰拱与二次衬砌仰拱之间增设独立排水系统,以疏导地下水,减轻隧底仰拱积水压力,体外排水示意图如图5-127所示。

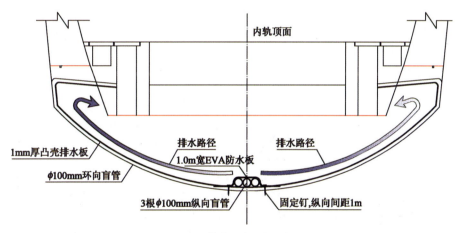

图5-127 体外排水系统示意图

(2)施工控制要点

①基底注浆加固验收合格后,在仰拱中线位置纵向贯通并排铺设3根φ100mm打孔波纹盲管,环向每隔3~5m设置一道φ50mm加筋软式透水盲管,环向盲管接入隧道水沟,避开拱墙环向、纵向排水管,环向与纵向盲管采用三通接头连接。

②在股状水出水点处单独增加盲管引排,设置φ50mm~φ100mm波纹盲管,引流至边侧水沟。

③所有排水盲管均外包土工布,环向盲管覆盖一层HDPE凹凸防水板。在仰拱中间纵向排水盲管上再覆盖一层宽1m的EVA防水板,两侧采用带热塑性圆垫圈的射钉固定,形成排水通道,如图5-128所示。

④在下组仰拱端头位置设置一道挡水墙(C20混凝土、高50cm,宽50cm),将仰拱内积水隔开,用水泵抽排仰拱内积水至挡水墙外。已施工段仰拱两侧水沟采用临时砂袋封堵,防止侧沟内积水流入正在施工的仰拱混凝土内,如图5-129所示。

⑤仰拱混凝土施工前,抽排积水至挡水墙外,混凝土从一端向另一端连续浇筑,抽水泵逐步后退移动,抽排仰拱积水,如图5-130所示。

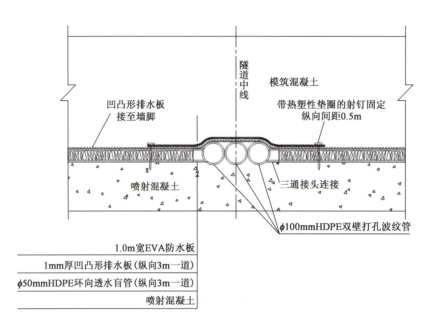

图 5-128 仰拱排水盲管布置示意图

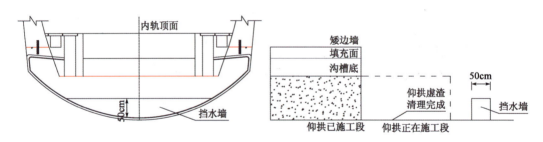

图 5-129 仰拱挡水墙设置

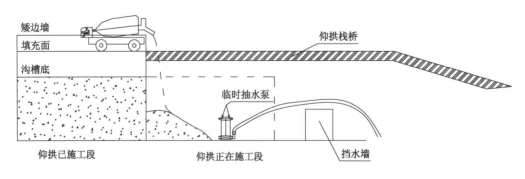

图 5-130 仰拱临时抽水示意图

⑥浇筑过程中应注意避免振捣器与横纵向盲管连接处直接接触,保证排水系统不被破坏,现场施工情况如图 5-131 所示。

图 5-131 体外排水现场施工

5.4.5 富水段落利用长大斜井反坡排水施工

在国内铁路隧道富水地层施工中,常规采用"以堵为主,限量排放"的原则施工。然而,该方法造价较高,施工进度慢,且施工过程中可能遇到突水突泥风险,存在施工效率降低以及由于排水渠道不畅引起的隧道结构质量安全病害等问题。中条山隧道部分段落穿越第三系承压富水层,施工阶段每日排水量达到数万立方米。通过研究确定了以排为主、利用长大斜井(3号斜井长2045m,综合坡度11.34%)反坡排水的施工技术。该技术采用分段截留、多级抽排解决长大斜井抽排水困难、易淹井难题。

1) 抽排水系统设置

根据工程现场实际,结合抽排水设备选型和设置研究结果,在三岔口处设置一级泵站及集水坑,斜井中部设置二级泵站及固定水箱,斜井及正洞掌子面均设置临时集水坑和移动水箱,平面布置图如图 5-132 所示。

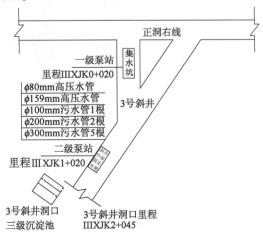

图 5-132 3号斜井抽排水平面布置图

2) 截排水系统设置

隧道涌水采取掌子面上、下台阶分别抽排,掌子面后方分段截流抽排,形成灵活高效的组合截排水系统。掌子面涌水快速排出洞外,改善了掌子面作业环境,确保工程质量和安全。斜井分段截排水布置图如图5-133所示。

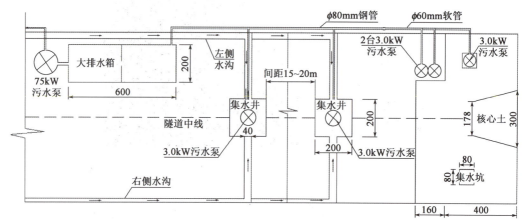

图5-133 分段截排水布置图(尺寸单位:cm)

同时,在掌子面后方底板分段设置集水井和横向截水沟截水。集水井沿隧道纵向每隔15~20m设置1道,横向截水沟将集水井和边沟连通,集水井尺寸为2m×2m×1.5m,横向截水沟深0.3m,宽0.4m。在集水井及水沟上方覆盖2cm厚钢板并用麻筋填塞。每个集水井安装3kW污水泵1台进行排水,采用直径60mm软管连接至排水主管道进入洞内大排水箱。集水井结构如图5-134所示,集水井效果如图5-135所示。

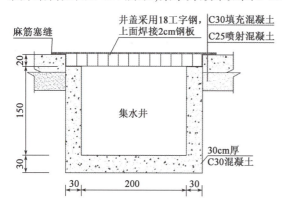

图5-134 集水井结构图(尺寸单位:cm)

图5-135 集水井效果图

3) 抽排水施工流程

抽排水总体施工流程图如图5-136所示。

4) 抽排水施工技术要点

施工抽排水遵循"分段截流、多级提升"的原则实施,保证已施工段渗涌水不流向掌子面,最大限度减少开挖掌子面抽排水压力,具体如下:

(1) 开挖过程中,掌子面边墙设临时集水坑,根据现场实际情况配备无堵塞污水潜水泵,保证开挖打钻过程中掌子面无积水。

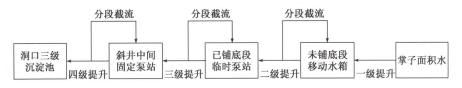

图 5-136　抽排水总体施工流程图

（2）利用水泵将积水从临时集水坑抽排至移动水箱内，移动水箱随掌子面开挖向前方移动。

（3）在已施工完仰拱段，将铺底面侧沟及集水坑内的积水抽排至井底一级固定泵站内。

（4）通过固定排水管，将井底一级泵站水抽排至中间固定泵站内。

（5）在斜井洞口设三级沉淀池，排水管将固定泵站积水抽排至沉淀池内，经过三级沉淀排放。

5.4.6　结语与建议

（1）采用下台阶带仰拱一次开挖，实现了隧道初期支护结构尽早全断面封闭成环，有效控制了围岩和支护结构变形量，确保了软弱围岩隧道施工安全；上台阶、下台阶带仰拱一次爆破成型，避免了后续仰拱爆破开挖对施工工序的干扰，提高了隧道施工工效。

（2）采用一次捡底不小于 24m 的全液压履带式栈桥，二次衬砌仰拱及填充层大区段施工，减少了施工缝设置，提高了二次衬砌仰拱及填充层施工质量；该栈桥能够实现仰拱清渣、钢筋绑扎、模板安装等工序平行作业，桥上能满足运输车辆正常通行，避免了各施工工序相互干扰；仰拱施工实现了机械化作业，降低了工人劳动强度，改善了施工作业环境。

（3）穿越第三系富水弱胶结砾岩、泥岩和砂质泥岩地层，采用基底碎石换填注浆加固，对仰拱初期支护混凝土与围岩间的软弱夹层或碎石层起到充填和固结作用，并具有良好的堵水效果，整体提高了基底的强度和刚度，有效解决了基底软弱及承载力不足等问题；采用仰拱体外排水施工技术，排除了积聚在仰拱初期支护与二次衬砌之间的基底水，避免了运营期基底软化导致出现翻浆冒泥现象。

（4）富水长大隧道采用以排水为主施工，利用长大斜井反坡排水，避免了以堵为主施工可能遭遇的突水突泥风险，保证了隧道施工安全；采用分段截留，减少了反坡施工掌子面排水量，加快了掌子面的施工进度，减少了循环时间，提高了施工工效。

万荣隧道干性粉细砂层水平旋喷桩加固台阶法修建技术

隧道穿越黄土、粉细砂地层一般选择 CD 法、CRD 法、双侧壁导坑法或三台阶大拱脚临时仰拱法施工;对自稳性较好的老黄土地段可采用三台阶法,不需设置临时仰拱。上述施工工法主要通过小断面分部开挖,设置临时支护来保证隧道施工的安全。由于作业断面空间较小,不利于大型机械化设备作业;临时支护需及时拆除且受力转换频繁,施工工序较复杂;以上因素导致了该类地层隧道施工进度缓慢。为保证粉细砂地层隧道施工安全质量、减少工人劳动强度、提高施工工效、提升该类地层隧道施工机械化应用水平,在万荣隧道开展了超前加固下台阶法施工关键技术的试验与应用。

5.5.1 工程概况

万荣隧道位于山西省运城市万荣县境内,隧道起讫里程为 DK555 + 117 ~ DK562 + 800,全长 7683m,为单洞双线隧道,最大埋深约 90.25m。隧道工程地质条件较差,地层主要为砂质新黄土、砂质老黄土、粉细砂,Ⅴ、Ⅵ级围岩占 97.7%。隧道 33 处下穿道路和村庄,地表果林、黄河灌溉渠密布。结合隧道长度及工期,全隧道设置 5 座斜井辅助施工,辅助坑道设置分布如图 5-137 所示。

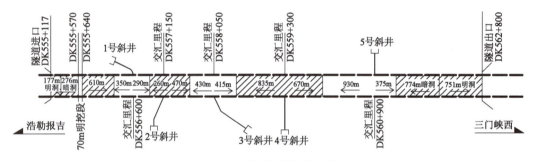

图 5-137 辅助坑道设置分布图

1) 工程地质条件

全隧广泛分布浅黄色、褐黄色砂质黏土,稍密~密实,稍湿~饱和,土质均匀,砂感较强,具湿陷性,揭露深度为 7.5 ~ 27.2m,湿陷性系数 δ_s = 0.015 ~ 0.134,为Ⅳ级(很严重)自重湿陷性场地。不良地质为砂质新黄土、粉砂地层;隧道洞身共计 1928.5m 需穿越粉细砂地层,分别为 DK555 + 720 ~ DK555 + 865(145m)、DK555 + 980 ~ DK557 + 045(1065m)、DK555 + 150 ~ DK555 + 250(100m)、DK559 + 890 ~ DK560 + 508.5(618.5m);可能发生的地质风险主要为流砂、大变形、坍塌或地表塌陷等。

2) 水文地质条件

全隧主要为渭汾断陷的峨眉台地隆起形成的黄土塬,顶部地形平缓,地表大多已开辟为耕地及果园,台地边缘地形起伏较大,V 字沟发育。地表水不发育,未见常年性地表径流。田地果园灌溉用水来自黄河水。地下水位较深,埋深约 300m。勘探深度内分布不连续的透镜状古土壤层,岩性为黏性土,雨季受降水下渗影响,在其上形成局部范围的上层滞水或洞顶局部渗水,砂层侧向补给渗水,水量不大,排泄方式主要为蒸发。

5.5.2 水平旋喷桩超前加固方案

为提高掌子面的自稳能力,实现全隧台阶法大断面机械快速施工,采用以水平旋喷桩超前加固为主。结合设计地质勘探确定的粉砂、细砂分布,以及每次超前钻探深度30m探明的地质情况(采用TY400钻机进行超前水平地质钻探,在上台阶布设3个超前钻孔,钻探深度30m,搭接5m,终孔边界为开挖轮廓外约3m)合理确定超前加固范围。

根据粉细砂层在隧道断面内的实际分布,结合台阶高度,分为全断面砂层、上台阶砂层、中台阶砂层、下台阶砂层共计4种情况,且对粉细砂层局部厚度大于2m以上的情况进行加固。加固范围主要为隧道开挖掌子面周边及纵向施作水平旋喷桩,对上台阶和中台阶拱脚施作锁脚旋喷桩。现场共计采用两种旋喷设备:第一种设备为ST-60液压钻机,每循环加固长度15m、开挖12m、搭接3m;第二种设备为TY400多功能钻机,每循环加固长度10m、开挖7m、搭接3m。TY400多功能钻机兼做锁脚旋喷桩。超前加固方案如下:

(1)全断面加固方案

掌子面为全断面砂层时,上、中、下台阶采用超前水平旋喷桩预加固。全断面超前水平旋喷桩加固横、纵断面如图5-138、图5-139所示。

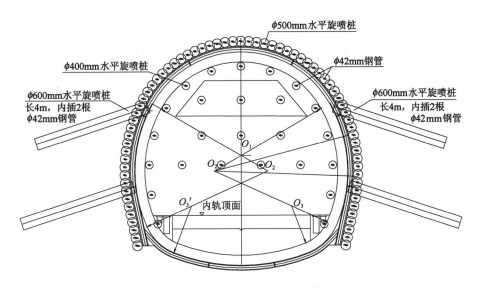

图5-138 全断面超前水平旋喷桩布设横断面图

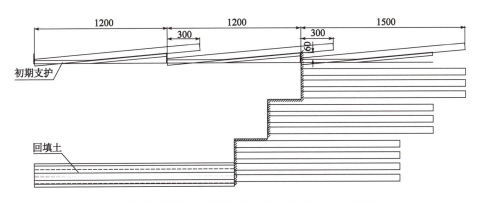

图5-139 全断面超前水平旋喷桩布设纵断面图(加固15m)(尺寸单位:cm)

周边旋喷桩 ϕ500mm,桩间距 400mm,咬合 100mm,设计外插角 3°~5°。掌子面内旋喷桩 ϕ400mm,第一圈水平旋喷桩距开挖轮廓线内侧 1m 布置,环向间距 1.5m。为确保掌子面前方稳定,上台阶核心土部位再布设 ϕ400mm 的旋喷桩 3 根;同时为保证上台阶形成正常施工平台,确保超前小导管、锁脚施作平台稳定,中台阶布设两排 ϕ400mm 的旋喷桩,水平间距 2m、竖向间距 1.5m,梅花形布置;台阶处斜向 45°打设 2 根 ϕ600mm 的旋喷桩,长度 4.0m。所有旋喷桩内插 ϕ42mm×5mm 钢管,加强旋喷桩抗剪强度。

(2)上台阶加固方案

掌子面上台阶为砂层时,上台阶采用超前水平旋喷桩预加固。上台阶超前水平旋喷桩加固横、纵断面如图 5-140、图 5-141 所示。

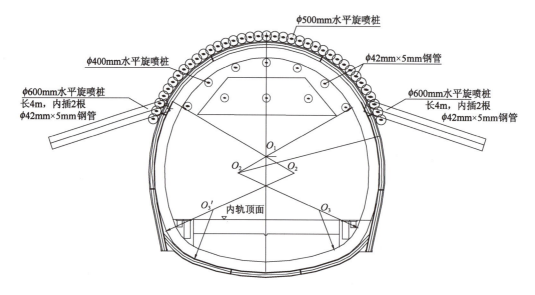

图 5-140 上台阶超前水平旋喷桩布设横断面图

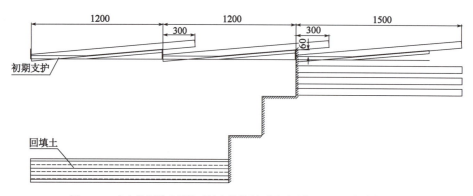

图 5-141 上台阶超前水平旋喷桩布设纵断面图(加固 15m)(尺寸单位:cm)

周边旋喷桩 ϕ500mm,桩间距 400mm,咬合 100mm,设计外插角 3°~5°。掌子面内旋喷桩 ϕ400mm,上台阶第一圈水平旋喷桩距开挖轮廓线内侧 1m 布置,环向间距 1.5m。为确保掌子面前方稳定,上台阶核心土部位再布设 ϕ400mm 的旋喷桩 3 根;上台阶处斜向 45°打设 2 根 ϕ600mm 的旋喷桩,长度 4.0m。所有旋喷桩内插 ϕ42mm×5mm 钢管,加强旋喷桩抗剪强度。

(3) 中台阶加固方案

掌子面中台阶为砂层时,中台阶采用超前水平旋喷桩预加固。中台阶超前水平旋喷桩加固横、纵断面如图 5-142、图 5-143 所示。

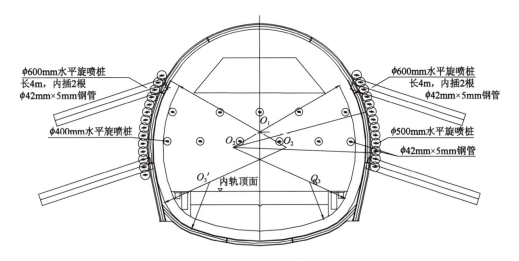

图 5-142　中台阶超前水平旋喷桩布设横断面图

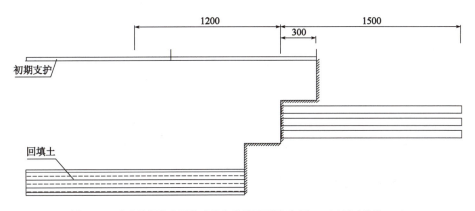

图 5-143　中台阶超前水平旋喷桩布设纵断面图(加固 15m)(尺寸单位:cm)

周边旋喷桩 ϕ500mm,桩间距 400mm,咬合 100mm。掌子面内旋喷桩 ϕ400mm,中台阶第一圈水平旋喷桩距开挖轮廓线内侧 1m 布置,环向间距 1.5m;内部再布设两排 ϕ400mm 的旋喷桩,水平间距 2m,竖向间距 1.5m,梅花形布置;台阶处斜向 45°打设 2 根 ϕ600mm 的旋喷桩,长度 4.0m。所有旋喷桩内插 ϕ42mm×5mm 钢管,加强旋喷桩抗剪强度。

(4) 下台阶加固方案

掌子面下台阶为砂层时,下台阶采用超前水平旋喷桩预加固。下台阶超前水平旋喷桩加固横、纵断面如图 5-144、图 5-145 所示。

周边旋喷桩 ϕ500mm,桩间距 400mm,咬合 100mm。掌子面内旋喷桩 ϕ400mm,下台阶第一圈水平旋喷桩距开挖轮廓线内侧 1m 布置,环向间距 1.5m;内部根据砂层稳定程度适当增设旋喷桩。所有旋喷桩内插 ϕ42mm×5mm 钢管,加强旋喷桩抗剪强度。

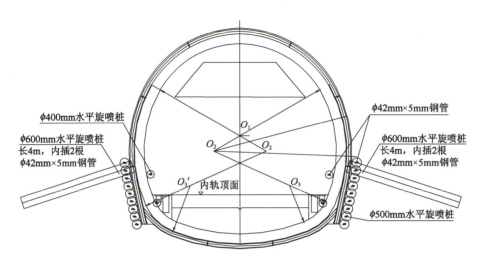

图 5-144　下台阶超前水平旋喷桩布设横断面图

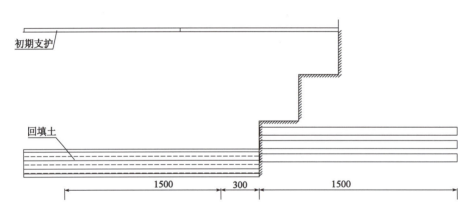

图 5-145　下台阶超前水平旋喷桩布设纵断面图（加固 15m）（尺寸单位：cm）

5.5.3　水平旋喷桩超前加固施工

1) 超前加固参数

掌子面及周边超前水平旋喷加固参数见表 5-15。

超前水平旋喷加固参数表　　　　　　　　　　表 5-15

序号	加固项目	参数名称		参数值	备注
1	水平旋喷	旋喷桩直径	周边	50cm	
2			掌子面	40cm	
3			锁脚	60cm	
4		旋喷桩间距	周边	40cm	
5			掌子面	1.5m×1.5m	环向间距
6			锁脚	60cm	

续上表

序号	加固项目	参数名称	参数值	备注
7	水平旋喷	压力	25～30MPa	
8		转速	30r/min	
9		水泥浆液流量	50L～60L/min	
10		浆液配合比	1:1	
11		后退速度	0.5m/min	
12	内插钢管	范围	所有旋喷桩	
13		钢管尺寸	$\phi 42mm \times 5mm$	
14		孔深	15m 或 10m	

2) 超前加固机械设备参数

现场水平旋喷桩施工主要采用 ST-60 液压钻机和 TY400 多功能钻机,以 ST-60 液压钻机施工为例,对配套的机械设备参数进行简要叙述。利用 ST-60 多功能地质摇臂钻机进行旋喷,主要配套的设备有:ST-60 多功能地质摇臂钻机、SM-14 多功能地质钻机和 SGM45 水泥浆搅拌站及 7T-600J 高压泵站。具体机械设备参数见表 5-16～表 5-18。

ST-60 摇臂钻机主要技术参数表　　　表 5-16

发动机				
TCD2012LD6 道依茨发动机		西门子 4POLS50HZ380V 电子发动机		
主要性能	柴油、四冲程、涡轮增压、水冷 6 缸	电子发动机功率		110kW
最大功率	155kW	电动减振和抗振		支持
额定功率	135kW	发动机仪表		配备
最大扭矩	770N·m(1600r/min)			
钻机主体				
底盘		液压系统		
总长度	4510mm	主轴向活塞泵		260LT
总宽度	2500～3700mm	齿轮泵		配备
履带板宽度	600mm	液压油箱		650LT
行驶速度	1.7km/h	燃油箱		345LT
桅杆		液压夹持器		
冲程	19m	夹紧范围		60～255mm
最大提拔力	75kN	最大夹紧力		159kN
最大加压力	75kN	最大卸扣力		3830kN
提拔力	100kN	提拔力		130kN

续上表

其他性能及配置			
工作半径范围	3700~6500mm	使用于处理钻孔深度	19m
工作覆盖角度	240°	工作状态质量	64t 或 66t
工作最大高度	10.7m	平均地面压力	0.12MPa
作业最大断面面积	140m²	动力头配备	双动力头
有线遥控器	配备	吊装工人升降台	配备
无线遥控器	配备	FASSI 液压吊机	配备

SM-14 多功能地质钻机技术参数   表 5-17

发动机			
QSB4.5 康明斯发动机		RH11200V 动力头	
主要配置	柴油、四冲程、涡轮增压、水冷四缸	减速箱类型	无级变速
最大功率	165kW	最大扭矩	1207N·m
额定功率	123kW	最大钻速	0~211r/min
最大扭矩	1207N·m(1600r/min)	通孔直径	114mm
钻机主体			
底盘		液压系统	
总长度	3062mm	主轴向活塞泵	260LT
总宽度	2300~2500mm	齿轮泵	配备
履带板宽度	400mm	液压油箱	400LT
行驶速度	2.7km/h	燃油箱	200LT
桅杆		液压夹持器	
冲程	18m	夹紧范围	50~255mm
最大提拔力	89kN	最大夹紧力	266kN
最大加压力	45kN	最大卸扣力	5060kN
提拔力	120kN	提拔力	160kN
其他配置			
高喷配置		减速箱类型	
喷杆直径	99~144mm	最大扭矩	1207N·m
最大深度(T1/T1S-T2)	15400/16000mm	最大钻速	0~221r/min
质量	13400kg	通孔直径	114mm
噪声	105LwA-Db		

配套注浆设备主要技术参数 表5-18

序号	项目	部位名称	单位	数值	备注
1	注浆发动机	型号	mm	DEUTZ-TCD2015V08	7T600J
		功率	kW	440@2100r/min	
2	注浆参数	最大注浆压力	MPa	65	
		最大流量	L/min	338	
3	制浆设备	长×宽×高	mm	2500×2100×2400	SGT45
		容量	L	2200	
		质量	kg	2200	
		电气系统功率	kW	30	
		垂直泵额定功率	kW	45	
		垂直泵流量	L/min	3000	
		最大产浆量	m³/h	30	
4	储浆设备	长×宽×高	mm	2400×2200×2300	SGA45
		容量	L	4500	
		质量	kg	1800	
		转速	r/min	1500/1800	
		工作压力	MPa	0.1	
		电气系统功率	kW	21/28	
		垂直泵额定功率	kW	15/22	
		搅拌单元电机功率	kW	5.5	

3) 超前加固施工概况

(1) 施工流程

水平旋喷桩超前加固施工流程图如图5-146所示。

(2) 施工步骤

①施工准备

水平旋喷施工前须将掌子面尽可能刷直,水平旋喷机和掌子面底部之间要预留足够大的浆液回流池,避免对水平旋喷机造成施工干扰,掌子面采用C25喷射混凝土进行封闭,厚度不小于20cm。

②测量放样

为保证施工精度在误差控制范围内,钻孔前根据设计孔位布置图用全站仪进行测量放样,分别标出隧道施工断面中轴线和每个钻孔的坐标位置,并用自喷漆做好标记。

③钻机就位

钻机设备尺寸较大,如ST60水平旋喷机(长×宽×高=21000mm×3400mm×3200mm),在钻机行进至掌子面过程中必须专人通过对讲机与司机实时沟通,保证钻机和洞身之间留够足够的安全距离。

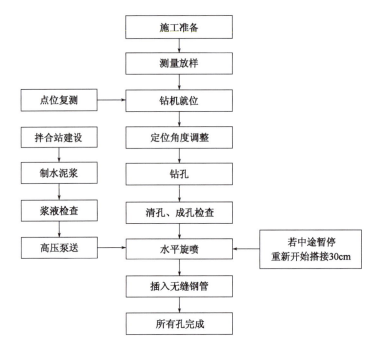

图 5-146　水平旋喷桩超前加固施工流程图

④施作回浆池

钻机就位后及时施作回浆通道及回浆池,回浆通道由掌子面挡浆墙和回浆串筒组成,挡浆墙采用沙袋,回浆串通采用厚 3mm 钢板,1.2m/节,总长 24m,回浆池尺寸 3m×2m×1.5m(长×宽×高)。

⑤点位复测,定位角度调整

分孔计算每根桩的偏角和仰角,按照钻孔方位角进行点位复测和角度定位调整,并根据实际钻孔时钻杆产生的挠度误差进行相应的角度补偿,确保施工精度在误差控制范围内。在钻机定位的同时,洞外拌和站浆液拌制应同步进行。

⑥钻孔

钻孔之前认真检查钻机的各项参数指标是否在正常值范围内,有无其他异常情况,确保钻机正常运行,在动力头行程和滑壁行程范围内无障碍物,开始钻孔后不得随意调整钻机摆臂;钻孔过程中钻机司机、工班长和技术人员应时刻关注钻孔返渣情况、注浆压力的变化、钻机旋转扭矩的变化情况、钻机摆臂的晃动情况。为防止卡钻、埋钻,钻进过程中采用带浆作业,利用浆液形成浆液护壁,同时控制回次进尺,回次进尺宜为 0.3~1.0m,采取轻压、低转速和大泵量。钻进参数可为钻进压力 2~6kN,转速 20~120r/min,泵流量 140~200L/min。

⑦清孔、成孔检查

钻孔完成后认真检查成孔情况,确保钻孔没有塌孔现象,检查完成后方可进行旋喷提拔作业。

⑧水平旋喷

按照"先周边、后掌子面"的顺序进行旋喷施工。周边按照每次间隔一孔,孔位从下到上,左、右交替进行,跳跃式成桩;两边强度平衡,减少因钻杆偏移造成桩间咬合率低。开孔时慢进,钻进1m后按正常速度钻至设计深度,当浆液从喷嘴喷出并达到设计压力后开始旋喷,桩前端原地旋喷不小于30s。严格控制旋喷时的旋转速度和提升速度,其提升速度应小于250mm/min。桩前端受外插角的影响,咬合效果差,应适当加大旋喷压力或降低喷嘴的旋转提升速度。因故障停机或者浆液供应异常应及时停止旋喷提拔,浆液回复泵送之后应将喷嘴前移30cm进行复喷作业;在距离旋喷孔口提前50cm时停止泵浆作业,钻机司机停止提拔钻杆,待注浆压力为0时方可将带喷嘴的钻杆拔出孔口。

⑨插入无缝钢管

旋喷完成后及时插入无缝钢管,防止旋喷桩凝结;每节钢管长度视现场具体情况而定,不宜过长或过短,3~5m最佳,两节钢管之间采用螺纹接头对接的方式进行对接。

⑩回浆倒运

旋喷回浆收集至泥浆池后,采用泥浆泵抽送至罐车,再运输至洞外渣场。

3) 超前加固施工工效

(1)2台TY400钻机同时施工

①施工准备:整理施工平台、封闭掌子面、钻机就位、注浆设备就位、泥浆处理,共计需要0.5d。

②旋喷桩施作时间:采用TY400钻机施工1根10m长旋喷桩施作时间见表5-19。按照全断面砂层加固考虑,每循环旋喷桩施作时间需要5d。

单根旋喷桩施作时间　　表5-19

部　位	定位 (min)	开孔 (min)	钻进 (min)	旋喷 (min)	插小导管 (min)	单桩时间 (min)
周边、掌子面旋喷桩	5~10	5~10	35~40	35~45	10	90~120
锁脚旋喷桩	5~10	10	25	20	3~5	60

③开挖工效:开挖支护一循环7m需要8d,综合旋喷及开挖支护时间,全断面砂层施工月综合进度为23m。

(2)1台ST60钻机及1台SM14钻机

①施工准备:整理施工平台、封闭掌子面、钻机就位、注浆设备就位、泥浆处理,共计需要0.5d。

②旋喷桩施作时间:采用ST60钻机施作1根15m长旋喷桩需要150min,SM14钻机施作1根锁脚旋喷桩需要60min,可同时作业;每循环旋喷桩施作时间需要8.3d。

③开挖工效:开挖支护一循环12m需要12d,综合旋喷及开挖支护时间,全断面砂层施工月综合进度为18m。

5.5.4　正洞台阶法施工技术

在超前水平旋喷桩预支护作用下,三台阶预留核心土开挖法,采用大型施工机械设备实现快挖快支快封闭成环,明确隧道初期支护全断面封闭成环距离掌子面控制在1.5倍洞径之内。

1) 台阶开挖尺寸

为保证全断面快速封闭成环,同时满足大型机械设备作业空间要求,合理确定台阶开挖尺寸。上台阶高度为4m,台阶长度不大于5m,预留核心土高度为2.5m,宽度为3.5m,长度为2m;中台阶高度为3.8m,长度不大于12m;下台阶(含仰拱)高度为3.6m。上台阶预留核心土两侧对称开挖,上中下台阶循环进尺不大于2榀钢架间距。三台阶预留核心土法横、纵断面布置图如图5-147、图5-148所示。

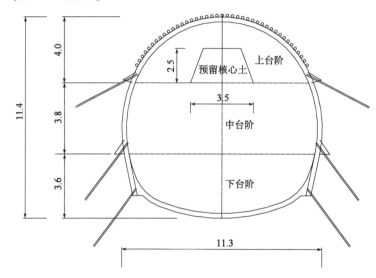

图5-147　三台阶预留核心土法横断面图(尺寸单位:m)

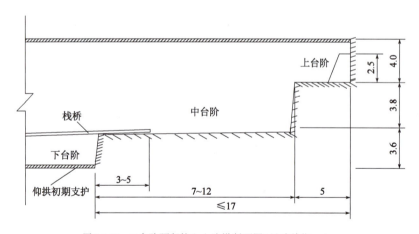

图5-148　三台阶预留核心土法纵断面图(尺寸单位:m)

隧道仰拱二次捡底采用一次有效开挖长度不小于24m的液压自行式长仰拱栈桥设备,栈桥前引桥搭在中台阶上,长度不小于3m。三台阶预留核心土法现场施工情况如图5-149所示。

2) 施工工序要求

(1) 分部开挖

结合砂层、新老黄土地层特点,采用松土器、铣挖头开挖(图5-150),局部采用人工修边,避免挖掘机斗尺寸过大造成超挖或触碰初期支护钢架问题;钢架拱脚部位预留20cm采用人工开挖。上台阶开挖采用沿开挖轮廓环行开槽,开挖顺序为先拱腰后拱部;中台阶不留中间土,边墙两侧对称开挖;下台阶(含仰拱)两侧对称开挖,开挖顺序为先两侧,栈桥前引桥提升后挖除中间部分。

图 5-149　三台阶预留核心土法现场施工

a)铣挖头开挖

b)松土器开挖

图 5-150　开挖掘机械设备

（2）钢架安装

①根据测量放线位置及高程,清除拱脚下虚渣及杂物,安装钢架;各单元钢架通过螺栓连接,连接板必须密贴。

②上台阶钢架紧跟掌子面,下台阶两侧钢架同时开挖安装,与初期支护仰拱钢架连接,保证初期支护快速封闭成环。

③钢架节点用定位筋固定,拱脚部位设置改性聚氨酯楔块,架设好钢架后顺地面打入,楔紧钢架。楔块平面为正方形,长 300mm、宽 240mm;截面为梯形,高 50mm,端部设置 30°,便于打入。

④施作锁脚锚杆,用 U 形钢筋与钢架焊接牢固;两榀钢架间采用纵向连接筋呈八字形焊接牢固。

（3）钢筋网安装

钢筋网安装在钢架背后,将上一循环预弯的钢筋网恢复设计位置,与本循环钢筋网焊接,搭接不小于一个网格的长度。同时用钢管将本循环靠近掌子面处的钢筋网预弯,防止被喷射混凝土覆盖,便于下一循环钢筋网安装。

(4)超前小导管支护

①在设计孔位上做好标记,用凿岩机钻孔,外插角为10°~15°,成孔直径50mm。小导管用钻机顶入,顶入长度不小于钢管长度的90%,并与钢架焊接在一起,共同受力。相邻两排小导管搭接长度不小于1m。

②注浆材料采用水泥浆液,水灰比1:1,注浆压力不得大于1.0MPa,注浆参数根据现场试验予以调整。

③超前小导管自两侧向拱顶方向分单双号间隔施工,即先注第一序孔(单号),然后再注第二序孔(双号)。

(5)喷射混凝土

①喷射混凝土采用分段、分片、分层依次进行。分片喷射要自下而上进行并先喷钢架与土质表面间混凝土,再喷两钢架之间混凝土。边墙喷射混凝土应从墙脚开始向上喷射,使回弹不致裹入最后喷层。分层喷射时,边墙一次喷射混凝土厚度不超过15cm,拱部不超过10cm,并保持喷层厚度均匀。

②喷射工作风压约0.6MPa,喷嘴与受喷面间保持距离为0.8~1.2m,喷射角度尽可能接近90°,以获得最大压实和最小回弹。

③为消除台阶拱脚处喷射混凝土不密实,减少拱脚开挖对初期支护及围岩的扰动,在各台阶处安装隔板,解决拱脚喷射混凝土黏结的渣土清理不干净,在后续喷射混凝土与前期喷射混凝土间存在夹层的质量问题。隔板使用及拱脚喷射混凝土质量效果图如图5-151所示。

图5-151 隔板使用及拱脚喷射混凝土质量效果图

3)仰拱施工

为满足仰拱二次衬砌及填充层大区段施工,一次有效开挖长度不小于24m,在前期采用超前水平旋喷桩对下台阶范围内的粉细砂层进行超前加固,初期支护全断面封闭成环后及时进行部分下台阶及仰拱渣土回填形成连续作业面,后期再进行二次捡底。

全液压自行式仰拱栈桥总长度46m,栈桥主梁长度32m,有效施工长度24m,走行轨道中心距5.5m。桥面净宽3.8m,前后引桥长度均为11m,前引桥搭接中台阶长度不小于3m。仰拱栈桥二次捡底施工图如图5-152所示。

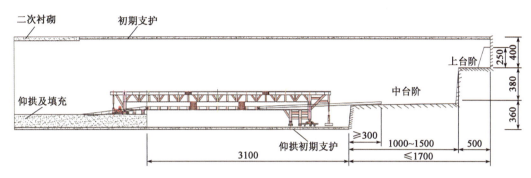

图 5-152　仰拱栈桥二次捡底施工示意图(尺寸单位:cm)

为解决大体积混凝土(300m³)振捣质量,减少仰拱填充层混凝土开裂,降低工人劳动强度,在仰拱栈桥上配置了下挂式仰拱模板,全自动高频振捣整平机设备,现场施工效果如图 5-153 所示。

图 5-153　全自动高频振捣整平机现场施工效果图

5.5.5　斜井挑顶施工技术

万荣隧道 1 号、3 号斜井与正洞交叉口地质条件较差,揭示地层为全断面砂层,拱顶开挖线以上至少 2m 为砂层。砂层黏粒含量小且未胶结,密实,稍湿,砂层含水率 4.2%,含泥量 2.3%,孔隙率为 35%,开挖后自稳性差。为确保安全转入正洞施工,采用水平旋喷桩进行超前加固,斜井挑顶段施工分六个阶段进行,具体施工阶段示意图如图 5-154 所示。

1) 第一阶段施工(斜 0+16~斜 0+09)

本段位于挑顶过渡段,施工坡度为 15.4%,在上中台阶周边及掌子面正面采用水平旋喷桩进行超前加固,纵向加固长度为 10m,搭接长度为 3m,旋喷设备采用 TY400T 多功能钻机,具体加固范围如图 5-155 所示。

(1) 旋喷参数

周边旋喷桩 $\phi600$mm,桩间距 400mm,外插角结合坡度设置,一般为 9°~11°;为提高水平旋喷桩抗剪强度,拱顶范围旋喷桩间隔内插 $\phi89$mm 无缝钢管,长度同旋喷桩长;为提高上中台阶掌子面稳定性,设置旋喷桩 $\phi600$mm,环向布置,间距 1.2m。

(2) 旋喷顺序

按照"先周边,后掌子面"顺序进行加固,周边按照每次间隔 1 个孔位从下到上,左右交替进行跳跃式成桩。

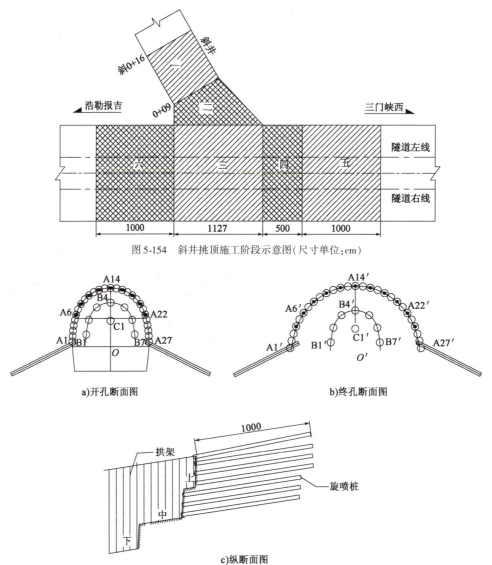

图 5-154 斜井挑顶施工阶段示意图(尺寸单位:cm)

图 5-155 水平旋喷桩开孔、终孔断面及纵断面超前加固示意图(尺寸单位:cm)

(3)开挖方法

加固后采用三台阶法施工,开挖长度7m,预留3m搭接长度。开挖上中台阶尽量紧跟,下台阶可适当拉开,便于湿喷机械手作业。

2)第二阶段施工(斜0+09~正洞交叉口)

以22.7%的坡度向交叉口处爬坡施工,施工前先对交叉口范围进行旋喷加固,平面加固范围如图5-156所示,水平旋喷桩横、纵断面超前加固示意图如图5-157所示。

本段加固范围为不规则体,旋喷加固角度较难控制,特别是正洞小里程侧控制尤为困难,靠近正洞小里程侧加固时桩间距适当调小,避免因角度发散造成桩体不咬合。旋喷范围为上中台阶周边及掌子面正面,中间纵向加固长度9.6m,线左侧9.8m,线右侧11m。

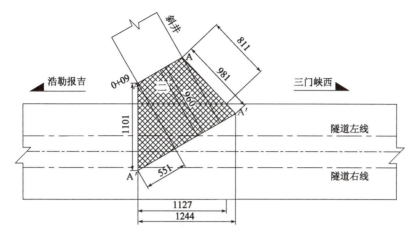

图 5-156 水平旋喷桩超前加固范围平面示意图(尺寸单位:cm)

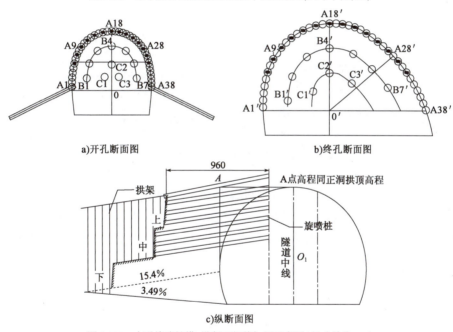

图 5-157 水平旋喷桩横、纵断面超前加固示意图(尺寸单位:cm)

(1)旋喷参数

旋喷桩直径为600mm,为保证终孔位置旋喷桩能够咬合,周边桩间距线左侧采用400mm,线右侧采用300mm,外插角结合坡度设置。拱顶范围旋喷桩间隔内插 ϕ89mm 无缝钢管,长度与旋喷桩相等;为提高掌子面稳定性,上中台阶掌子面内设置旋喷桩 ϕ600mm,环向布置,间距1.2m。

(2)开挖方法

加固后采用三台阶法施工,采用异形断面,断面逐渐加大、加高至交叉口处断面。开挖上中台阶尽量紧跟,下台阶可适当拉开,便于湿喷机械手作业。

3)第三阶段施工(正洞导洞、加强环施工)

采用交叉口断面,以22.7%的坡度垂直正洞施工,施工至正洞中线时,高出正洞1m,然后平坡施工至正洞右侧。施工前通过交叉口对正洞需开棚洞部位进行超前水平旋喷加固。平面加固范围如图 5-158 所示,水平旋喷桩横、纵断面超前加固示意图如图 5-159 所示。

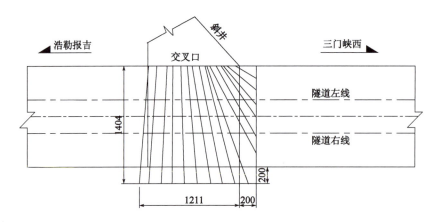

图 5-158 水平旋喷桩超前加固范围平面示意图(尺寸单位:cm)

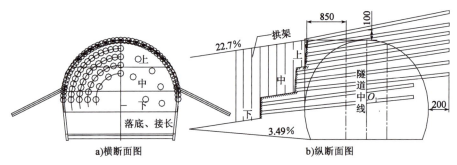

图 5-159 水平旋喷桩横、纵断面超前加固示意图(尺寸单位:cm)

加固完成后,采用横向爬坡导洞法施工,垂直正洞线路方向向正洞拱顶爬坡施工,爬坡至正洞中线时,拱顶高程超出正洞拱顶设计高程 1m,然后平坡施工导洞至正洞边墙位置。横向导洞横、纵断面施工示意图如图 5-160 所示。

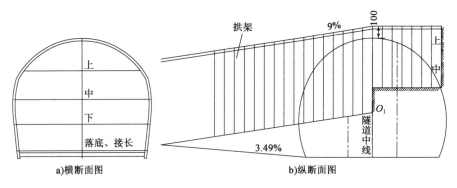

图 5-160 横向导洞横、纵断面施工示意图(尺寸单位:cm)

施工顺序为:
(1)横向导洞施工至正洞右侧边墙位置时,上、下台阶尽量跟齐,及时封闭导洞掌子面。
(2)对横向导洞初期支护不密实部位进行注浆填充补强。
(3)接长斜井钢架至设计高程并及时施作底板混凝土(靠近正洞边墙处 1m 范围暂不施作)。

(4) 施作交叉口处套拱及纵向托梁,套拱及纵向托梁采用 3 榀 I25 型钢钢架并排设置。
(5) 施作交叉口处剩余 1m 范围内底板混凝土,使加强环生根。
(6) 施作交叉口 5m 范围内的模筑衬砌。
(7) 导洞内安装正洞拱钢架,预留变形量 30cm,及时喷射混凝土封闭并回填超挖部分。
(8) 正洞线路右侧施作锁脚,采用 6m 长 $\phi 600mm$ 锁脚旋喷桩,内插 $\phi 89mm$ 钢管。

正洞导洞施工横、纵断面施工示意图如图 5-161 所示。

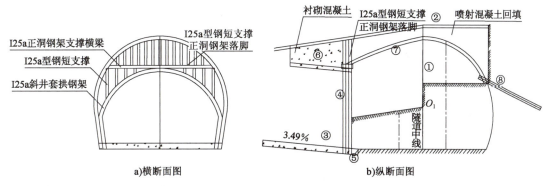

图 5-161　正洞导洞施工横、纵断面施工示意图

4) 第四、五阶段施工(大里程方向)

加强环及交叉口正洞初期支护施工完成后,开始向正洞大里程方向转序施工。利用棚洞空间,采用 SM14 旋喷设备对大里程方向进行旋喷作业,考虑棚洞空间问题,旋喷桩拱部外插角较大,为确保旋喷效果,保证开挖安全,大里程方向分两次旋喷开挖,第一次旋喷 8m,开挖 5m,第二次旋喷 13m,开挖 10m。第四、五阶段水平旋喷桩平面加固范围如图 5-162 所示。

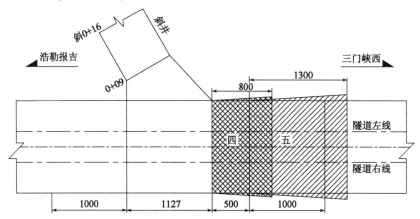

图 5-162　第四、五阶段水平旋喷桩平面超前加固示意图(尺寸单位:cm)

第四阶段因受空间及钻机参数限制,旋喷外插角度相对较大,进行超前水平旋喷桩加固后,拆除大里程侧导洞拱架,按正洞正常断面施工,在施工过程中可适当增设 $\phi 42mm$ 拱部超前小导管,避免漏砂现象发生。第四阶段水平旋喷桩横、纵断面超前加固范围如图 5-163 所示。

待第四阶段开挖施工 5m 后,施作第五阶段正洞上台阶大里程方向水平旋喷桩,纵向长度 14m,第五阶段水平旋喷桩横、纵断面超前加固范围如图 5-164 所示。

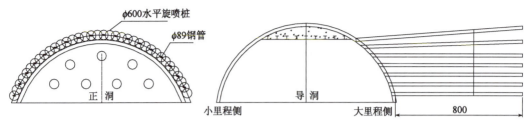

图5-163　第四阶段水平旋喷桩横、纵断面超前加固示意图(尺寸单位:cm)

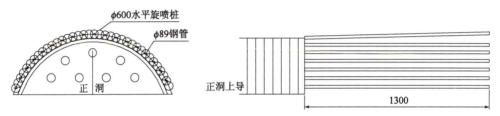

图5-164　第五阶段水平旋喷桩横、纵断面超前加固示意图(尺寸单位:cm)

5) 第六阶段施工(小里程方向)

待大里程方向施工15m完成后,采用同样超前水平旋喷桩加固及开挖方法向小里程方向施工。

5.5.6　结语与建议

(1)结合隧道洞身粉细砂地层分布特点,采用水平旋喷桩进行针对性的超前加固,周边围岩形成承载拱结构,掌子面前方加固形成约束作用,提高了围岩的自稳能力,控制了地层变形量,为大断面机械快速开挖创造了有利条件。

(2)超前预加固下,采用三台阶环形开挖预留核心土法施工,尽早实现初期支护全断面封闭成环(全断面封闭成环距掌子面不大于1.5倍洞径),在保证隧道施工安全的前提下提高了施工工效,该工法较传统的CD法、CRD法施工进度提高约1倍。

(3)粉细砂地层斜井转入正洞施工通过分区、分阶段采用水平旋喷桩超前加固,保证了交叉口掌子面围岩的稳定性,避免流砂和塌陷现象,采用台阶法快挖快支快封闭成环,利用50d即顺利完成了挑顶工作(旋喷20d,挑顶30d)转入正洞正常施工工序。

阳城隧道富水全风化红砂岩及土砂互层修建技术

富水全风化红砂岩及古冲沟互层地层围岩无自稳能力,开挖后掌子面及边墙极易失稳,局部涌水涌砂;施工过程中在围岩加固不及时、初期支护参数未及时补强的情况下,常引发隧道支护结构大变形。本节以阳城隧道大区段穿越富水全风化红砂岩及古冲沟土砂互层地层为例,对岩土物理力学特性和隧道变形特征及变形机理进行分析,采用超前水平旋喷桩(超前帷幕注浆)、超前真空井点降水、深孔井点降水等措施提高围岩自稳能力,采用台阶法预留核心土开挖,确保了隧道安全快速穿越该高风险区段。

5.6.1 工程概况

阳城隧道位于陕西省靖边县境内,起讫里程为DK242+041~DK249+1134,全长7093m,最大埋深约207m,设两座斜井辅助施工。隧区为典型的黄土高原侵蚀性梁峁沟谷地貌类型,受台地抬升及黄土高原水流向源侵蚀的影响,下切作用明显,V字形冲沟发育,呈树枝状分布,具有沟壑纵横、支离破碎的特点,地形较为复杂,线位大里程左侧冲沟为麦家沟水库(现已淤平成淤积坝),可见地表水。隧道区地层从新至老地层岩性依次为:第四系上更新统风积(Q_3^{eol})砂质新黄土及黏质新黄土;第四系中更新统冲洪积(Q_2^{al+pl})中砂;白垩系下统洛河组(K_{1l})砂岩。阳城隧道1号斜井工区穿越富水全风化红砂岩及古冲沟土砂互层地层,分别为小里程DK244+120~DK244+910(790m),大里程DK245+072~DK245+539(467m),地质纵断面图如图5-165所示。

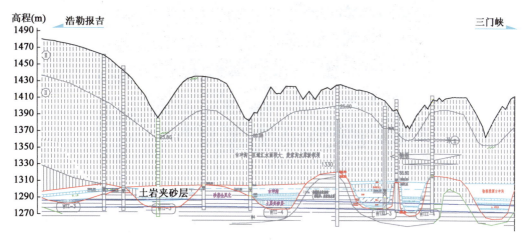

图5-165 富水全风化红砂岩及古冲沟土砂互层地层纵断面图

隧道洞身DK244+120~DK245+539段地质条件复杂,古冲沟发育,古基岩面(土石分界)起伏较大,洞身多次穿越土石分界、古冲沟及冲沟侧壁。冲沟内沉积富水砂层、砂土互层等地层,隧道整体位于地下水位以下,地下水较大,局部呈股状水,掌子面出水量为150~260m³/d;围岩地层为富水全风化砂岩、富水砂、土互层、砂夹块石层,自稳性差,开挖扰动易形成涌水涌砂,隧道施工极其困难。隧道洞身地质条件分段描述如下:

1)DK244+120~DK244+350段

该段隧道拱顶位于土石分界处,拱顶以下0~3m为土砂互层,砂层含水,且受所夹薄层黏土(相对隔水层)影响不易排出;以下为全风化白垩系砂岩,遇水易软化。

2)DK244+350~DK244+550段

该段为古冲沟段落,隧底位于土石分界,拱顶以上以含水砂层为主,夹土层,洞身以中砂为主,夹少量黏土薄层,地下水发育,易软化并掏蚀围岩;仰拱以下为全风化白垩系砂岩,遇水易软化。钻孔洞身部分段落地质情况如图5-166所示。

图5-166　2188孔,95~100m中砂层(98m处为隧顶)

3)DK244+550~DK244+750段

该段洞身为全风化砂岩,岩芯呈砂状及块状,地下水发育,土石界面处水量较大。钻孔洞身部分段落地质情况如图5-167所示。

图5-167　YC03孔,145~150m(147.8m处为隧顶)

4)DK244+750~DK244+900段

该段为古冲沟地貌,隧道穿越土石分界、古冲沟,围岩为全风化砂岩、砂土互层,地下水发育,土石界面处水量较大,仰拱以下为全风化砂岩。钻孔洞身部分段落地质情况如图5-168所示。

图5-168　YC02孔,95~100m(97m处为隧顶)

5) DK244+900～DK245+072 段

该段洞身为砂岩,强风化,厚层至巨厚层状交错层理构造,岩质较软,成岩作用差,节理裂隙较发育,岩体呈大块状结构,少量基岩裂隙水,土石界面处水量较大。钻孔洞身部分段落地质情况如图 5-169 所示。

图 5-169　272 号孔,135～140m(139m 处为隧顶)

6) DK245+072～DK245+280 段

该段物探及钻探揭示地层变化频繁,为复杂古冲沟段,洞身依次穿越古冲沟、土石分界(冲沟沟壁)、古冲沟,围岩为全风化砂岩(岩芯呈砂状)、砂土互层;地下水发育,钻探推测水量为 100～120m³/d,土石分界处水量较大。钻孔洞身部分段落地质情况如图 5-170 所示。

a) YC06孔,125～130m(125m处为隧顶)　　　　b) YC08孔,115～120m(116m处为隧顶)

图 5-170　钻孔隧身部分段落地质情况

7) DK245+280～DK245+439 段

该段围岩为全风化砂岩,岩芯呈砂状及碎块状;土石分界处有少量渗水,岩体含水率不大。钻孔洞身部分段落地质情况如图 5-171 所示。

5.6.2　岩土物理力学特性分析

为准确掌握富水全风化红砂岩及古冲沟土砂互层地层岩土物理力学特性,通过室内土工试验得到了天然状态及最优含水率下白垩系全风化红砂岩、第四系土层及第四系砂层围岩基本物理力学参数;重点探究了互层特性对互层地层围岩剪切特性的影响;采用现场试验得到了采用降水措施前后隧道围岩含水率随时间的变化规律。

a)16-ZBC-YC01孔，125~130m(130m处为隧顶)

b)17-ZBD-YC10孔，125~130m(127m处为隧顶)

图5-171　钻孔洞身部分段落地质情况

1) 基本物理力学参数

现场对白垩系全风化红砂岩、土砂互层取样如图5-172所示。

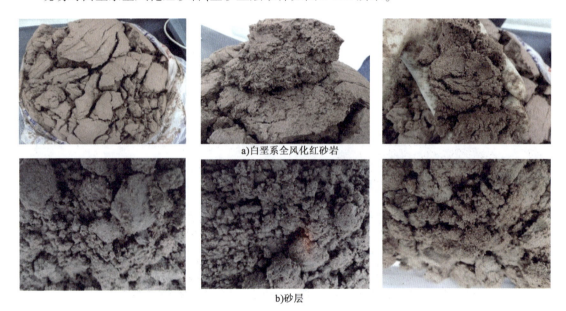

图5-172　原状岩土取样

通过室内土工试验,得到了白垩系全风化红砂岩天然含水率、天然密度、孔隙率、黏聚力、内摩擦角、压缩模量、液限、塑性、渗透系数等参数;对土砂互层地层中土层及砂层分别研究得到了土层及砂层的天然含水率、天然密度、孔隙率、黏聚力、内摩擦角、压缩模量、液限、塑性、渗透系数等参数。基本物理力学参数见表5-20。

由上表可知,天然含水率和最优含水率在数值上存在6%~8%的差异,不同含水率状态下围岩基本物理力学参数亦存在差异,尤以围岩稳定性强度参数(黏聚力、内摩擦角、压缩模量)差异最大,其中压缩模量变化最大,变化范围在65%~120%之间,黏聚力和内摩擦角的变化呈现一增一减的变化规律;在液限、塑限方面,白垩系全风化红砂岩和第四系砂层相差不大,略小于第四系土层;在渗透系数方面,白垩系全风化红砂岩和第四系砂层相差不大,略大于第四系土层。

基本物理力学参数表　　　　　　　表 5-20

围岩类型	含水状态	含水率（%）	密度（g/cm³）	压缩模量（MPa）	黏聚力（kPa）	内摩擦角（°）	塑限（%）	液限（%）	渗透系数（cm/s）
白垩系全风化红砂岩	天然状态	18.52	1.985	128	22.58	28.76	11.18	29.53	0.000154
	最优含水率	12.76	2.105	229	16.81	36.28	—	—	—
	最优较天然变化程度	减小31.1%	增大6.0%	增大78.9%	减小25.6%	增大26.1%			
第四系土层	天然状态	19.90	2.050	117	56.60	23.20	15.58	32.03	0.000106
	最优含水率	13.45	2.105	254	34.80	31.44	—	—	—
	最优较天然变化程度	减小32.4%	增大2.7%	增大117.1%	减小38.5%	增大35.5%			
第四系砂层	天然状态	17.80	1.986	68	47.03	26.35	13.83	29.89	0.000160
	最优含水率	9.71	1.992	113	35.10	34.53	—	—	—
	最优较天然变化程度	减小45.4%	增大0.3%	增大66.2%	减小25.4%	增大31.0%			

2）土砂互层特性对剪切强度影响

结合现场土砂互层特点，通过改变土层与砂层的层数、土层与砂层的上下相对位置、层厚比，进行室内三轴压缩试验，以研究互层特性。

（1）室内土工试验模型

第四系土砂互层地层室内土工试验模型如图 5-173 ~ 图 5-177 所示。

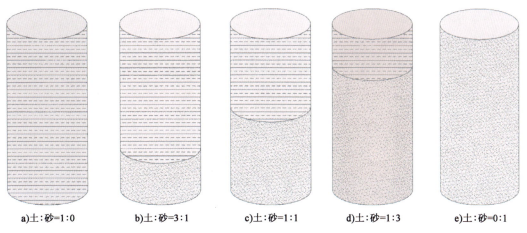

a) 土:砂=1:0　　b) 土:砂=3:1　　c) 土:砂=1:1　　d) 土:砂=1:3　　e) 土:砂=0:1

图 5-173　第四系土砂互层地层（两层）示意图

（2）土砂互层黏聚力及内摩擦角

通过室内三轴压缩试验，得到土砂互层的黏聚力及内摩擦角的变化规律如图 5-178、图 5-179 所示。随着层数的增大，土砂互层地层的黏聚力及内摩擦角均表现为增大和减小交替波动变化，黏聚力和内摩擦角的变化趋势相反。奇数层土砂互层对黏聚力及内摩擦角的影响占比较大,土层在下时的黏聚力更大、内摩擦角更小,砂层在下时的黏聚力更小、内摩擦角更大。砂层占比相对越大,土砂互层地层的内摩擦角越大;土层占比相对越大,土砂互层地层的黏聚力越大。

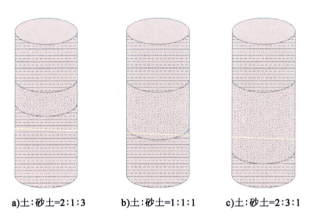

a)土:砂:土=2:1:3　　　b)土:砂:土=1:1:1　　　c)土:砂:土=2:3:1

图 5-174　第四系土砂互层地层(3 层,土砂土)

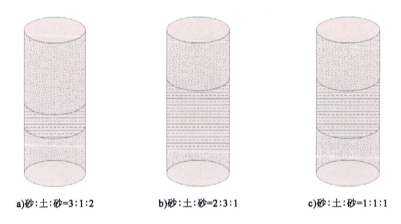

a)砂:土:砂=3:1:2　　　b)砂:土:砂=2:3:1　　　c)砂:土:砂=1:1:1

图 5-175　第四系土砂互层地层(3 层,砂土砂)

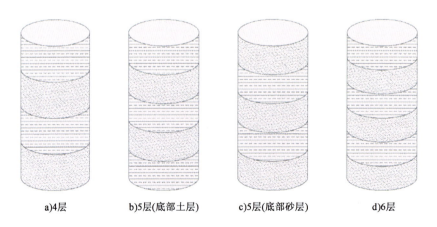

a)4层　　　b)5层(底部土层)　　　c)5层(底部砂层)　　　d)6层

图 5-176　第四系土砂互层地层(4~6 层)

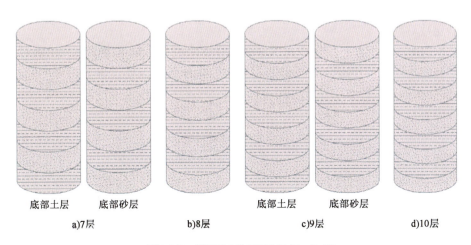

图 5-177　第四系土砂互层地层（7～10 层）

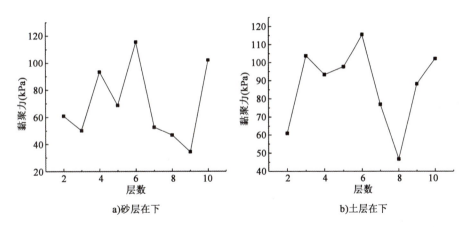

图 5-178　不同层数下黏聚力变化规律

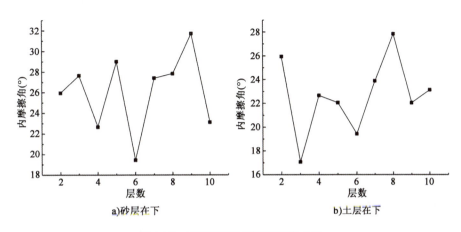

图 5-179　不同层数下内摩擦角变化曲线

（3）土砂互层剪切强度

①土砂层数对剪切强度影响

通过试验得到土砂互层不同层数对试件剪切强度峰值的影响见表5-21。由表可知，总体上围压和层数的增加对试件的剪切强度有一定影响，围压的增加使试件剪切强度呈单调递增变化，而层数的增加对试件剪切强度表现出一种波动变化；当围岩达到300kPa时，土砂层数对试件剪切强度影响不大。

层数对试件剪切强度峰值的影响 表5-21

土样层数	剪切强度峰值及其变化(kPa)					
	围压100kPa	变化比例	围压200kPa	变化比例	围压300kPa	变化比例
2	328.46	0	518.21	0	644.80	0
3	390.99	+19.0%	434.64	-16.1%	707.28	+9.7%
4	402.33	+22.5%	533.86	+3.0%	618.93	-4.0%
5	410.10	+24.9%	541.47	+4.5%	621.42	-3.6%
6	—	—	535.61	+3.4%	603.25	-6.4%
7	346.57	+5.5%	—	—	710.66	+10.2%
8	344.66	+4.9%	477.19	-7.9%	692.52	+7.4%
9	514.01	+56.5%	536.21	+3.5%	717.13	+11.2%
10	425.10	+29.4%	571.84	+10.3%	577.43	-10.4%

注：变化比例=(n层剪切强度峰值-2层剪切强度峰值)/2层剪切强度峰值×100%。

②土砂相对位置对剪切强度影响

通过试验得到土砂相对位置对试件剪切强度峰值的影响见表5-22。由表可知，对于单一地层围岩，所有围压下单一土层试件比单一砂层试件的剪切强度峰值都要大。对于土砂互层地层围岩，同一层数的试件，当砂层与土层的相对位置不同时，其剪切强度峰值存在小幅差异、大部分差异在10%以内；当砂与土的相对位置确定时，随着层数的增大，土样剪切强度峰值呈"增大—减小"波动变化。整体来看，当地层层数和层厚比一定时，土层与砂层的上下相对位置对地层围岩剪切强度峰值影响不大。

土砂相对位置对试件剪切强度峰值的影响 表5-22

层数		剪切强度峰值及其变化(kPa)					
		围压100kPa	变化比例	围压200kPa	变化比例	围压300kPa	变化比例
1	土层在上	405.86	0	599.53	0	793.33	0
	砂层在上	378.68	-6.7%	587.22	-2.1%	659.72	-16.8%
3	土层在上	370.62	0	430.95	0	521.90	0
	砂层在上	390.99	+5.5%	434.64	+0.9%	707.28	+35.5%
5	土层在上	434.16	0	549.06	0	—	—
	砂层在上	410.10	-5.5%	541.47	-1.4%	621.42	—
7	土层在上	366.95	0	524.65	0	585.12	0
	砂层在上	346.57	-5.6%	—	—	710.66	+21.5%

续上表

层　数		剪切强度峰值及其变化(kPa)					
		围压 100kPa	变化比例	围压 200kPa	变化比例	围压 300kPa	变化比例
9	土层在上	356.12	0	485.81	0	582.68	0
	砂层在上	514.01	+44.3%	536.21	+10.4%	717.13	+23.1%

注:变化比例=(n 层剪切强度峰值 - 2 层剪切强度峰值)/2 层剪切强度峰值×100%。

③土砂层厚比对剪切强度影响

通过试验得到土砂层厚比对试件剪切强度峰值的影响见表 5-23。由表可知,对于土砂互层地层的两层试件,随着砂层厚度的增大,所有围压下试件剪切强度峰值都有所增大,且随着围压的增大,增大幅度由 5.2% 增大到 23.5%;随着土层厚度的增大,剪切强度峰值或增大或减小,变化幅度在 10% 左右。对土砂互层地层的两层土样来说,层厚比对地层剪切强度峰值影响较小。

土砂层厚比对试件剪切强度峰值的影响　　　表 5-23

土样层数	比值类型	试件编号	比例	剪切强度峰值(kPa)					
				围压 100kPa	变化比例	围压 200kPa	变化比例	围压 300kPa	变化比例
2 层	砂:土	1a	1:1	328.46	0	518.21	0	644.80	0
		2a	3:1	345.65	+5.2%	566.72	+9.4%	796.25	+23.5%
		3a	1:3	338.49	+3.1%	573.23	+10.6%	573.23	+11.1%
3 层	砂:土:砂	1b	1:1:1	390.99	0	434.64	0	707.28	0
		2b	1:3:2	—	—	429.79	-1.1%	723.58	+2.3%
		3b	2:1:3	325.35	-16.8%	442.91	+1.9%	578.64	-18.2%
	土:砂:土	1c	1:1:1	370.62	0	430.95	0	521.9	0
		2c	1:3:2	392.04	+5.8%	517.29	+20.0%	653.12	+25.1%
		3c	2:1:3	408.62	+10.3%	605.71	+40.6%	654.26	+25.4%

对于土砂互层地层的 3 层土样,当土样分布为砂土砂即土层为中间层时,随着中间土层厚度的增大,不同围压下试件剪切强度峰值存在增大或减小的情况、变化幅度均在 3.0% 以内;随着上下砂层厚度的增大,不同围压下土样剪切强度峰值亦存在增大或减小的情况、变化幅度均在 19.0% 以内。当土样分布为土砂土即砂层为中间层时,随着中间砂层厚度的增大,所有围压下土样剪切强度峰值都有所增大、且随着围压的增大而增大;随着上下土层厚度的增大,所有围压下土样剪切强度峰值都有所增大,变化幅度为 10%~40%。不难发现,对土砂互层地层—3 层土样,当土样为砂土砂分布时,砂层厚度的增大使得地层土样剪切强度峰值变化更大;当土样为土砂土分布时,土层厚度的增大使得地层土样剪切强度峰值变化更大。相对于土层与砂层的层数及其上下相对位置,层厚比对地层剪切强度峰值的影响相对更大。

3)围岩含水率变形规律

隧道开挖后,掌子面围岩含水率随时间变化较大,现场测定了不同时间段围岩含水率变化数据。

(1)白垩系全风化红砂岩地层

对阳城隧道 DK244+242.6 断面开挖过程中含水率变化进行监测显示(图 5-180),上台阶全风化红砂岩开挖后 2h 内含水率变化极小,含水率为 14.2%;随后含水率迅速上升,约 6h 后达到 21%,此时全风化砂岩开始流变,含水率缓缓上升,8~12h 含水率达到峰值,变形加剧,围岩稳定性变差;降水泄水后全风化红砂岩含水率呈线性降低,约 22h 含水率降低至全风化红砂岩逐渐处于稳定状态。中台阶全风化红砂岩开挖后 0~3h 内含水率变形小,含水率为 15%;随后含水率迅速上升,约 5h 后达到 21%,此时全风化红砂岩开始流变,含水率缓缓上升,8~12h 含水率达到峰值,变形加剧,围岩稳定性变差;降水泄水后全风化红砂岩含水率呈线性降低,约 20h 含水率降低至全风化红砂岩逐渐处于稳定状态。下台阶全风化红砂岩开挖后 0~2.5h 内含水率变化小,含水率为 14.5%;随后含水率迅速上升,约 3h 后达到 18.7%,此时全风化红砂岩开始流变,含水率缓缓上升,8~12h 含水率达到峰值,变形加剧,围岩稳定性变差;降水泄水后全风化红砂岩含水率呈线性降低,约 30h 含水率降低至全风化红砂岩逐渐处于稳定状态。

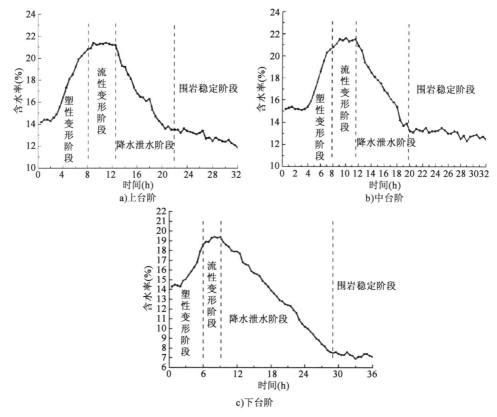

图 5-180　白垩系全风化红砂岩地层 DK244+242.6 断面围岩含水率随时间变化曲线

(2)第四系土砂互层地层

对阳城隧道 DK244+267.8 断面开挖过程中含水率变化进行监测显示(图 5-181),上台阶掌子面砂层段开挖后 3.5h 内含水率变化不大,随后迅速上升,约 8h 后达到 23%,此时全风化砂岩开始流变,含水率缓缓上升,变形剧烈;随后立即采取超前真空降水措施后,含水率呈线性快速降低,约 20h 后含水率降低至砂层逐渐处于稳定状态。上台阶掌子面土层段开挖后 2.5h 内含水率变化不大,含水率为 13.6%,随后迅速上升,约 8h 后达到 21%,此时土层开始流变,含水率缓缓上升,变形剧烈;采用超前真空降水措施后,含水率呈线性快速降低,约 21h 后含水率降低至土层逐渐处于稳定状态。下台阶掌子面砂层开挖后 3h 内含水率变化不大,约 13%,随后迅速上升,约 8h 后达到 21%,此时砂层开始流变,含水率缓缓上升,变形剧烈;采用超前真空降水措施后,含水率呈线性快速降低,约 24h 后含水率降低,砂层逐渐趋于稳定状态。

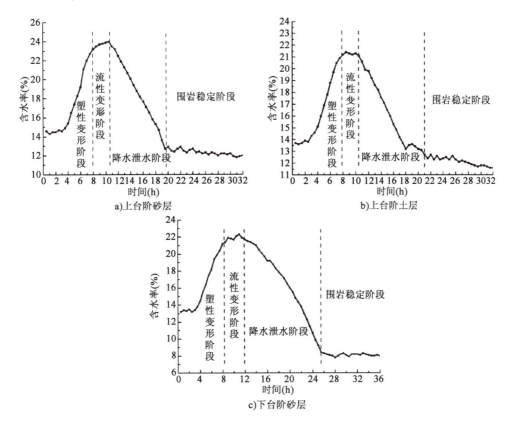

图 5-181　第四系土砂互层地层 DK244+267.8 断面围岩含水率随时间变化曲线

5.6.3　隧道变形机理分析

1) 物理化学变形机理分析

白垩系全风化红砂岩是一种含大量亲水性矿物的特殊岩土,主要表现为遇水易发生软化、崩解、膨胀等特性,导致岩土强度降低,引起较大的变形。红砂岩遇水后,水在蒙脱石、伊利石、高岭石等亲水矿物引力作用下渗入岩石孔隙,将其中的可溶性物质溶解带走,导致微裂隙的发展;由于裂隙中水的毛细作用,会使周边的岩石颗粒脱离母体,引起微裂隙的进一步扩大;同时亲水矿物在干湿循环中的胀缩性质也会导致红砂岩内部裂隙的变化,在宏观上引起红砂岩的变形甚至开裂。红砂岩中的长石、方解石等矿物在偏酸性水环境中发生剧烈的化学反应,生成可溶盐溶解在溶液中,导致岩土内部生成新的孔隙、裂隙,随着干湿循环的持续,裂隙不断拓展并贯通。

2) 隧道塌落机理分析

(1) 白垩系全风化红砂岩

白垩系全风化红砂岩隧道塌落机理为"复合铰接拱"的拱式破坏,围岩表现为首次、二次、三次及多次成拱,承载拱在水平方向上表现为拱结构跨度的外扩,在竖直方向表现为拱结构高度的上扩。拱脚是否失稳,为复合铰接拱发展的关键所在,拱脚失稳前,随着上覆荷载的增大,围岩破坏主要表现为拱脚以上围岩的失稳破坏,围岩承载主要表现为拱脚位置不变、承载拱高度逐渐扩大的"复合铰接拱";拱脚失稳后,随着上覆荷载的增大,围岩破坏除了拱脚以上围岩失稳塌落外,拱脚及边墙部位围岩亦产生裂隙并失稳破坏,围岩承载表现为承载拱的拱脚位置逐渐水平外移、承载拱高度逐渐增大的"复合铰接拱"。围岩破坏模式主要表现为四个方面,分别为"拱顶塌落""拱脚失稳""边墙溜砂""仰拱滑移"。各破坏模式下复合铰接拱结构破坏发展规律如图5-182所示。

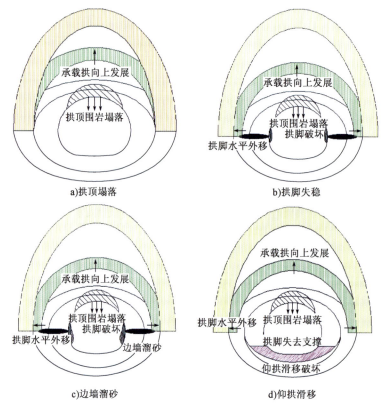

图5-182 不同破坏模式下的复合铰接拱结构破坏发展规律

(2) 第四系土砂互层

第四系土砂互层围岩破坏模式不同于白垩系全风化红砂岩,围岩破坏过程不是"复合铰接拱"的拱式破坏,而是"偏拱架梁"的梁式破坏。隧道拱顶正上方单一地层一般中间位置处易产生张拉裂隙,两侧易产生剪切裂隙,在裂隙各自发展作用下,其下方围岩易松动失稳。互层地层围岩可视为"组合岩梁",拱顶正上方地层围岩承受压弯作用力,随着受力的逐渐增大,围岩最下缘承受最大弯矩而容易发生失稳,在外部的压弯作用和内部裂隙的协同作用下,拱顶上方第一层围岩发生失稳塌落,产生离层破坏,该破坏地层围岩上一层地层围岩随之成为拱顶上方第一层围岩,继续产生离层破坏。互层地层围岩的"偏拱架梁"承载结构可表述为拱顶上方地层围岩左右两侧的偏拱结构及正上方地层围岩的叠梁结构,左右两侧偏拱将中央叠梁架起。

5.6.4 地层围岩稳定性控制措施

阳城隧道穿越富水全风化红砂岩地层、古冲沟土砂互层地层,开挖后富水砂层颗粒松散,自稳能力极差,随着含水率的上升砂层迅速流变,出现溜坍、坍塌及涌水涌砂等问题。通过对岩土物理力学特性及变形机理分析,采用帷幕注浆、真空降水、水平旋喷桩等控制地层稳定性,确保隧道开挖过程中的围岩稳定,达到安全施工的目的。

1) 帷幕注浆加固

隧道穿越土砂互层地段,围岩上台阶为砂质、黏质新黄土交错,层状结构,含水率高达22%;中下台阶可见明显水流,渗水量较大,局部呈泥浆状;开挖过程中,不断出现掌子面开裂、脱落现象,土体自稳能力差,施工困难(掌子面围岩情况如图5-183所示)。DK244+845~DK244+895、DK244+072~DK244+132段共计110m采用了帷幕注浆加固措施。

a) 掌子面开挖局部成泥浆状

b) 中、下台阶处拱脚渗水

图5-183 掌子面围岩情况

(1) 帷幕注浆参数

初始设计帷幕注浆纵向加固长度为30m(不含止浆墙),开挖25m,预留5m作为下循环止浆岩盘,注浆横向加固范围为隧道开挖轮廓线外5m。布孔间距为横向0.8m、纵向0.4m,终孔间距为2.2m、2.6m;钻孔数量包含注浆孔96个,锚杆孔13个(稳定掌子面兼注浆孔),孔口管采用长3m、$\phi 108mm \times 5mm$ 的热轧无缝钢管;单孔有效扩散半径1.5m,注浆速度为5~110L/min,注浆终压2~3MPa;注浆材料可选用硫铝酸盐水泥(快硬、早强)、普通硅酸盐水泥、普通水泥—水玻璃双液浆,辅以超细水泥。止浆墙采用C25混凝土,厚度3m,分别在上中下台阶端头施作,止浆墙周边110mm设两排连接筋,钢筋直径为22mm,单根长2m,间距0.5m,排距1.5m;下台阶止浆墙外采用洞渣夯填并设置斜坡,斜坡表面施作30cm厚C20混凝土硬化。帷幕注浆加固示意图如图5-184所示。

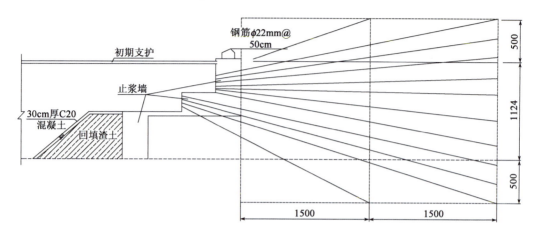

图5-184 帷幕注浆加固示意图(尺寸单位:mm)

(2)帷幕注浆施工工艺

先用钻机钻深2.8m、ϕ130mm的孔,安设3m长的ϕ108mm孔口管;通过孔口管钻设ϕ90mm注浆孔,钻至5m深时开始注浆;采取前进式分段注浆工艺,注浆分段长度3~5m,即钻进3~5m,注浆一次,注浆结束后再钻3~5m进行注浆,依次循环直至该孔注浆结束;若钻孔过程中遇到突水突泥,应立即停止钻孔并进行注浆。

注浆顺序按"由外到内、由上到下、间隔跳孔"的原则进行,以达到控域注浆,挤密加固的目的。单孔注浆过程中压力注浆上升,浆液流量逐渐下降,注浆压力达到2~3MPa时结束该孔注浆。

(3)注浆效果检验

注浆结束后,在注浆段打设3个检查孔,检查孔长28m,终孔为开挖轮廓线外2m,3个检查孔均无水、无塌孔;注浆加固前掌子面地层含水率高达25%,土体在渗水作用下呈流塑状,无自稳能力,注浆加固后测得土体含水率为13%,由此可见地层中水部分被挤出,掌子面能够自稳;开挖过程中对胶结体试验抗压强度平均值达到32.7MPa。

(4)实际开挖效果分析

掌子面前方0~5m段掌子面注浆浆脉呈格栅状分布,砂层含水率由注浆前的25%降至13%,挤密效果较好,开挖后掌子面能够自稳。掌子面前方5~7m浆脉有所减少,浆脉呈水平及近水平分布,厚度2~5cm,围岩含水率上升至18%,左侧拱脚出现明水从砂层渗出,开挖过程中砂层稳定性差,出现掌子面及拱部砂层垮塌现象;掌子面前方7~10m段采用小导管补注浆,掌子面稳定性有所提升,围岩含水率为17%,开挖过程中通过及时封闭掌子面可进行正常支护作业;掌子面前方10~13m段浆脉仅在左侧分布,围岩含水率上升至23%,接近注浆前含水率,两侧拱脚出现局部流砂,开挖过程中掌子面自稳性差,施工困难;掌子面13~15m段浆脉明显减少,间断出现薄层浆脉,15m后注浆仅在注浆孔位置呈现水平水泥浆柱,掌子面含水率恢复注浆前的25%,掌子面两侧出现明显地下水渗流,砂层软化至流砂状。掌子面前方注浆效果如图5-185所示。

图 5-185 掌子面前方注浆效果

结合第一循环注浆效果,后续注浆段纵向长度控制在 10~15m,在开挖轮廓线附近加强注浆,减少上台阶注浆孔,在较难开挖的中下台阶拱脚处增加注浆孔,并采用可注性较好的特种注浆材料,提高浆液的流动性,增大浆液扩散半径。在上中台阶部位增设排水孔,以改善注浆效果。注浆前期遭遇塌孔时,在孔内放入聚氯乙烯管(PVC 管),通过 PVC 管将浆液送至孔底,浆液从孔底返至塌孔部位直至孔口,保证注浆效果;注浆后期成孔条件较好时,采用钻杆后退式注浆,边注浆边后退,既保证孔底及深部注浆效果,又能提高注浆工效。

2) 超前井点降水 + 深井降水

隧道穿越富水红砂岩及土砂互层地层整体位于地下水位以下,掌子面出水量约 150~260m³/d,掌子面围岩无自稳能力,开挖扰动易形成涌水涌砂,施工过程中极易产生瞬间溜坍,开挖支护难度大,进度缓慢;初期支护封闭后,拱顶沉降及水平收敛变形大,施工进度严重受阻。现场开挖揭示掌子面情况如图 5-186 所示。

图 5-186　掌子面围岩揭示情况

施工过程中发现,在渗透系数较大的全风化砂层段采用真空降水漏斗效果明显,围岩可达到自稳性较好的中湿状态,开挖成形较好,开挖后的自稳时间能够满足支护作业要求。在含泥量较大的土砂互层及土石分界面处,因渗透系数小及土层的隔水作用,采用真空降水难以形成降水漏斗,降水量明显减小,效果不佳,尤其在下台阶及仰拱开挖过程中,边墙及掌子面坍塌严重;针对现场实际情况,在土砂互层及土石分界面出现较为频繁地段的下台阶及仰拱部位采用了重力式深井降水。

(1) 超前真空井点降水

①设计参数

边墙超前降水采用沿各台阶两侧按纵向间距 0.5m 布孔,管长 6m,外插向前倾角 30°;各台阶核心土底部超前降水管按横向间距 0.5m 布孔,管长 9m,纵向每 3m 一循环布设,外插向前倾角 15°~30°;沿中下台阶底部设置竖向深孔降水管,横向间距 1m,纵向每 3m 一循环布设,中台阶降水管长 4m,下台阶降水管 6m。超前真空降水支管采用 ϕ32mm PPR 管,滤水段外包双层 100 目滤网;每排真空水管采用 ϕ75mm 主管连接,主管接入真空泵,真空负压控制在 −0.06MPa 以下,每台真空泵接入 10~15 根支管;支管和主管之间设集合器,采用 ϕ75mm PPR 管制作,在连接部位加设球形阀门控制降水管降水。超前真空井点降水布设图如图 5-187 所示。

②施工流程

超前真空井点降水施工流程为:施工准备→测量定点→高压水枪成孔→安装井管、滤水管→孔口封堵→管线连接→试抽与检查→正式抽水→排水,超前真空井点降水现场布设图如图 5-188 所示。降水管布设完成后采用 10cm 厚 C25 喷射混凝土封闭掌子面防止管壁漏气,降水过程中真空负压控制在-0.06MPa以下,抽水应保证连续进行。

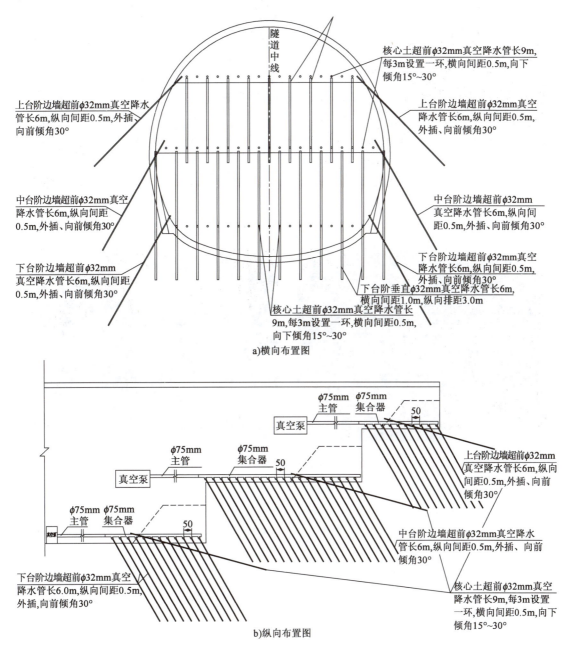

图5-187 超前真空井点降水布置图(尺寸单位:cm)

③降水效果

富水全风化砂层段,砂层含水率大,呈饱和的细砂状,采用超前真空井点降水后,砂层孔隙水降至中湿状态,降水效果明显,掌子面呈现较好的自稳能力,能够满足开挖和支护作业要求。现场降水效果如图5-189所示。

a)真空降水管布设　　　　　　　　b)降水管路连接

图 5-188　超前真空井点降水现场布设

图 5-189　上中台阶砂层达到中湿、无积水效果

(2)重力式真空深井降水

①设计参数

重力式真空深井布设在正洞下台阶两侧边墙内 0.5~1m,距离隧道中线 3.5m,纵向间距 3m,开孔孔径 0.35m,井深一般 12m(钻井遇到基岩面时,井底进入基岩面不小于 1m);井管采用 $\phi200mm$ PVC 管,滤水管为圆孔式滤水管,外包 100 目密目网两层,滤料采用粗砂,封孔材料采用膨润土,封孔深度不小于 1m;真空负压控制在 -0.06MPa 以下。重力式真空深井降水布设如图 5-190 所示。

②施工流程

重力式真空深井降水施工流程为:测放井位→埋设护口管→安放钻机→钻进成孔→清孔换浆→下井管→填砾料→井口封闭→洗井→安泵试抽→排水。

a. 测放井位:根据井位布置示意图测放,施工过程中遇到障碍或受施工条件影响时可现场适当调整。

b. 埋设护口管:护口管底口插入原状土层中,管外用黏土填实封严,防止施工时管外返浆,护口管上部高出地面 0.1~0.3m。

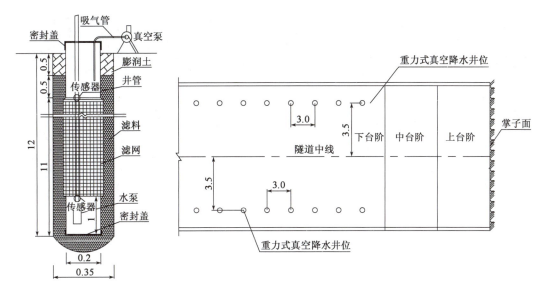

图 5-190 重力式真空深井降水布设图(尺寸单位:m)

c. 安放钻机:机台应安装稳固水平,钻杆确保垂直。

d. 钻进成孔:开孔孔径为 0.35m,一钻到底,钻孔遭遇基岩面时宜多钻 1~1.5m;钻进过程中轻压慢转,以保证钻孔的垂直度;成孔过程中及时补充泥浆,防止孔壁坍塌。

e. 清孔换浆:钻进至设计高程后,在提钻前将钻杆提至离孔底 0.5m,进行冲孔,清除孔内杂物,同时将孔内泥浆密度调至接近 1.05,孔底沉淤小于 30cm,直到返出的泥浆内不含泥块为止。

f. 下井管:下管时在滤水管上下两端各设一套扶正器,保证滤水管居中;下井过程应连续进行,不得中途停止,如遇机械故障等原因造成孔内塌陷或沉淀过厚,应将井管重新拔出,扫孔、清孔后重新下入。现场下井管情况如图 5-191 所示。

g. 填砾料:填砾料前应测量井管内外深度,两者差值不应超过沉淀管的长度,填砾料过程应随填随测高度,填料连续作业至预定位置为止,最终投入量不应小于计算量。现场填砾料如图 5-192 所示。

图 5-191 现场下井管

h. 井口封闭:采用膨润土球沿着井管周围按少放慢下的原则回填,最后在井口外做好封闭。

i. 洗井:采用"气吹法+活塞抽排"洗井,洗井应在填好砾料后立即进行,避免时间过长护壁泥皮老化难以破坏,影响渗水效果。

j. 安泵试抽:降水井施工结束后,应及时下入潜水泵,接真空管、铺设排水管道、电缆、地面真空泵安装等,抽水与排水系统安装完毕,即可开始试抽水。

图 5-192 现场填砾料

k. 排水:洗井及降水运行时应用管道将水排至集水池内,通过排水管道将水排入场外预设的排水沟渠中,场外预设的排水管道应定时清理,确保排水系统的畅通。

l. 深井降水运行:潜水降水采用真空抽水,一台真空泵带两口降水井,管路真空度不大于 −0.06MPa,开挖前的真空降水时间不少于4d。

③降水效果

土砂互层古冲沟段,地质变化频繁,在超前真空井点降水效果不明显的情况下,采用重力式真空深井降水,通过深井穿透土砂隔水层,有效梳干了土砂互层及土石分界面的地下水,降低了洞内水位线,解决了土砂互层段含泥量大、渗透系数小导致的降水难题。现场降水效果如图 5-193 所示。

图 5-193 下台阶土砂互层真空深井降水效果

3) 水平旋喷桩加固

隧道穿越土砂互层古冲沟地段,前期采用帷幕注浆加固地层不均匀,在局部砂层段仍出现了掌子面及拱部溜坍。在后续的 DK244+333~DK244+550、DK244+750~DK244+845、DK245+132~DK245+292、DK245+439~DK245+539 段共计572m 采用了超前水平旋喷桩加固。

(1) 旋喷桩加固参数

超前水平旋喷桩长 13m,外插角 3°~5°,每环搭接 3m,沿拱部 180°范围布设,桩径采用 ϕ600mm,桩间距 400mm。中台阶锁脚采用 ϕ600mm 旋喷桩,长 6m,斜向 45°布设,纵向间距 0.5m,内插 2 根 4m 长 ϕ22mm 螺纹钢与初期支护格栅钢架通过锁脚连接筋焊接牢固。下台阶锁脚采用 ϕ600mm 旋喷桩,长 6m,斜向 8°~12°布设,纵向间距 0.5m,内插 2 根 4m 长 ϕ22mm 螺纹钢与初期支护格栅钢架通过锁脚连接筋焊接牢固。下台阶纵向每隔 5m 设置一排横向旋喷桩,桩径采用 600mm,桩间距 500mm,长度 6m,组成开挖范围两侧及前方加固帷幕。水平旋喷桩布设如图 5-194 所示。

(2) 施工流程

旋喷桩施工流程包括:测量放线→钻孔旋喷机就位→制备浆液→钻进→旋喷作业→冲洗

钻具管路→废浆液处理→清洗管道及设备钻机移到下一孔位。

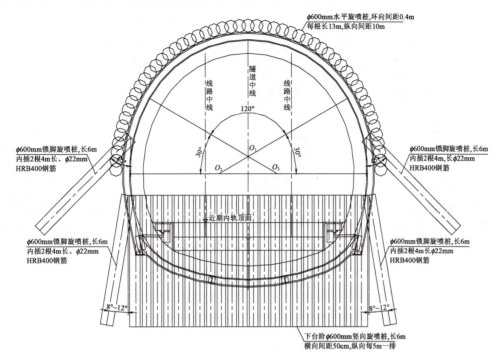

图 5-194　水平旋喷桩布设

a. 测量放线：旋喷前采用 20cm 厚的 C25 钢筋网喷射混凝土封闭，根据设计桩位测量定位，编好每个桩号，用钢筋做好标记。

b. 钻孔旋喷机就位：结合台阶设置选用较为灵活的 HTG-200 地质钻机，钻孔旋喷机安装在轨道上后，按各孔坐标要求，用全站仪测量、调整钻塔高度、倾角及摆角，使钻杆抽线方向符合外扩角的要求。

c. 制备浆液：水泥浆液采用普通硅酸盐水泥，水灰比为 1∶1，浆液采用高速搅拌机搅拌均匀，搅拌时间不小于 3min，一次搅拌使用时间控制在 4h 内。

d. 钻进：钻头边旋转边钻进，护壁浆液压力在 1~2MPa，防止钻进过程中卡钻、黏钻，旋喷桩一次成孔，钻至设计孔深。

e. 旋喷作业：钻至设计深度并原位旋喷 0.5min 后开始后退，旋喷转速约 20r/min，旋喷压力 35~40MPa，水泥浆液流量 50~80L/min，每孔旋喷至孔口 0.5m 后停止旋喷，退钻后立即用木塞堵住孔口，防止浆液大量外泄。

f. 冲洗钻具管路：待旋喷完一孔后，用清水清洗高压泵及输浆管路，待喷嘴喷出清水为止。

g. 废浆液处理：为防止废浆液泡软拱脚及掌子面，在工作平台前端及中央开挖一排浆沟，使浆液流至下台阶储浆桶后统一处理。

h. 清洗管道及设备钻机移到下一孔位：每根桩施工完毕后用清水高压冲洗管道及设备，确保管道内不留残渣；钻机移位时相邻桩成桩时间超过初凝时间且达到一定强度后开钻。

（3）成桩效果分析

开挖检测平均桩径 62.4cm，实测桩体最小抗压强度值 2.4MPa，最大抗压强度值 4.3MPa，平均抗压强度值 3.1MPa；拱墙范围桩体形成刚性连续壳体，解决了开挖过程中掌子面及拱部坍塌、溜坍，开挖成形好，加固效果显著。现场加固效果如图 5-195 所示。

图 5-195　旋喷桩加固效果

5.6.5　台阶法预留核心土施工关键技术

富水全风化红砂岩及土砂互层地段隧道初期支护包含 C25 喷射混凝土，厚度 37cm；H300 格栅钢架，间距 0.5m；双层 ϕ8mm 钢筋网片，网格尺寸 20cm×20cm；ϕ600mm 旋喷桩锁脚，长度 6m；二次衬砌为 60cm 厚的 C35 钢筋混凝土，主筋采用 ϕ25mm@200mm。采用超前水平旋喷桩（超前帷幕注浆）预加固及超前井点降水＋深孔降水措施，确保围岩自稳能力情况下，采用三台阶预留核心土法开挖，施工过程中以掌子面及台阶稳定控制为核心、初期支护的沉降及变形控制为重点，通过现场试验、逐步改进和完善，形成了适应于富水全风化红砂岩、古冲沟土砂互层地段动态调整台阶的台阶法预留核心土施工关键技术。

1）台阶开挖尺寸

根据围岩自稳能力不同合理选择台阶的高度与长度，上台阶高度 3～3.71m、长度 5m，中台阶高度 2～2.71m、长度 4m，下台阶上部高度 2.49m、长度 8～10m，下台阶下部及仰拱高度 2.95m（台阶开挖尺寸如图 5-196 所示）。各台阶预留核心土、拱部密排小导管超前支护来控制开挖成形；施工过程中动态调整台阶高度与长度，下台阶上部作为机械作业平台，确保长度满足施工要求，同时满足下台阶下部及仰拱开挖面的降水周期要求，高度与液压仰拱栈桥相匹配。

上台阶、中台阶、下台阶上部作为单元①同步开挖支护，下台阶下部及仰拱作为单元②一次开挖支护封闭，单元①与单元②交替组织施工。真空井点降水穿插于单元①支护工序中，确保降水及时性；单元②开挖支护工序同时进行旋喷桩锁脚、旋喷桩帷幕及深井降水；每施作两循环单元①施工一次单元②。液压仰拱栈桥随初期支护仰拱施工前移，满足 12m 长度后及时施工二次衬砌仰拱及填充层。

2）施工流程

施工流程为：施工准备→超前地质预报→测量放线→超前支护→真空降水（上、中台阶，下台阶旋喷桩止水帷幕内）→单元①开挖支护（两循环）→单元②开挖支护，同时施工单元①

旋喷桩锁脚、止水帷幕→下一循环。施工流程图如图 5-197 所示。

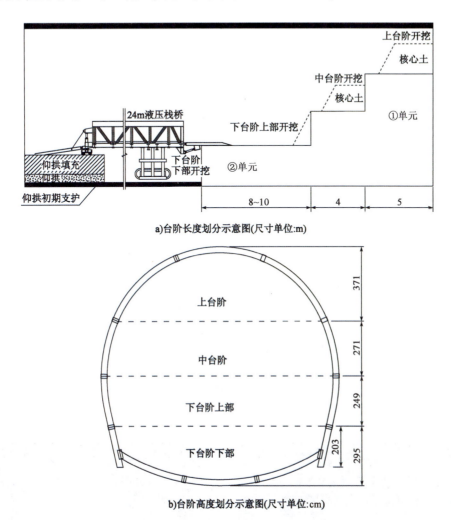

图 5-196 台阶开挖尺寸示意图

3) 洞内施工排水措施

采用超前井点降水+深孔降水措施确保地下水水位在开挖面最低处 0.5m 以下,在各台阶处设置临时密封钢板制集水箱收集,集水箱应尽量设置在水源点,避免引排造成二次渗漏;为防止明水在收集过程中渗入台阶,严禁采用集水明沟从上部台阶按级引入仰拱后集中抽排。仰拱填充层已施工段两侧水沟主要接收路面冲洗排水、真空降水主管排水、盲管排水,顺坡排水利用自然坡度引排至斜井与正洞交叉处泵站集中抽排至洞外,两侧水沟靠掌子面端封堵严实,防水水沟内集水倒灌入仰拱中造成基底软化。洞内掌子面围岩降水前后效果如图 5-198 所示。

4) 径向回填挤密注浆

为减小砂层松散化造成支护荷载增大,抑制围岩松散圈的扩大,避免初期支护背后土体存在空洞或不密实,在初期支护全断面封闭成环区段及时进行拱墙径向回填挤密注浆。径向注

浆管采用 $\phi 42mm$ 钢管，长度 $3m$，$1.7m \times 2.0m$（环向×纵向）拱墙布置，径向回填挤密注浆设计如图 5-199 所示。注浆采用间歇式跳孔注浆，由下向上进行，注浆压力控制在 $0.5 \sim 1.0MPa$，水泥浆液水灰比为 $0.5:1 \sim 2:1$；注浆结束标准为注浆压力升高至设计终压，继续注浆 10min 以上，进浆量小于初始进浆量的 1/4，检查孔涌水量小于 $0.2L/min$。

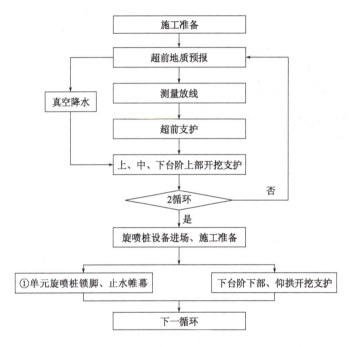

图 5-197　施工流程图

a) 掌子面降水前

b) 掌子面降水后

图 5-198　掌子面围岩降水前后效果

5.6.6　结语与建议

(1) 富水全风化红砂岩及古冲沟土砂互层地层，含水率高且渗透系数小，开挖后土层含水率在 8h 左右达到峰值，造成掌子面围岩丧失自稳能力，形成流变、溜垮、坍塌，开挖不易成形，支护变形控制困难。

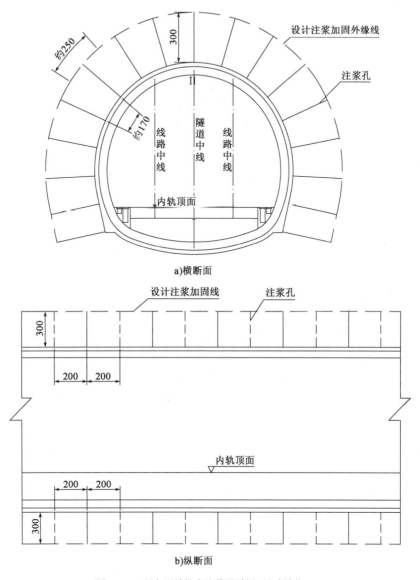

图 5-199 径向回填挤密注浆设计图(尺寸单位:cm)

(2)白垩系全风化红砂岩段隧道塌落机理为"复合铰接拱"的拱式破坏,围岩破坏模式主要表现为"拱顶塌落""拱脚失稳""边墙溜砂""仰拱滑移";第四系土砂互层段隧道塌落机理为"偏拱架梁"的梁式破坏。

(3)通过采用超前帷幕注浆、真空降水、超前水平旋喷桩等措施能有效地保证地层稳定性,超前水平旋喷桩(超前帷幕注浆)能有效地加固围岩,提高围岩的自稳能力;富水全风化砂层段采用超前真空井点降水能将砂层含水程度降至中湿状态,古冲沟土砂互层段通过深井穿透土砂隔水层能有效梳干土砂互层及土石界面的地下水。

(4)采用三台阶预留核心土法开挖,根据掌子面自稳情况动态调整台阶高度及长度,初期支护全断面封闭成环距离控制在20m左右,拱顶累计沉降值控制在250mm以内,上台阶开挖沉降速率最大为18mm/d、中台阶开挖沉降速率最大为15min/d、下台阶上部开挖沉降速率最大为9mm/d、下台阶下部及仰拱开挖沉降速率最大为3mm/d,隧道变形得到有效控制,月平均进尺为28m。

石岩岭三线隧道浅埋偏压台阶法修建技术

建设超大断面隧道,同时兼顾安全与效率,施工中选择何种工法一直是工程建设者们长期探索的问题,基本思路无外乎"断面分割,分块开挖",基本形成了台阶法、CD法、CRD法和双侧壁导坑法等工法。针对某个具体项目,实施过程中断面如何分割,考虑的关键因素始终是现场条件,如隧道断面高跨比是多少,上中下台阶岩性、含水是否有变化,地形及周边环境情况等;施工基本原则是在安全可靠的前提下尽量选择相互兼容的简单工法,以利于机械化作业和工法转换。石岩岭隧道出口燕尾段断面扁平率为0.76,面积为216m²,断面内岩性上软下硬,属于超大断面偏压隧道。为了充分发挥大型机械化快速作业优势,以实现"快挖、快支、快封闭成环"的施工思路,积极探索适用开挖工法很有必要。

5.7.1 工程概况

石岩岭隧道位于江西省宜春市宜丰县境内,全长1644.92m,最大埋深178.8m。其中,出口DK1701+004~DK1701+723.95为燕尾段,长719.95m,DK1701+590~DK1701+650段围岩为Ⅳ级,DK1701+650~DK1701+713.95段围岩为Ⅴ级,原设计采用CRD工法施工;DK1701+590~DK1701+723.95段133.95m为三线车站隧道。

隧址区属剥蚀低山地貌单元,地形起伏较大,自然坡度约10°~50°。丘坡植被稍~较发育,多为树木,地表覆盖约0.5m厚粉质黏土,褐黄色,硬塑;下伏闪长岩,全风化~强风化层,灰黄~青灰色,全风化呈砂土状,局部风化不均,呈块状,强风化节理裂隙发育,原岩结构构造部分已破坏,岩体破碎,厚约20~26m,波速0.90~0.95km/s;下为弱风化层,裂隙发育~较发育,岩体破碎~较完整,物探揭示纵波波速4.6km/s;地下水为孔隙潜水,弱发育。隧道出口段地表偏压较严重,周边无建(构)筑物。

DK1701+650~DK1701+713.95段隧道横断面如图5-200所示,隧道开挖宽度为18.74m,高度为14.24m,面积为216m²,为一般单线隧道开挖断面的4倍、双线隧道开挖断面的2.5倍,属超大开挖断面。该段隧道地形为浅埋偏压且该段隧道洞身主要位于全风化~弱风化斜长闪长岩中。该段洞口超前支护采用φ108mm长管棚,环向间距为30cm。衬砌结构采用Vkc型衬砌;初期支护厚30cm,内设H230格栅钢架,间距0.6m/榀;二次衬砌拱墙厚75cm,仰拱厚80cm,配筋规格为φ22mm@100mm。现场开挖揭示为全风化斜长闪长岩地层,干燥无水,稳定性较好;洞口管棚施工过程反映,钻进35~40m时均进入强风化地层。

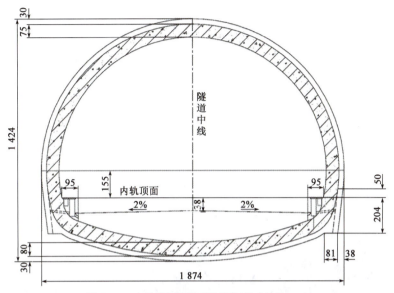

图5-200　三线隧道横断面示意图(尺寸单位:cm)

5.7.2　开挖工法选择

1)现场情况分析

首先对国内大断面隧道采用的 CRD 法、双侧导坑法等施工中遇到的常见问题进行汇总,主要包括:①临时支撑的拆除比较麻烦,施工过程存在多次受力转换,技术较复杂,施工作业难度大,容易出现操作失误等问题;②分部开挖工法的核心是将大断面迅速转换为小断面开挖,步步封闭成环,使每一个施工阶段都形成一个完整的受力体系,对工序的衔接、施工人员技术要求较高,转换时间过长,不利于及时形成稳定的支护体系;③CRD 法施工长度过长时,受工作面限制无法采用大型机械化作业,施工效率低,进度慢。

其次对现场实际地形、地层进行踏勘,结果显示洞顶及周边为树林,无建筑物,对地表变形控制要求低。另外,根据洞口超前钻探揭示,钻至35~40m时进入强风化层,洞口全风化段为闪长岩地层,干燥无水,稳定性较好。

综上分析,考虑台阶法存在工法转换方便、围岩变形过大时可及时增加临时加固措施以确保施工安全的特点。

2)台阶法数值模拟分析

(1)计算模型

选取 DK1701+705 开挖断面,地层由上到下依次为 W4(全风化)、W3(强风化)、W2(弱风化),其对应的地层物理力学参数见表5-24。计算采用有限元软件 MIDAS,建立地层—结构模型,二维模拟分析隧道—围岩体系的应变和应力。围岩材料符合莫尔—库仑屈服准则,隧道初期支护及临时仰拱结构材料为 C25 喷射混凝土,材料符合线弹性材料特征,其弹性模量为23GPa,重度为22kN/m³,泊松比为0.2。

地层物理力学参数 表 5-24

岩层	重度 (kN/m³)	变形模量 (GPa)	泊松比	内摩擦角 (°)	黏聚力 (MPa)
W4	19	0.01	0.4	30	0.05
W3	23	5	0.3	45	0.3
W2	26	10	0.27	55	1.0

计算分析时,土体采用平面单元模拟,初期支护及临时支护采用线性梁单元模拟。边界采用位移边界条件,水平向采用水平约束,竖向在模型底部采用竖向约束,上部为自由界面。计算模型水平宽度取150m,竖向从地面取至隧道仰拱下30m处。偏压对侧采用反压回填,中间设临时竖撑,计算模型如图5-201所示。

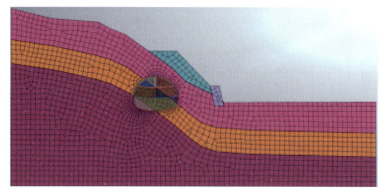

图5-201 计算模型

模拟分析分以下8个施工步骤:①围岩体系在自重作用下的地应力平衡,并消除初始位移;②模拟隧道上台阶开挖施工;③模拟隧道上台阶初期支护及临时支护施作;④模拟隧道中台阶开挖施工;⑤模拟隧道中台阶初期支护及临时支护施作;⑥模拟隧道下台阶开挖施工;⑦模拟隧道下台阶初期支护施作;⑧模拟隧道临时支护拆除。

(2)计算结果分析

上台阶开挖、中台阶开挖、下台阶开挖、拆除临时支撑等各施工步序完成后,隧道初期支护结构轴力和弯矩图如图5-202所示。

提取上台阶初期支护及临时仰拱完成、中台阶初期支护及临时仰拱完成、下台阶初期支护完成、拆除临时仰拱等各阶段的正负弯矩极值及其对应的轴力计算结果,见表5-25。

结构验算表 表 5-25

施工阶段	弯矩 (kN·m)	轴力 (kN)	厚度 (m)	实际配筋 (mm²)	计算配筋 (mm²)	水平位移 (mm)	竖向位移 (mm)
上台阶初期支护及临时仰拱完成	-194	148	0.3	2446	2454	13.5	-71.4
中台阶初期支护及临时仰拱完成	-169	194	0.3	2007	2454	25	-110.9
下台阶初期支护完成	-176	614	0.3	1818	2454	30	-120.5
拆除临时仰拱	-245	442	0.3	2878	2454	40	-143.4

注:配筋计算未考虑8字结对格栅钢架的加强作用。

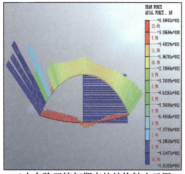
a) 上台阶开挖初期支护结构轴力云图

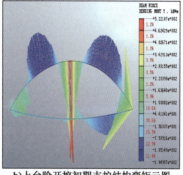
b) 上台阶开挖初期支护结构弯矩云图

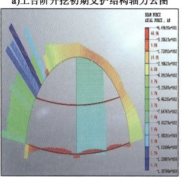
c) 中台阶开挖初期支护结构轴力云图

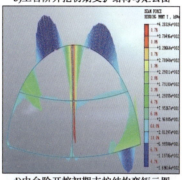
d) 中台阶开挖初期支护结构弯矩云图

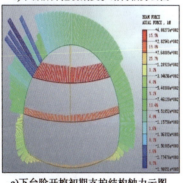
e) 下台阶开挖初期支护结构轴力云图

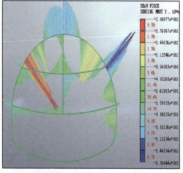
f) 下台阶开挖初期支护结构弯矩云图

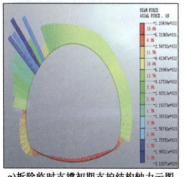
g) 拆除临时支撑初期支护结构轴力云图

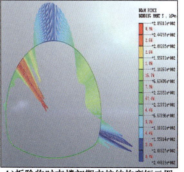
h) 拆除临时支撑初期支护结构弯矩云图

图 5-202 计算云图

根据计算结构可知,开挖阶段初期支护结构的强度均能满足隧道施工安全,仅在拆除临时仰拱阶段,计算配筋面积相对实际配筋要大,最大竖向位移达到143.4mm。说明在拆除临时支撑阶段,结构的安全风险较大;实际施工过程中应针对性的加强支护结构,结合监控量测数据,合理把握临时支撑拆除时机。

通过对现场情况分析和建立数值模型计算分析可知,采用三台阶临时仰拱+竖向支撑的开挖工法基本可满足隧道施工的安全。实际施工过程中应充分利用大断面机械快速开挖的优势,做到快挖、快支、快封闭成环。

5.7.3 台阶法施工概况

1)边仰坡防护

隧道施工前,在开挖线5~10m外设置截水天沟,拦截地表水。同时将洞口段开挖线以外20m范围的漏斗、洼地、危石等进行处理,防止地表水向下渗漏或陷穴等继续扩大影响隧道施工安全。

隧道进口边坡采用土钉墙防护,边坡段设置7m长土钉,仰坡段设置15m长土钉,土钉材质采用HRB400、ϕ25mm钢筋制作,土钉间距为1.5m×1.5m,梅花形布置。钢筋网采用ϕ8mm钢筋,网格25cm×25cm,喷射混凝土厚度为15cm。土钉露出喷射混凝土表面15cm,土钉间安装15cm宽、16mm厚钢带加强整体连接强度。边坡土钉布置示意图如图5-203所示。

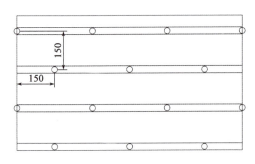

图5-203 边坡土钉布置示意图(尺寸单位:cm)

2)超前管棚支护

隧道出口里程DK1701+650~DK1701+713.95地段,沿拱墙180°布设ϕ108mm,长63.95m超前管棚,管棚外插角1°~3°,共计93根。管棚施工采用Z-GP150管棚钻机,一次性施工。洞口段管棚设置1m×1m导向墙,采用C20混凝土,导向墙设2榀I18工字钢架。加强导向墙下基础,共设置14根ϕ108mm钢管桩,钢管桩长7m。管棚及导向墙布设示意图如图5-204所示。

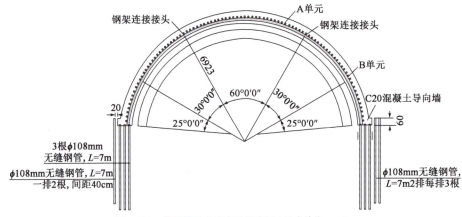

图5-204 管棚及导向墙布设示意图(尺寸单位:mm)

3) 超前小导管支护

DK1701+650～DK1701+713.95段埋深较小,线路左侧埋深较大,存在偏压现象,隧道超前支护采用 φ108mm 长管棚和 4.5m 长的 φ42mm 超前小导管进行支护;DK1701+280～DK1701+400、DK1701+570～DK1701+650 段埋深较浅,有断层、围岩破碎,超前支护采用 5m 长的 φ50mm 超前小导管注浆加固。

沿隧道拱部 180°打设超前小导管,环向间距 40cm。小导管与格栅钢架配合打设,外插角 5°～10°,正常段纵向水平搭接长度为 1m,隧道出口浅埋偏压段纵向水平搭接长度为 1.5m。超前小导管布设示意图如图 5-205 所示。

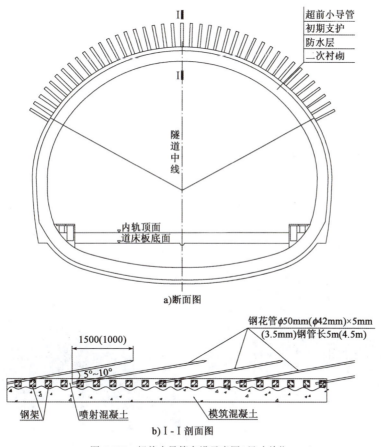

a) 断面图

b) Ⅰ-Ⅰ剖面图

图 5-205　超前小导管布设示意图(尺寸单位:mm)

4) 三台阶临时仰拱 + 竖向支撑开挖

隧道初期支护采用 H230 钢格栅钢架,间距为 0.4m/榀,厚度为 30cm 的 C25 喷射混凝土。隧道中部设置两道临时仰拱,厚度为 18cm 的 C25 喷射混凝土。隧道中线处采用 φ245mm×8mm 无缝钢管作为竖向支撑,上下用 400mm×400mm×16mm 钢板法兰连接,与每两榀设置一处(0.8m),相邻两个竖向支撑之间采用 φ22mm 螺纹钢筋按剪刀撑形式布设。锁脚锚杆采用长 5m 的 φ50mm 钢花管以 30°～45°倾斜向下打设,共计布设 16 组(其中上台阶 8 组、中台阶 6 组、下台阶 2 组)。

隧道出口段采用三台阶临时仰拱+竖向支撑开挖,如图5-206所示。上台阶长度为5m,预留核心土长度为2~2.5m,临时仰拱紧跟核心土,采用人工配合机械开挖,循环进尺为1榀格栅钢架;每进尺两榀,在核心土和临时仰拱上设置 $\phi245mm$ 无缝钢管作为竖向支撑;中台阶长度为5m,采用人工配合机械开挖,循环进尺为1榀格栅钢架,两侧同时开挖,同时施作临时仰拱,临时仰拱封闭成环紧跟中台阶掌子面,每进尺两榀,在核心土和临时仰拱上设置 $\phi245mm$ 无缝钢管作为竖向支撑;待上、中台阶施作一定长度后,开始下台阶及仰拱开挖,及时施作初期支护结构,确保初期支护全断面封闭成环距上台阶掌子面控制在1倍洞径。根据初期支护结构监控量测情况,适时拆除临时仰拱及竖向支撑。

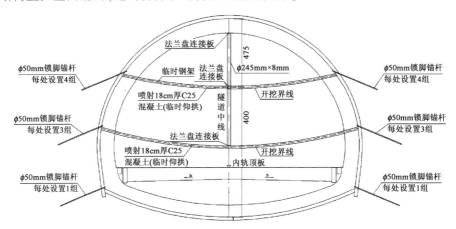

图5-206　三台阶临时仰拱+竖向支撑施工图

隧道出口段采用三台阶临时仰拱+竖向支撑开挖施工现场如图5-207所示。

图5-207　三台阶临时仰拱+竖向支撑现场开挖情况

5.7.4　施工相关问题及对策

现场施工过程中,受当地连续降雨等不利条件的影响,DK1701+690~DK1701+713.95段施工过程中陆续出现了拱顶变形较大、初期支护出现裂缝、爆破对软硬不均地段振动影响较大及地表沉降导致土体产生裂缝等不良现象。针对施工过程中出现的问题进行分析并采取相应的措施。

1）初期支护拱顶变形过大

DK1701+690～DK1701+713.95段位于洞口浅埋地段，周边围岩为全风化花岗闪长岩，采用台阶法施工一次开挖断面较大，洞顶覆土埋深浅，开挖扰动造成拱顶沉降较大。当上台阶施工进洞9m，中台阶施工进洞4m时，初期支护变形速率快速增大，2015年12月24日至25日拱顶沉降为7.7mm，25日至26日拱顶沉降为2.8mm，连续2d超过2mm，监控量测出现黄色预警。

为防止隧道初期支护结构变形侵限，采取了以下措施：

（1）该段预留变形量加大至30cm。

（2）加强初期支护钢架，钢架间距由0.5m/榀调整为0.4m/榀，纵向连接环向间距由1.0m调整为0.5m，增加锁脚锚杆设置。

（3）上台阶钢架安装后立即进行喷射混凝土作业，预留核心土及时采用喷射混凝土封闭。

（4）现场备用临时钢管支撑，加强临时支撑的设置与拆除工序培训，将该工序转换的时间控制在最短。

（5）加强监控量测，监控量测断面间距由5m调整为3m，拱部沉降观测点由1个调整为3个，确保监控量测指导施工。

采取以上措施后，隧道初期支护结构变形均在可控范围以内（典型断面初期支护结构监控量测数据如图5-208所示）。隧道初期支护结构拱顶沉降最大值为159mm，单日最大沉降速率为10.5mm/d，周边收敛最大值为59mm。

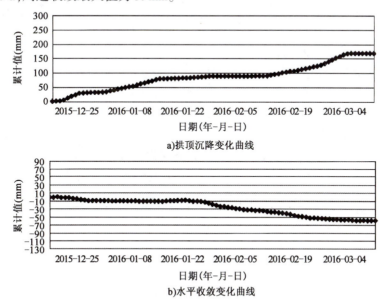

图5-208 隧道初期支护结构变形监测曲线

2）初期支护混凝土开裂

现场开挖至DK1701+696时（进洞18m），下台阶施工至DK1701+706时（进洞8m）出现连续下沉速率及累计拱顶沉降的预警，同时发现DK1701+706～DK1701+712段线路左侧中台阶与下台阶连接处出现一条纵向不规则裂缝（图5-209），裂缝宽3～10mm，长5～6m，混凝土有脱落现象。

图 5-209 隧道初期支护结构混凝土开裂

经过现场勘察分析，DK1701+670～DK1701+710段地表浅埋偏压，拱顶最小覆土1.75m，山体坡度达1:1.5，开裂段洞身位于土石分界线处，且地表浅埋偏压，岩层沿线路向左侧倾斜，该段上、中台阶施工过程中均存在初期支护整体向线路左侧移动的问题。在DK1701+706～DK1701+712段初期支护封闭成环以后，该段发生了纵向裂缝，其原因是围岩荷载过大，导致结构产生了裂缝。

现场采取以下处理措施：

（1）暂停掌子面的开挖，立即对掌子面进行喷射混凝土封闭处理。

（2）开裂处增设钢管斜撑，以减弱偏压对结构的影响。

（3）对DK1701+714～DK1701+703.5段10.5m增设钢架套拱，加强初期支护刚度，在初期支护内侧增加I18型钢套拱，钢架间距50cm，与原格栅钢架位置交错布置，初期支护厚度由30cm调整为55cm，二次衬砌厚度由75cm调整为60cm，二次衬砌混凝土强度等级由C35调整为C40，环向钢架由HRB400、φ22mm调整为HRB400、φ25mm，纵向钢架由HRB400、φ16mm调整为HRB400、φ18mm。

（4）每榀钢架连接处增设1组锁脚锚杆，加强钢架与围岩的连接，控制水平收敛。

（5）对地表进行注浆加固，改良隧道上方土体。

（6）套拱加固完成后，开始上、中、下台阶的开挖支护，每次进尺1榀钢架，掌子面及时采用4.5m长玻纤锚杆+钢筋网+5～8cm厚喷射混凝土封闭。

（7）加固段下台阶长度满足一板二次衬砌长度后，暂停开挖掘进施工并封闭掌子面，进行二次衬砌施作，确保支护结构强度。

采取上述措施后，DK1701+711断面拱顶沉降变化曲线如图5-210所示，可以看出，该段初期支护拱顶沉降得到有效控制，拱顶沉降最大值为160mm，初期支护未发生开裂现象。

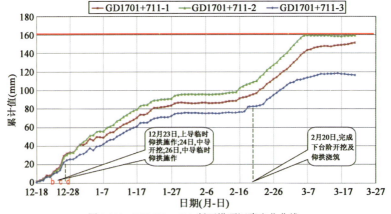

图 5-210 DK1701+711断面拱顶沉降变化曲线

3) 软硬不均地段

随着隧道开挖的深入，线路右侧开始出露弱风化斜长闪长岩，岩质较硬，需爆破开挖，爆破势必会对隧道上方及掌子面的全风化斜长闪长岩地层产生一定的影响，从而进一步加剧土体变形。针对该类不良地质条件，现场采取掌子面增设玻璃纤维锚杆、加强锁脚锚杆设置、减小初期支护钢架间距等措施。同时，对施工过程中的爆破进行控制，尽量减小对周边土体的影响。采取以上措施后，该段顺利完成施工，各项监控量测数据均在可控范围以内，初期支护表面无开裂等现象。

4) 地表土体开裂

隧道上方地表自然地面横坡最大坡度达到1:1.5，拱顶最小覆土仅为1.75m，隧道开挖至DK1701+708处时地表偏压力较弱侧沉降较大，当日最大速率达6mm/d，土体产生3~4cm宽裂缝，裂缝走向垂直于线路方向，如图5-211所示。随着隧道的掘进，在DK1701+705、DK1701+703、DK1701+698等处地表均产生大小不一的沉降裂缝，最大沉降达15cm。

图5-211 地表裂缝

考虑本段地形偏压，为防止裂缝进一步发展产生土体滑移现象，同时为了确保隧道运营期间外部条件安全，采取了如下措施：

(1) 在DK1701+682.75~DK1701+705段右侧设置5根抗滑桩，桩间距5m，桩长21m，桩截面尺寸为2.5m×2.25m，桩间设置挡土板。

(2) 从DK1701+682.75起右侧设置C30混凝土挡土墙顺接抗滑桩，直至反压回填线顺接原地面线为止。

5.7.5 结语与建议

(1) 台阶法为常用施工工法，具有现场施工人员操作熟练，主观接受意愿高，可快速形成正常施工能力，能满足大型机械施工作业环境要求，显著节约出渣时间，提高工效，且施工工序较分部开挖法（CRD法、双侧壁导坑法等）简单，临时支护拆除受力转换较分部开挖法简单。台阶法对变形的控制弱于分部开挖法，但对山区隧道周边无对沉降敏感建筑物的环境，在满足结构安全的前提下，两类工法均是可行的，而台阶法更具优势。

(2) 现场监控量测数据表明，由于开挖跨度较大，受浅埋偏压影响，台阶法结构变形速率不均匀(早期变形速率较大),使用时必须注意提高结构早期刚度,充分发挥大型机械化作业快挖、快支、快封闭的优势。采用台阶法进行超大断面隧道施工对现场监控量测频次有更高要求,同时必须确保测量数据的准确。

(3)在超大断面隧道中使用台阶法开挖前,需结合工点工程地质条件及隧道开挖结构轮廓等因素针对性的设计预处理措施,做好充分的安全储备,建立变形预警机制,避免因结构破坏而进行二次处理。

黄岗、桐木隧道硬质岩层光面爆破施工技术

目前国内山岭隧道的施工主要以钻爆法为主。钻爆法施工工艺简单,但人为因素对爆破质量影响较大。为尽可能地加快隧道开挖进度,同时满足隧道不出现欠挖现象,隧道爆破作业中经常出现少钻孔、长进尺、大药量爆破,导致隧道超挖现象严重、光面爆破效果差,存在严重的安全、质量隐患及材料浪费的现象。本节以 MHTJ-31 标段桐木隧道和黄岗隧道光面爆破控制技术和管理为例,阐述通过现场试验对爆破控制参数进行优化,提高隧道光面爆破水平,有效控制隧道超挖量。

5.8.1 工程概况

黄岗隧道全长1962.64m,为单洞单线隧道,其中Ⅱ级围岩1250m、Ⅲ级围岩385m、Ⅳ级围岩40m、Ⅴ级围岩287.64m。Ⅱ、Ⅲ级围岩以大体积弱风化花岗岩为主,岩体完整。地质测绘、物探及钻探成果表明,隧址区地质构造不发育,出口段表层覆盖的粉质黏土为灰褐~褐黄色,硬塑状态,厚度为0~2m;下伏为闪长岩,为灰黄~灰褐色,全~强风化。

桐木隧道全长5372m,为单洞单线隧道,其中Ⅱ级围岩950m、Ⅲ级围岩3110m、Ⅳ级围岩710m、Ⅴ级围岩592m。隧道沿线经过的地层主要为雪峰期晚期侵入花岗岩及元古界双峤山群千枚岩,地表分布有第四系覆盖层。

5.8.2 隧道光面爆破施工及设计参数

1)隧道光面爆破施工流程

单线隧道Ⅱ、Ⅲ级围岩采用全断面一次钻孔、装药、爆破,光面爆破施工流程图如图5-212所示。

(1)放样布眼

周边眼要沿隧道开挖轮廓线布置,保证开挖断面符合要求。辅助炮眼交错均匀布置在周边眼与掏槽眼之间,力求爆破出的石块块度适合装渣的需要。钻眼前,用红铅油准确地绘出开

挖断面的中线和轮廓线，标出炮眼位置，其误差不得超过 5cm，按炮眼布置正确钻孔，掏槽眼和周边眼的钻孔精度要高，误差控制在 3～5cm 以内。

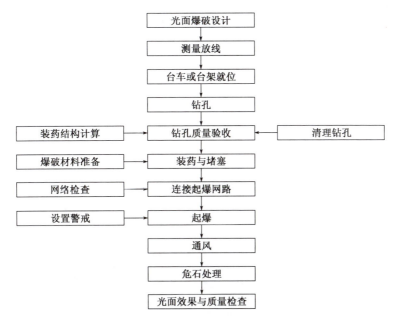

图 5-212　光面爆破施工流程图

(2) 钻眼

准确控制周边眼外插角，尽可能使两茬炮交界处台阶小于 15cm。根据眼口的位置、岩石的凹凸程度调整炮眼深度，以保证炮眼底在同一平面上。周边眼与辅助眼的眼底在同一垂直面上，掏槽眼要加深 10cm。掏槽眼眼口间距误差和眼底间距误差不得大于 5cm；辅助眼眼口排距、行距误差均不得大于 10cm；周边眼眼口位置误差不得大于 5cm，眼底不得超出开挖断面轮廓线 10cm。尽量减小周边眼外插角的角度，孔深小于 3m 时外插角的允许斜率宜为孔深的 ±5%；孔深大于 3m 时外插角斜率宜为孔深的 ±3%；外插角的方向要与该点轮廓线的法线方向一致。并根据不同的炮眼深度，适当调整斜率。

(3) 清孔

装药前，用钢筋弯制的炮钩和小直径高压风管吹入高压风将炮眼内石屑刮出和吹净。

(4) 装药

掏槽眼和底眼连续装药。周边眼采用间隔不耦合装药结构，炮泥封口。装药需分片分组自上而下进行装药，严格按爆破参数表及炮孔布置图规定的单孔装药量，雷管段分别"对号入座"。

(5) 炮泥封堵

装药后采用炮泥将炮孔堵塞好，炮泥长度不小于 20cm，掏槽孔不装药部分全堵满，其余掘进孔堵塞长度大于抵抗线的 80%。炮泥使用 2/3 砂和 1/3 黄土制作并使用水炮泥。

(6) 连接起爆网路

起爆网路采用复式网路，确保起爆的可靠性和准确性。连接起爆网路时需注意：导爆管不能打结和拉细，各炮眼雷管连接次数要相同；引爆雷管要用黑胶布包扎在离开一簇导爆管自由端10cm以上处,导爆管连接次数要相同。网路连接好后,要有专人负责检查核实,经检查符合要求后方可进行引爆。

(7) 起爆出渣

网路连好后,在准备起爆前,人员撤离危险区,需要设保护设施的一定要设置,然后由安全员核实,方可进行起爆。起爆采用非电毫秒雷管。起爆后,由原装药人检查炮眼爆破情况,全部爆破后进行出渣。如发现有瞎炮,及时处理。

2) 隧道爆破设计参数

初步设计的主要爆破参数见表5-26,循环进尺及炮孔长度见表5-27。

初步设计的主要爆破参数 表5-26

围岩级别	药卷直径(mm)	炮孔直径(mm)	不耦合系数 D	周边孔间距 E (cm)	最小抵抗线 W (cm)	周边孔密级系数 K	周边孔装药集中度 (g/m)
Ⅱ	32	42	1.31	55	65	0.85	300
Ⅲ	32	42	1.31	55	60	0.9	250

循环进尺及炮孔长度 表5-27

围岩级别	循环进尺(m)	掏槽孔(m)	辅助孔(m)	周边孔(m)	底板孔(m)
Ⅱ	3	4.5	3.5	3.2	3.2
Ⅲ	3	4.5	3.5	3.2	3.2

根据经验公式,炮孔数量计算如下:

$$N = \frac{0.0012qS}{ad^2}$$

式中:N——炮眼数量;

q——单位炸药消耗量;

S——开挖断面面积;

a——炮孔装填系数;

d——药卷直径。

根据设计要求,Ⅱ级围岩炮孔数量为122个,Ⅲ级围岩炮孔数量为138个。Ⅱ、Ⅲ级围岩炮孔布设图如图5-213所示。

采用间隔装药的装药结构,药卷间距为40cm,炮孔封堵长度按50cm实施。隧道爆破从掏槽孔到辅助孔至周边孔采用多段毫秒延期导爆管雷管由里向外起爆,其中周边孔比辅助孔要跳2段,间隔时间为50~100ms,且用同一段雷管同时起爆。为了保证起爆准确可靠,采用的起爆网络为塑料导爆管传爆雷管复式网络。爆破采用2号岩石乳化炸药,规格为32mm×300g,密度为1.24g/cm³。周边孔分2段进行间隔装药,2段药卷间隔40cm,其他孔连续装药。对于每孔装药量周边孔为0.9kg(Ⅲ级围岩为0.75kg),辅助孔为1.2kg,掏槽孔为2.4kg,底板孔为2.4kg。

按照上述爆破设计,爆破后平均线性超挖为18.5~22.1cm,不满足平均线性超挖小于10cm的光面爆破控制目标要求。

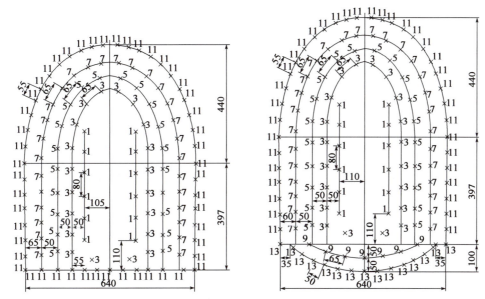

图 5-213 设计炮孔布设图(尺寸单位:cm)
1、3、5、7、9、11、13-起爆延时时间段号

5.8.3 隧道光面爆破参数优化

针对影响爆破的主要参数,细化爆破试验工作。在初步设计的基础上,对方案实施后的净空断面进行测量及现场效果检查,并通过分析原因,对爆破参数进行了调整。经过对比分析和优选,以期获得较为合理的爆破参数。

1) 主要爆破参数调整

(1) 周边孔间距

光面爆破是指通过爆破使相邻炮孔之间用裂隙连通起来,以形成平整的断裂面。炮孔间距在炮孔裂隙的连通上起着非常重要的作用。周边孔间距减小后,可以减小相邻炮孔之间的裂隙连通距离,能够使连通面更加平顺,有利于增强光面爆破的效果,但周边孔间距越小成本越高,因此在实施过程中需要进行多次调整,以选择经济合理的周边孔间距。

(2) 最小抵抗线

光爆层是指周边炮孔与最外层主爆孔之间的一圈岩石层。光爆层厚度或周边孔到邻近辅助孔的距离是光面孔起爆时的最小抵抗线,一般大于或等于光面孔间距。如果最小抵抗线过大,则不能很好地将光爆层破碎下来,甚至会产生大块或留底根;如果最小抵抗线过小,在反射波的作用下,可能会导致围岩破坏,影响光面爆破的效果和围岩的稳定性。因此,针对现场围岩情况和爆破效果,对光爆层厚度进行了调整。

(3) 掏槽孔的深度、角度及装药量

掏槽孔是指在开挖面中间部位布置的先于其他炮孔起爆的钻孔,为辅助孔和其他孔提供爆破临空面,为整体爆破创造条件。掏槽孔的深度、角度和装药量对整体爆破起着关键性作用,在实施过程中通过多次调整来获得合理的取值。

(4) 装药量集中度

装药集中度是指单位长度炮孔中的装药量。为了保证新壁面的完整稳固,在保证围岩沿炮孔连心线破裂的前提下,应尽可能地少装炸药。一般情况下,在中硬岩中装药量集中度为 200～300g/m,在硬岩中为 300～350g/m。针对不同围岩,在现场实施过程中通过对周边孔装药量进行多次调整,最终选取了合理的装药量。

(5) 装药结构

装药结构对光面爆破的效果有着很大的影响,装药集中将会造成局部装药段的爆破力过猛,引起局部岩体超挖破坏,同时空隔段的爆破力弱化易造成欠挖,因此应采用多间隔装药保证孔内产生均匀的爆破力,各间隔炸药用导爆索连接进行引爆。另外,为了减少爆破力的损失采用炮泥进行封孔。

(6) 周边孔外插角的控制

外插角的控制也是影响光面爆破效果的关键因素,外插角过大会造成孔底超出轮廓线过多,造成超挖。根据项目部现有的设备以及建设单位对初期支护和二次衬砌厚度施工误差的要求,周边孔孔口均需控制在设计轮廓线内5cm的连线上,孔底均需控制在设计轮廓线外5cm的连线上,外插角斜率按照3.3%向外进行设置,才可达到较好的超欠挖控制效果。

2) 爆破参数优化试验数据统计及分析

为了提高爆破控制水平,进行了爆破参数的优化试验。Ⅱ级围岩试验段选择黄岗隧道(花岗岩),Ⅲ级围岩试验段选择具有代表性的桐木隧道斜井段(千枚岩),以此两处作业段为试点,通过对参数优化前后方案的实施效果进行对比分析,选取了合理的爆破参数。

(1) 黄岗隧道试验数据统计及对比分析

在黄岗隧道进行光面爆破参数优化试验,现场采集相关数据,每个爆破参数的数值取连续 5 次爆破数据的平均值,见表5-28。

黄岗隧道试验数据　　　　　表5-28

编号	炮孔类型	炮孔间距(cm)	炮孔长度(m)	装药量(kg/孔)	光爆层厚度(cm)	平均线性超挖(cm)	平均线性欠挖(cm)	炸药单耗(kg/m³)
1	掏槽孔	80	3.8	2.4	55	14.6	0.96	1.32
	辅助孔	50～75	3.4	1.2				
	周边孔	45	3.2	0.9				
	底板孔	45	3.2	2.4				
2	掏槽孔	80	3.8	2.4	45	10.45	0.91	1.28
	辅助孔	50～75	3.4	1.2				
	周边孔	40	3.2	0.75				
	底板孔	45	3.2	2.4				
3	掏槽孔	80	3.8	2.4	40	8.95	0.65	1.36
	辅助孔	50～75	3.4	1.2				
	周边孔	35	3.2	0.75				
	底板孔	45	3.2	2.4				

续上表

编号	炮孔类型	炮孔间距（cm）	炮孔长度（m）	装药量（kg/孔）	光爆层厚度（cm）	平均线性超挖（cm）	平均线性欠挖（cm）	炸药单耗（kg/m³）
4	掏槽孔	80	3.8	2.4	40	8.87	0.56	1.38
	辅助孔	50~75	3.4	1.2				
	周边孔	30	3.2	0.75				
	底板孔	45	3.2	2.4				

逐步调整周边孔间距为45cm、40cm、35cm、30cm，相应地调整光爆层厚度为55cm、45cm、40cm、40cm，同时调整掏槽孔的深度、角度及装药量，周边孔装药结构调整为3段间隔。药卷间距为60cm，药卷采用导爆索连接，炮孔封堵30cm，同时严格控制周边孔的外插角，外插角斜率按照3.3%向外进行设置。

当周边孔间距调整到35cm，辅助孔炮孔长度调整到3.4m、掏槽孔炮孔长度调整到3.8m（斜插内角为75°）时，平均线性超挖为8.95cm，满足小于10cm的要求，光面爆破效果有了很大的提升。当周边孔间距调整到30cm时，光面爆破效果提升并不明显，且增加了更多的成本，因此确定周边孔间距为35cm时的方案为最优方案。

（2）桐木隧道试验数据统计及对比分析

与黄岗隧道相同，在桐木隧道进行光面爆破参数优化试验，每个爆破参数的数值取连续5次爆破数据的平均值，见表5-29。

桐木隧道试验数据 表5-29

编号	炮孔类型	炮孔间距（cm）	炮孔长度（m）	装药量（kg/孔）	光爆层厚度（cm）	平均线性超挖（cm）	平均线性欠挖（cm）	炸药单耗（kg/m³）
1	掏槽孔	80	3.8	2.4	55	16.8	1.02	1.29
	辅助孔	50~75	3.4	1.2				
	周边孔	45	3.2	0.75				
	底板孔	45	3.2	2.4				
2	掏槽孔	80	3.8	2.4	45	11.45	0.98	1.26
	辅助孔	50~75	3.4	1.2				
	周边孔	40	3.2	0.6				
	底板孔	45	3.2	2.4				
3	掏槽孔	80	3.8	2.4	40	9.87	0.85	1.28
	辅助孔	50~75	3.4	1.2				
	周边孔	35	3.2	0.6				
	底板孔	45	3.2	2.4				
4	掏槽孔	80	3.8	2.4	40	8.98	0.73	1.29
	辅助孔	50~75	3.4	1.2				
	周边孔	30	3.2	0.45~0.6				
	底板孔	45	3.2	2.4				

逐步调整周边孔间距为45cm、40cm、35cm、30cm，相应地调整光爆层厚度为55cm、50cm、45cm、40cm，同时调整掏槽孔的深度、角度及装药量，周边孔装药结构调整为3段间隔，药卷间

距为60cm,药卷采用导爆索连接,炮孔封堵长度为30cm,同时严格控制周边孔的外插角,外插角斜率按照3.3%向外进行设置。

当周边孔间距调整为35cm、辅助孔炮孔长度调整为3.4m、掏槽孔炮孔长度调整为3.8m(斜插内角为75°)时,平均线性超挖为9.87cm,满足小于10cm的要求,光面爆破效果有了很大的提升。当周边孔间距调整到30cm时,光面爆破效果提升不明显,且增加了成本,因此确定周边孔间距为35cm时的方案为最优方案。

3) 单线隧道Ⅱ、Ⅲ级围岩优化后爆破参数

Ⅱ、Ⅲ级围岩爆破参数优化后,掏槽孔、辅助孔、周边孔和底板孔的炮孔长度分别取3.8m、3.4m、3.2m、3.2m,周边孔间距为35cm,外插角斜率按照3.3%向外进行设置,最小抵抗线为40cm。周边孔分3段进行间隔装药,药卷间距为60cm,药卷采用导爆索连接,炮孔封堵长度为30cm,每孔装药量为0.75kg(Ⅲ级围岩为0.6kg),循环进尺按照3m控制。

单线隧道Ⅱ级围岩优化后的炮孔布置及V型掏槽平面布置图如图5-214所示。

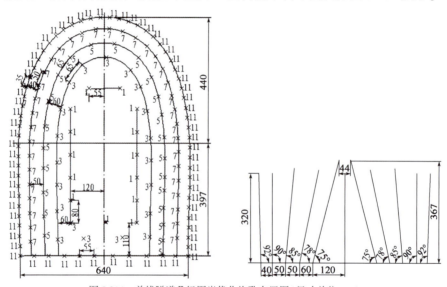

图5-214 单线隧道Ⅱ级围岩优化炮孔布置图(尺寸单位:cm)
1、3、5、7、11-起爆延时时间段号

单线隧道Ⅱ级围岩优化后的炮孔布置参数见表5-30。

优化后炮孔布置参数　　　　　　　　　　表5-30

炮孔类型	炮孔间距(cm)	炮孔数量(个) Ⅱ级围岩	炮孔数量(个) Ⅲ级围岩	炮孔长度(m)
掏槽孔	35	58	58	3.2
辅助孔	50~75	75	87	3.4
周边孔	80	12	12	3.8
底板孔	45	10	13	3.2

单线隧道Ⅲ级围岩优化后的炮孔布置图如图5-215所示,V型掏槽布设和炮孔布置参数与Ⅱ级围岩相同。

4) 爆破参数优化后的爆破效果

通过多次隧道光面爆破现场试验,通过试验结果对爆破参数进行了优化,优化后的光面爆破眼痕率达90%以上,超欠挖控制在10cm以内,对隧道周边围岩的扰动和破坏较小,隧道断面轮廓完整,达到了光面爆破控制技术的要求。桐木隧道爆破参数优化后的爆破效果图如图5-216所示。

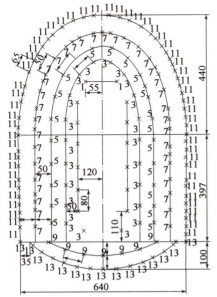

图5-215 单线隧道Ⅲ级围岩优化炮孔
布置图(尺寸单位:cm)
1、3、5、7、9、11、13—起爆延时时间段号

图5-216 桐木隧道爆破参数优化后爆破效果图

5.8.4 隧道光面爆破管理

1) 爆破控制存在的问题

经过爆破参数的初步设计、优化及应用,爆破后现场的超挖情况总体受控,光面爆破效果有了很大提升。但经现场的检查和跟踪,了解到因一些人为因素的影响,优化后的爆破参数不能彻底落实,依然影响着爆破质量。经现场检查发现存在的主要问题为:周边孔间距被随意放大,不按方案要求控制炮眼深度及装药量,不按间隔要求进行周边孔装药,周边孔斜率控制不当,炮眼封孔未按要求实施。这些问题直接导致部分地段超欠挖严重,光面爆破效果差。

2) 爆破控制管理措施

(1) 深化技术交底

结合现场情况编制具有适用性、可操作性的技术交底,并根据现场情况变化不断完善和改进,及时将技术交底的内容和要领灌输到每一个作业层。同时,将完善后的技术交底统一汇编,作为内部指导性文件。

(2) 加强技术培训

制订培训计划,分阶段对参与隧道爆破开挖的管理人员及施工人员进行培训,针对现场存在的问题,由浅入深,逐步提升。同时,总结可行的培训方式,提炼培训的内容要点,并形成书面材料,纳入内部管理档案中。

(3)强化合同管理

根据合同要求的质量标准进行工序验收,完善合同补充协议,制订针对爆破质量的每道工序的验收以及奖罚制度。

(4)推行班组长责任制

充分发挥班组长对现场各工序的直接管控作用。

(5)完善爆破控制管理办法制度

为了有效地促进现场各工序的管控,确保爆破质量,要求现场值班技术人员对爆破布孔→钻孔→清孔→验孔→装药→爆破的每道工序、爆破后的残眼率及爆破净空断面测量结果建立登记台账,进行现场施工工序验收记录和备案,作为奖励兑现的依据。

通过合同管理手段,提高了协作队伍的合同责任意识和作业自律性。通过进一步细化、落实技术交底和持续的培训工作,使现场爆破控制管理水平明显提高,现场施工逐步规范化,爆破效果有了很大提升,主要体现在:周边孔斜率控制精度有了较大提高,炮孔间距基本按要求进行,超欠挖现象明显减少。通过推行班组长责任制、签订质量责任书、建立和完善作业层管理制度以及建立责任追究制,充分发挥了班组长的带头作用,从源头上进行了质量控制。另外,工作质量与经济奖罚挂钩,使现场的每一道工序都处于受控状态,通过现场工序质量验收签认制,使炮孔间距、炮孔斜率、装药量和装药结构等均能按照技术交底的要求实施。

5.8.5 结语与建议

隧道工程是一种埋于地层中的线性构筑物,地质条件随开挖纵深变化是常态,若要取得合理的爆破参数,动态管理是关键,过程中要对爆破效果及时分析,针对性地调整爆破参数。

(1)在爆破控制中,周边孔间距、装药量和装药结构的选择对爆破效果起着非常重要的作用。通过在Ⅱ级围岩(花岗岩)和Ⅲ级围岩(千枚岩)单线隧道工程进行现场实践,采用了周边孔间距为35cm、装药量为每孔0.75kg(Ⅲ级围岩为0.6kg)以及3段等间距均匀装药的爆破参数,每循环进尺按照3m进行控制,取得了较好的爆破效果。

(2)周边孔外插角的控制对隧道的爆破效果发挥着很重要的作用。当周边孔孔口全部在设计轮廓线内5cm的连线上、孔底全部在设计轮廓线外5cm的连线上及周边孔外插角斜率为向外3.3%设置时,并在钻孔中严格控制周边孔位置及外插角斜率的精度,确保周边孔在同一轮廓线上,则周边孔爆破可以形成圆滑的切割面轮廓。

(3)在参数优化的基础上,全面组织技术交底和培训,加强合同管理,推行班组长责任制,完善爆破控制工序验收管理办法,对爆破效果起着重要的作用。

郝窑科黄土隧道预切槽新施工技术应用

隧道预切槽施工技术即利用拱架式预切槽机安装的特制链式机械切刀,沿隧道断面开挖轮廓周边连续切割出一条具有一定厚度和深度的窄槽(一般厚度为 10~45cm,深度为 2~5m),同时分区段利用混凝土喷射装置向槽内喷灌混凝土,从而在隧道开挖面外轮廓形成一个预支护作业的连续混凝土壳体。当混凝土拱壳达到一定强度后,即可在该壳体的保护下进行全断面开挖、渣土装运、初期支护钢架、喷射混凝土支护及后续仰拱初期支护施工、二次衬砌施工等,隧道施工设备可穿行于预切槽机。

该技术最早出现在美国,20 世纪 70 年代后在法国、意大利、日本等国家相继有工程应用。该技术可应用于自稳能力较好的土质隧道施工,可有效控制地层沉降,断面形式不拘泥于圆形,设备造价不到盾构机的 1/4。为提高土质隧道施工机械化水平,保证土质隧道施工安全,在郝窑科隧道Ⅳ级黄土地段设置科研试验段,开展预切槽施工技术应用。

5.9.1 工程概况

郝窑科隧道位于陕西省宜川县境内,属于黄土高原残塬区,隧道全长 992m,为单洞双线隧道。隧道纵坡为单面坡,坡度为 5‰,隧道最大埋深 138m。其中Ⅳ级围岩段落长 835m,Ⅴ级围岩段落长 157m。在隧道Ⅳ级黄土地段开展预切槽施工技术应用时,岩性主要为老黄土,埋深为 35~62m,现场实际施工 29m(12 环),预切槽法隧道横断面如图 5-217 所示。

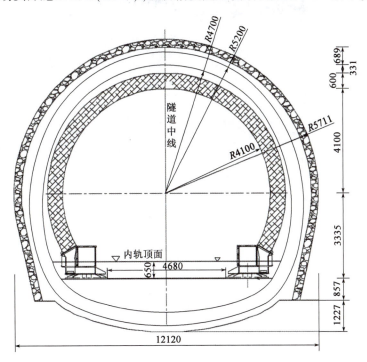

图 5-217 预切槽法隧道横断面图(尺寸单位:mm)

隧道区地层主要为砂质新黄土、砂质老黄土和黏质老黄土,其中,砂质新黄土呈褐黄色,稍湿,稍密~密实,以粉粒为主,土质均匀;砂质老黄土呈黄褐色,稍湿,中密~密实,土质均匀,呈大块压密结构;黏质老黄土呈红褐色,硬塑,土质均匀,呈大块压密结构,见白色菌丝及姜石。隧道区范围内未见地表水,地下水主要为第四系孔隙裂隙水和基岩裂隙水,勘探深度内未揭示稳定的水面。

5.9.2 预切槽设备构成

1）预切槽设备主体结构

拱架式预切槽设备由主机、后配套和泵送系统组成，如图5-218所示。主机包括行走机构（1）、拱架总成（2）、环向驱动装置（3）、链刀驱动总成（4）、混凝土喷射总成（5）、后配套总成（6）、电气控制系统和液压控制系统等。后配套包括专用供电变压器、主线电缆和全站仪等。泵送系统包括混凝土泵和连接管件等。

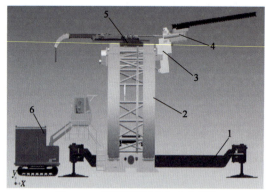

图5-218 预切槽机设备构成示意图
1-行走机构；2-拱架总成；3-环向驱动装置；4-链刀驱动总成；5-混凝土喷射总成；6-后配套总成

2）主要技术参数

预切槽机主要技术参数见表5-31。

预切槽机主要技术参数 表5-31

序号	参　　数	数值	序号	参　　数	数值
1	适用岩土抗压强度（MPa）	≤10	18	设备额定行走牵引力（kN）	400
2	适用隧道半径（m）	5.7~6.1	19	设备进刀额定行走速度（m/min）	1
3	成槽厚度（mm）	250~350	20	设备进刀行走牵引力（kN）	500
4	成槽深度（m）	3.5~5	21	设备单步最大行程（m）	5.5
5	拱壳最大搭接长度（mm）	500~1000	22	设备最大爬坡角度（°）	5
6	链刀仰角调整范围（°）	0~8	23	设备移动最小离地间隙（mm）	200
7	链刀最大偏摆角度（°）	±25	24	主机设备总长（m）	≤15.6
8	拱脚部位最大切深（mm）	650	25	主机设备总宽（m）	≤11.0
9	链刀环切范围（°）	0~205	26	主机设备总高（m）	≤9.10
10	链刀额定环切速度（mm/min）	150	27	拱座接地比压（MPa）	≤0.15
11	链刀额定环切推力（kN）	268	28	支腿接地比压（MPa）	≤0.15
12	链刀额定切削线速度（m/min）	40	29	工作电压（V）	380
13	链刀额定切削力（kN）	96	30	装机功率（kW）	≤150
14	设备单次转向角度（°）	±0.5	31	电缆卷筒容缆量（m）	≥100
15	混凝土喷射臂最大环移速度（m/min）	3	32	整机质量（t）	≤120
16	混凝土喷射臂最大伸缩长度（mm）	5100	33	工作时间（h）	8
17	设备额定行走速度（m/min）	10	34	整套系统配置功率（kW）	300

3) 预切槽机结构组成

(1) 拱架总成

拱架总成主要包含拱架、油管架、滚筒、左行走架、托架组件、支撑机构、右行走架、限位滑块、托轮总成、撑靴机构、防护网和管架等部件。拱架总成性能参数见表5-32。

拱架总成性能参数　　　　　　　　　　　　　　　　　　　　　表5-32

序号	参 数	数值	序号	参 数	数值
1	环切范围(°)	0~238	4	外拱半径(mm)	4700
2	齿圈范围(°)	0~225	5	轴向跨度(mm)	3800
3	内拱半径(mm)	4100	6	总质量(t)	55

(2) 行走机构

行走机构主要由行走梁、行走架、前转向座、后转向座、齿条和行走驱动组成。行走梁性能参数见表5-33。

行走梁性能参数　　　　　　　　　　　　　　　　　　　　　　表5-33

序号	参 数	数值	序号	参 数	数值
1	长×宽×高(mm×mm×mm)	16010×1600×1585	5	接地比压(kPa)	20
2	质量(t)	22.5	6	行走速度(mm/min)	0~5500
3	前(后)转向座摆角(°)	±33	7	单次转向角度(°)	±5
4	爬坡角度(°)	≤10			

(3) 链刀驱动总成

链刀驱动装置主要由驱动座、低速大转矩马达、轴及轴端密封等零部件组成。驱动座整体为箱形结构，通过销轴与链刀变幅装置相连，链刀总成通过螺栓与驱动座相连，下部安装有低速大转矩马达，驱动链条进行回转；驱动座两侧铰耳与链刀偏摆油缸相连，使链刀可以实现左右偏摆。链刀驱动装置设计参数见表5-34。

链刀驱动装置设计参数　　　　　　　　　　　　　　　　　　　表5-34

序号	参 数	数值	序号	参 数	数值
1	链刀最大偏摆角度(°)	±30	7	马达额定输出转矩(kN·m)	30
2	链刀额定环切速度(mm/min)	150	8	马达最大输出转速(r/min)	80
3	链刀额定切削线速度(mm/min)	40	9	额定输出转速(r/min)	20
4	链刀额定切削力(kN)	96	10	额定输出功率(kW)	63
5	链刀额定环切推力(kN)	80	11	速比	1:2
6	马达最大输出转矩(kN·m)	35			

(4) 喷射装置

喷射装置包括传动导向装置、喷嘴、铰接装置、支撑座、伸缩机构、液压油缸、旋转编码器、自润滑铜件及尼龙件、聚氨酯喷嘴和连接件等。

（5）环向驱动装置

环向驱动装置受交变应力且受力较大，设计制造时根据实际情况，液压马达连接分动箱，再通过轴连接减速机。该结构设计新颖，结构紧凑，同轴性能好。

（6）后配套总成

后配套为设备的独立部件，通过液压和电气管路与主机相连，主要为拱架式预切槽作业提供动力源和操纵控制室。采用自行走底盘，驾驶室可在一定范围内升降和回转，方便操作手观察和调整。后配套整机结构主要由行走底盘、机架、液压油箱、旋转支撑总成、驾驶室总成、电器柜总成、电缆卷筒、电机泵组和机罩等部件组成。后配套结构性能参数见表5-35。

后配套结构性能参数   表5-35

序号	参　数	数值	序号	参　数	数值
1	长×宽×高(mm×mm×mm)	6708×2200×5295	6	驾驶室回转速度(r/min)	0~1
2	质量(t)	8	7	驾驶室最大提升速度(m/min)	1.1
3	行驶速度(km/h)	1.3~2	8	驾驶室回转角度(°)	±45
4	爬坡角度(°)	≤10	9	驾驶室举升距离(mm)	0~2640
5	接地比压(kPa)	40			

5.9.3 预切槽施工及应用

1）施工流程

预切槽法施工流程为：平整场地（预切槽机行走工作面）→预切槽机定位复核→分区切削成槽→分区喷灌混凝土→预切槽预衬混凝土完成→预切槽机后移→土方清运→场地平整→作业台架驶入→初期支护钢架及钢筋网片安装→初期支护喷射混凝土→掌子面全断面土方开挖及外运→平整场地（预切槽机行走工作面）→继续第2循环预衬混凝土施工→施工数循环→开挖仰拱、施工仰拱初期支护。仰拱初期支护施工一定长度后，按常规方法施工仰拱衬砌、拱墙衬砌。

2）设备定位

预切槽设备定位采用四点定位的导向测量系统，即在设备4个支腿端部分别装置测量点，利用平行四边形原理，在设备定位时于行走梁之间架设全站仪，通过后方交汇的形式对全站仪进行设站。预切槽设备行走、定位步骤如下：

（1）在行走梁之间架设全站仪，全站仪进行后方交汇设站，如图5-219所示。

（2）支腿着地稳定后，人工依次对4个测量点进行校准测量，并在驾驶控制室内的导向测量系统界面上进行确认，系统自动测量4个点位，确保设备处于水平状态。

（3）对设备进行整机的转向、平移，保证设备轴线与设计值偏差在允许范围内。

（4）设备姿态调整到位后，利用电气控制系统使链刀就位，电气控制系统对设备就位的初始状态进行自动记录归零，全站仪进行复核无误后撤走全站仪。

(5)在设备工作过程中,导向系统间隔一定时间(可手动设置时间间隔)依次自动测量4个点位来计算设备的姿态变化情况,并保存和显示数据,操作人员可以通过界面上设备数据的变化对设备姿态进行微调,以保证设备姿态正确。

a)设备定位

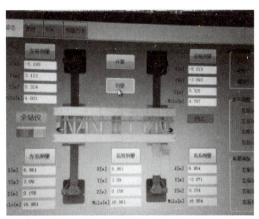
b)导向系统测量监控界面

图5-219 设备定位及导向测量系统

3)分区切灌

(1)预切槽切灌施工顺序(图5-220)

预切槽机切灌施工顺序为:切削1部→切削2部→喷灌1部→切削3部→喷灌2部→切削4部→喷灌3部→切削5部→喷灌4部→切削6部→喷灌5部→切削7部→喷灌6部→喷灌7部完成。

①切削时,首先将链刀推进至切槽深度,然后自上往下移动,同时链刀锯齿转动,切削土体并形成槽腔。在切槽的同时,驾驶室采用数字化自动控制切槽角度、链刀转速和下移速度等。切削方向如图5-220所示,1~6部切削时从上往下切削,第7部从右往左或从左往右切削。

②喷灌时方向与切削方向正好相反,1~6部喷灌时从下往上喷灌,第7部左右往复喷灌。

③接缝处拉毛及清理。每段切削时对已成型段回切10cm左右,使切削面形成V形接槎,利用刀齿在接槎面上拉出刀痕,起到拉毛的效果;同时链刀上钢丝刷将虚渣清除至槽外,喷灌前采用高压风管清理搭接面,保证搭接质量。

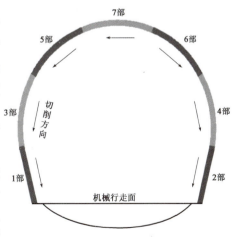

图5-220 环向切削喷灌施工顺序

(2)切灌施工参数

在施工应用初期,施工工艺参数为切槽深度3.5m、切槽厚度0.3m、切槽外插角8°、搭接长度0.5m、一次开挖长度3.0m;为适应地质变化、保证施工安全,后期更改为切槽深度3.5m、搭接1m、一次开挖长度2.5m,其他参数不变。环向切削长度分段如图5-221所示。

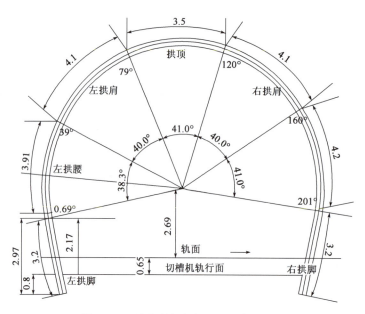

图 5-221　环向切削长度分段(尺寸单位:m)

对设备机械性能参数进行分析如下:

①环向驱动环向切削时,整机切削转矩较小(80kN·m),整个施工过程中转矩只有额定转矩的 13%,切削速度可控制在 1 档即最高速 80cm/min,满足切削要求,并且具备足够的环向脱困能力。

②俯仰油缸在切削过程中从拱侧到拱顶呈几何上升,拱顶退刀压力最大(接近设计压力 25MPa)。据此分析得出,链刀位于拱顶时所有链刀弯矩由俯仰油缸承受。根据受力情况,复合退刀径向油缸和行走马达匹配存在微小差别(影响因素主要是 2 种驱动方式、液压控制管路压降及反应时间不一样),导致链刀侧面与土体之间产生摩擦,从而退刀压力增大。进刀过程中,链刀受载产生变形,在切出土体后链刀释放变形应力造成与两侧土体摩擦。从俯仰角度分析,链刀在进退刀及环向切削过程中未发生俯仰角度变化,说明整个成槽变化不大,链刀变形远低于其额定变形(1/1500)。

③链刀切削力为设计压力的 30%,切削较为轻松。现场链刀磨损较少,符合设计要求。

④主电机电流使用率在 60% 左右,处于电机优选范围内,满足施工要求。

⑤行走马达压力为设计压力的 10%,进退刀及脱困能力足够。

综上所述,该拱架式预切槽机切槽参数调整灵活,符合设计要求,也可满足整个施工过程和试验要求。现场切削试验如图 5-222 所示。

(3)喷灌施工参数和要求

①喷灌参数

早强早凝混凝土强度等级为 C30,喷灌混凝土泵送压力为 10~12MPa,空气压力为 0.8MPa,速凝剂压力为 1MPa。

②喷灌要求

开喷前先将接槎处存在的虚渣吹出槽外,喷嘴与槽口保持垂直伸进空腔,保持喷嘴与受喷面之间的距离为 0.6~1.0m。喷嘴应保持匀速移动,在槽内按照正弦曲线的形式自内向外分层喷灌作业,使混凝土自内向外"挤"出,拱顶部全槽长左右往复喷射成层,如图5-223所示。其余段由于相对高差较大,适当缩短混凝土初凝时间并在槽内坡面喷射堆积,以防止喷层掉落。

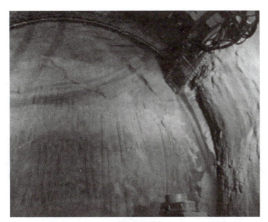

a) 第4部切削   b) 第6部切削完成

图 5-222　现场切削试验

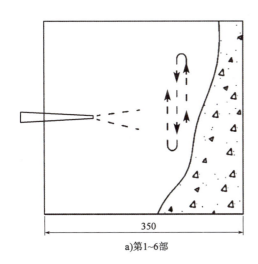 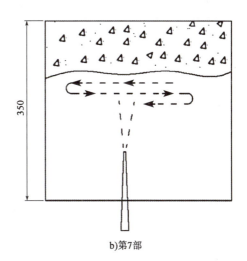

a) 第1~6部   b) 第7部

图 5-223　混凝土喷射轨迹(尺寸单位:cm)

现场喷灌试验如图 5-224 所示。开挖检查预衬砌混凝土轮廓尺寸,弧度圆顺,满足设计要求。

沉降收敛变形控制效果较好。正洞试验期间,拱顶沉降最大累计变形量为 15.6mm,拱顶沉降最大变形速率为 3.5mm/d;周边收敛最大累计变形量为 27.5mm,周边收敛最大变形速率为 4.78mm/d;地表沉降最大累计变形量为 14.3mm,地表沉降最大变形速率为 1.7mm/d。

4) 设备行走

预切槽机行走时,端部油缸缩回,行走架着地,驱动机构推动行走梁同步向前(后)移动;到达行程极限位置时,端部油缸伸出,行走架离地,驱动机构推动行走架自身在行走梁上同步前(后)移动。2个动作交替进行使得设备帧式向前(后)行走。

a)第1部喷灌

b)第2部喷灌完成

图 5-224　现场喷灌试验

5) 预切槽机作业平面布置及组织流程

(1) 预切槽机作业平面布置

预切槽机施工切灌作业机械设备平面布置图如图 5-225 所示,初期支护作业机械设备平面布置图如图 5-226 所示。

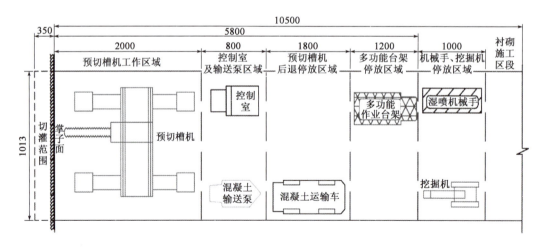

图 5-225　预切槽施工切灌作业机械设备平面布置图(尺寸单位:cm)

(2) 预切槽机作业组织流程

①挖掘机在开挖掌子面及平整场地后驶出,停放至指定位置。

②多功能作业台架驶进掌子面,进行掌子面加固,后方同步检查预切槽机运转情况。

③预切槽机行走至掌子面,控制室、混凝土输送泵紧后就位。

④预切槽机定位,将链刀移动至切槽位置,调整角度,利用全站仪检查复核,准备切槽。

⑤根据划分区段,分区切槽。

⑥第1区段切槽完成后,移至第2区段继续切槽,喷灌第1区段;第1区段喷灌与第2区

段切槽同步作业,互不干扰。

⑦切削、喷灌作业完成后,整机后移,进行设备维护、保养。

⑧预衬混凝土等强过程,对掌子面土方进行清理,进行上循环初期支护作业。

⑨预衬混凝土等强完成,全断面开挖掌子面,清运土方,平整场地。

⑩预切槽机驶入,继续进行第2循环作业,如此循环往复。

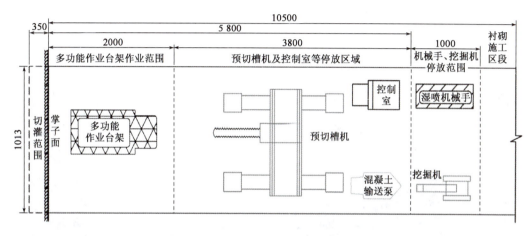

图 5-226　初期支护作业机械设备平面布置图(尺寸单位:cm)

6) 应用改进及优化

(1) 拱脚槽壁坍塌

因拱脚处第1部和第2部为反斜面,且本段为砂性黄土地质、自稳能力稍差,切削完成后易发生槽壁坍塌,如图5-227所示。

解决方案:将拱脚分段高度减小到3.0m左右,以减小槽壁暴露的长度,及时喷灌;采用挡板进行临时支挡,在易坍塌一侧置入木质挡板,利用钢筋框架将板固定,阻挡槽壁坍塌或喷灌混凝土进入内侧坍塌空腔,如图5-228所示。

图 5-227　拱脚槽壁坍塌

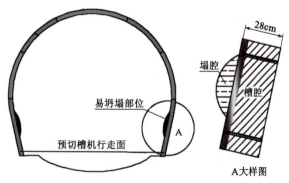

图 5-228　拱脚槽壁坍塌处理示意图

(2) 混凝土接槎和喷灌处理

因预支护为喷射素混凝土,整环预支护切灌分7块完成,每块混凝土接槎质量较差,易造成接槎面强度不足。切槽腔混凝土施工采用混凝土喷灌工艺,在宽度仅为 30cm、深度超过 3m 的狭小空间内进行混凝土喷灌尚无成熟经验,混凝土喷射参数的选择、槽内灌喷的技巧等均还在摸索阶段。对于盲喷而言,喷灌混凝土质量控制难度较高。

解决方案:每段切削时对已成型段回切 10cm 左右,使切削面形成 V 形接槎,再利用刀齿在接槎面上拉出刀痕,起到拉毛的效果;在链刀上每隔 2m 安装钢丝刷(图 5-229),清理分段接槎面上的渣土,提高混凝土接槎连接质量。喷灌设备改进。对喷头进行改进,使喷头具备一定的摆喷角度;为了加强喷灌过程监控,在喷射臂上安装无线可视装置(图 5-230),可以观察槽壁稳定状态以及喷灌过程,如发现问题,可及时处理。

图 5-229 切削链刀安装钢丝刷

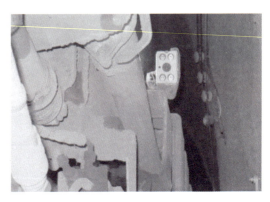
图 5-230 喷灌设备安装可视化装置

(3)喷射混凝土性能

通过在混凝土配合比中添加早强早凝材料,在试验室环境下喷灌混凝土 10h 强度可达到 10MPa,能够满足设计要求。但在现场施工中,早高强混凝土到达现场后坍落度损失较为严重,无法满足正常喷灌要求。

从正洞第 2 环开始采用普通 C30 混凝土进行喷灌作业,经过测试,喷灌完成后至少 19h 强度才能达到 10MPa,预衬砌混凝土等强时间增加。

5.9.4 结语与建议

郝窑科隧道采用预切槽法共计施工 12 环(长 29m)切槽和喷灌预支护。通过对切槽预支护施工关键技术的研究和试验,取得了切槽深度(3~3.5m)和宽度(0.3m)、分段数量(全环 7 段,长 3.2~4.1m)、搭接长度(0.5~1m)、外插角(约 8°)、喷灌混凝土(强度 10MPa 满足开挖条件)和开挖支护等主要施工工艺参数,预切槽机械设备研发取得了阶段性成果,同时仍存在以下问题尚需进一步研究解决。

(1)设备定位采用行走梁四点定位,经多次复核,设备自动测量系统与人工测量数据差值小于 10mm,定位精度满足施工要求。但仍存在设备行走及切灌定位耗时较长的问题。

(2)喷射混凝土采用普通 C30 混凝土,等强时间长,混凝土接槎部位质量较难保证,影响预衬混凝土整体承载能力。应进一步对喷射混凝土参数进行优化,研究纤维混凝土应用的可行性,改进切槽机喷灌设备功能,使之能适用纤维混凝土,提高预衬混凝土早期强度,增强结构的承载能力。

（3）应进一步对切槽设备进行改进，进一步对切灌同步作业进行研究，提高设备的地层适应性，同时提高施工效率，确保能在现场推广应用。

建华镇隧道浅埋穿越居民区悬臂式掘进机施工技术应用

铁路山岭岩质隧道广泛采用矿山法施工，但当新建隧道穿越或邻近既有铁路、公路、油井、城市（村庄）建筑物等对爆破振动较敏感的特殊地段时，常规的钻爆法施工无法满足周边环境安全要求，急需采用非爆破工法替代，铣挖掘机、悬臂式掘进机、破碎锤等机械设备逐步引入铁路隧道施工，经过不断改进、完善，逐步发展成为特殊敏感环境下岩质隧道施工的一种有效方法。

5.10.1　工程概况

建华镇隧道位于陕西省延安市安塞区建华镇，隧道起止里程 DK298+625～DK303+267，为单洞双线隧道，全长4642m，最大埋深238.86m。隧道出口段 DK303+267～DK302+900 埋深 11～65m，围岩级别为Ⅴb$_\pm$、Ⅳb。上覆岩土为砂质新黄土，稍密～中密，稍湿～潮湿，呈松散结构；砂岩，砂质结构，层状构造，强风化～弱风化，呈角砾碎石状松散结构；洞身及下覆基岩为泥岩，泥质结构，层状构造，强风化～弱风化，呈角砾碎石状松散结构，岩芯较破碎。距离洞口200～300m 有居民房屋13户，线路左侧向洞身以外 8～40m 有4座窑洞、25个蔬菜大棚。建华镇隧道出口段下穿村民住宅如图 5-231 所示。

1）工程地质条件

砂质新黄土天然状态下含水率为 7.9%，为低含水状态（饱和度为 25.2%）；孔隙比 e 在 0.7～0.95 之间，为中密或者稍密状态，压缩系数 a_{1-2} 介于 0.1～0.5MPa^{-1}，属于中压缩性土；黏聚力 c 均值为 20.08kPa，摩擦角均值为 28.6°，湿陷系数 δ_s 为 0.025，为湿陷性黄土。

砂岩胶结不完全，以石英、长石为主，岩质较软，单轴抗压强度最大值为 5.62MPa，最小值为 2.14MPa，平均值为 4.51MPa；砂岩具有较强的吸水性，浸水后抗压强度进一步降低，劈裂法测得砂岩抗拉强度最大值为 0.519MPa，最小值为 0.17MPa，平均值为 0.34MPa。

2）水文地质条件

隧区地下水主要为基岩裂隙水及第四系潜水，赋存于砂岩、泥岩中，局部水量较丰富，雨季孔隙水多沿土石界面或节理裂隙发育段涌出。该区地下水主要接受大气降水补给，地下水水位、水量随季节性变化明显，雨季水量较大，旱季水量相对较小。

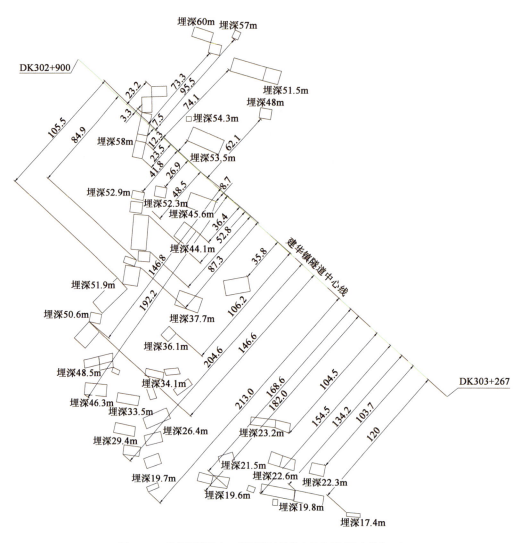

图 5-231 建华镇隧道出口段下穿村民住宅示意图(尺寸单位:m)

3)爆破施工现状

隧道出口段 DK303+267~DK303+245 共计 22m,前期采用钻爆法施工,振动较大,隧道附近民房、窑洞有开裂现象,如图 5-232 所示。在隧道出口右侧距离洞口 134m、141m 处对爆破振动进行监测,发现垂向实测速度为 1.766cm/s、1.694cm/s,远超土坯房允许垂向速度 0.9~1.5cm/s;切向实测速度为 1.949cm/s、1.983cm/s,远超土坯房允许切向速度 0.45~0.9cm/s。继续采用爆破法施工需对石家安村 37 处民房(共计 67 户)进行搬迁,存在选址困难,搬迁费用过高,周期过长。考虑洞

图 5-232 窑洞受爆破施工影响开裂

口段岩石为软岩~极软岩,满足悬臂式掘进机施工条件,且该施工方式增加的费用较搬迁费用低,工期影响相对较小,经综合比选采用悬臂式掘进机开挖施工,设备采用徐工集团 EBZ260 型悬臂式掘进机。

5.10.2 悬臂式掘进机设备配套

1) 设备及技术参数

悬臂式掘进机(EBZ260)包括切割机构(1)、液压系统(2)、本体总成(3)、护板总成(4)、支撑部分(5)、第一运输机(6)、电气系统(7)、润滑系统(8)、标识与涂装(9)、操作台(10)、行走机构(11)、铲板(12)、喷雾系统(13)。各部分组成如图 5-233 所示。

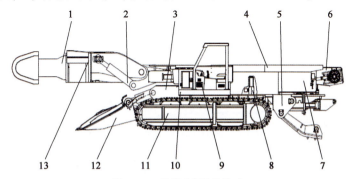

图 5-233 悬臂式掘进机构成

1-切割机构;2-液压系统;3-本体总成;4-护板总成;5-支撑部分;6-第一运输机;7-电气系统;8-润滑系统;9-标识与涂装;10-操作台;11-行走机构;12-铲板;13-喷雾系统

设备技术参数为:悬臂式掘进机长度 11.67m、宽度 3.6m、高度 2.03m,总质量 90t,装机总功率 392kW,切割头卧底深度 0.225m,爬坡能力 ±18°,运输能力 5.5m³/min,行走速度 6.7m/min。上下切割范围 5.1m,左右切割范围 6.1m。

2) 设备特点

(1) 开挖断面形状自由,保证施工断面形状准确,无超挖现象。
(2) 可适应地质条件的变化,在有地下水、断层的情况下均可施工。
(3) 开挖速度快、破岩能力强、切割范围大,可在岩石硬度 120MPa 范围内的隧道稳定施工。适合经济切割岩石单轴抗压强度 ≤90MPa(局部强度 ≤100MPa)。
(4) 围岩扰动小,掘进机只对隧道断面切割,对周围岩层基本无影响。
(5) 噪声、振动小,对周围环境、人员影响小;切割性能稳定,机械运行和控制可靠性高,配套喷雾系统和风机除尘,施工环境相对较好。
(6) 轻量、小型、机动性好,整机配置高、机器稳定性好、自动化程度高、安全可靠,人工需求少。
(7) 设备维修和零部件更换方便。

3) 配套设备及资源

(1) 施工用电

悬臂式掘进机额定电压 1140kV,与现场电力不匹配,需单独安装专用变压器满足悬臂式掘进机工作。

(2) 施工用水

悬臂式掘进机除尘喷雾系统采用环形三层水幕除尘,水系统分冷却、内、外喷雾水路。外来水经一级过滤后分为三路,第一路直接通往外喷雾喷水架,由雾状喷嘴喷出;第二路经减压、冷却器及切割电机后经由洒水嘴喷出,起到冷却作用;第三路经减压后,由切割头内喷雾装置喷出,起到冷却截齿及降尘作用。供水压力不小于3MPa,用水量不小于80L/min。

(3) 施工机械设备

悬臂式掘进机施工配套的机械设备见表5-36。

配套机械设备表 表5-36

序号	机械设备名称	规格及型号	数量
1	挖掘机	PC220	1
2	装载机	ZL50C	1
3	超前水平地质钻机	760I	1
4	超前地质预报系统	TSP203	1
5	便携式瓦斯检测仪	KP826	2
6	湿喷机械手	MEYCO Potenza	1
7	电动空压机	4L-22/7	4
8	电焊机	SBX3-300	4
9	水泵	200QJ20-100/8	4
10	通风机	SDF(C)NO13(2×110kW)	2
11	自卸车	北方奔驰2629K	5
12	洒水车	EQ141	1
13	发电机组	GP250	1

5.10.3 悬臂式掘进机操作

1) 切割工艺

根据隧道断面对掌子面进行分区切割(一般分左右截面),将悬臂式掘进机外喷雾打开,开动掘进机,利用切割结构对前方进行切割。切割顺序为从底边右脚点进尺,然后横向向左扫底,到隧道中间位置时,向上进尺,然后从左向右切割,以此类推。当隧道右截面切割完成后,通过行走装置移动至左截面切割。通过切割机构上下、左右移动切割,形成初步断面形状,再结合实际所需要的形状及尺寸进行二次修整。悬臂式掘进机现场切割岩石如图5-234所示。

2) 掘进作业

(1) 操作顺序

①开动顺序:油泵电机→第一运输机→星轮→切割头。当没必要开动运输机时,也可在启动油泵电机后启动切割头电机。当启动油泵电机时,与其直接相连的油泵随之启动,供给液压油。

②行走操作:行走有两个手柄,左侧手柄控制左侧行走,右侧手柄控制右侧行走。将手柄

向前推动即可向前行走,向后拉即可后退,根据弯道的转向,使其中的一个手柄位于中立位置,操作另一个手柄即可转弯。

③铲板操作:星轮的回转通过手柄前推,手柄拉回零位则停止。铲板的升降通过手柄前推后拉实现,铲板向上抬起,铲尖距地面高度可到340mm,铲板落下与底板相接,铲板可下卧260mm。当切割时,应将铲尖与底板压接,以防止机体振动。

④第一运输机的操作:将手柄向前推动,运输机正转,反之运输机逆转。

⑤切割头的操作:手柄由中位向右推动,切割头向右进给;向左推动,切割头向左进给;手柄向前推动,向上进给;手柄向后拉动,向下进给。切割头前后伸缩长度可达550mm。

(2)切割

利用切割头进行上下、左右切割,不同切割方式悬臂式掘进机工作状态如图5-235所示。一般情况下,当切割较软的岩石时,采用左右循环向上的切割方法;当切割稍硬岩石时,可采用由下至上、从左到右切割的方法;当遇局部硬岩时,不应勉强切割,可先切割其周围部分,使其坠落,再采用适当办法处理后再进行装载。

图5-234 悬臂式掘进机切割岩石

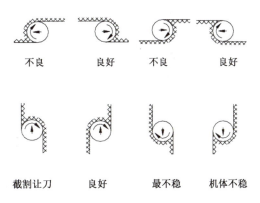

图5-235 不同切割方式下悬臂式掘进机工作状态

(3)喷雾

切割时采用喷雾方式降尘,外喷雾喷嘴位于切割头后部和机器两侧,内喷雾位于切割头,切割时内外喷雾应同时使用。

(4)排渣

隧道排渣采用"挖掘机+载货汽车"方式,隧道洞口可利用挖掘机单独排渣,进入隧道深部时,可利用挖掘机将洞渣倒运至载货汽车内,由载货汽车运输。

3)操作注意事项

(1)启动前注意事项

非掘进机操作者,不得操作机器;操作者开机前须检查确认周围安全;检查确认顶板的支护可靠性;工作前认真检查机器状况。

(2)操作中注意事项

发现异常时应停机检查,处理好后再开机;在软底板上操作时,应在履带下垫木板加强行走能力;启动或停止电机时要避免缓慢微动,装载时注意铲板高度的调整,行走时抬起铲板;切割电机启动前应先打开内喷雾,防止喷嘴堵塞;机器行走时,不允许进行切割,避免加大切割载荷造成减速器损坏;切割硬岩时确保铲板及后支承接地良好,加强稳定性;设备停止工作时,切割头回缩,铲板落地。

(3)电气操作注意事项

司机离开时,必须将设在操作箱上的"急停"按钮锁死,将电源开关旋至"停止"位置;当需开门或盖时先停电,将粉尘清扫后方可松开紧固螺栓;检修时须停电,定期检查各导线连接部位是否有松动现象;各电器组件的电缆应留有余地,防止电缆压在履带下;各防爆部位紧固螺栓须紧固;各电缆引入装置的密封胶圈、金属垫圈,内外接地必须牢固;检修时不得随意改换电路元器件的型号、规格、参数。

5.10.4 悬臂式掘进机施工及应用

1)开挖工法

前期采用钻爆法已施工至 DK303+245,上台阶进洞 22m,开挖揭示围岩为水平泥岩、泥—砂岩互层。超前水平地质钻孔显示,掌子面前方围岩有由Ⅴ级围岩向Ⅳ级围岩转变的趋势,围岩直立性较好。结合掌子面围岩自稳能力及悬臂式掘进机尺寸要求,隧道开挖采用两台阶法开挖。上台阶高度控制在 5.5m、台阶长度为 18~20m,确保悬臂式掘进机和出渣车工作空间,同时上台阶初期支护施工过程中能进行下台阶开挖施工;下台阶高度为 4.7m、台阶长度 3~5m,分左右两部分错开开挖;隧底一次开挖,开挖长度为 3m。循环进尺为一榀钢架间距。两台阶法开挖示意图如图 5-236 所示。

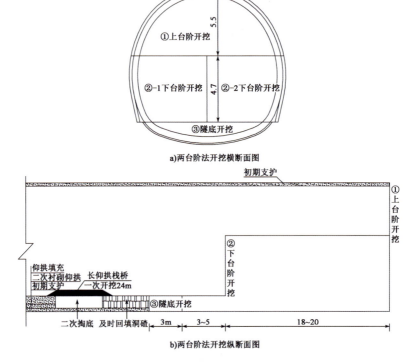

图 5-236 两台阶法开挖示意图(尺寸单位:m)

2) 施工流程

(1) 上台阶开挖

上台阶分左右两部进行切割,按从左至右、由下至上、由内向外顺序,直至开挖轮廓线以内20~30cm,最后由专人指挥,切割至开挖轮廓线。在切割过程中,由掘进机铲板部、第一运输机将渣体输送至后端,挖掘机将渣体扒至载货汽车内。左侧切割完成后将悬臂式掘进机移至右侧,采用同样方法完成右半部分开挖。现场上台阶悬臂式掘进机施工图如图5-237所示。

图5-237 上台阶悬臂式掘进机施工

(2) 下台阶开挖

悬臂式掘进机开至下台阶后,利用坡道先将上台阶钢拱架等材料运输到位,开始下台阶左右侧交错施工,步距为3~5m,如图5-238所示。完成后将设备退出切割作业面,及时进行专业检修保养。在切割下台阶的同时,进行上台阶格栅钢架支护作业,打设拱部超前小导管及锁脚锚杆。

(3) 架设钢拱架及喷射混凝土

上台阶架设钢拱架与下台阶开挖同步作业,下台阶开挖完成后,立即开始架设钢拱架。上下台阶开挖、架设钢拱架、超前小导管支护等施作完毕后,采用湿喷机械手进行喷射混凝土作业。

3) 施工效果

(1) 工效分析

建华镇隧道出口段采用悬臂式掘进机开挖,

图5-238 下台阶左右侧分部错开施工

Ⅳ级围岩循环进尺2m,用时14.5h,月综合进度指标为80m/月;Ⅴ级围岩循环进尺0.6m,用时10.4h,月综合进度指标为40m/月。施工进度与常规钻爆法施工工效基本相当。

(2) 变形收敛分析

统计建华镇隧道出口段采用悬臂式掘进机开挖的部分断面洞内及地表监控量测数据见表5-37。Ⅴ级围岩段拱顶沉降大于水平收敛,最大拱顶沉降值为31.0mm,最大水平收敛值为23.6mm,最大地表沉降值为32.0mm,均远小于变形管理控制总量值要求(拱顶沉降正常限值

90mm、水平收敛正常限值45mm、地表沉降正常限值90mm)。随着上覆岩土厚度加大及掌子面围岩持续变好,Ⅳ级围岩段变形收敛值更小,且拱顶沉降值总体上要小于水平收敛值,最大拱顶沉降值为11.0mm,最大水平收敛值为26.9mm,均远小于变形管理控制总量值要求(拱顶沉降正常限值72mm、水平收敛正常限值40mm)。

监控量测数据统计　　　　　　表5-37

监测断面	围岩级别	累计拱顶沉降（mm）	测线1累计收敛（mm）	测线2累计收敛（mm）	累计地表沉降（mm）
DK303+240	Ⅴ	24.0	11.3	8.1	32.0
DK303+220	Ⅴ	21.0	11.1	15.9	24.0
DK303+200	Ⅴ	31.0	20.3	11.6	29.0
DK303+180	Ⅴ	13.0	12.3	10.3	31.3
DK303+160	Ⅴ	13.0	14.6	12.1	23.4
DK303+140	Ⅴ	7.0	18.1	16.9	6.9
DK303+120	Ⅴ	16.0	20.8	23.6	10.0
DK303+100	Ⅴ	7.0	11.9	6.2	4.0
DK303+080	Ⅴ	12.0	10.9	3.2	—
DK303+060	Ⅴ	10.1	9.7	3.5	—
DK303+045	Ⅴ	20.2	26.6	11.8	—
DK303+025	Ⅳ	11.0	23.2	3.7	—
DK303+005	Ⅳ	7.0	26.9	8.0	—
DK302+985	Ⅳ	3.0	19.8	11.4	—
DK302+965	Ⅳ	9.0	15.5	5.5	—
DK302+945	Ⅳ	6.0	5.7	4.7	—
DK302+925	Ⅳ	4.0	12.1	2.4	—
DK302+905	Ⅳ	4.0	10.9	4.5	—

(3)经济效益分析

建华镇隧道出口下穿村庄段(DK303+267~DK302+900)原设计采用钻爆法施工,开挖Ⅳ级围岩土石方量15283m³,Ⅴ级围岩土石方量19866.4m³,开挖费用约478.6万元。原设计爆破影响范围内需对石家安村37处民房(67户)进行搬迁,受地形地貌限制,就近整体搬迁,选址困难,周期过长,估算整体搬迁费用约1852.5万元。将钻爆法开挖变更为悬臂式掘进机开挖,开挖费用约1150.9万元,无须进行搬迁。通过采用悬臂式掘进机开挖,综合减少工程建设费用约1180.2万元,综合效益显著。

5.10.5　结语与建议

(1)新建隧道下穿对爆破振动较敏感的特殊地段时,采用悬臂式掘进机非爆破开挖能有效控制沉降变形,保证周边构筑物安全,在软质岩隧道中应用良好,工期、安全、质量可控,经济效益和社会效益良好。

（2）悬臂式掘进机施工与钻爆法施工设备配套变化较小，施工工法及工艺流程较为简单，对围岩的适用性强，断面形式可根据需求随时转换，可作为钻爆法施工的一种有效补充。

（3）相比于钻爆法施工，采用悬臂式掘进机非爆破开挖的方式对围岩的扰动小，变形收敛较小，对超欠挖控制更有利。

第6章

不良地质段落隧道灾害防治施工技术

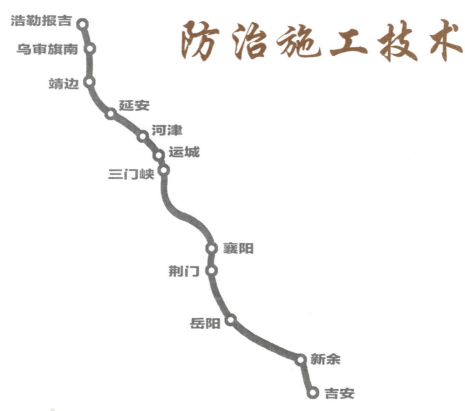

中条山隧道高地应力F7断层破碎带施工技术

隧道穿越断层破碎带、高地应力等地质复杂地段，极易引发围岩及初期支护结构大变形，造成初期支护结构开裂破坏，侵入限界等问题，严重影响隧道施工和运营安全。目前，软岩大变形隧道施工一般强调弱爆破、少扰动、强支护、早封闭的理念，支护形式上主要有两种思路：一种是"先柔后刚、先放后抗"的方法，先施作柔性支护释放一定围岩应力后再进行二次支护，但应力释放度较难把握；一种是采用高强度的刚性支护一次施作到位。上述两种做法均有成功应用案例同时也存在失败案例。本节就中条山隧道穿越高地应力F7断层破碎带出现的初期支护结构发生严重变形开裂问题，开展"柔性支护释放应力后进行二次支护"和"刚性支护一次施作到位"两种方案试验，根据试验成果在现场推广应用。

6.1.1 F7断层隧道设计概况

1）设计支护参数

中条山隧道过F7断层时隧道支护结构设计参数如图6-1所示。隧道衬砌采用Vb型断面，支护参数为全环23cm厚喷射混凝土、H150全环格栅钢架，间距0.75m/榀，12根锁脚锚杆，每根长4m，预留变形量为10cm，二次衬砌采用C35钢筋混凝土，厚45cm。根据现场监测数据，可对隧道支护结构参数、预留变量等及时调整，满足隧道支护结构安全。

2）工程地质条件

F7断层位于新华夏构造体系中部运城多字型构造带中，经历了多次地壳运动，褶皱、断裂及其他构造行迹均很发育。F7断层（DK620+525～DK620+745）位于中条山西南段隆起带中，为中条山主干断层，发育在中条山北侧变质岩与南侧沉积岩接触带，表现为张扭性断层，宽度为220m，断面倾向SE，倾角为55°～65°，与线路平面夹角为75°，本段埋深600～700m。

F7断层地貌上表现为呈线状的鞍部负地形，在地表见约200m宽的灰白色黏土带露头，DZ-6深孔钻孔揭露多层断层泥和断层角砾，角砾泥质弱胶结，岩芯多呈块状、碎块状、少量短柱状，局部粉末状、泥状，岩芯单轴抗压强度为5～12MPa。母岩成分以斜长片麻岩为主，其次为角闪岩、辉绿岩。钻孔断层段缩孔较严重，一般无水，局部有少量渗水，属Ⅴ级围岩软岩。

设计勘察阶段在DZ-6钻孔内采用水压致裂法进行地应力大小及方向测量，共完成7个段落的地应力测量和2个测段的印模定向测量，测得洞身部位620m位置最大水平主应力随深度变化成线性的规律，最大水平主应力最大，垂直主应力略次之，最小水平主应力最小，$S_H \geqslant S_v > S_h$。设计最大水平主应力为14.51MPa。根据设计规范地应力评价基准$R/\sigma_{max} = 0.7 < 4$，属极高地应力。

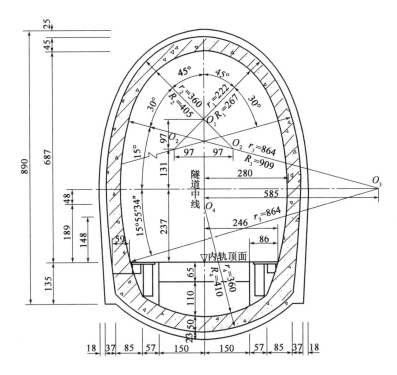

图 6-1　F7 断层破碎带隧道支护结构设计图(尺寸单位:cm)

6.1.2　隧道初期支护结构变形及加固

1) 初期支护混凝土开裂情况

中条山隧道左线于 2016 年 10 月 22 日进入 F7 断层,由于前期监控量测数据较小,衬砌采用 Vb 型断面。

2016 年 12 月 4 日,隧道施工至 F7 断层核心地段,左线 DK620+616~DK620+627 段右边墙中台阶处初期支护混凝土开裂、剥落,格栅钢架钢筋外露变形。

2016 年 12 月 26 日,右线 DK620+605~DK620+620 段左侧轨面上 2.5~3.0m 范围初期支护出现开裂,凿除混凝土后发现格栅钢架钢筋变形。

2017 年 1 月 7 日,左线 DK620+560~DK620+620 段两侧轨面上 2~3.5m 范围出现初期支护开裂;左线 DK620+620~DK620+640 段右侧轨面上 2.5~3m 范围出现初期支护开裂剥落,左侧轨面上 3.0~3.5m 范围出现初期支护开裂。其中左线 DK620+612~DK620+627 已采用套拱加固段两侧轨面上 2.5~3.0m 范围也出现初期支护开裂。

右线 DK620+625~DK620+630 段左侧轨面上 2.5~3.5m 范围出现初期支护开裂,凿除开裂混凝土后发现格栅钢架钢筋变形。

已施工完成的左线 DK620+525~DK620+658、右线 DK620+535~DK620+649 共 247m 长段落初期支护结构发生不同程度破坏情况如图 6-2、图 6-3 所示。初期支护混凝土结构开裂剥落情况如图 6-4 所示。

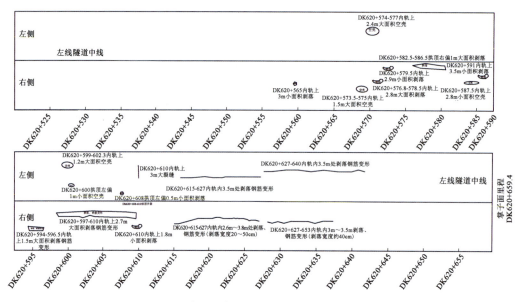

图 6-2 F7 断层左线已施工段落初期支护开裂情况

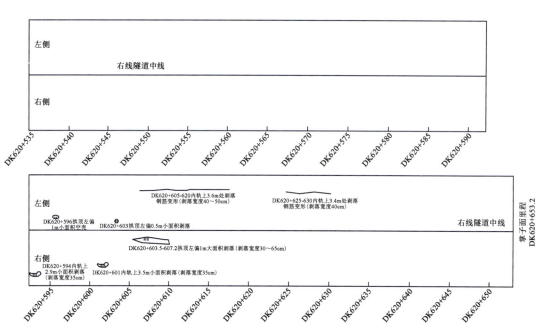

图 6-3 F7 断层右线已施工段落初期支护开裂情况

2）初期支护结构变形情况

自 2016 年 12 月 4 日第一次出现预警开始,截至 2017 年 2 月 16 日,共计出现 110 次预警,其中红色预警 45 次(左线 28 次,右线 17 次),除左线 DK620+620 有一次拱顶沉降日沉降量(15.8mm)红色预警外,其余均为水平收敛红色预警,水平收敛日变形量红色预警 17 次,最大日变形出现在 2016 年 12 月 4 日左线 DK620+620 水平日收敛变形 38.36mm；累计变形量红色预警 27 次,最大累计变形为左线 DK620+625 水平收敛变形累计 148.1mm。远超过变形管理水平收敛红色预警值 55mm，拱顶沉降红色预警值 80mm。

图 6-4　F7 断层右线已施工段落初期支护开裂情况

3）已施工变形段落加固措施

自隧道初期支护结构变形发生预警后，根据已施工完成段落隧道初期支护结构的开裂变形破坏程度，第一时间采用了钢架套拱、增设锚杆、注浆等加固措施。不同段落加固措施见表 6-1。

初期支护变形开裂段落加固处理措施　　表 6-1

序号	项目	里程范围	加固措施	原设计情况	备注
1	左线	DK620+525～DK620+570	（1）上下台阶相接部位 1～2m 范围，左右侧各增加 4 根/榀锁脚锚杆，单根长 4m，注双快水泥浆。 （2）边墙增设砂浆锚杆，单根长 4.5m，环纵间距 1m×1m	H150 格栅，间距 0.75m	
2	左线	DK620+570～DK620+627	（1）上下台阶相接部位 1～2m 范围，左右侧各增加 4 根/榀锁脚锚杆，单根长 4m，注双快水泥浆。 （2）拱墙 I16 钢架套拱加固，间距 1m，边墙底部增加临时横撑，喷射混凝土密实。 （3）持续变形段增设门架支撑，间距 1.0m	H150 格栅，间距 0.75m	后期换拱
3		DK620+627～DK620+657	（1）上下台阶相接部位 1～2m 范围，左右侧各增加 4 根/榀锁脚锚杆，单根长 4m，注双快水泥浆。 （2）边墙增设砂浆锚杆，单根长 4.5m，环纵间距 1m×1m。 （3）根据现场量测情况适时增加套拱支护	H230 格栅，间距 0.6m	
4	右线	DK620+535～DK620+600	边墙增设砂浆锚杆，单根长 4.5m，环纵间距 1m×1m	H150 格栅，间距 0.75m	
5		DK620+600～DK620+620	（1）上下台阶相接部位 1～2m 范围，左右侧各增加 4 根/榀锁脚锚杆，单根长 4m，注双快水泥浆。 （2）全环 H150 格栅钢架套拱加固，间距 0.6m。 （3）边墙增设砂浆锚杆，单根长 4.5m，环纵间距 1m×1m	H150 格栅，间距 0.6m	
6		DK620+620～DK620+640		H180 格栅，间距 0.6m	
7		DK620+640～DK620+645		H150 格栅，间距 0.35m	

6.1.3 变形控制试验方案比选

1) 变形原因分析

(1) 地质条件差。本段处于 F7 断层核心部分,隧道开挖揭示断层带内围岩为太古界洞沟组涑水杂岩,岩性以斜长片麻岩为主,其次为角闪岩、辉绿岩,节理裂隙极发育,岩脉产状不稳定,分布无规律;受构造运动影响,岩体破碎,胶结性差,强度低,属软岩,自稳能力差。

(2) 隧道埋深大,地应力高。应力测试结果显示该段应力等级为 1.62~3.86,属极高地应力区。岩体内的剪应力超限引起剪切蠕动,变形持续发生,支护结构不足以抵抗产生的形变压力。

(3) 由于单线铁路隧道普通断面"瘦高"的特点,抵抗水平挤压能力差。

(4) 原有采取的施工方法、支护结构形式以及支护时间等,不能有效控制其适合围岩的动态演化趋势。

2) 试验段技术方案比选

为确保后续段落隧道施工安全,保证隧道支护结构措施合理,经组织相关专家现场踏勘,最终确定在左右线掌子面前方选取不同段落按照"刚性支护一次到位"和"柔性支护释放应力后进行二次初期支护"两种模式进行试验,通过现场试验成果确定最终支护参数。

(1) 初期支护结构施作方案

刚性支护一次到位:初期支护采用 H230 格栅钢架 + 网喷混凝土,间距由 75cm 调整为 60cm,预留变形量 15cm,在开挖后及时采取高强度支护来控制变形,待变形稳定后再施作二次衬砌模筑混凝土

柔性支护释放应力后进行二次初期支护:第 1 层初期支护采用 H150 格栅钢架 + 网喷混凝土,预留 1 层 H150 格栅钢架 + 网喷混凝土支护空间,支护完成后允许出现一定程度的变形,释放大部分地应力后,在第 1 层初期支护结构未遭到破坏前采用 H150 格栅钢架 + 网喷混凝土进行二次加强支护,待变形稳定后再施作二次衬砌模筑混凝土。

(2) 初期支护结构变形收敛

根据试验断面初期支护结构变形收敛数据,绘制两种模式下隧道初期支护结构拱顶沉降和水平收敛速率曲线,如图 6-5 所示。

由图可知,采用柔性支护释放应力后进行二次初期支护,在开挖下台阶后拱顶沉降突然增大,最大沉降速率达 24mm/d,平均控制在 10mm/d,水平收敛速率在开挖下台阶和仰拱时最大达到 28mm/d,在采取二次初期支护加固措施后,变形速率开始减慢,但由于前期预留变形量不足,施作二次初期支护结构后导致支护结构侵限,后续还应开展拆换钢架工序,费时费力。采用刚性支护一次到位,最大沉降速率达 12.8mm/d,最大收敛速率达 18mm/d,后期变化值仍较大,在采用长锚杆补强加固措施后,变形速率开始减缓,最终变形收敛稳定后,初期支护结构存在局部侵限。

两种模式的试验方案表明,柔性支护释放应力后进行二次初期支护方案在合理确定支护时机和最终变形量控制上较难把握,稍有不慎易导致初期支护结构侵限,影响后续施工进度;采用刚性支护一次到位方案基本能适应现有地质条件,但支护参数应进一步优化加强。

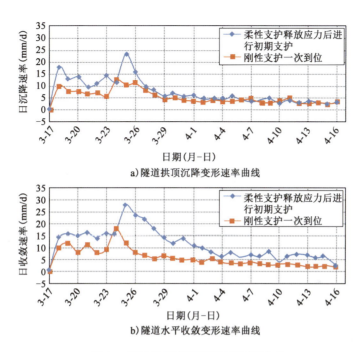

图 6-5　两种模式下隧道拱顶沉降变形曲线

3）变形控制施工技术方案确定

参考试验段变形分析及理论分析，经组织专家研讨确定，F7 断层破碎带后续段落施工宜采用"早封闭、强支护"原则，采用刚性支护一次到位控制围岩变形，在试验段支护参数的基础上进一步优化如下：

(1) 加大支护强度

初期支护拱架采用 H230 格栅钢架，同时钢架主筋由原来 $\phi22mm$ 调整为 $\phi25mm$，8 字结及箍筋间距加密，拱架间距由 60cm 缩小为 50cm。

(2) 预留变形量加大

为防止出现持续变形侵占二次衬砌净空，施工过程中将预留变形量由 15cm 加大到 30cm。

(3) 优化边墙曲率

原设计断面边墙为直边墙，从结构受力方面不利于控制水平收敛，经过对模拟断面受力进行分析，边墙结构形式由直墙调整为较利于水平收敛变形控制的曲墙结构，曲率优化前后结构受力对比分析如图 6-6、图 6-7 所示，通过计算得出改变边墙曲率后，结构轴力变化不大，而弯矩最大值减小了 33%，可见隧道改变边墙曲率后能有效提高结构承载能力。

(4) 增设锚杆

隧道边墙范围增设水平砂浆锚杆（长 4.5m），拱架连接部位加强注浆锚杆（长 4.5m），注入硫铝酸盐水泥加固及增加拱架连接筋等。

(5) 初期支护及早封闭成环

采用两台阶法施工，下台阶与仰拱同步开挖支护，仰拱初期支护紧跟下台阶，及时封闭成环，同时严格控制上台阶长度（5~6m），以利于开挖后 3d 内初期支护封闭成环形成整体结构进行受力。

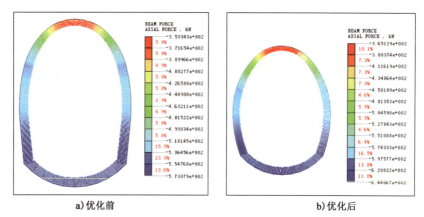

图 6-6　曲率优化前后结构轴力对比分析(单位:kN)

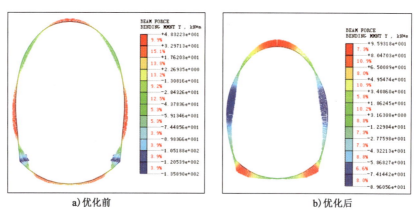

图 6-7　曲率优化前后结构弯矩对比分析(单位:kN·m)

6.1.4　现场施工应用效果

1)支护结构参数

优化后的隧道衬砌结构支护参数图如图 6-8 所示,支护参数采用全环 H230 格栅钢架,间距 0.5m/榀,ϕ25mm 主筋,8 字结及箍筋间距加密,钢架边墙位置曲率加大,外扩 38cm;30cm 厚网喷混凝土;增加水平砂浆锚杆,长 4.5m;台阶位置每侧 2 根锁脚锚杆,中台阶位置增加 2 根,锁脚锚杆长 4.5m,注硫铝酸盐水泥加固;预留变形量 30cm;二次衬砌采用 C35 模筑钢筋混凝土,厚 50cm。

2)支护结构应用效果

采用优化后的支护结构后,监控量测数据显示(图 6-9、图 6-10),拱顶沉降速率最大值为 3.2mm/d,累计沉降最大值为 48.6mm;净空收敛速率最大值为 3.6mm/d,累计收敛最大值为 53.1mm,初期支护结构变形收敛在 2 个月左右基本趋于稳定。在完成剩余 F7 断层破碎带施工中,未发生较大变形导致初期支护侵限,未出现初期支护混凝土开裂剥落现象,初期支护钢架结构完整,喷射混凝土表面平顺。

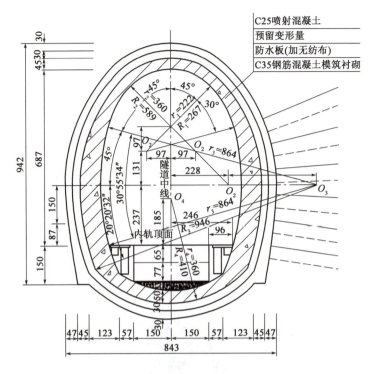

图 6-8 优化后的隧道结构支护参数图(尺寸单位:cm)

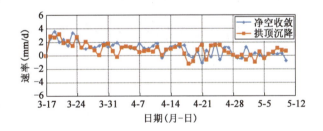

图 6-9 初期支护结构拱顶沉降和净空收敛速率变形曲线

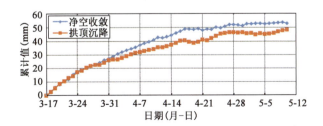

图 6-10 初期支护结构拱顶沉降和净空收敛累计变形曲线

6.1.5 结语与建议

中条山隧道在穿越高地应力 F7 断层破碎带的过程中,支护结构变形开裂是该工程施工中遭遇的重大施工难题之一,试验段采取"先柔性支护释放应力,适时施作二次支护"和"刚性支护一次施作到位"两种方案,通过效果对比确定了穿越该不良地质段落的合理支护参数。

(1)刚性支护一次到位能够有效减小围岩变形,但不能从内部抑制围岩变形,应通过优化边墙曲率改善结构受力,增设锚杆并注浆加固围岩主动抑制围岩变形;采用微台阶带仰拱开挖,实现初期支护结构全断面快速封闭成环,以最快的速度限制围岩松动圈范围扩大,同时适当加大预留变形量防止侵限。

(2)大变形地段,应适当增加钢架连接部位的锁脚锚杆(管)布设,控制水平收敛;二次衬砌施工宜在初期支护变形趋于稳定后进行,当围岩变形长时间不收敛但却增长缓慢时,若预留空间允许,也可考虑二次衬砌加强设计措施,但应注意适当延长二次衬砌的脱模时间。

(3)类似地层施工,应超前谋划,加强监控量测管理,采取动态支护措施,做到提前预判,避免造成支护结构开裂破坏、侵限。

6.2 马湾隧道浅埋偏压段初期支护变形控制施工技术

浅埋偏压隧道一般岩体较破碎、节理较发育,隧道开挖后应力重新分布,隧道左右侧围岩压力差别大易造成初期支护结构变形开裂,侵入限界等问题,特殊情况可造成隧道结构整体偏移,严重影响隧道施工和运营安全。本节就马湾隧道浅埋偏压段落隧道初期支护结构出现的变形开裂、隧道支护结构偏移问题,进行应急加固处理,通过物探、钻探、试验段、监控量测等多种手段分析初期支护结构变形机理和危害程度,并对现场支护措施作用效果与监控量测数据反馈进行系统分析,采用合理的初期支护结构参数,有效控制隧道结构变形,确保隧道施工安全。

6.2.1 工程概况

马湾隧道位于河南省西峡县重阳镇境内,为单洞双线隧道,全长 518.68m,最大埋深为 75m,其中Ⅲ级围岩 105m、Ⅳ级围岩 119.98m、Ⅴ级围岩 293.7m。隧道穿越区域属西峡断陷盆地南侧,以丘陵为主,地形陡峭,山坡自然坡度一般为 35°~50°,相对高差为 80~200m,带状山脊呈近南北向分布,间夹 V 形沟谷。隧道所处区域经历了长期的地质构造发展演化和多期次、多层次的变质变形改造,构造十分复杂。隧道纵断面设计图如图 6-11 所示。

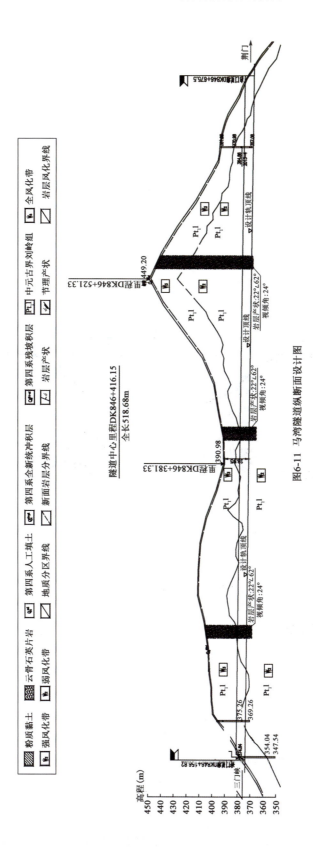

图6-11 马湾隧道纵断面设计图

1) 工程地质条件

隧道表层为粉质黏土,具备夹细角砾土,褐黄色,硬塑,厚 0 ~ 2m;下伏基岩为云母石英片岩、钙质云母石英片岩、石英片岩、全 ~ 强风化、片状构造、岩层产状 20°∠62°、节理发育、岩体破碎、地形左低右高、埋深较浅。DK846 + 165 ~ DK846 + 450 段隧道整体埋深较小,偏压较严重。

2) 设计支护参数

浅埋偏压段 DK846 + 165 ~ DK846 + 265 采用 Ⅴc 衬砌类型,DK846 + 265 ~ DK846 + 290 采用 Ⅳa 衬砌类型,DK846 + 290 ~ DK846 + 450 采用 Ⅴc 衬砌类型。Ⅳa 衬砌类型初期支护为拱墙 H150 格栅钢架,间距 1.2m,C25 喷射混凝土厚度为 22cm,二次衬砌为 45cm 厚 C35 钢筋混凝土;Ⅴc 衬砌类型初期支护为全环 H230 格栅钢架,间距 0.5m,C25 喷射混凝土厚度为 30cm,二次衬砌为拱墙厚 55cm、仰拱厚 60cm 的 C35 钢筋混凝土。Ⅳa、Ⅴc 衬砌类型支护参数如图 6-12 所示。

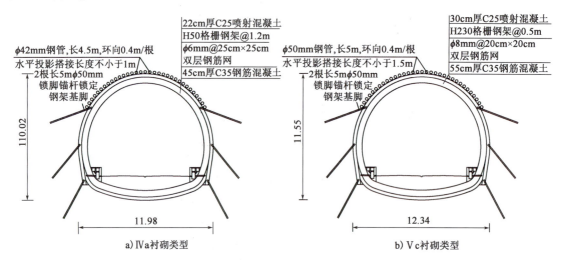

图 6-12 支护结构参数(尺寸单位:m)

6.2.2 隧道初期支护结构变形及加固

1) 初期支护变形情况

2016 年 7 月 11 日,马湾隧道进口左侧 DK846 + 207 ~ DK846 + 250 段长度 43m、右侧 DK846 + 203 ~ DK846 + 250 段长度 47m,中下台阶钢架连接板附近出现宽度 1 ~ 2mm 纵向裂缝。经取芯发现裂缝已贯通初期支护厚度。隧道左侧 DK846 + 245 ~ DK846 + 257 段上中台阶连接板附近喷射混凝土连续剥落,格栅钢架外露变形;隧道右侧 DK846 + 237 ~ DK846 + 244 段中下台阶连接板上部 0.5m 喷射混凝土连续剥落;左侧 DK846 + 205 ~ DK846 + 207、DK846 + 265 ~ DK846 + 273、DK846 + 285 ~ DK846 + 290 拱顶左侧 1.5m 位置出现局部剥落;右侧 DK846 + 210 ~ DK846 + 260 下台阶与仰拱连接板附近出现局部剥落。初期支护混凝土剥落及钢架钢筋外露情况如图 6-13 所示。

图 6-13 初期支护混凝土剥落及露筋情况

前期洞内收敛采用相对位移监测,尚未考虑偏压对初期支护结构的影响,导致水平收敛值一直处于正常状态,早期未产生预警。初期支护混凝土开裂破坏后,监控量测采用从洞外引入基准点,采用绝对位移值监测。监测结果显示,DK846+166.8～DK846+200.5段隧道左右量测点均向隧道一侧收敛;DK846+200.5～DK846+305段隧道初期支护结构边墙以上整体向线路方向左侧偏移,其中,左侧最大偏移值为82mm,平均偏移值为20mm;右侧最大偏移值为106mm,平均偏移值为62mm。

2) 变形处置方案及措施

险情发生后,现场立即采取封闭掌子面、反压回填、增加加固环和临时仰拱、局部采用小导管注浆加固等措施。

图 6-14 加固环分布图

(1)快速安装 2 榀 H230 格栅钢架,顶紧掌子面,初期支护结构施作完成后封闭掌子面,暂停掌子面施工。

(2)在开裂剥落较严重段设置 5 组加固环,加固环采用 I18 型钢拱架,纵向间距为 1.0m,采用 φ22mm 钢筋纵向连接,加固环背后喷射混凝土,使之与初期支护密贴。加固环分布图如图 6-14 所示。

(3)下台阶采用洞渣反压回填 40m,加固环之外的地段采用 I18 型钢横撑施作临时仰拱,型钢纵向间距为 1.0m,φ22mm 钢筋纵向连接。

加固环和临时仰拱布置示意图如图 6-15 所示。

6.2.3 隧道初期支护结构变形原因分析

为查清初期支护变形和隧道中线偏移原因,对隧道地质进行补充勘探,并继续对隧道洞内变形进行监测,同时增加地表监测和洞轴线位移监测,选定试验段增加监控量测项目。

1) 工程地质勘探分析

通过物探、地质钻探、野外调查等方式对已开挖段的地质情况进行验证,对未开挖段的地质情况进行预判,分析山体内部存在滑移面的可能性。本次物探采用高密度电法,共布设7条测深剖面,其中3条剖面垂直于隧道布设,2条剖面平行于隧道布设,剖面长度为300m,间距5m。通过高密度直流电阻率测量,基本查明工作区范围内的岩石风化程度,地质构造的走向、倾向、倾角及平面分布。解译出的全、强、弱风化带情况与原设计基本吻合。

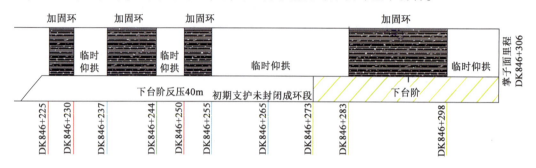

图 6-15 加固环和临时仰拱布置示意图

在初期支护变形段地表进行地质钻探,共钻孔8个,钻孔分布位置如图6-16所示。8个补充工程地质钻孔,未揭露隧道山体内部明显滑动面,自然条件下山体基本不会发生大规模滑动。

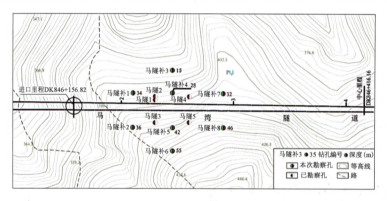

图 6-16 工程地质钻探孔平面分布图

2) 围岩压力及钢架受力分析

为了解和掌握隧道围岩压力和初期支护钢架受力情况,在监控量测必测项目的基础上,增加监控量测选测项目。试验段支护参数为:φ50mm小导管超前支护,H230格栅拱架(间距为0.5m),C25喷射混凝土(厚度为30cm)。断面埋设钢筋计和压力盒,每个断面布设5个测位,每个测位内外2个测点(图6-17)。每天采集数据,定期进行数据分析,掌握隧道变形情况。

(1) 围岩压力测试结果

根据围岩压力实测数据,距离掌子面较远断面处数据较为全面,右拱脚处水平方向侧压力较大,为0.142MPa,左拱肩处水平向压力比右拱肩处大,拱顶处土压力较大,为0.628MPa,隧道拱顶相当于承载31m高的土柱荷载,围岩压力分布图如图6-18所示。

(2) 初期支护钢架及混凝土应力测试结果

监测结果显示,各断面初期支护钢筋均呈现受压状,3个断面左拱部及拱顶的钢筋压应力值较大,最大压应力为111.74MPa,出现在左拱部靠围岩侧钢筋上。喷射混凝土受压情况同钢筋应力类似,左拱部及拱部的压应力值较大,最大压应力为12.35MPa,已达到喷射混凝土极限抗压强度 18.5MPa 的 67%，随着掌子面后续开挖，该断面混凝土应力值继续增大，可能会超过混凝土极限抗压强度值，造成混凝土压溃剥落。

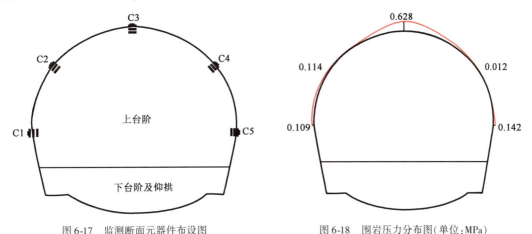

图 6-17　监测断面元器件布设图　　　　图 6-18　围岩压力分布图(单位：MPa)

3) 监控量测分析

(1) 洞内监测点绝对位移测量

在原监测断面基础上，将拱顶沉降观测点作为洞轴线监测点，并在对应断面埋设底板监测点，将监测点埋设在已施工完成的仰拱填充顶面或隧底基岩上。由于洞内监测点间距较小，为尽量减少误差积累，洞内布设三等导线，采用固定导线点测设固定监测点的方法，尽量减少转站。每天测量一次，计算每个测点垂直于洞轴线方向的绝对位移值。

(2) 地表监测点绝对位移测量

在隧道变形段地表每隔 20m 布设 1 个断面埋设地表监测点，每个断面布设 5 个点，共计 25 个点。每个断面左右开挖边线，左右各 1.5 倍洞径、右侧 2.5 倍洞径位置布置测线。布设 3 个控制点，地表监测点与控制点组成独立控制网，测量精度满足 CPⅡ 导线要求，每 3 天测量 1 次，计算每个测点垂直洞轴线方向的开累绝对位移值。

(3) 监控量测分析结论

通过对洞内监控量测点绝对位移与相对位移的分析，得出围岩变形趋于收敛；通过对底板和拱顶洞轴线监测点绝对位移的分析，得出洞轴线稳定，隧道整体没有偏移；通过对地表监测数据的分析及地表观察，没有发现裂缝，证明隧道上部覆土未发生整体松动破坏。

4) 分析结论

经过 3 个月的补充勘探和监测分析，最终对隧道初期支护开裂原因得出如下结论：

(1) 通过对地质补勘成果资料的分析，得出该段山体未发现滑动面，山体整体稳定。

(2) 地形偏压、岩层顺层、岩体破碎、开挖后应力重新分布，隧道两侧围岩压力差过大，是造成隧道初期支护压溃开裂及边墙以上初期支护整体向围岩压力较小一侧偏压的主要原因。

(3) 监测数据显示，隧道轴线及地表没有产生移动；在初期支护变形开裂段采取的套拱加固及边墙注浆等应急处理措施对控制变形是及时有效的，且可以判断隧道变形已趋于稳定。

(4) 试验段分析结论显示，原设计初期支护结构参数偏弱，后续类似地质情况需要加强初期支护措施。

6.2.4 隧道支护结构参数优化及应用效果

1) 支护结构参数优化

为确保已加固段落和后续未施工段落隧道施工的安全,采取了如下处理方案:

已开挖地段处理方案:Ⅳ级围岩段初期支护钢架封闭成环,二次衬砌全环采用钢筋混凝土;前期施工的加固圈不需拆除,钢架封闭成环,钢架之间配筋喷射混凝土补平,相应地段适当调整二次衬砌厚度;初期支护背后采用小导管径向注浆加固。未开挖类似地质条件地段处理方案:超前支护拱部120°范围内采用 $\phi50mm$ 单层小导管,范围根据掌子面围岩情况适当扩大;初期支护背后预埋注浆管,及时回填注浆;拱墙初期支护设置系统锚杆,由药包锚杆调整为砂浆锚杆;采用三台阶法施工,优化台阶高度和长度,加强施工组织和工序衔接,初期支护仰拱尽早封闭成环;加强初期支护刚度,将 H230 格栅钢架变更为 H280 格栅钢架,初期支护喷射混凝土厚度由 30cm 增加到 35cm。

2) 现场应用效果

(1)采用钢架套拱封闭成环、小导管注浆加固等措施有效控制了初期支护变形,使围岩和隧道支护结构变形趋于稳定。

(2)通过布设拱部超前小导管、加大格栅钢架型号、优化施工工法等施工措施,监测数据显示围岩变形值较小,初期支护封闭成环后围岩变形快速趋于稳定,施工过程中没有发生初期支护变形、坍塌等事故,说明后续施工采取的措施合理有效。

6.2.5 结语与建议

(1)通过对马湾隧道浅埋偏压段初期支护变形原因进行分析,得出了"初期支护钢架紧跟掌子面,初期支护封闭成环紧跟下台阶是控制掌子面坍塌和初期支护大变形最有效措施"的结论。初期支护封闭成环时间越短,围岩变形量越小。对于软弱围岩地段,开挖支护宜采用"微台阶、短进尺、快封闭"原则组织施工,能够有效减小初期支护变形,从而减小预留变形量,确保隧道施工安全。

(2)对于类似隧道初期支护变形情况,可采取与本节同样的思路和方法进行分析,用科学认真的态度,通过多种手段查明原因,充分论证,避免盲目处置带来浪费,甚至留下安全隐患。采用多种手段对掌子面前方围岩进行综合判断,对支护参数进行动态调整,是保证隧道施工安全的关键环节。本节介绍的初期支护变形原因分析方法和优化的支护参数,具有一定的参考价值。

(3)对一些浅埋偏压较严重或破碎围岩隧道,可考虑增加绝对位移观测项目。绝对位移观测能够反映出隧道水平收敛真实变形情况,精确反映隧道是否发生整体偏移,为合理预留变形量及采取有效的加固措施提供依据。

6.3 红崖隧道浅埋偏压段初期支护及地表开裂加固处治施工技术

隧道浅埋偏压严重地段一般岩体破碎、节理裂隙发育,隧道开挖后应力重新分布,掌子面自稳能力较差,稍有不慎易造成隧道初期支护结构混凝土开裂、剥落掉块、变形侵限,甚至引发山体坍塌、冒顶等工程灾害。本节就红崖隧道浅埋偏压段初期支护及地表开裂加固处治施工技术进行叙述,通过采用洞外地表袖阀管注浆加固、洞口设置锚固桩、出口段设置 $\phi 89mm$ 双层长管棚超前预加固等措施,洞内已开挖段原则采用洞内径向注浆、增设锁脚锚杆、二次衬砌结构加强等措施,对侵限严重、钢架扭曲变形段进行拆换处理,未开挖段加强支护结构强度等措施,确保了全隧安全贯通。

6.3.1 工程概况

红崖隧道为单洞双线隧道,长184.8m,进口里程DK847+289.7,出口里程DK847+474.5,隧道最大埋深43.5m,Ⅳ级围岩长30m,Ⅴ级围岩长154.8m。隧道纵断面图如图6-19所示。

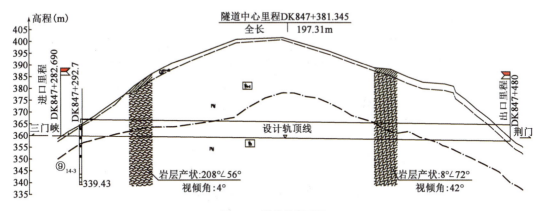

图6-19 隧道纵断面图

1) 工程地质条件

隧道地形左低右高,山坡自然坡度约35°~45°,相对高差30~40m,带状山脊呈近南北向分布,坡体植被发育。山坡表层为第四系残坡积粉质黏土,厚度为0~2m,下伏基岩为元古界刘岭组白云石英片岩、云母石英片岩,局部夹薄层云母片岩。其中全~强风化厚度8~25m,其下弱风化,青灰色,以硬质岩为主,岩质较硬,钻孔岩芯呈块状及短柱状。岩体节理发育,节理面一般较平直,多为密闭~微张节理。地下水类型为基岩裂隙水,主要赋存于强风化的基岩裂隙中,地下水不发育。

2）设计支护参数

设计浅埋段Ⅴ级围岩采用Ⅴb、Ⅴc衬砌类型，Ⅳ级围岩采用Ⅳb衬砌类型。Ⅳb衬砌类型初期支护为拱墙H150格栅钢架，间距0.75m，C25喷射混凝土厚度为23cm，二次衬砌为45cm厚C35钢筋混凝土（图6-20）；Ⅴb衬砌类型初期支护为全环H180格栅钢架，间距0.6m，C25喷射混凝土厚度为27cm，二次衬砌为拱墙厚50cm、仰拱厚55cm的C35钢筋混凝土（图6-21）；Ⅴc衬砌类型初期支护为全环H230格栅钢架，间距0.5m，C25喷射混凝土厚度为30cm，二次衬砌为拱墙厚55cm、仰拱厚60cm的C35钢筋混凝土（图6-22）。

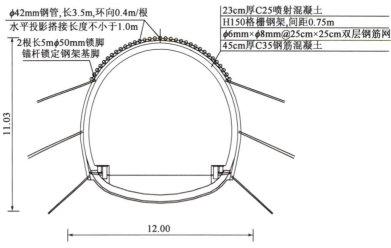

图6-20　Ⅳb衬砌类型支护参数图（尺寸单位：m）

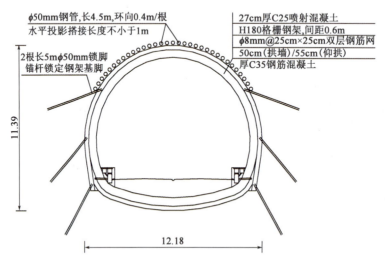

图6-21　Ⅴb衬砌类型支护参数图（尺寸单位：m）

6.3.2　隧道初期支护结构开裂及应急处置

该隧道于2017年9月16日由出口端进洞，明暗交接里程为DK847+469.5，现场采用三台阶临时横撑法开挖。截至2018年1月14日，上台阶掌子面里程为DK847+393.6、中台阶里程为 DK847+403.1,下台阶初期支护封闭成环里程为 DK847+404.9,二次衬砌仰拱施工里程为 DK847+469.5~DK847+414.9 段,暗洞剩余 94.9m 未开挖。

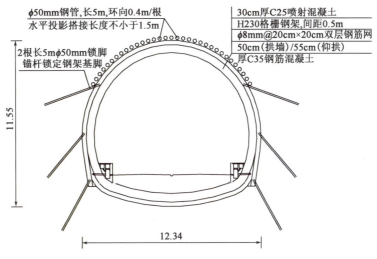

图 6-22　Vc 衬砌类型支护参数图(尺寸单位:m)

1)第一阶段

(1)初期支护开裂情况

2017 年 11 月 26 日,DK847+412.1~DK847+411.5 段上台阶施工过程中发现边仰坡及初期支护出现局部裂缝:左侧裂缝位于 DK847+437~DK847+466 中上台阶下 1m 位置(图 6-23),右侧裂缝位于 DK847+430~DK847+469 中下台阶位置(图 6-24);此时中台阶里程 DK847+415.7,下台阶及初期支护封闭成环里程为 DK847+427.1。

图 6-23　DK847+437~DK847+466 初期支护左侧开裂

图 6-24　DK847+430~DK847+469 初期支护右侧开裂

(2)应急处置措施

发现初期支护开裂后,立即暂停了掌子面施工。2017 年 11 月 27 日—12 月 8 日,对裂缝及上下各 1m 位置采用 $\phi42mm$ 小导管径向注浆加固(图 6-25),长 4.5m,纵向间距 0.5m;同时对 DK847+469.5~DK847+438.7 段(30.8m)进行二次衬砌仰拱施工;在洞外仰坡面设置 9 个位移观测点,同时对洞口地表沉降观测点进行绝对位移监测(图 6-26)。

 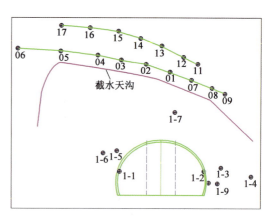

图 6-25　洞内径向注浆加固　　　　　　　图 6-26　洞外地表监测点布设示意图

2）第二阶段

(1) 初期支护开裂情况

初期支护开裂段加固完成后，于 2017 年 12 月 9 日恢复了隧道掌子面的开挖，12 月 20 日发现洞口段初期支护局部出现裂缝，左侧裂缝位于 DK847+469.5～DK847+460 中上台阶连接处下 1m 位置（图 6-27），右侧裂缝位于 DK847+469.5～DK847+465 中上台阶连接处 1m 位置，DK847+462 拱顶位置出现裂缝（图 6-28）；此时上台阶施工至 DK847+400.7、中台阶施工至 DK847+406.1、下台阶封闭成环至 DK847+414.5。

图 6-27　DK847+469.5～DK847+460 初期支护左侧开裂　　　图 6-28　DK847+462 拱顶位置出现裂缝

(2) 应急处置措施

发现初期支护开裂后，立即暂停了掌子面施工。2017 年 12 月 21 日至 2018 年 1 月 5 日，对洞口 DK847+469.5～DK847+459.5 段裂缝及上下各 1m 位置采用 φ42mm 小导管径向注浆加固，长 4.5m，纵向间距 0.5m，并对洞口左侧坡脚采用小导管注浆加固（图 6-29）；对 DK847+438.7～DK847+414.9 段（23.8m）进行二次衬砌仰拱施工。

3）第三阶段

(1) 初期支护开裂情况

初期支护开裂段加固完成后，于 2018 年 1 月 3 日对出口左侧坡脚进行反压回填处理。1 月 6 日，恢复了隧道掌子面开挖施工，为减少爆破振动对围岩扰动影响，采用机械开挖方式。

1月14日,在DK847+394.1~DK847+393.6段上台阶施工过程中,发现DK847+469.5~DK847+430左侧上中台阶连接处下1m位置,DK847+465~DK847+425右侧上中台阶连接处下1m位置,DK847+435~DK847+425右侧中下台阶连接处出现纵向裂缝,DK847+438~DK847+439左侧上中台阶连接处钢架外露扭曲变形,DK847+412~DK847+417拱顶位置初期支护混凝土剥落掉块,钢架局部扭曲变形(图6-30),洞口DK847+469.5~DK847+463线路左侧出现斜向裂缝。此时中台阶里程为DK847+403.1、下台阶初期支护封闭成环里程为DK847+404.9。根据初期支护开裂情况绘制裂缝展开图如图6-31所示。

图6-29 洞口段小导管注浆加固

a)钢架扭曲变形

b)拱部混凝土剥落掉块

图6-30 初期支护钢架及喷射混凝土破坏

(2)应急处置措施

①洞内回填反压

2018年1月15日,浩吉铁路公司组织各参建单位进行了现场踏勘,研究确定了应急处置措施。

a.立即停止出口掌子面施工,采用喷射混凝土封闭掌子面,撤出人员、机械设备。

b.对出口洞内外采用洞渣反压回填,先回填洞口线路左侧,再回填洞内DK847+393.6~DK847+474.5,回填高度至上台阶裂缝以上1m,最后回填洞口线路右侧。

c.隧道后续施工改由进口方向掘进。

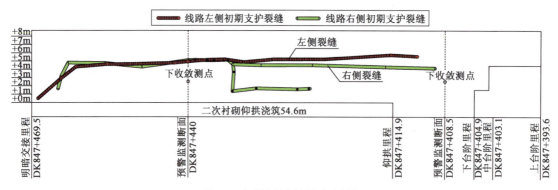

图 6-31 初期支护裂缝展开示意图

②洞顶山体变形观测

对洞顶山体进行排查发现,山体出现纵向裂缝。经实测,裂缝长度约 80m,最大裂缝宽度 9cm,最大深度 3.4m(图 6-32),对应线路里程为 DK847+379.033~DK847+444.177 (65.144m),裂缝起点距隧道进口明暗交接位置 80.3m,终点距隧道出口明暗交接位置 25.4m,裂缝与隧道中线垂直距离约 34~54m(图 6-33)。

图 6-32 洞顶山体开裂

图 6-33 洞顶山体开裂与线路位置关系

现场及时对山体裂缝采用彩条布覆盖并用土压实,防止地表水下渗,同时对裂缝宽度进行监测。经过 1 月 22—29 日的连续实测数据对比发现,采用洞内外回填反压措施后,地表裂缝无明显变化,裂缝宽度变化值仅为 0~0.5mm,说明山体已暂时稳定。

③洞口仰坡变形观测

采用绝对位移观测方式,对洞口仰坡变形进行观测。经过 1 月 19 日至 1 月 29 日的连续实测数据对比发现,采用洞内外回填反压措施后,洞口仰坡变形量较小,各监测点竖向累计变形值为 0~6mm,水平累计变形值为 0~7mm。

6.3.3 隧道初期支护结构开裂原因分析

1) 监控量测分析

隧道开挖段落均为 V 级围岩,监控量测管理总量控制值为拱顶沉降小于 90mm,水平收敛小于 45mm。洞内监控量测前期采用常规的相对测量手段(洞内监控量测值见表 6-2),在隧道开挖过程中,仅在 DK847+440、DK847+414 断面量测变化速率达到了黄色预警等级,但隧道初期支护结构却出现了较严重的开裂现象,说明现有的监控量测值未真实反映隧道初期支护结构实际变形量。

洞内初期支护监控量测值(相对测量) 表 6-2

断面里程	拱顶下沉累计值 (mm)	上测线收敛累计值 (mm)	下测线收敛累计值 (mm)	监测日期 (年-月-日)
DK847+467	84.2	3.07	37.74	2017-9-17—2018-1-15
DK847+462	78.4	11.85	36.45	2017-9-24—2018-1-15
DK847+456	72.5	-2.44	37.24	2017-10-4—2018-1-15
DK847+451	80.1	-7.54	39.41	2017-10-12—2018-1-15
DK847+446	85.1	4.89	35.87	2017-10-17—2018-1-15
DK847+440	63	22.79	42.65	2017-10-28—2018-1-15
DK847+435	66.1	35.8	43.38	2017-10-31—2018-1-15
DK847+430	77	41.29	40.97	2017-11-8—2018-1-15
DK847+425	54.9	31.81	24.05	2017-11-11—2018-1-15
DK847+420	54.8	38.17	35.5	2017-11-15—2018-1-15
DK847+414	44.1	29.26	18.09	2017-11-25—2018-1-15
DK847+408.5	39.6	23.18	25.45	2017-12-14—2018-1-15
DK847+403.5	22.9	17.39	6.08	2017-12-18—2018-1-15
DK847+398	5.6	0.34	—	2018-1-11—2018-1-15

为确定隧道初期支护真实变形量,结合既有测量数据,将洞内监控测量值换算至绝对位移值发现,上测线左右测点均向线路左侧偏移(绝对位移值见表 6-3),其中左侧点平均偏移

67mm,最大值为140mm；右侧点平均偏移86mm,最大值134mm。水平收敛变形量较大直接导致了初期支护混凝土开裂和剥落掉块。

洞内初期支护监控量测值（绝对测量） 表6-3

断面里程	拱顶下沉(mm)	左测点(mm)	右测点(mm)
DK847+467	84.20	-92	-101
DK847+462	78.40	-103	-118
DK847+456	72.5	-72	-71
DK847+451	80.10	-140	-134
DK847+446	85.10	-94	-101
DK847+440	63.00	-64	-87
DK847+435	66.1	-47	-85
DK847+430	77.00	-92	-133
DK847+425	54.90	-62	-94
DK847+420	54.80	-41	-80
DK847+414	44.10	-79	-108
DK847+408.5	39.60	16	-8
DK847+403.5	22.90	-6	-22

注:"-"表示向线路左侧偏移。

2) 初期支护开裂位置分析

由于隧道存在较严重的浅埋偏压,围岩为白云云母石英片岩、云母石英片岩、角闪黑云母石英片岩,片状结构,全风化～强风化,节理裂隙发育,岩体破碎;洞身开挖后形成临空面,开挖爆破扰动山体产生应力重分布,岩体沿节理面向洞内挤压,造成隧道初期支护在两侧拱腰处受力较大,进而造成该处初期支护混凝土开裂、剥落掉块破坏。初期支护开裂部位成因分析示意图如图6-34所示。

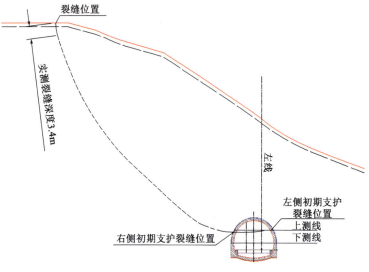

图6-34 隧道初期支护开裂部位成因分析示意图

6.3.4 隧道加固处治方案

为确保山体稳定及后续隧道施工安全,对地表开裂及洞身区域从洞外采用袖阀管注浆加固、出口段偏压侧设置锚固桩;将隧道施工由出口调整至进口方向,进口段设置锚固桩,并增设2环管棚进行预支护;洞身开挖采用三台阶法施工,对初期支护参数进行加强;施工过程中结合初期支护变形情况对进口洞身区域从洞外采用袖阀管注浆加固;初期支护侵限及钢架扭曲段进行换拱等措施。

1)地表开裂及洞身区域袖阀管注浆

(1)加固范围

首先洞内拱部采用C20混凝土回填密实,然后对洞身DK847+378~DK847+453段隧道周边以及松弛影响范围采用地表袖阀管注浆(DDD工法)加固处理,横向处理范围为地表裂缝处至低山侧隧道开挖轮廓线外5m(图6-35),加固深度为地表1m以下至设计深度(图6-36),注浆加固分洞身加固段和松弛区处理段。

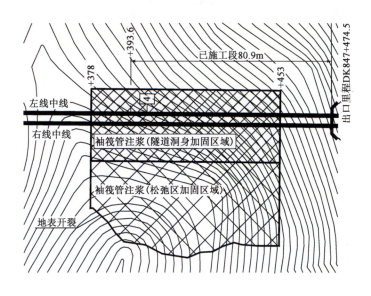

图6-35 地表袖阀管注浆加固平面区域

洞身加固段:横向加固范围为隧道开挖轮廓线外低山侧5m,高山侧10m;竖向加固范围为洞身开挖范围加固至开挖轮廓线,低山侧加固至隧底以下3m,高山侧加固至隧底以下8m。松弛区:横向加固范围为开挖轮廓线高山侧10m至地表裂缝处,竖向加固范围为推测松弛界限以下10m。

(2)加固参数

洞身加固段:采用φ76mm×4mm的刚性袖阀管,布孔间距2m×2m,等边三角形布置,扩散半径1.2m,注浆压力3~5MPa。松弛区:采用φ50mm×4mm的刚性袖阀管,布孔间距3m×3m,等边三角形布置,扩散半径2m,注浆压力4~6MPa。注浆材料采用普通硅酸盐水泥(水灰比为0.8~1)和快硬硫铝酸盐水泥(水灰比为0.8~1)。

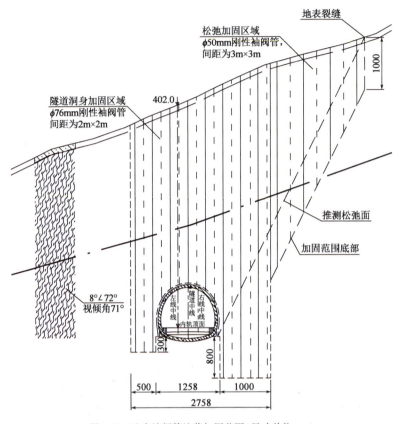

图 6-36 地表袖阀管注浆加固范围(尺寸单位:cm)

(3)施工顺序

注浆采用先外后内,先低山侧后高山侧,跳孔注浆。注浆管位于地表裂缝附近时,适当调整其位置,沿裂缝进行注浆。严格按先两侧注浆形成帷幕,后内部采取跳排跳孔的方式进行施工,实施约束挤密注浆。在先序孔的注浆过程,由于地层裂隙发育,同时为了加固地层便于后续钻孔,单孔单段注浆量大;一序孔以量控为主,二序孔以定压为主,结合定量的方式进行控制。

(4)注浆效果检查及评定

注浆效果检查包含成孔性、岩体稳定性、密实性、强度等,要求稳定性好且无塌孔,岩体黏结且整体性好,裂隙填充情况完好。压水检查为在 1.0MPa 压力下,吸水量小于 2L/min,加固体抗压强度不小于 3MPa,岩体质量指标(RQD)达到 75~80。检查孔内注浆前后成像如图 6-37 所示。

2)出口端及偏压侧设置锚固桩

为确保山体和隧道出口段稳定,出口开挖仰坡脚贴壁设置 5 根锚固桩,断面尺寸为 2.25m × 2m,桩长 23m,间距 5m,线路左侧 2 根,右侧 3 根;出口线路左侧 DK847+432~DK847+466 段沿自然边坡(基本平行于地表裂缝方向)设置 8 根锚固桩,其中 4 根锚固桩断面尺寸为 2.25m × 2m,桩长 24m,另外 4 根锚固桩断面尺寸为 2.75m × 2.5m,桩长 25m,锚固桩布置示意图如图 6-38 所示。

锚固桩桩身采用 C35 钢筋混凝土现场浇筑,桩孔采用钢筋混凝土护壁,厚 0.3m,孔口设置钢筋混凝土锁口,锁口高出地面 0.2m,厚 0.3m;桩孔分节开挖,护壁分节高度 1.0m。桩孔开挖采用跳孔,开挖完成后及时安装钢筋笼、浇筑桩身混凝土;全部锚固桩施工完成且桩身混凝土达到设计强度后,方可开挖桩前岩体,采用人工或弱爆破方式开挖。

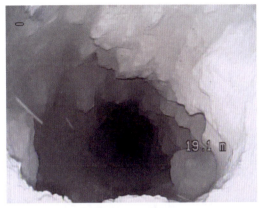
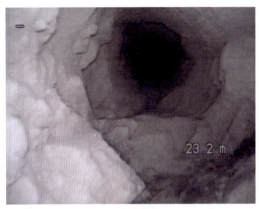

a) 注浆前孔内成像

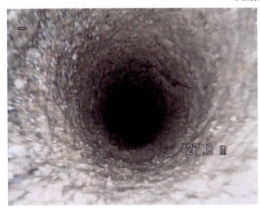

b) 注浆后孔内成像

图6-37 注浆前后孔内成像

桩间设置C30片石混凝土挡墙,墙高7~11m,墙胸、背坡率为1:0.2;墙后紧贴开挖边坡坡面设0.5m厚袋装砂砾石反滤层,然后浇筑墙身片石混凝土;反滤层顶部0.5m和地面以下0.3m设C30混凝土防渗层;挡墙基坑采用C25混凝土回填。挡墙墙身每隔2m上下左右交错设置φ10mm的PVC管泄水孔,PVC管安放应伸入反滤层内,排水坡向外不小于4%。

3) 进口端设置锚固桩

为确保隧道施工安全,隧道开挖施工由出口端改至进口端,进口端增设锚固桩。锚固桩截面尺寸为2.5m×2.25m,洞门左侧布置3根,右侧布置2根(图6-39),桩长20m,桩间距5m;桩间设置片石混凝土挡墙,挡墙基础嵌入基岩(原状土层)不小于1.5m;桩及挡墙后设置反滤层,挡墙上设置排水孔;桩及挡墙后空隙部分采用C20混凝土回填;回填顶面设置60cm宽、60~70cm深水沟,向两侧排水,回填平面向水沟方向设置为顺坡;坡脚利用弃渣回填成斜坡,坡率1:1.5。锚固桩采用跳孔施工,其中3号、4号桩分开施工,左侧桩施工顺序为3号→2号→1号,右侧桩施工顺序为5号→4号。

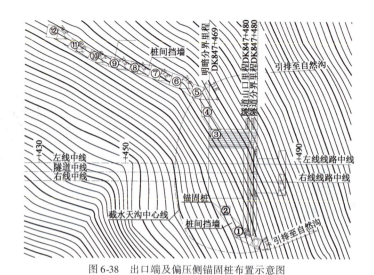

图 6-38 出口端及偏压侧锚固桩布置示意图

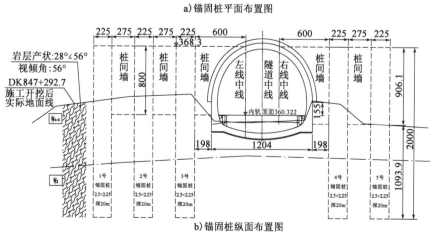

a) 锚固桩平面布置图

b) 锚固桩纵面布置图

图 6-39 锚固桩设置示意图(尺寸单位:cm)

4) 进口端设置管棚预支护

为确保进洞安全,在原有采用 $\phi50mm$ 双排超前小导管预支护措施的基础上,增设两环长管棚,采用 $\phi89mm \times 5mm$ 热轧无缝钢花管,长度15m。管棚布设在小导管外侧,环间距以及与原施工小导管(外侧)间距为50cm,外环管棚环向间距80cm,内环管棚环向间距40cm,管棚布置范围为最大开挖跨度以上180°,管棚布置示意图如图6-40所示。外环管棚钢管布置33根,内环管棚钢管布置63根,所有管棚均进行注浆,按照先单号后双号顺序注浆,注浆水泥浆液水灰比为1∶1。钢管平行线路方向设置,管口不设置导向墙,考虑止浆需要,采用 $150mm \times 150mm \times 10mm$ 钢板。

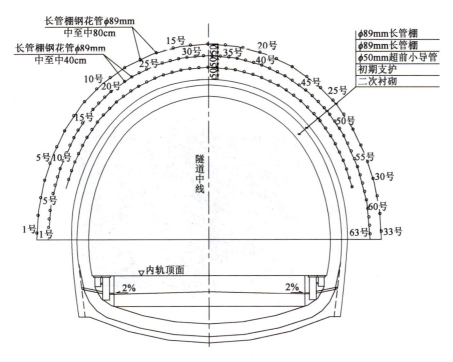

图6-40　进口段管棚设置示意图(尺寸单位:cm)

5) 加强支护参数及微台阶法施工

洞身支护参数由Ⅴc衬砌增强至Ⅴc+衬砌,初期支护喷射混凝土厚度由30cm调整至35cm,格栅钢架型号由H230调整至H280;在既有锁脚锚杆的基础上,在上台阶上部1m和1.6m位置各增设1组/2根锁脚锚杆,中下台阶中部位置各增设1组/2根锁脚锚杆。锁脚锚杆采用 $\phi42mm$,壁厚5mm,长度5m,锁脚锚杆安装后及时进行注浆,锁脚锚杆加强及三台阶法开挖示意图如图6-41所示。

洞身开挖采用微台阶法施工,人工配合机械进行开挖作业(图6-42),上台阶高度4.5m、中台阶高度3m,下台阶(含仰拱)高度4.5m,循环进尺为0.5m,尽量缩短台阶长度。施工过程中上台阶钢架紧贴掌子面,下台阶与仰拱一次性快速开挖封闭成环,初期支护全断面封闭成环距离掌子面不得大于1.5倍洞径。钢架安装完成后及时对钢架及掌子面进行喷射混凝土封闭,喷射混凝土完成后再进入下循环工序。

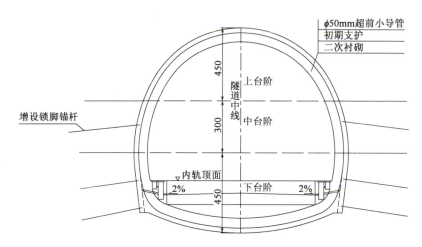

图 6-41 增设锁脚锚杆及三台阶法开挖示意图(尺寸单位:cm)

图 6-42 进口段机械开挖

6)进口段洞身区域袖阀管注浆

进口方向洞口段表层为粉质黏土,下伏基岩为灰色白云石英片岩,角闪黑云石英片岩,全风化~强风化,岩层陡立,围岩破碎松散,掌子面干燥。在完成管棚超前预支护后采用三台阶法进行开挖,洞身支护参数采用Ⅴc+衬砌。

(1)进口段监控量测预警

自 2018 年 4 月 9 日,由 DK847+299.7 上台阶进洞施工,上台阶掌子面里程施工至 DK847+325.59,累计进尺 25.89m,中台阶里程 DK847+304.7;监控量测数据发现 DK847+302.7 断面拱顶下沉值为 6.2mm/d,累计下沉值为 148.3mm 达到红色预警值;DK847+302.7 断面收敛值为 5.9mm/d,达到日变形黄色预警值;DK847+307.3 断面监控量测拱顶下沉值为 6.2mm/d,累计值达到 94.7mm,均达到黄色预警值。

现场立即采用喷射混凝土封闭掌子面;中台阶锁脚锚杆由每榀每侧两根调整至四根;中台阶段初期支护进行小导管径向注浆加固。应急处置完成后继续进行 DK847+304.7~DK847+314.7 段中下台阶施工,循环进尺不大于两榀钢架间距,直至完成洞口段 15m 的初期支护"锁口圈"。

(2) 进口段掌子面小型塌方

2018年6月24日,对上台阶 DK847+330.7～DK847+331.2 进行开挖施工,8:30 开始准备架设钢架时发现拱顶上方有掉块现象,5min 后掉块速度加快并发展成塌方涌土,现场立即撤出人员及喷浆设备;截至9:30 隧道塌方基本稳定,塌方量约110m³,稳定后立即采用喷射混凝土封面掌子面,12:00 完成。此时上台阶掌子面里程 DK847+330.7,进尺31m;中台阶里程 DK847+325.7,进尺26m;下台阶及初期支护封闭里程 DK847+321.7,进尺22m。

洞内影响:洞内左侧共发现初期支护混凝土开裂2处、混凝土剥落掉块1处。第一条为水平裂缝,长1.7m,宽2～4mm,距洞口6.3m,位于起拱线上1.3m;第二条为环向裂缝,长7.5m,宽2～4mm,距洞口8.2m;混凝土剥落掉块距洞口13.2m,长3m,宽0.2m,位于起拱线上1.2m。

洞外影响:DK847+330.2～DK847+334.9 出现陷穴,陷穴中心位于隧道中线左侧3m位置,距洞口31m,陷穴尺寸为4.7m×5.6m×2.9m(纵×横×深),该处隧道埋深20～22m。

应急处置:洞内初期支护开裂及混凝土剥落掉块处采用5m长小导管注浆加固;地表陷穴回填黏土并夯实约76m³,陷穴部位采用彩条布覆盖,四周开挖截水沟采用砂浆抹面,防止雨水下渗;加强洞内外监控量测和巡视、观察。

(3) 洞身区域袖阀管注浆

考虑进口段后续施工区段围岩破碎、浅埋偏压影响较大,为保证施工安全,对剩余未开挖段落 DK847+331.2～DK847+378 采用地表袖阀管注浆(DDD工法)加固处理,结合地形地质因素,注浆分 A、B 两区实施。A、B 两区注浆加固范围如图6-43所示。

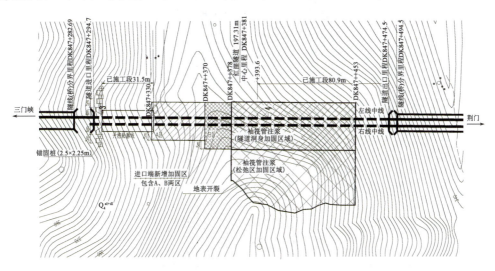

图6-43　A、B 两区注浆加固范围示意图

① 加固范围

a. A 区注浆加固:DK847+330～DK847+370 段隧道与地形基本正交,处理范围横向为隧道两侧开挖轮廓线外5m,竖向为拱顶以上6m至边墙脚,加固范围如图6-44所示。

b. B 区注浆加固:DK847+370～DK847+378 段临近原出口端加固范围,地形左低右高,考虑岩层产状偏压,加大高山侧及洞顶注浆范围,处理范围横向为隧道开挖轮廓线外左侧5m,右侧10m,竖向为拱顶以上8m至边墙脚以下左侧3m,右侧8m,加固范围如图6-45所示。

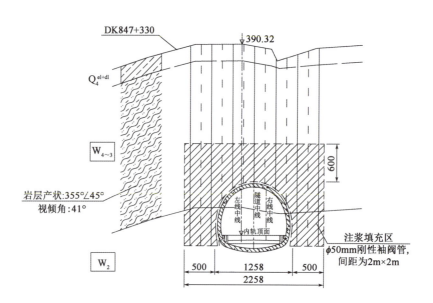

图 6-44 A 区注浆加固范围(尺寸单位:cm)

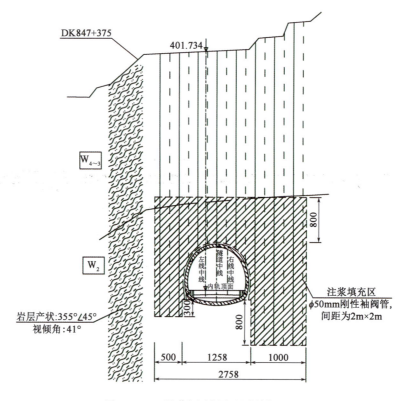

图 6-45 B 区注浆加固范围(尺寸单位:cm)

②加固参数

洞身加固段采用 $\phi 50mm \times 4mm$ 的刚性袖阀管,布孔间距 $2m \times 2m$ 等边三角形布置,扩散半径 1.2m,注浆压力 3~5MPa。松弛区:采用 $\phi 50mm \times 4mm$ 的刚性袖阀管,布孔间距 $3m \times 3m$

等边三角形布置,扩散半径 2m,注浆压力 4~6MPa。注浆材料采用普通硅酸盐水泥(水灰比 0.8~1)和快硬硫铝酸盐水泥(水灰比 0.8~1),隧道两侧各 3 排孔及陷穴处的孔采用外加剂改善浆液流动性并提高结石率。

③施工顺序

注浆采用先外后内,先低山侧后高山侧,跳孔注浆。注浆管位于地表裂缝附近时,适当调整其位置,沿裂缝进行注浆。严格按先两侧注浆形成帷幕,后内部采取跳排跳孔的方式进行施工,实施约束挤密注浆。在先序孔的注浆过程,由于地层裂隙发育,同时为了加固地层便于后续钻孔,单孔单段注浆量大;一序孔以量控为主,二序孔以定压为主、结合定量的方式进行控制。A 区加固临近洞内开挖面,施工时适当延长注浆时间,适度降低终压,减少浆液流失,并避免对结构产生破坏。

④注浆效果检查及评定

注浆效果检查包含成孔性、岩体稳定性、密实性、强度等,要求稳定性好无塌孔,岩体黏结且整体性好,裂隙填充情况完好。压水检查在 1.0MPa 压力下,吸水量小于 2L/min,加固体抗压强度不小于 3MPa,岩体质量指标(RQD)达到 75~80。注浆检查孔在注浆效果检查完成后及时采用 M40 水泥砂浆进行全孔封堵。

7) 出口段初期支护侵限换拱加固

结合出口段 DK847+469.5~DK847+438.5(共 31m)初期支护侵限情况,依据结构安全计算及工程类比,对初期支护稳定且侵限小于 10cm 的采用 5m 锚管径向注浆加固,对变形严重、受力明显减弱、侵限大于 10cm 的钢架,按变形部位所在单元拆换;对二次衬砌结构配筋采用双筋 $\phi22mm@200mm$ 加强。

换拱方案如下:根据监控量测结果标示侵限段落部分→相邻未置换钢架采用锁脚锚杆加强(每个拱脚增设 2 根长 5m 的 $\phi42$ 锁脚锚杆)→开槽割除侵限钢架至设计深度→安装新钢架并与原钢架连接(螺栓连接)→施作锁脚锚杆加强→喷射混凝土封闭→重复以上步骤,置换下榀钢架。

根据回填前净空测量,初期支护侵限及钢架扭曲变形主要集中在上中台阶位置,局部换拱的钢架单位为 1 号、2 号、3 号、4 号、5 号。全环钢架单元划分示意图如图 6-46 所示。

采用三台阶临时横撑法开挖,上台阶开挖替换 1 号、2 号、3 号位置初期支护钢架,中台阶开挖替换 4 号、5 号位置初期支护钢架,采用同型号钢架替换。侵限及扭曲钢架采用破碎锤破除,采用风镐人工辅助刻槽,每次置换 1 榀钢架,新换钢架预留变形量不小于 20cm。各开挖台阶长度尽量缩短,中台阶侵限部位钢架左右对称替换,初期支护尽快封闭成环,二次衬砌紧跟施工。监控量测布设与换拱作业同步进行,断面布设间距 5m,根据现场实际情况提高监测频率。

6.3.5 结语与建议

(1)红崖隧道浅埋偏压段初期支护及地表开裂主要原因是洞内相对测量数据未真实反馈初期支护及围岩变形收敛情况,导致未及时对破碎岩体进行加固并加强初期支护参数,进而发展成工程灾害。绝对位移观测能够真实反馈隧道支护结构的水平收敛情况,精确反馈隧道是否发生整体偏移等,针对浅埋偏压段宜采用绝对位移观测手段,为隧道安全施工和适时加固破碎围岩提供预警。

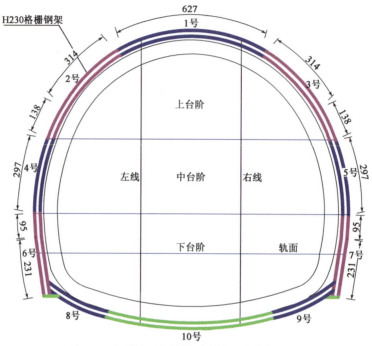

图 6-46　全环钢架单元划分示意图(尺寸单位:cm)

(2)针对浅埋破碎岩体应综合考虑洞内外加固方式,优先考虑采用地表加固方式,如地表袖阀管注浆,洞内加固应以小导管超前支护、径向注浆、增设锁脚锚杆等方式,开挖方式以满足机械化作业空间要求的台阶法为主,采用"微台阶、微进尺、快封闭"的原则组织施工,实现快挖快支快封闭成环。

(3)针对初期支护变形侵限问题,在确保结构支护参数满足安全的前提下,可通过径向注浆、加强锁脚锚杆,提高二次衬砌配筋等方式补强,适当减少因局部侵限造成钢架大规模拆换量,避免对破碎围岩造成较大影响的二次扰动。

6.4 宜川以北寒区隧道冻结防治施工技术

隧道穿越寒冷、严寒地区,在含水环境下易发生冻结现象,冻结主要表现包含隧道衬砌漏水、挂冰、冻胀开裂、酥碎、剥落,隧底无砟道床聚水结冰,排水沟冻结积冰等系列病害;尤其在气温极低情况下的严寒地区,冻结问题更为突出,严重威胁行车安全。随着我国寒区隧道的大规模建设,寒区隧道冻结防控形成了以下处治原则:遵循"防、排、保温结合"的防排水系统;采用"以混凝土自防水为根本、施工缝和变形缝防水为重点、防水板防水为关键"的防水体系;保温排水系统设计包含侧沟式或中心埋置式保温水沟、中心深埋水沟、防寒泄水洞等方式。本节就宜川以北隧道面临的冻结问题,在前期既有的聚氨酯保温侧沟措施下,结合现场出现的侧沟冻结、仰拱填充层积水积冰等问题,采用在侧沟、填充层中央排水槽设置电伴热系统加热,洞外排水暗管内设置加热电缆等保温措施,解决了积冰冻害问题,确保列车运营安全。

6.4.1 工程概况

本线乌审旗至宜川地处寒冷、严寒地区,历年最冷月平均气温在 $-12.9 \sim -9.6℃$、历年极端最低气温为 $-27.3 \sim -22.8℃$、历年极端最高气温为 $36.4 \sim 40℃$、历年平均气温 $7.8 \sim 11℃$、最大积雪深度为 $11 \sim 14cm$、最大冻结深度为 $0.81 \sim 1.46m$,具体气候信息见表6-4。该区段穿越隧道结构需要进行保温排水系统设计。

地区气候信息表　　　　　　　　　　　　　　　　表6-4

地 区	历年最冷月平均气温（℃）	历年极端最低气温（℃）	历年极端最高气温（℃）	历年平均气温（℃）	最大积雪深度（cm）	最大冻结深度（m）
乌审旗	-12.9	-26.5	37.9	8.4	14	1.46
靖边	-11.3	-27.3	36.4	9.4	12	1.20
安塞	-11.6	-25.5	38.3	9.6	14	0.91
宝塔区	-9.4	-22.8	39.3	11.0	11	0.80
宜川	-9.6	-23.3	40.0	10.8	13	0.81

1)保温排水系统设计现状

针对寒区隧道防冻问题,国内主要从防排水防冻和结构抗冻相结合。考虑季节性冻土区地下水冬季多呈固态、夏季为液态的特点,一般围绕隧道设置通畅的排水系统,满足排水系统全年排水通畅要求。保温排水系统设计一般包含保温水沟、中心深埋水沟、防寒泄水洞等措施。

(1)保温水沟

保温水沟一般适用于冬季衬砌背后不会出现冻结现象的隧道。周边围岩的地下水经边墙处设置的侧沟泄水孔进入隧道内以浅埋方式且采取保温措施的水沟排出,实现冬季排水不冻结。双线隧道的保温水沟一般采用侧沟式或中心埋置式,单线隧道一般采用侧沟式。双线隧道保温水沟断面图如图6-47所示。

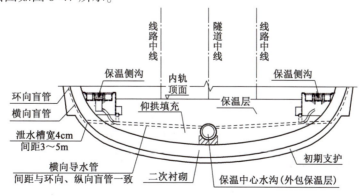

图6-47 双线隧道保温水沟断面图

(2)中心深埋水沟

中心深埋水沟一般需将管沟的流水面埋置于洞内最大冻结深度以下,确保冬季管沟排水不产生冻结。为满足最大冻结深度的要求,中心深埋水沟一般设置于隧道仰拱或底板结构以下,其管径可根据进入洞周的地下水量计算确定。中心深埋水沟断面图如图6-48所示。

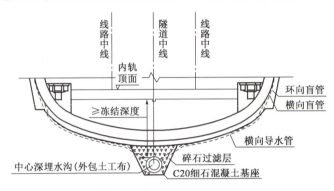

图6-48 中心深埋水沟断面图

(3)防寒泄水洞

当洞内保温水沟不满足防冻需求且设置中心深埋水沟不利于检查,或排水能力不足时,设置防寒泄水洞。泄水洞埋置深度一般考虑泄水洞与隧道的相互影响、排水效果等因素综合确定。当泄水洞位于正线隧道侧向时,为保证排水效果,必要时可结合地质情况和泄水洞与正洞的空间位置关系,设置集水钻孔或集水廊道排水,泄水洞纵向每隔一段距离可在综合洞室(大避车洞)位置下方设一处横通道,与正洞中线垂直。为防止泄水洞施工对正洞产生影响,防寒泄水洞一般应超前于正洞施工。防寒泄水洞设置如图6-49所示。

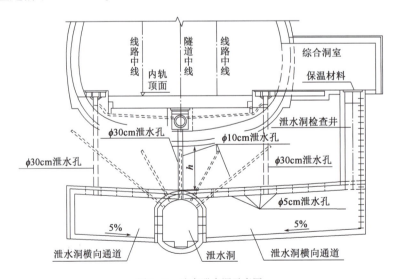

图6-49 防寒泄水洞示意图

2)本线保温排水系统设计

(1)排水沟设计

单洞双线隧道原设计为两侧侧沟+中心管沟方式排水,中心管沟采用φ600mm钢筋混凝土预制管,管顶埋深距填充层面层约28cm。考虑设置中心管沟后,中心管沟将仰拱填充层分割,削弱了仰拱填充层结构的整体承载能力;同时,预制管需节段拼装,现场施工工序较烦琐,新老混凝土收缩不协调易造成接触界面处产生收缩裂缝。为确保运营期在大轴重、高密度行车情况下仰拱填充层结构的稳定和安全,隧道仰拱填充层宜采用整体结构。通过对浩三段隧道双侧水沟过水能力验算,双侧水沟过水能力设计值为 10000~20000m³/d,隧道正常涌水量均小于 6000m³/d,最大涌水量均小于 9986m³/d,基本确定了以两侧水沟排水为主的设计方案。后期可结合现场实际情况,在仰拱填充层内设置小型排水槽。

两侧排水沟宽度为 30cm,排水侧沟靠近线路外壁内设置 ϕ50mm 泄水孔,纵向间距 3~5m;泄水孔引排仰拱填充面内的水进入侧沟内,仰拱填充面距离侧沟底部高差为 22cm。

(2)水沟保温措施

结合本线地域特点,对周边包西、太中银和神延铁路隧道排水沟设计现状进行调研后,确定宜川以北隧道两侧水沟盖板下设置 30cm 厚聚氨酯保温材料[导热系数 0.027W/(m·k),吸水率≤3%],设置范围为隧道进出口 500m,排水侧沟保温措施如图 6-50 所示;同时,洞外排水暗管外缘采用 5cm 厚橡塑保温板+厚度不小于 1.5mm 的 EVA 防水板包裹,具备条件时适当加大排水坡度,保温出水口尽量设置在背风向阳处。

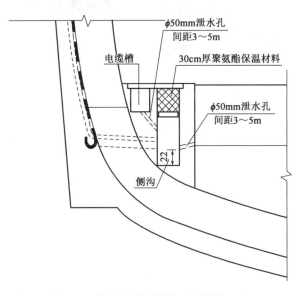

图 6-50 排水侧沟保温措施(尺寸单位:cm)

6.4.2 隧道冻结现状及成因分析

1)冻结现状

自隧道贯通且排水系统施作完成后,从 2018 年底至 2019 年初,宜川以北共计有 14 座隧道洞口发生不同程度的冻结现象,主要表现为隧道侧沟、中心排水槽、检查井、保温出水口存在不同程度的结冰,部分隧道洞口段冻结情况如图 6-51 所示。

通过现场调研,统计 14 座隧道洞口段冻结情况见表 6-5。

a) 阳城隧道中心排水槽积冰

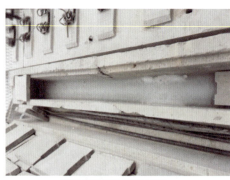
b) 郭旗隧道进口侧沟冻结

c) 郑庄隧道进口侧沟冻结

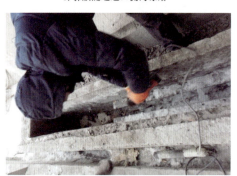
d) 杨台隧道进口侧沟冻结

图 6-51　部分隧道洞口冻结情况

隧道洞口冻结情况统计表　　　　　　　　　　表 6-5

隧道名称	冻结洞口负责排水长度(m)	侧沟冻结情况	中心排水槽冻结情况	检查井冻结情况	保温出水口冻结情况
阳城隧道	2605.43	未冻结	进口结冰 200m	未冻结	未冻结
武家坡隧道	2666.89	进口结冰 340m,无流水	进口结冰 350m	结冰,无流水	结冰,无流水
新窑隧道	2314.18	进口结冰 170m,无流水	—	结冰,无流水	结冰,无流水
银山 1 号隧道	1429.57	进口结冰 160m,无流水	—	结冰,无流水	结冰,无流水
银山 2 号隧道	1695.38	进口结冰 140m	—	未结冰,有积水	结冰,无流水
张家园隧道	3444	出口冻结 400m,无流水	—	—	—
建华镇隧道	4626	进口结冰 250m,无流水	—	—	—
杨台隧道	418.81	进口结冰 80m	进口结冰 80m		
郭旗隧道	1923.69	进口结冰 100m	进口结冰 100m		
峁好梁隧道	1132.14	进口结冰 110m	进口结冰 110m		
郑庄隧道	183	进口结冰 120m	进口结冰 120m		
阳山隧道	10208.3	进口已结冰,右侧 135m,但底部有水流出	—	结冰,有流水	结冰,有流水
阳山隧道	1460	出口结冰 300m	—	结冰,无流水	结冰,无流水
喜家岭隧道	1076.99	进口结冰 105m,有少量流水	少量结冰	—	—
段家坪隧道	10722.98	进口结冰 125m,有少量流水			

2) 冻结成因分析

结合隧道现场冻结情况,宜川以北部分隧道洞口发生冻结主要有以下原因:

(1) 取消中心(深埋)水沟后,隧道侧沟作为主要的排水路径引排至隧道洞外,侧沟外壁厚度较薄(15cm),隔热保温效果相对较差。

(2) 侧沟外壁纵向间隔 3~5m 设置了 ϕ50mm 泄水孔,侧沟内外气流存在热量交换,冷空气进入侧沟在一定程度上降低了水沟内温度。

(3) 侧沟内存在障碍物未及时清理干净,造成排水侧沟滞水,减缓水流速度。

6.4.3 隧道冻结防治方案

针对隧道洞口段冻结现状,在既有防冻结措施上,对洞口 500m 范围两侧侧沟 ϕ50mm 泄水孔进行封堵;对洞外排水暗管埋置深度进行核查,确保管内轮廓顶面不小于最大冻结深度以下 0.25m,排水暗管最小纵向坡度调整至不小于 5‰;两侧侧沟采用电伴热系统进行加热保温,对仰拱填充层半圆形排水槽结冰及洞口段仰拱填充层施工缝及裂缝存在渗水的隧道在填充层顶面开槽 0.3m×0.3m(宽×高)增加排水能力并采用电伴热系统进行加热保温,洞口排水暗管加设发热电缆;通过以上补强措施,确保冬季排水不冻结。

1) 电伴热面板

(1) 产品参数

电伴热系统主要包含电伴热面板(图6-52)、控制箱、供电电源、供电电缆等。电伴热面板尺寸为 200mm×1500mm(宽×长),面板厚度≤1.5mm,工作电压为交流(AC)36V、功率为 70W/m;控制箱箱体采用恒温设计,自带变压装置(380V/36V),控制箱内设温度控制装置,实现排水沟内恒温控制及系统自动启停功能。

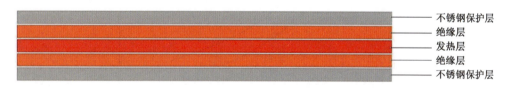

图 6-52 电伴热面板结构图

(2) 产品特点

电伴热面板采用 36V 安全电压供电,规避了作业人员操作失误或其他原因造成的漏电或短路风险对人体造成的伤害,具有较高的安全性能。电伴热面板采用并联电路,单块电伴热面板故障不会影响其他电伴热面板正常工作,故障长度范围为 1.5m,便于及时检修及更换。电伴热面板材质为高分子合成材料绝缘层,最外层采用不锈钢板作保护层,具有防水防老化、防腐蚀等特点,设计使用寿命可长达 30 年。电伴热面板为面式发热体,工作时整个平面同步升温,连续大面积散热,热平衡效果好。温度采用传感器控制,可根据温度变化精确运行,实现系统自动启停,能源消耗低。

2) 电伴热运转

电伴热系统供电利用既有箱变富余用电容量及照明电压。电伴热面板一般按照一侧 50m

编成一个工作单元,每个工作单元功率为 3.5kW。每个工作单元供电回路接入控制箱,每个控制箱最多控制 4 个工作单元,控制箱集中放置在综合洞室内(大避车洞),通过控制箱内控系统的调节实现各工作单元的轮流启停,温控器设置排水沟内维持温度为 5~10℃(当排水沟内温度低于 5℃时,电伴热面板启动加热;当排水沟内温度高于 10℃时停止加热)。电伴热系统启动后,从洞口向洞内,最先启动第一工作单元,当该段排水沟内温度达到 10℃,第一工作单元停止作业;同时第二工作单元启动加热,当该段排水沟内温度达到 10℃,第二工作单元停止作业;同时第三工作单元启动加热,当该段排水沟内温度达到 10℃,第三工作单元停止作业;同时第四工作单元启动加热,当该段排水沟内温度达到 10℃,第四工作单元停止作业;以此类推完成一个工作循环加热过程,且此过程在控制箱的指控下循环进行。

3) 电伴热面板安装

(1) 侧沟电伴热面板安装

在隧道两侧排水沟靠近轨枕侧内壁铺设电伴热面板,距离水沟底部约 20cm,电伴热面板采用不锈钢条(尺寸为 20mm×550mm×0.5mm)固定,间距 50cm,不锈钢条采用自攻螺钉固定。侧沟电伴热面板安装横断面图如图 6-53 所示。

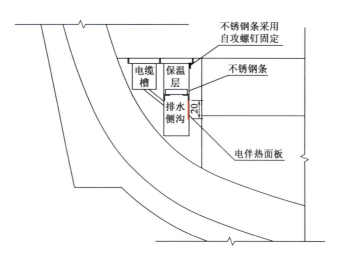

图 6-53 侧沟电伴热面板安装横断面图

结合隧道洞口段冻结严重程度,从洞口向洞内在侧沟内一定长度范围铺设电伴热面板,14 座隧道两侧侧沟电伴热面板铺设长度见表 6-6。

两侧侧沟电伴热面板铺设长度统计表　　表 6-6

隧道名称	位　　置	洞口里程	铺设起点	铺设终点	长度(m)
阳城隧道	进口	DK256+648.25	DK256+643.25	DK256+943.25	300
武家坡隧道	进口	DK259+653.45	DK259+653.45	DK259+803.45	150
新窑隧道	进口	DK262+107.69	DK262+102.69	DK262+252.69	150
银山 1 号隧道	进口	DK263+744.50	DK263+741.58	DK263+891.58	150
银山 2 号隧道	进口	DK281+694.00	DK281+396.00	DK281+696.00	300

续上表

隧道名称	位　置	洞口里程	铺设起点	铺设终点	长度(m)
张家园隧道	进口	DK298+641.00	DK298+639.00	DK298+839.00	200
建华镇隧道	进口	DK367+178.19	DK367+178.19	DK367+328.19	150
杨台隧道	进口	DK368+499.00	DK368+497.00	DK368+647.00	150
郭旗隧道	进口	改DK370+578	改DK370+576	改DK370+726	150
峁好梁隧道	进口	改DK371+811.58	改DK371+811.58	改DK371+961.58	150
郑庄隧道	进口	DK379+591.70	DK379+591.70	DK379+741.70	150
阳山隧道	出口	DK391+260.00	DK391+012.00	DK391+262.00	250
阳山隧道	进口	DK445+518.30	DK445+513.30	DK445+663.30	150
喜家岭隧道	进口	DK446+664.02	DK446+664.02	DK446+814.02	150
段家坪隧道	进口	DK256+648.25	DK256+643.25	DK256+943.25	300

(2) 中心开槽水沟电伴热面板安装

中心排水沟开槽尺寸为0.3m×0.3m(宽×高),槽壁铺设电伴热面板,距离水槽底部约10cm,电伴热面板采用不锈钢条(尺寸为20mm×550mm×0.5mm)固定,间距50cm,不锈钢条采用自攻螺钉固定。水沟上部采用聚氨酯保温材料封闭,其余部分采用泡沫混凝土封堵,提高保温能力。中心排水槽电伴热面板安装横断面图如图6-54所示。

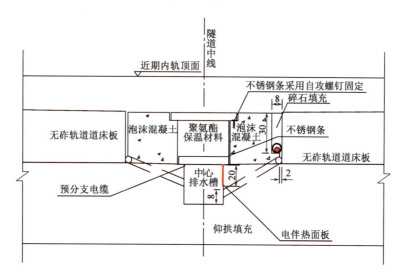

图6-54　中心排水槽电伴热面板安装横断面图(尺寸单位:cm)

针对阳城隧道、红石湾隧道、刘坪隧道洞口段仰拱填充层存在施工缝、裂缝等渗水问题,考虑中心半圆形排水槽(10cm)水流速度较缓慢,且无保温措施,冬季存在冻结现象,对洞口端150m范围开槽增加排水能力,尺寸为0.3m×0.3m(宽×高),安装电伴热面板。3座隧道中心开槽水沟电伴热面板铺设长度见表6-7。

中心开槽水沟电伴热面板铺设长度统计表　　　表6-7

隧道名称	位　　置	洞口里程	铺设起点	铺设终点	长度(m)
阳城隧道	进口	DK242+044.57	DK242+047.07	DK242+197.07	150
	出口	DK249+152.82	DK249+000.32	DK249+150.32	150
红石湾隧道	进口	DK251+293.16	DK251+295.66	DK251+445.66	150
红石湾隧道	出口	DK256+569.75	DK256+422.25	DK256+572.25	150
刘坪隧道	出口	DK332+900.00	DK332+752.00	DK332+902.00	150

6.4.4　现场应用案例介绍

1)杨台隧道进口侧沟安装电伴热面板防冻

针对杨台隧道进口两侧侧沟80m范围存在结冰现象，在两侧侧沟分别安装150m的电伴热面板进行防冻。

(1)电伴热防冻系统设计

电伴热面板安装里程范围为DK367+178.19~DK367+328.19，由两套恒温控制箱控制，恒温控制箱通过布置于排水侧沟内的温度传感器实现排水沟内电伴热面板自动启停，冬季排水沟恒温为5~10℃。控制箱输入电源为3相380V，输出为3相36V，恒温控制箱自带变压器，满载负荷为10.5kW，布置在大避车洞内。左右侧沟各安装12路电伴热面板；为实现电气三相平衡，左右侧沟各4个工作单元，每个工作单元各分3个供电回路，在控制系统的调控下4个工作单元分别轮流启停。温度传感器下穿排水沟盖板并固定在排水沟盖板上，安装部位分别距离洞口18m、55.5m、93m、130.5m。供电电缆挂设在隧道壁并水平安装，挂架安装间距为80cm；端子箱尺寸为200mm×150mm×100mm，安装于隧道边墙，高度与供电回路等高，采用膨胀螺栓固定。侧沟内预分支电缆采用不锈钢吊装于水槽内侧壁，尺寸为20mm×550mm×0.5mm，安装间距50cm，采用自攻钉固定于侧沟壁顶部。杨台隧道进口两侧排水侧沟电伴热防冻系统设计如图6-55所示。

(2)电伴热防冻系统安装

①电伴热面板安装

根据设计图要求的安装里程段、回路数，安装电伴热面板；电伴热面板采用不锈钢条吊装方式安装于排水侧沟靠近轨枕侧内壁与角钢间，在排水沟上沿用电锤打孔，自攻钉固定不锈钢条，不锈钢条与电伴热面板间采用螺丝固定。现场安装如图6-56所示。

②预分支电缆安装

预分支电缆采用尼龙扎带绑扎于排水沟内角钢上，安装预分支电缆时，预分支电缆的支线应与电伴热面板上的电源头相对应以方便插接。预分支电缆与电伴热面板连接如图6-57所示。

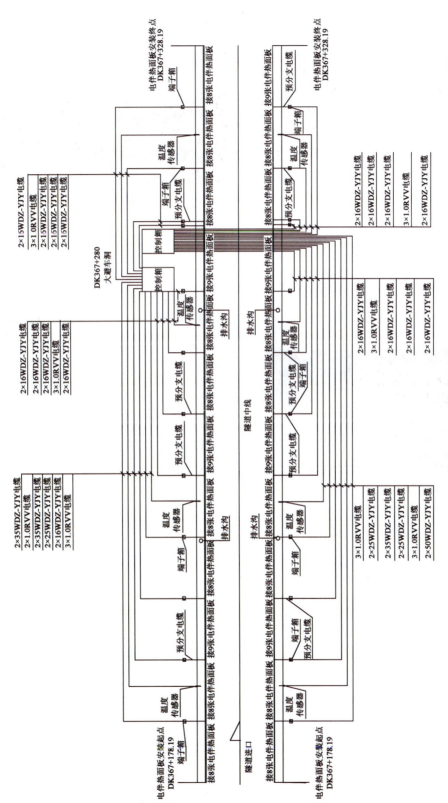

图6-55 两侧排水侧沟电伴热防冻系统设计图

图 6-56　电伴热面板采用不锈钢条吊装

图 6-57　预分支电缆与电伴热面板连接

③温度传感器安装

在排水沟下层盖板上开孔,孔径为 10mm,将温度传感器的感温部分安装于排水沟内部,温度传感器通过下层排水沟盖板并固定在盖板上。

④恒温控制箱安装

恒温控制箱安装于隧道进口端第一个大避车洞内,采用膨胀螺栓将恒温控制箱固定。进出恒温控制箱的电缆线与恒温控制箱之间空隙采用防火泥封堵,强弱电分开安装。

图 6-58　供电电缆采用挂架敷设

⑤供电电缆安装

供电电缆沿隧道壁水平安装,采用电缆挂架敷设,挂架安装间距为 80cm。供电电缆与预分支电缆采用端子箱压接,端子箱以下预分支电缆外套 DN40 镀锌钢管。供电电缆挂设如图 6-58 所示。

⑥端子箱安装

端子箱安装于隧道边墙,采用膨胀螺栓固定,高度与供电回路电缆等高。

(3)电伴热防冻系统应用效果

杨台隧道进口侧沟采用电伴热系统防冻措施后,侧沟结冰问题得到有效解决,应用前后侧沟冬季排水情况如图 6-59 所示。

2)阳城隧道进口中心开槽水沟安装电伴热面板防冻

针对阳城隧道进口仰拱填充层内存在结冰现象,在填充层中央开槽 30cm×30cm(宽×深),安装电伴热面板进行防冻。

(1)电伴热防冻系统设计

电伴热面板安装里程范围为 DK242+047.07~DK242+197.07,由一套恒温控制箱控制,恒温控制箱通过布置于排水槽内的温度传感器实现排水槽内电伴热面板自动启停,冬季排水槽恒温为 5~10℃。控制箱输入电源为 3 相 380V,输出为 3 相 36V,恒温控制箱自带变压器,满载负荷为 10.5kW,布置在大避车洞内。温度传感器下穿排水槽水泥盖板并固定在排水槽盖板上,安装部位分别距离洞口 18m、63.5m、120m。中心排水槽一侧的泡沫混凝土与无砟轨道道床板间预留宽 8cm、深 30cm 的空间设置 DN65 镀锌钢管,作为电伴热面板供电电缆的通路。电伴热面板采用不锈钢条吊装于水槽内侧壁,距离排水槽底部8cm,不锈钢条尺寸为20mm×550mm×0.5mm,安装间距50cm,采用自攻螺钉固定于中心排水槽仰拱填充面上沿。阳城隧道进口中心开槽水沟电伴热防冻系统设计图如图6-60所示。

a)应用前

b)应用后

图6-59 侧沟应用电伴热防冻系统前后现场情况

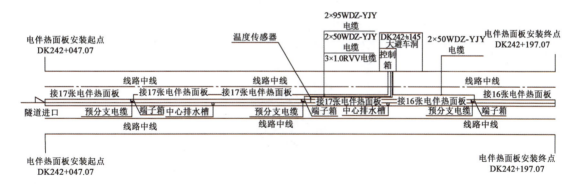

图6-60 中心开槽水沟电伴热防冻系统设计图

(2)电伴热防冻系统安装

供电电缆沿中心排水槽一侧的泡沫混凝土与无砟道床间预留的空间布设,安装完成后剩余空隙采用碎石填充;端子箱安装于中心排水槽上下两盖板之间,尺寸为200mm×150mm×100mm,安装保温材料时预留端子箱空间;其余电伴热面板、预分支电缆、温度传感器、恒温控制箱与侧沟安装方式相同,不再赘述。

(3)电伴热防冻系统应用效果

阳城隧道进口仰拱填充层开槽水沟并采用电伴热系统防冻措施后,仰拱填充层积水结冰问题得到有效解决,应用前后仰拱填充层冬季排水情况如图6-61所示。

6.4.5 结语与建议

(1)陕北地区寒区隧道取消中心水沟后,对隧道侧沟单纯采用聚氨酯保温措施无法完全解决冬季冻结问题,部分隧道在洞口一定段落仍存在结冰现象,导致排水不畅,积水积冰影响列车运营安全。

a) 应用前

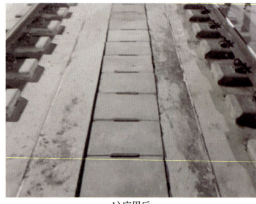
b) 应用后

图 6-61 仰拱填充层开槽水沟应用电伴热防冻系统前后现场情况

（2）通过在隧道侧沟安装电伴热面板补强措施，通过恒温控制箱实现自动控制电伴热面板启停，实现排水侧沟冬季水温控制在 5~10℃，保证了侧沟冬季排水不结冰。

（3）鉴于本线大轴重、高密度行车影响，仰拱填充层采用了整体结构，针对部分隧道洞口段填充层施工缝、裂缝存在少量渗水问题，可考虑在中心开凿小型排水槽引排，通过侧壁安装电伴热面板，水沟上部采用聚氨酯保温材料、周围采用泡沫混凝土封闭等措施，有效解决了冬季冻结积冰问题。

郝家坪砂质黄土隧道穿越洞口段溜塌体处治施工技术

陕北地区地貌主要为黄土高原梁峁地貌，山坡坡面较多分布溜塌体等滑坡类不良地质，地层表层主要为第四系风积砂质黄土。其中，砂质新黄土具有土质疏松、稳定性差，受外界影响极易产生溜坍塌。本节以郝家坪隧道出口段溜塌体治理为例，通过采用抗滑桩稳定坡脚，水平旋喷桩超前预加固，护拱暗挖，微台阶开挖，确保了隧道安全快速的通过溜塌体段落。

6.5.1 砂质黄土特性

本线蒙陕段共计 51 座隧道（约 148km）分布有黄土段落，黄土类型包含砂质新黄土、砂质老黄土、黏质新黄土、黏质老黄土，结构性能差异较大。砂质新黄土主要分布于隧道洞口段顶部及局部洞顶处，浅黄色，稍密~中密，土质均匀，砂感较强，孔隙率高，具湿陷性，为Ⅳ级（严重）自重湿陷性场地。砂质老黄土分布洞身及以下，棕黄色，中密~密实，土质均匀。砂质黄土地貌如图 6-62 所示。

图 6-62　砂质黄土地貌

蒙陕段砂质黄土的物理力学性质具有如下特点：

(1)孔隙率大、密度小、透水性好。孔隙率一般在 45%~55% 之间(孔隙比为 0.8~1.1)，干密度小，通常在 1.3~1.5g/cm³ 之间。黄土的渗透性比粒度成分类似的一般细粒土要强，渗透具有方向性，一般水平方向比垂直方向要弱得多，渗透系数相差几倍甚至几十倍。

(2)含水率较高。含水率在 10%~29% 之间，饱和度在 85%~90% 之间，因含水率不同呈现硬塑~流塑状态。

(3)抗水性差。黄土以粉粒、砂类和亲水性弱的矿物为主，具有大孔结构，天然含水率小。在干燥时可以承担一定荷载而变形不大，但遇水浸湿后，土粒黏结显著减弱，引起土结构破坏产生湿陷变形；特别是干燥的黄土，遇水极易崩解。

(4)黄土湿陷性差异大。由于黄土成因、结构特征及粉粒含量不同，湿陷性差异较大，湿陷性系数在 0.015~0.126，从不具湿陷性到强烈湿陷性。

(5)塑性较小。通过大量试验测得黄土的液限通常在 23%~33% 之间，塑限一般在 15%~20% 之间，塑性指数则在 8~13 之间。

(6)抗剪强度低。自然状态下的黄土，黏聚力通常在 0.03~0.06MPa 之间，内摩擦角通常在 15°~25°之间。受水浸湿后，黄土的压缩性随着含水率的增加而急剧增大，抗剪强度相应显著降低。

6.5.2　砂质黄土洞口段处治原则

(1)隧道进出洞

隧道进出洞按照"早进晚出"的设计理念，按照"一洞一策"的总体要求针对性地进行研究，以不刷坡或少刷坡，尽量保持原地貌为原则，摒弃以往洞口开挖平台的传统进洞方式，积极推行回填反压、护拱暗挖为主的"零开挖进洞方式"，确保隧道洞口段山坡稳定。青化砭 2 号隧道斜井采用护拱暗挖进洞效果如图 6-63 所示。

(2)洞门形式

隧道洞门在以削竹式和挡翼端墙并重转变为挡翼端墙为主的洞门结构形式，通过加强背后填土反压，稳定砂质黄土仰坡坡脚，确保山体稳定。郭旗隧道挡翼端墙式洞门如图 6-64

所示。

图 6-63 青化砭 2 号隧道斜井进洞前后地貌

图 6-64 郭旗隧道挡翼端墙式洞门

(3) 溜塌体处理

坡体为结构松散的砂质黄土,一般均存在多级规模不等的溜塌错落体,且几乎都处于一种"极限平衡"状态,若采用传统的"刷坡、挖台"进洞方式,势必会打破溜塌体的脆弱稳定,甚至会引发再次溜塌。为避免这种情况发生,针对溜塌体一般采用在洞口两侧的坡脚设置一定数量的抗滑桩嵌入基岩一定深度,抗滑桩上施工挡土墙,背后填土反压;坡面一定范围设置框架锚索(锚杆)稳定坡体。蔡阳坪隧道出口抗滑桩加固坡脚如图 6-65 所示。

图 6-65 蔡阳坪隧道出口抗滑桩加固坡脚

(4) 超前加固

考虑洞口段砂质黄土结构松散,一般沿拱墙 180°范围施作长度 30~40m 的超前管棚或水平旋喷桩进行超前加固。推荐采用施作精度高、咬合度好的水平旋喷桩加固方式,确保拱顶以上形成连续的承载拱结构,防止地层因失压而出现坍塌。柳湾 1 号隧道进口超前水平旋喷桩施工如图 6-66 所示。

a) 坡面防护效果　　　　　　　　b) 水平旋喷桩成桩效果

图 6-66　水平旋喷桩超前支护

（5）开挖工法

洞口段开挖工法采用三台阶预留核心土法开挖，台阶长度控制在 3~5m，下台阶带仰拱一次开挖到位。开挖进尺为 1~2 榀钢架间距，超前支护采用 ϕ50mm 超前小导管，各台阶处采用 ϕ42mm 锁脚锚杆稳定钢架基脚。及时施作洞口"锁口圈"，隧道洞口段在开挖长度达到 1~1.5 倍洞径时，初期支护必须全断面封闭成环形成锁口圈。洞口段三台阶预留核心土法开挖如图 6-67 所示。

图 6-67　三台阶预留核心土法开挖

6.5.3　郝家坪隧道出口段溜塌体治理

郝家坪隧道进口里程 DK303+335，出口里程 DK304+519.59，全长 1184.59m，最大埋深 116.64m。隧道出口与乔坪村特大桥浩方台对接，毗邻省道子安公路，桥台距离公路路肩仅 10m。地形起伏较大，植被稀疏，出口黄土自然边坡为 30°~60°，表层分布砂质新黄土，结构松软，具有湿陷性，为 Ⅳ 级自重湿陷性场地，遇水易崩解、坍塌。

1) 溜塌体概况

隧道出口端 70m 范围内为浅层溜塌体，长度 70m、上部宽 15m、下部宽 100m、平均厚度为 6m。山体坡脚因公路局部刷坡清方，常年清理排水沟淤积土，加上雨季冲刷，地表形成多层错落体和裂缝，最大溜塌错台高差 8m，地面裂缝沿错层环向分布，宽度 2~5cm。经测量溜塌面积 >4500m²，浅层溜塌方量 >24000m³，溜塌体如图 6-68 所示。

2) 溜塌体防护

（1）设计情况

考虑浩方台距离公路路肩仅 10m，桥台及洞口施工无作业平台，填筑平台需占用公路范围较大，溜塌体边坡采用刷坡、卸载、清方，可能造成二次溜塌。经过现场踏勘、反复研讨，确定在溜塌体坡脚设置21根φ2.2m抗滑桩,桩长12m,桩间距为4.0m。抗滑桩布置横断面图如图6-69所示。

图6-68 溜塌体现状

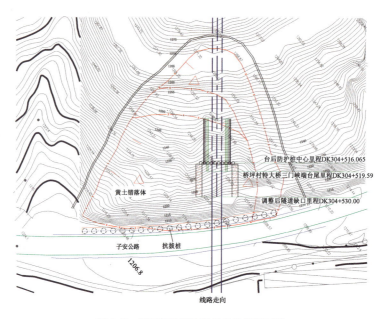

图6-69 溜塌体坡脚抗滑桩布置横断面图

抗滑桩桩顶设冠梁纵向连接,冠梁尺寸为2.2m×2m(宽×高),冠梁上部采用高度5.5m的钢筋混凝土挡墙挡护,挡墙后夯填土石确保溜塌体坡脚及整体稳固,坡面采用1∶1.25的骨架护坡。溜塌体防护纵断面图如图6-70所示。

(2)现场施工情况

为最大限度地减小对溜塌体坡脚影响,抗滑桩施工前沿作业区填筑1.5～2m厚黄土,增加成孔虚桩量,避免削坡;桩基采用旋挖钻成孔,减少成孔暴露时间;合理划分抗滑桩、冠梁、挡墙施工段,每段长度控制在16m。溜塌体坡脚防护现场主要施工流程如图6-71所示。

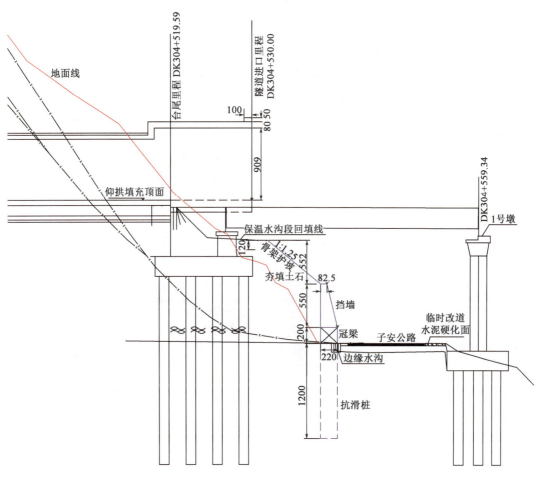

图 6-70 溜塌体防护纵断面图(尺寸单位:mm)

a) 填筑作业平台

b) 旋挖成孔

图 6-71

c) 下放钢筋笼

d) 冠梁分段施工

e) 挡墙模板吊装

f) 挡墙成型效果

图 6-71 溜塌体坡脚防护现场主要施工流程

3) 便道修筑

隧道出口地表起伏较大,洞口与公路面高差达 24m,洞口施工无作业平台,需修筑便道至洞口。为减少便道修筑对砂质黄土坡脚影响,按照"不刷坡、少扰动、先挡护"的施工原则,沿原有地形顺挡墙背后回填土石进行反压护坡,形成运输便道。运输便道修筑如图 6-72 所示。

6.5.4 郝家坪隧道出口段施工

为最大限度地减小隧道进洞对溜塌体的扰动,坡面采用锚网喷防护后,洞口超前预加固采用 30m 长水平旋喷桩,进洞采用护拱暗挖法施工。

1) 坡面防护

隧道洞口临时边仰坡及明暗分界直立面采用喷锚支护,打设 $\phi 22mm$ 砂浆锚杆,长度 4m,间距为 $1.5m \times 1.5m$,梅花形布置;铺设 $\phi 8mm$ 钢筋网片,网孔尺寸为 $25cm \times 25cm$;喷射 C25 混凝土厚度为 15cm。现场喷射混凝土作业如图 6-73 所示。

2) 水平旋喷桩超前加固

拱墙 180° 范围内采用水平旋喷桩进行超前加固,旋喷桩长度 30m,桩径为 500mm,桩间距

400mm,咬合100mm;所有旋喷桩内插等长度的$\phi 42mm \times 5mm$钢管,加强旋喷桩抗剪强度。拱墙旋喷桩超前支护设计图如图6-74所示。现场旋喷桩施工如图6-75所示。

图6-72 运输便道填筑

图6-73 坡面喷射混凝土

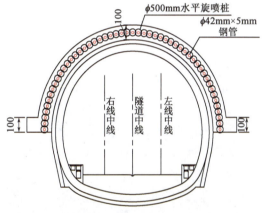

图6-74 拱墙旋喷桩超前支护设计图(尺寸单位:cm)

图6-75 现场旋喷桩施工

3) 护拱暗挖

考虑暗洞开挖上部土层受扰动易滑塌，存在安全风险，采用护拱暗挖。先行沿着明暗分界处施作导向墙，沿导向墙反向接长明洞段初期支护，接着施作100cm厚的C35钢筋混凝土护拱，浇筑混凝土与围岩密贴形成上部拱结构。护拱施作完成后采用三台阶预留核心土法开挖。护拱暗挖现场主要施工流程如图6-76所示。

a) 导向墙开挖

b) 施作明洞段初期支护

c) 导向墙施工

d) 护拱暗挖施工

图6-76 护拱暗挖现场主要施工流程

4) 洞口段开挖

（1）开挖工法

郝家坪隧道洞口段开挖尺寸为跨度11.42m，高度为11.3m，采用微三台阶预留核心土法开挖，如图6-77所示。上台阶高度3.6m，长度5m，预留核心土距顶面高度约1.7m，核心土长约3m；中台阶高度3.6m，长度5m，下台阶带仰拱一次开挖成型，循环进尺为1~2榀钢架间距。隧道洞口段在开挖长度达到1~1.5倍洞径时，初期支护必须全断面封闭成环形成锁口圈。

（2）支护参数

超前支护采用$\phi42mm\times3.5mm$钢管，长度为3.5m，环向间距为40cm/根，拱部120°范围施作,外插角5°~10°,纵向每隔两榀钢架施作一环;掌子面自稳能力较差时,适当增设长6m的$\phi60mm\times5mm$长导管。全环采用H230格栅钢架,钢架基脚设置两根$\phi42mm\times3.5mm$钢管,长度为4m,每环共计12根;全环设置双层$\phi8mm$钢筋网片,网格尺寸为20cm×20cm;全环喷射C25混凝土,厚度为30cm。

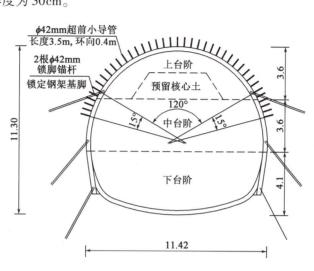

图6-77 三台阶预留核心土法(尺寸单位:m)

(3)施工效果

郝家坪隧道穿越出口段溜塌体采用微三台阶预留核心土法开挖,通过快挖快支快封闭成环,隧道支护结构变形收敛得到有效控制(相关监测断面数据见表6-8),最大拱顶沉降值为53.6mm,最大水平收敛值为30.9mm,最大地表沉降值为24.1mm,均远小于变形管理控制总量值要求(拱顶沉降正常限值75mm、水平收敛正常限值35mm、地表沉降正常限值90mm),施工安全质量可控。

监控量测数据统计 表6-8

监测断面里程	累计拱顶沉降(mm)	测线1累计收敛(mm)	测线2累计收敛(mm)	累计地表沉降(mm)
DK304+505	22.1	-2.19	9.37	—
DK304+500	27.6	-3.72	4.63	—
DK304+495	27.7	2.34	7.53	—
DK304+490	28.6	2.49	4.75	24.1
DK304+485	12.8	18.84	5.91	—
DK304+480	53.6	9.06	20.46	18.9
DK304+475	26.6	12.25	8.08	23.9
DK304+470	34.8	17.58	16.95	—
DK304+465	47.6	22.07	16.73	—
DK304+460	32.9	30.87	—	—
DK304+455	23.1	20.54	16.3	—

续上表

监测断面里程	累计拱顶沉降（mm）	测线1累计收敛（mm）	测线2累计收敛（mm）	累计地表沉降（mm）
DK304+450	26.5	23.3	7.51	—
DK304+440	30.2	6.81	5.66	—
DK304+430	28.9	6.94	8.51	—
DK304+420	35.3	9.85	12.99	—
DK304+410	35.5	20.36	19.97	—

注："-"表示初期支护水平向外变形。

6.5.5 结语与建议

（1）砂质黄土隧道洞口段溜塌体施工应遵循"不刷坡、少扰动，先挡护"的原则，坡脚严禁挖方卸载；通过溜塌体坡脚设置抗滑桩，夯实回填土石反压坡脚，最大限度地减小对溜塌体的扰动。

（2）砂质黄土溜塌体段采用施作精度高、咬合度好的水平旋喷桩超前加固方式，确保拱顶以上形成连续的承载拱结构；通过接长明洞段初期支护，施作护拱后暗挖；上述措施有效防止了砂质黄土因开挖失压而出现溜塌现象。

（3）采用微三台阶预留核心土法开挖，通过快挖快支快封闭成环施工技术，及早形成洞口锁口圈，有效控制初期支护变形收敛，确保了砂质黄土隧道洞口段的施工安全。

6.6 彭家岭2号岩溶隧道突水突泥段处治施工技术

喀斯特地貌岩溶发育因素错综复杂、形态多样、分布无规律、水系错综复杂，前期地质勘探阶段难以完全探明清楚。施工过程中隧道穿越岩溶地区时常遭遇突水、突泥、突石、涌砂等地质灾害，严重危及隧道施工安全，影响隧道施工进度；若施工处理措施不当，常常会使隧道建成后运营环境恶劣，地表环境恶化。本节以彭家岭2号岩溶隧道施工过程中部分区段存在的隧底涌水涌泥、掌子面突泥问题，采用遥感判译、物探及钻探相结合、大面积水文探查及监测等手段查清岩溶发育情况及涌水补给源，通过采用掌子面富水溶腔段超前周边注浆、隧底富水溶腔钢管桩注浆加固等措施，保证了该区段的施工安全；富水区段沿线路走向平行打设泄水洞引排岩溶水，确保运营期隧道安全。

6.6.1 工程概况

彭家岭2号隧道位于江西省新余市孔目江经济生态区欧里镇境内，隧址区地处剥蚀丘陵区,区内地形起伏,一般自然坡度为20°~45°,沟谷深切,植被较为发育。隧道起讫里程为 DK1773+533~DK1775+641,全长2108m,最大埋深126.5m。

1)工程地质条件

隧区地层岩性依次为残坡积层:含砾粉质黏土,黄褐色,硬塑;夹15%~40%角砾,成分为灰岩、炭质灰岩,厚度一般为8~15m。二叠系下统茅口组:灰岩夹钙质泥岩、页岩,青灰、灰黑色,弱风化,节理裂隙较发育,岩体较完整,浅层泥、页岩多呈全风化~强风化,岩层产状168°∠50°~8°∠40°。二叠系下统小江边组:出露岩性为钙质泥岩夹炭质瘤状灰岩,深灰、灰黑色,全~弱风化,岩层产状189°∠45°,岩质较软,节理发育,岩体较破碎。

2)水文地质条件

隧区地表水较发育,局部分布水塘和水库,丘间洼地,规模不大,长度为25~120m,水量一般。隧道进口右侧约200m附近河沟见一岩溶水出口,直径0.5m,水量很大。DK1774+000右侧410m附近为一山间封闭水塘,水深大于2m,塘底有小股泉水冒出。地下水主要为松散岩类孔隙水、基岩裂隙水、构造裂隙水、岩溶水,洞身区段围岩富水程度为弱~强富水区。

3)不良地质条件

F1断层于DK1774+350附近与线路相交,交角约48°,倾向195°,断层带岩体破碎,围岩稳定性差,导水性强,构造裂隙水和岩溶水发育。F2断层于K1774+735附近与线路相交,交角约74°,倾向349°,断层及影响带约105m,断层岩体破碎,围岩稳定性差,导水性强,构造裂隙水和岩溶水发育。

洞身DK1773+580~DK1773+625、DK1773+790~DK1773+840、DK1774+000~DK1774+060、DK1774+200~DK1774+260、DK1774+350~DK1774+450、DK1774+690~DK1774+740段视电阻率值较低,岩体较破碎,岩溶水较发育,为岩溶发育区,工程性质差,开挖易突水突泥,对隧道施工安全影响较大。

6.6.2 岩溶区段突水突泥现状

彭家岭2号隧道现场施工过程中,主要在DK1773+891~DK1773+922段隧底突水、DK1774+074~DK1774+110段隧底突水突泥、DK1774+436~DK1774+470段掌子面突水突泥三处尤为突出。

1)DK1773+891~DK1773+922段隧底突水

2016年7月6日,隧道掌子面开挖至DK1773+901处,隧底有少量渗水,现场涌水量约为4m³/h,无明显压力,水质较清。2016年11月6日至26日,连日小雨,该处涌水量逐渐增大,涌水量达到2880m³/d,涌水呈黄色。2017年3月7日至25日,连续大雨,该处涌水增大,最大为3000m³/d,喷射高度35cm,同时该处仰拱边墙与初期支护交界面也有水流渗出。2017年4月1日至10日,该处涌水量基本维持在3200m³/d。2017年6月7日,强降雨后,涌水量、水压力明显增大,水质变浑浊,最大涌水高度30~45cm,未见明显突泥现象,DK1773+891~DK1773+922段最大涌水量为16000m³/d。DK1773+901处隧底涌水情况如图6-78所示。

2)DK1774+074~+110段隧底突水突泥

2017年3月,受强降雨影响,DK1774+074~DK1774+110段隧底多处冒水,并伴随突泥现象,呈流塑状,并夹10%～20%细角砾,隧底突涌受降雨影响明显,最大涌水量为18000m³/d,突水突泥后洞内情况如图6-79所示。

图6-78　DK1773+901处涌水及洞内情况

图6-79　突水突泥后洞内情况

3) DK1774+436～DK1774+470段掌子面突水突泥

2016年12月,隧道开挖至DK1774+470掌子面处,掌子面7孔超前水平钻探,5孔突水,水柱喷射距离约5m,掌子面最大涌水量为300m³/h,并出现突泥现象,突泥量约2000m³。现场突水及突泥情况如图6-80所示。

该段地表为冲沟,垂向岩溶发育,线路附近岩溶漏斗、溶蚀洼地等发育。该段围岩处于F1断层破碎带及影响带内,与线路左侧的铜口水库有28m水位高差。突水突泥后致使地面塌陷,并诱发水库水位大幅度下降,本已淹没的铜口暗河出口重现。地表塌陷及铜口暗河出口如图6-81所示。

6.6.3　专项地质勘察

结合彭家岭2号岩溶隧道施工揭示的突水突泥现象,在前期勘探成果的基础上,开展岩溶区段物探及钻探验证、大面积水文探查、水文监测等工作,查清岩溶形态、岩溶水发育程度及涌水补给源。

a) 掌子面右侧边墙突水　　　　　　　b) 掌子面突泥

图 6-80　掌子面突水突泥现状

图 6-81　地表塌陷及铜口暗河出口重现

1) 物探及钻探

（1）物探

根据 DK1773+891～DK1773+922、DK1774+074～DK1774+110、DK1774+436～DK1774+470 出现的突水（突泥）现状，物探采用地表与洞内相结合。地表物探采用沿着 DK1773+800～DK1774+600 线位两侧 30m 各布置 1 条等值反磁通瞬变电磁测线，共计 1600m（2 条）。物探测线采用全球定位系统（GPS）放样，测点间距 10m。洞内物探采用在 DK1773+800～DK1774+600 沿隧底中心布置 1 条等值反磁通瞬变电磁测线。物探测线布置图如图 6-82 所示。

根据物探成果显示，本区段基岩以灰岩为主，岩溶发育。反演电阻率断面显示浅层电阻率普遍较低，表明岩石强烈风化、破碎，溶蚀发育。隧道洞身上下反演电阻率以中高阻为主，呈低阻凹陷、低阻团块，表明围岩破碎、岩溶强烈发育或节理裂隙集中发育区。红色线圈为低阻凹陷区、低阻团块，如图 6-83 所示。

（2）钻探

根据物探揭示成果，对物探异常区进行代表性核查，钻孔按照每孔间距 10m 或 15m 布置，孔深为穿越物探底板不小于 10m。

图 6-82　地表物探测线布置图

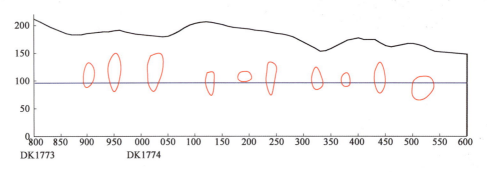

图 6-83　隧道洞身上下低阻区分布图

①DK1773+891~DK1773+922 区段

根据弹性波 CT 试验及钻探验证，该区段存在溶蚀裂隙发育区或串珠状溶洞发育区 3 处。1 号溶洞埋深距隧底 39.97m，规模较小，对隧道结构安全无影响；2 号溶洞埋深较小，发育规模较小，对隧道结构安全有一定影响；3 号溶洞呈串珠状，溶蚀裂隙发育，宽度 0.5~5.8m，高度大于 40m，为地下水赋存、运移的主要通道，且顶板埋深较小，对隧道结构安全影响较大。钻探揭示洞身高程 74~74.45m 处为空溶洞，位于弹性波 CT 揭示的溶洞边缘。DK1773+891~DK1773+922 区段地质探明结果如图 6-84 所示。

②DK1774+074~DK1774+110 区段

根据弹性波 CT 试验及钻探验证，该区段节理裂隙发育，未揭示溶洞。该段地表为溶蚀洼地，临近灰岩发育蜂窝状溶洞，利于降雨下渗，地下水运移主要受溶蚀裂隙控制，且裂隙与地表连通性好。DK1774+074~DK1774+110 区段地质探明结果如图 6-85 所示。

③DK1774+436~DK1774+470 区段

该区段为强富水区，采用超前帷幕注浆加固后开挖施工，开挖揭示洞身范围存在填充型溶洞。隧底弹性波 CT 试验及钻探验证表明，DK1774+440~DK1774+470 一带发育串珠状溶洞，多为全充填型、个别为空洞，溶腔高度 0.2~9.6m 不等，最上层溶洞顶部距离隧底埋深仅 1.3~3.6m，对隧道结构安全影响很大。DK1774+436~DK1774+470 区段地质探明结果如图 6-86 所示。

2）水文地质调查

为了解隧道突水突泥与岩溶水系之间的关系，查清隧道揭露溶洞与岩溶泉、暗河、水库之间的联通关系，确定岩溶水补给、径流、排泄条件，对彭家岭 2 号隧址区开展了详细的水位调查。

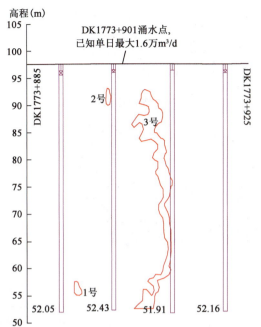

图 6-84 DK1773+891～DK1773+922 区段地质探明结果

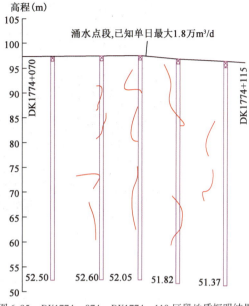

图 6-85 DK1774+074～DK1774+110 区段地质探明结果

(1) 示踪试验

在彭家岭 2 号隧道出口附近洞口水库补给泉点、洞口水库、DK1774+100 涌水点分别开展了 3 次示踪试验。投放后在石下暗河、彭家岭泉水、坳背泉水等地下水出露点以及隧道出口排水沟进行检测。示踪试验投放和接收点位分布如图 6-87 所示。

洞口水库（高程约 119.6m）投放示踪剂后，在隧道出口排水沟 DK1764+490 左侧泄水孔和 DK1764+478（高程约 95.6m）左侧泄水孔均检测到有示踪剂排出，证明洞口水库库底存在岩溶径流通道与隧道 DK1774+350～DK1774+500 区段洞身溶洞相联通。两者相距 1.09km，高程约 24m，水力坡度 4.5%，水力联系较强。

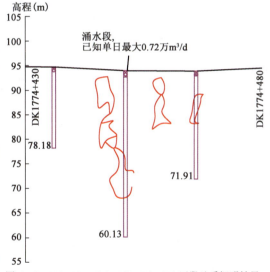

图 6-86 DK1774+436～DK1774+470 区段地质探明结果

DK1774+100 处示踪剂是在隧底注浆完成后，发现该处检查孔一直存在冒水现象后开展的。通过在隧底涌水区段投放，在隧道进口排水沟、石下村泉水、龙泉古井、彭家岭村泉水、坳背村泉水、洞口水库暗出口等处设置接收点，均未检测到示踪剂。说明隧底注浆加固后，溶蚀裂隙、溶洞等岩溶水通道基本封闭。

(2) 涌水来源

①DK1773+891～DK1773+922 段

该区段位于向斜北翼，隧顶为条状岩溶低洼汇水处，涌水主要为向斜核部径流通道和隧顶降雨入渗。

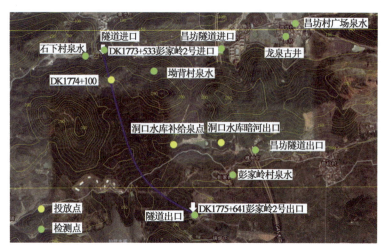

图 6-87 示踪试验投放点和接收点位分布图

DK1774+000～DK1774+070 位于向斜核部,隧道施工过程中在 DK1773+891 处掌子面拱部,靠线路右侧发现 1 处直径约 3m 的半填充型溶腔,出水量约 195m³/d。隧底地质勘察发现该段异常特征为右侧高、左侧低,地下水由右侧向左侧(由西向东)运移。隧道开挖后本段长期涌水,水质较清。以上特征说明该区段存在东西向岩溶径流通道,成为该区段隧道涌水主要来源。

该区段隧顶为长条状封闭岩溶洼地,洼地边缘可见水塘和泉水,降雨后雨水汇集,沿裂隙或者溶洞下渗,成为隧道涌水部分来源。

②DK1774+074～DK1774+110 段

该区段位于向斜核部,涌水主要为向斜核部岩溶静储量、核部径流通道岩溶水和隧顶降雨入渗。

向斜核部具备形成储水空间的构造条件,且隧顶为岩溶洼地,降雨下渗后容易停滞存储在向斜核部,成为静储量。在施工过程中 DK1774+086 处掌子面揭示一处为全填充型溶洞,充填物为粉质黏土,呈淤泥状,形成流塌长约 40m,高约 6m,隧道开挖揭露后储存水量一并涌出。物探及构造调查表明该区段存在东西向岩溶径流通道,沿向斜轴部方向发育,雨水下渗向东流动,成为该区段隧道涌水主要来源。

该区段隧顶为长条状封闭岩溶洼地,降雨后雨水汇集,沿裂隙或者溶洞下渗;隧道开挖揭露溶洞,清除填充物后雨水下渗通道更加顺畅,隧顶雨水汇集成为隧道涌水部分来源。

③DK1774+436～DK1774+470 段

该区段位于断层破碎带及影响带内,涌水主要来源为洞口水库、隧顶降雨入渗。

断层向洞口水库方向延伸,延伸方向上在水库岸边存在 1 处暗河出口,水库水位较隧底高程高约 28m。该断层为导水断层,沿断层方向岩溶发育,暗河与断层走向一致,洞口水库水沿暗河通道倒灌,成为该区段隧道涌水主要来源。

该区段隧顶为长条状封闭岩溶洼地,降雨后雨水汇集,沿裂隙或者溶洞下渗;隧道开挖揭露溶洞,清除填充物后雨水下渗通道更加顺畅,隧顶雨水汇集成为隧道涌水部分来源。

3)降雨与涌水量监测

为探明降雨与隧道涌水量的关系,在进口隧顶安装了降雨量监测设备,进口处记录每日隧道涌水量。2016年11月1日—2017年8月31日，隧道进口涌水量与降雨量关系如图6-88所示。

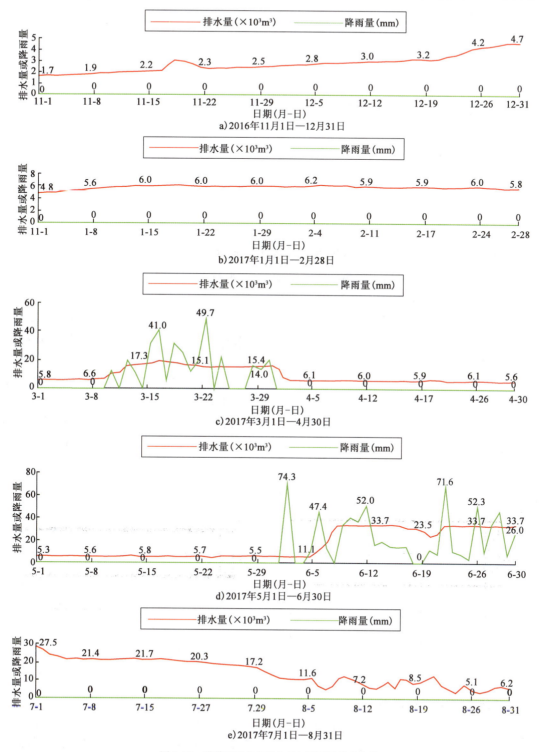

图6-88 隧道进口方向排水量与降雨量关系曲线

由图6-88可知,当地表无降雨时,隧道进口排水量常年维持在6000m³/d左右。雨季受降雨影响,隧道排水量急剧增加,2017年3月15日至22日的连续降雨(最大降雨量49.7mm/d),隧道排水量维持在15100~17300m³/d;2017年6月1日至30日的连续降雨(最大降雨量74.3mm/d),隧道排水量维持在33700m³/d,且停雨后近1个月内,隧道排水量维持在17200~27500m³/d。雨季隧道排水量已远超侧沟26448m³/d的排水能力。

6.6.4 岩溶区段处治措施

针对彭家岭2号隧道部分岩溶区段存在突水突泥现象,通过开展详细的专项地质勘察,基本探明了岩溶发育程度及涌水来源及补给情况。经综合研究分析确定了DK1774+440~DK1774+470段30m洞身采用5m超前周边注浆加固,隧底涌水区段采用φ89mm钢花管注浆加固封闭溶腔及堵塞涌水通道,在岩溶发育的DK1773+653~DK1774+470区段平行隧道方向设置泄水洞引排岩溶水。

1) DK1774+440~DK1774+470 超前周边注浆加固

结合掌子面超前地质钻孔探明该区段水压较高、水量较大且位于断层破碎带处,采用5m超前周边注浆加固,一次加固长度为30m。

首先对掌子面封闭,施作2m厚C20混凝土止浆墙。注浆孔按扩散半径2m,孔底间距3m布置,共设4环64个注浆孔,注浆孔布设如图6-89所示。注浆孔开孔直径不小于110mm,终孔直径不小于91mm,孔口管采用φ108mm×6mm的热轧无缝钢管,管长3m。钻孔和注浆顺序均由外向内,同一圈孔间隔施工。浆液采用普通水泥浆,水灰比为1∶1。设计注浆压力比静水压力大0.5~1.5MPa。单孔注浆量达到设计注浆量的1.0~1.2倍或单孔注浆压力达到设计注浆压力并稳定10min后结束单孔注浆。注浆全部完成后,采用在开挖轮廓线范围内打设30m长检查孔,孔内平均出水量小于0.2L/min,水压1MPa情况下吸水量小于2L/min,说明达到注浆加固效果。

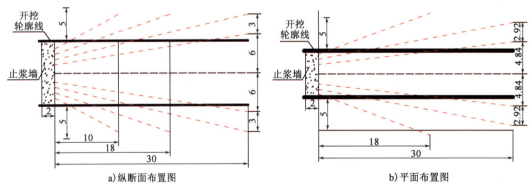

图6-89 5m超前周边注浆孔布置图(尺寸单位:m)

2) 隧底钢管桩注浆加固

结合专项地质勘察探明的隧底岩溶发育情况,对DK1773+891~DK1773+922、DK1774+074~DK1774+110、DK1774+430~DK1774+480区段采用φ89mm钢管桩注浆加固,间距为1.5m×1.5m,梅花形布置。加固深度为溶洞底板以下1m以上,结合不同区段岩溶发育范围,现场加固深度有 10m、16m、28m。以 DK1774+430~DK1774+480 区段加固为例说明如下：

(1) 加固范围及布置形式

结合隧底岩溶发育范围，DK1774+430~DK1774+444 共计 14m 加固深度为 10m，DK1774+444~DK1774+460 共计 16m 加固深度为 28m，DK1774+460~DK1774+473 共计 13m 加固深度为 16m，DK1774+460~DK1774+473 共计 7m 加固深度为 10m。仰拱中部钢管桩垂直打设，墙脚处斜向外 5°/10°/15° 打设。沿两侧水沟打设降压泄水孔，穿过溶洞深入基岩以下 1m，纵向间隔 5m 布置，泄水降压孔内设 PVC 花管，底部外裹无纺布。钢管桩加固范围及布置形式如图 6-90 所示。

(2) 施工工艺及要求

隧底钻孔采用不取芯钻探，孔深须钻至溶洞底板以下 1m 以上并满足设计要求。岩溶裂隙发育地段采用水泥单液浆，水灰比为 0.6:1~1:1，溶腔发育地段若有必要可采用双液浆，浆液 7d 抗压强度不小于 300kPa。注浆管采用 $\phi 89mm \times 10mm$ 钢花管，孔间距 10cm，梅花形布置。注浆压力一般为 0.2~0.3MPa，最大不超过 1.5MPa。注浆顺序为先灌注最外两排孔，依次向内推进；每排注浆孔，先灌注两端的孔，然后间隔交错灌注。注浆段注浆压力达到设计终压，10min 维持注浆量不大于 5L/min，单孔注浆结束并采用 M10 水泥砂浆封孔。注浆效果检查为取芯率达到 80% 以上，孔内无流泥、塌孔现象。

3) DK1773+653~DK1774+470 区段设置泄水洞

自 2016 年 7 月 6 日，受强降雨影响，DK1773+901 处隧底涌水后，现场在仰拱部位增设了泄水孔引排后继续进行施工。2017 年 6 月 20 日至 6 月 30 日，受连续暴雨影响，隧道涌水突增，隧道初期支护多处涌水，集中在 DK1774+088 左侧墙脚、DK1774+180 右侧墙脚、DK1774+265 右侧墙脚、DK1774+435 左侧边墙位置，涌水量维持在 35000m³/d，远大于隧道侧沟 26448m³/d 的排水能力。结合专项地质勘察成果，平行隧道 DK1773+635~DK1774+110 区段设置长度 567m 的泄水洞引排岩溶水。

2019 年 7 月 9 日，受降雨影响，DK1774+470 线路左侧侧沟、DK1774+435 线路右侧侧沟、DK1774+350 线路左侧侧沟、DK1774+155 线路左侧侧沟及 DK1773+906 线路左侧侧沟共计 5 处自隧底向上发生涌水（夹杂碎石），涌水高出水沟盖板面约 50cm，导致 DK1774+470 至出口段侧沟及道床两侧淤积严重，水面线抬升约 40cm。结合现状，研究将泄水洞起点里程由 DK1774+110 延长 360m 至 DK1774+470。

(1) 泄水洞线位

结合岩溶发育程度及涌水情况，平行隧道 DK1773+653~DK1774+470 区段设置 927m 长泄水洞，泄水洞位于正洞线路前进方向右侧，泄水洞中线距离正洞中线 25m。泄水洞纵向坡度为 -3‰，泄水洞路面高程较正洞轨面高程低 2.07m。结合主要涌水点，在正洞里程 DK1773+906、DK1774+095、DK1774+155、DK1774+350、DK1774+435、DK1774+470 处，由泄水洞向正洞设置 6 处横通道，端部距离正洞衬砌外缘不小于 5m。泄水洞线位走向如图 6-91 所示。

(2) 泄水洞排水孔设置

普通泄水洞断面采用 4m×4.35m。泄水洞洞身纵向每 5m 布置 6 孔排水孔，每孔长 10m。排水孔布置在左右两侧，边墙排水孔仰角 25°，拱部仰角 60°。排水孔孔径为 150mm，孔内埋设双壁打孔波纹管，开孔率不小于 40%，外包土工布。泄水洞排水孔设置如图 6-92 所示。

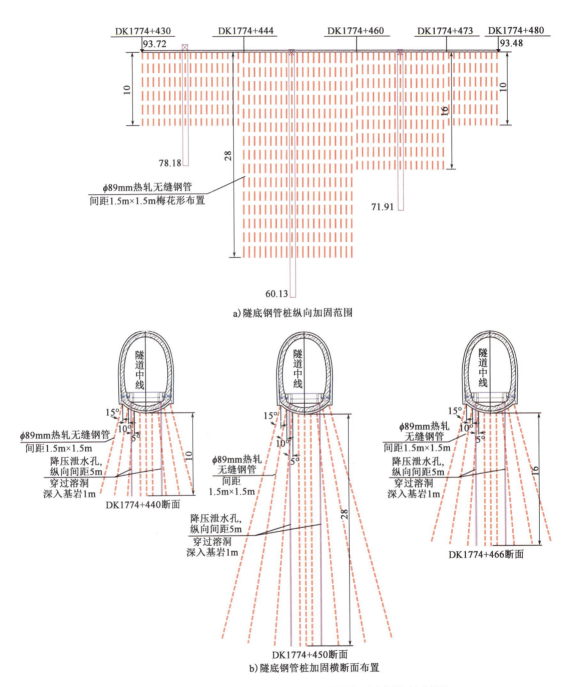

图 6-90 DK1774+430~DK1774+480 区段隧底钢管桩加固示意图(尺寸单位:m)

(3)横通道排水孔设置

横通道断面尺寸为 2.3m×2.48m。由横通道洞身及掌子面向正洞打设排水孔,排水孔端头距离正洞开挖轮廓线不小于 2m。排水孔打设角度为 5°~45°,长度为 3~22m。排水孔孔径为 φ150mm,孔内埋设双壁打孔波纹管,开孔率不小于 40%,外包土工布。横通道排水孔设置如图 6-93 所示。

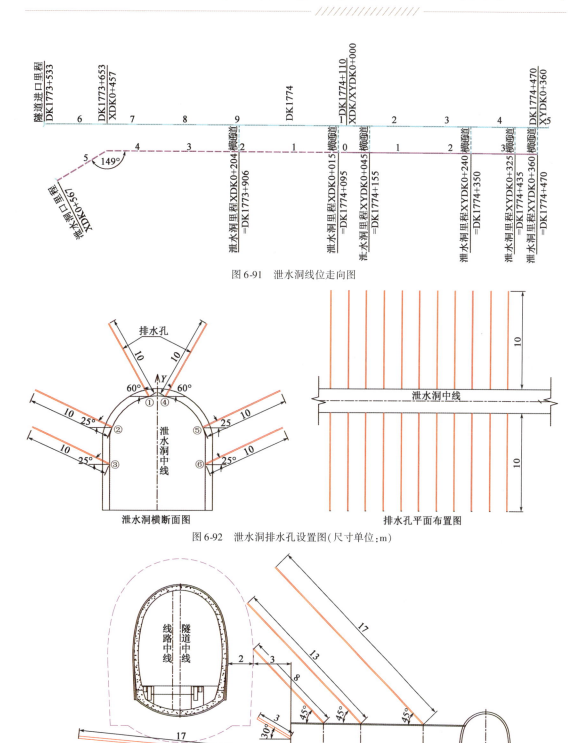

图 6-91 泄水洞线位走向图

图 6-92 泄水洞排水孔设置图(尺寸单位:m)

图 6-93 横通道排水孔设置图(尺寸单位:m)

6.6.5 结语与建议

(1)富水岩溶区段施工极易发生突水突泥现象,严重影响隧道施工安全。该区段施工需采用超前水平钻孔等手段,基本探明前方地质情况;结合揭示的岩溶情况,可通过物探与钻探相结合,同时开展对周边水文探查及水文监测等综合手段,查清隧道周边岩溶发育程度及涌水补给源。

(2)针对岩溶区段掌子面突水突泥现象,在岩溶水压相对较低且溶腔总体规模不大的情况,可采用超前周边注浆加固后再进行爆破开挖;隧底岩溶或裂隙发育的涌水区段,可采用钢管桩注浆加固,对影响结构安全的溶腔进行封堵并截断岩溶水向隧底上涌通道。

(3)针对富水岩溶区段水压力较大且侧沟排水能力不足时,可打设平行正洞的泄水洞引排岩溶水,沿泄水洞洞身打设排水孔引排周边围岩岩溶水降低正洞水位;针对正洞岩溶水量较大位置,可增设横通道,由横通道向正洞衬砌外轮廓2m范围外打设排水孔,降低岩溶水对正洞的影响。

附录 1

浩吉铁路隧道相关照片展示

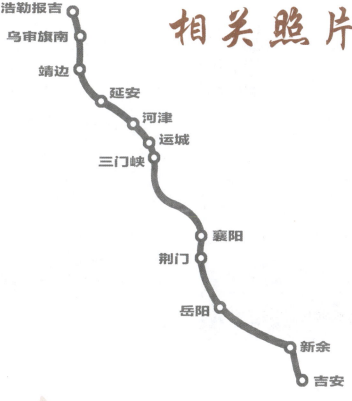

1)施工图现场核对

浩吉铁路公司组织各参建单位工程技术人员和相关专业领域专家对全线隧道工点逐一进行了施工图现场核对,确保工程使用功能、工程质量、施工安全、工程进度,并保护环境和节约土地,合理控制工程投资,见附图1-1~附图1-8。

附图1-1 公司组织中条山隧道设计优化方案研究

附图1-2 公司组织现场核对中条山隧道

附图1-3 蒙陕指挥部组织阳山隧道进口段设计优化

附图1-4 蒙陕指挥部现场核对阳山隧道进口

附图1-5 晋豫指挥部组织黄柏岭隧道设计优化

附图1-6 晋豫指挥部邀请专家现场核对北庄2号隧道

附图 1-7　湘赣指挥部现场核对吉安隧道进口

附图 1-8　湘赣指挥部现场核对九岭山隧道

2) 监控量测

强化监控量测管理,将监控量测纳入工序管理,坚持做到不量测不进洞。建立监控量测信息化平台,将全线隧道监控量测数据统一纳入信息管理平台,严格数据的采集、上传,严格按照《蒙西华中铁路隧道施工监控量测实施方案》(蒙华工技〔2016〕92 号)规定实施,确保全线隧道施工安全,见附图 1-9 ~ 附图 1-11。

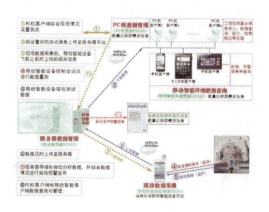
附图 1-9　监控量测信息化系统

附图 1-10　风雪中坚守测量岗位

附图 1-11　现场监控量测测点布设情况

3）两紧跟

初期支护格栅钢架尽量紧跟掌子面,严防掌子面拱部土体发生坍塌(附图1-12);仰拱初期支护钢架紧跟下台阶(附图1-13),初期支护全断面快速封闭成环(附图1-14),确保支护结构尽早整体受力,使受扰动的围岩尽快趋于稳定。

附图1-12　格栅钢架紧跟掌子面

附图1-13　格栅钢架紧跟下台阶

附图1-14　初期支护全断面及时封闭成环

4) 超前地质预报

按照"简单地质条件从简判定、复杂地质条件由简入繁、特殊地质条件多手段验证"的原则,开展超前地质预报工作。根据地层岩性、地质构造、围岩分级、水文地质、不良地质分布情况,分区段对工程地质条件评价,在不同区段根据地质复杂程度采取不同地质预报方式,见附图 1-15 ~ 附图 1-19。

附图 1-15　掌子面地质素描

附图 1-16　隧道地震探测(TSP)

附图 1-17　地质雷达扫描

附图 1-18　红外探测

附图 1-19　超前水平钻孔

5) 超前加固

针对富水砂土、黄土、粉细砂等掌子面不能自稳的地段,提前做好超前预加固,采用帷幕注浆、超前水平旋喷桩、地表注浆及旋喷桩加固等方式,确保隧道围岩强度及稳定性满足大断面机械快速开挖条件,见附图1-20~附图1-22。

附图1-20　超前水平旋喷桩加固

附图1-21　超前帷幕注浆加固

附图1-22　地表袖阀管注浆加固

6）超前支护

为减少对洞口土体扰动,采用"零开挖"方式进洞(附图 1-23);部分地质条件较好地段直接采用超前小导管进行超前支护进洞(附图 1-24);对于土石界面、粉细砂层段落采用超前密排小导管进行超前预支护,减少土层、砂层的溜坍(附图 1-25)。

附图 1-23　"零开挖"进洞

附图 1-24　超前小导管支护进洞

附图 1-25　土砂互层、黄土地段洞内超前小导管支护

7）工法选择到位

隧道开挖工法优先采用全断面开挖,其次采用两台阶法、三台阶法开挖,采用其他工法时须报建设指挥部批准;富水砂土、饱和黄土、粉细砂层、浅埋偏压地段优先采用超前支护或掌子面预加固等措施,创造大断面机械开挖的有利条件。开挖现场见附图1-26～附图1-30。

附图1-26　全断面法开挖

附图1-27　两台阶法开挖

附图1-28　三台阶法开挖

附图1-29　三线超大断面隧道三台阶临时仰拱法开挖

附图1-30　超前帷幕注浆加固下三台阶法开挖

8）支护措施到位

全线隧道采用湿喷工艺,大型湿喷机械手作业,保证初期支护混凝土早期强度;全线采用统一型号的8字结格栅钢架,工厂化加工并统一配送;初期支护接槎部位采用钢隔板等隔离措施,保证连接处混凝土黏结强度;采用双排锁脚锚杆,确保钢拱架稳定。施工现场见附图1-31~附图1-35。

附图1-31　湿喷机械手作业

附图1-32　格栅钢架工厂化加工

附图1-33　接槎处钢隔板隔离及效果

附图1-34　锁脚锚杆稳定钢架基脚

附图1-35　旋喷桩加强锁脚

9) 快速封闭到位

初期支护快速封闭成环可确保受扰动的围岩尽快趋于稳定,两台阶法开挖时掌子面距初期支护仰拱封闭成环不大于1倍洞跨,三台阶法开挖时掌子面距初期支护仰拱封闭成环不大于2倍洞跨,洞口段开挖长度达到1~1.5倍洞跨时,必须全断面封闭成环。施工现场见附图1-36~附图1-38。

附图1-36 两台阶法初期支护封闭成环

 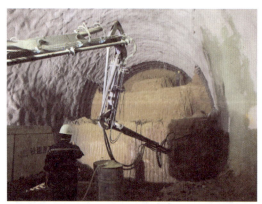

附图1-37 三台阶法初期支护封闭成环

附图1-38 施作洞口锁口圈

10) 衬砌质量到位

仰拱清底采用一次捡底不小于24m的自行式仰拱栈桥,仰拱及填充大区段施工,一次浇筑至设计高程;二次衬砌浇筑采用分流槽逐窗入模及拱顶带模注浆工艺,衬砌养护提倡采用养护台车,确保混凝土实体质量。施工现场见附图1-39~附图1-42。

附图1-39 初期支护仰拱长段落清底

附图1-40 二次衬砌仰拱钢筋绑扎

附图1-41 二次衬砌分流槽布料逐窗浇筑　　附图1-42 二次衬砌雾化养护

11) 隧道光面爆破

为控制隧道超欠挖,解决现有隧道超挖量过大问题,在全线范围内鼓励施工单位开展爆破设计研究,优化爆破参数及爆破工艺,召开全线隧道光面爆破技术交流会,推广光面爆破成果,提高硬岩地段隧道光面爆破水平,见附图1-43~附图1-48。

附图1-43　崤山隧道光爆效果

附图1-44　西安岭隧道光爆效果

附图1-45　桐木隧道光爆效果

附图1-46　张坊隧道光爆效果

附图1-47　彭家岭隧道光爆效果

附图1-48　九岭山隧道光爆效果

12) 绿色工程

坚持环境保护与水土保持设施同时设计、同时施工、同时验收，设专职环水保监理工程师管控实体质量与进度，安排专业单位负责环境监控与水土流失监测管控。规范取土与弃渣，及时复垦再利用；精心管理设计施工，使工程融入自然环境。现场施工情况见附图1-49～附图1-54。

附图1-49　高家山、如意隧道标准化弃渣

附图1-50　张裕隧道标准化弃渣

附图1-51　段家坪隧道弃渣场种植油松

附图1-52　彭家岭2号隧道弃渣场绿化

附图1-53　红土岭隧道洞口段防护与绿化

附图1-54　李家坊隧道洞口绿化

附录 2

浩吉铁路隧道大事记

(1)2014年9月5日,原铁道部工程设计鉴定中心《关于新建蒙西至华中地区铁路煤运通道初步设计审查意见的函》(鉴综函〔2014〕286号)明确集义、万荣、中条山、崤山、西安岭、连云山、杨树岭等7座隧道为Ⅰ级风险隧道;白城、阳城、王家湾、麻科义、阳山、禹门口、大中山、西峡、大围山、九岭山、桐木、石岩岭、双林、毓秀山等15座隧道为Ⅱ级风险隧道。

(2)2014年10月8日,原中国铁路总公司《关于新建蒙西至华中地区铁路煤运通道站前工程初步设计的批复》(铁总办函〔2014〕1399号)批复站前工程初步设计。

(3)2015年3月22日,《连云山、九岭山隧道现场办公会议》(6号)明确,为确保隧道施工安全、质量和环保,提高施工效率,隧道开挖后初期支护必须采用湿喷机械手进行喷射混凝土作业,标志着湿喷机械手在全线推广应用拉开序幕。

(4)2015年6月5日,原中国铁路总公司《关于新建蒙西至华中地区铁路煤运通道控制性工程开工建设的批复》(铁总统函〔2015〕608号)同意阳山、万荣、中条山、崤山、西安岭、连云山、九岭山等7座隧道开工建设。

(5)2015年6月19日,蒙西华中铁路股份有限公司《工程建设领导小组会议纪要》(1)研究开展辅助坑道二次衬砌优化、原则采用格栅钢架取代型钢钢架、隧道监控量测信息化、万荣隧道软岩预加固台阶法施工试验等事项。

(6)2015年7月4日,蒙西华中铁路股份有限公司《工程建设领导小组会议纪要》(2)明确要加强格栅钢架加工机械化,提高格栅钢架生产能力,满足施工需要。

(7)2015年7月28日,蒙西华中铁路股份有限公司《工程建设领导小组会议纪要》(3)明确分级、分类、分段开展施工图现场核对工作,有效减少质量和安全隐患、节省投资。

(8)2015年7月30日,蒙西华中铁路股份有限公司《关于委托编制蒙华铁路隧道格栅钢架通用图的函》(蒙华工技函〔2015〕89号)明确由中铁第四勘察设计院集团有限公司统一进行全线格栅钢架设计。

(9)2015年9月16日,蒙西华中铁路股份有限公司《关于印发煤运通道项目Ⅱ类变更设计管理办法(试行)的通知》(蒙华工技〔2015〕66号)制订公司Ⅱ类变更设计管理办法,明确变更设计方案(含预估费用)、费用分阶段审批,方案批准后即可组织现场施工。

(10)2015年10月8日,蒙西华中铁路股份有限公司《关于确保蒙华铁路隧道质量安全的指导意见》(蒙华工技〔2015〕73号)明确动态设计、工法选择、初期支护质量、仰拱施工、机械化、应急处理等11项内容,指导全线隧道工程建设。

(11)2015年11月3日,蒙西华中铁路股份有限公司《白城隧道盾构方案专题会议纪要》(26)研究同意白城隧道采用异形盾构方案,标志着国内铁路隧道软土地质首次采用土压平衡盾构施工,开创一种全机械化的铁路黄土隧道施工新方法。

(12)2015年11月4日,蒙西华中铁路股份有限公司《郝窑科隧道预切槽方案专题会议纪要》(26)研究同意开展预切槽施工工法现场应用试验。

(13)2015年12月16日,蒙西华中铁路股份有限公司《蒙华铁路隧道技术方案优化变更设计专题会议纪要》(29)研究对二次衬砌仰拱浇筑界面、隧道排水、系统锚杆设置等进行设计优化。

(14)2016年3月17日,蒙西华中铁路股份有限公司《工程建设例会纪要》(1)研究全线进一步落实班组长工程质量责任制,落实工程"干"的责任;隧道注浆采用专业注浆队伍。

(15) 2016 年 5 月 5 日，蒙西华中铁路股份有限公司《蒙华铁路蒙陕段隧道技术方案专题会议纪要》(5)研究对砂质黄土隧道洞口施工采用以回填反压、护拱暗挖为主的进洞方式，将削竹式洞门调整以挡翼墙为主的洞门结构形式，加强背后填土反压，稳定仰坡。

(16) 2016 年 5 月 21 日，城烟隧道(2667.4m)顺利贯通，是自全线开工以来实现贯通的首座隧道。

(17) 2016 年 7 月 6 日，蒙西华中铁路股份有限公司《关于工程费用补偿实施意见的通知》(蒙华计合〔2016〕116 号)研究对扣除因工程优化变更而发生的其他费用，工程优化对施工单位予以适当补偿，兼顾各方利益，有效节省工程投资。

(18) 2016 年 7 月 13 日，蒙西华中铁路股份有限公司《关于印发蒙西华中铁路隧道施工监控量测实施方案》(蒙华工技〔2016〕92 号)明确隧道监控量测实行数值管理，通过变形总量、变形速率、初期支护表观现象和变形时态曲线等 4 项指标，对隧道施工安全进行综合等级管理。

(19) 2017 年 4 月 25 日，蒙西华中铁路股份有限公司《蒙华铁路隧道施工光面爆破现场观摩会会议纪要》(7)明确不断优化爆破参数及爆破工艺，严格控制隧道开挖尺寸，开挖轮廓线按设计轮廓线外放 6.5cm，提高隧道光面爆破水平，有效控制超欠挖。

(20) 2017 年 5 月 4 日，杨树岭隧道(4233.81m)顺利贯通，全线第一座Ⅰ级风险隧道实现安全贯通。

(21) 2017 年 6 月 21 日，连云山隧道(10702m)顺利贯通，是全线最长的单洞单线隧道，同时也是全线重点控制性、Ⅰ级风险隧道。

(22) 2017 年 7 月 19 日，蒙西华中铁路股份有限公司《蒙陕段隧道风险段落梳理及科研试验的专题会纪要》(35)明确在阳山隧道等初期支护变形段落，开展限阻器新型初期支护结构试验应用。

(23) 2017 年 12 月 20 日，万荣隧道(7683m)顺利贯通，是全线第 2 座安全贯通的重点控制性、Ⅰ级风险隧道，万荣隧道的安全贯通标志着超前预加固台阶法施工技术在软弱围岩隧道施工中得到成功应用。

(24) 2018 年 1 月 22 日，蒙西华中铁路股份有限公司《无砟轨道施工技术专题会纪要》(3)明确隧道内无砟轨道施工质量控制要点，提出无砟轨道施工前的检查、CPⅢ测设和评估等 11 项施工技术要求。

(25) 2018 年 1 月 26 日，白城隧道(3345m)顺利贯通，标志着世界首座采用大断面马蹄形盾构机施工的全机械化铁路黄土隧道圆满修建完成。

(26) 2018 年 4 月 8 日，九岭山隧道(15371m)顺利贯通，是全线第 3 座安全贯通的重点控制性、Ⅰ级风险隧道，同时也是全线最长的单洞双线隧道。

(27) 2018 年 7 月 13 日，西安岭隧道(18063.28m)顺利贯通，是全线第 4 座安全贯通的重点控制性、Ⅰ级风险隧道。

(28) 2018 年 8 月 10 日，阳山隧道(11668.3m)顺利贯通，是全线第 5 座安全贯通的重点控制性隧道，作为首座试验应用限阻器新型初期支护结构的隧道，为解决高地应力、深埋老黄土段落隧道支护结构变形开裂问题提供了一种全新的解决方案。

(29) 2018 年 8 月 15 日，崤山隧道(22751m)顺利贯通，是全线最长的双洞单线隧道，也是全线重点控制性Ⅰ级风险隧道。

（30）2018年9月22日，阳城隧道（7108.25m）顺利贯通，成功穿越长1257m的古冲沟土砂互层Ⅵ级围岩地段，长期困扰现场施工的高风险工点得到彻底解决。

（31）2019年1月30日，中条山隧道（18405m）顺利贯通，作为全线重点控制性、Ⅰ级风险隧道，大区段穿越第三系富水承压地层等高风险段落，中条山隧道的安全贯通，标志着全线隧道开挖阶段施工圆满收官。

（32）2019年9月5日、7日，中国铁路西安局集团有限公司、中国铁路武汉局集团有限公司与蒙西华中铁路股份有限公司组成的初步验收委员会分别完成了管段内工程初步验收工作，形成了初步验收工作报告，以蒙西华中铁路股份有限公司《关于报送新建浩吉铁路初步验收报告的函》（蒙华工技函〔2019〕298号）上报中国国家铁路集团有限公司。

（33）2019年9月28日，随着万吨煤炭重载列车71001次一声鸣笛，缓缓驶出内蒙古自治区鄂尔多斯市浩勒报吉南站，标志着世界上一次建成里程最长的重载铁路正式开通运营。

附录 3

浩吉铁路3km以上隧道工程沿线分布示意图

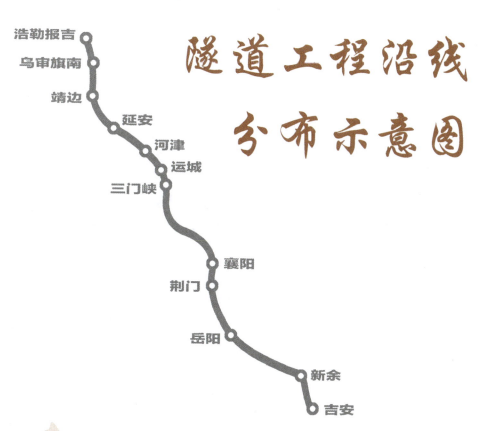

参 考 文 献

[1] 蒙西华中铁路股份有限公司. 新建蒙西至华中地区铁路煤运通道站前工程技术标准：Q/MH 0001—2017[S]. 北京：中国铁道出版社，2018.
[2] 蒙西华中铁路股份有限公司. 施工图现场核对总结(站前工程)[M]. 北京：中国铁道出版社，2018.
[3] 张梅. 蒙华铁路确保隧道施工质量安全关键措施[J]. 隧道建设(中英文)，2017，37(12)：1503-1507.
[4] 韩星俊. 中国最长重载铁路——蒙华铁路隧道工程[J]. 隧道建设(中英文)，2017，37(12)：1627-1632.
[5] 皮圣. 蒙华铁路施工图现场核对工作管理[J]. 中国铁路，2019(6)：52-58.
[6] 申志军，皮圣. 浩吉重载铁路隧道建设管理与技术创新[J]. 隧道与地下工程灾害防治，2020，2(1)：1-11.
[7] 韩贺庚，申志军，皮圣. 蒙华铁路隧道工程施工技术要点及机械化配套[J]. 隧道建设(中英文)，2017，37(12)：1564-1570.
[8] 仇文革，李冰天，田明杰，等. 基于现场实测的隧道初期支护受力模式分析[J]. 隧道建设(中英文)，2017，37(12)：1508-1517.
[9] 申志军，黄海昀，李思，等. 初期支护组合形式有效性现场试验研究[J]. 隧道建设(中英文)，2018，38(2)：161-170.
[10] 仇文革，王刚，龚伦，等. 一种适应隧道大变形的限阻耗能型支护结构研发与应用[J]. 岩石力学与工程学报，2018，37(8)：1785-1794.
[11] 杨秀权，杨世武，苏辉，等. 蒙华铁路隧道施工图现场核对与设计优化[J]. 隧道建设(中英文)，2017，37(12)：1557-1563.
[12] 杨世武，皮圣，苏辉，等. 浅覆新黄土隧道微台阶法修建技术[J]. 隧道建设(中英文)，2017，37(12)：1571-1577.
[13] 刘招伟，李建华. 台阶法(带仰拱)一次开挖施工技术在软岩隧道中的应用[J]. 隧道建设(中英文)，2018，38(2)：287-294.
[14] 赵伟，尚军，陈鸿. 单线铁路隧道仰拱二次衬砌大区段施工工艺[J]. 隧道建设(中英文)，2017，37(增刊2)：234-239.
[15] 苏辉. 长仰拱栈桥在黄土隧道施工中的应用[J]. 隧道建设(中英文)，2017，37(增刊2)：192-197.
[16] 张华. 隧道衬砌逐层逐窗浇筑及带模注浆技术的应用[J]. 隧道建设(中英文)，2017，37(12)：1607-1612.
[17] 陈鸿，殷晓东，李勇. 蒙华铁路中条山隧道施工关键技术[J]. 隧道建设(中英文)，2017，37(12)：1585-1592.
[18] 申志军，夏勇. 黄土隧道马蹄形盾构工法选择及应用[J]. 隧道建设(中英文)，2017，37(12)：1518-1528.

[19] 申志军,艾旭峰,郑余朝,等.马蹄形盾构隧道结构内力现场测试[J].土木工程学报,2017,50(增刊2):267-273.

[20] 王志杰,李瑞尧,徐海岩,等.蒙华铁路阳城隧道土砂分界地层分界面位置对围岩稳定性影响探究[J].隧道建设(中英文),2018,38(9):1435-1445.

[21] 王志杰,李瑞尧,徐海岩,等.蒙华铁路阳城隧道土石分界处地层大变形机理分析及整治措施[J].铁道建筑,2018,58(8):61-63,83.

[22] 王志杰,徐君祥,徐海岩,等.第四系富水红砂岩地层隧道围岩变形特征研究[J].铁道工程学报,2018,35(9):54-60,109.

[23] 王维富,梅竹.台阶法在超大断面浅埋偏压隧道中的应用研究[J].隧道建设(中英文),2017,37(12):1578-1584.

[24] 巩中江,柴敬尧,杨长庚.铁路隧道光面爆破施工技术与管理实例[J].隧道建设(中英文),2017,37(12):1593-1599.

[25] 唐强,秦岭,陈军,等.拱架式预切槽施工机械在黄土隧道施工中的应用[J].隧道建设(中英文),2017,37(12):1613-1621.

[26] 郭明.悬臂式掘进机在白垩系砂岩隧道中的应用研究[J].铁道建筑技术,2018,8:70-74.

[27] 刘成华.蒙华铁路中条山隧道高地应力F7断层软岩破碎段施工技术[J].隧道建设(中英文),2018,38(增刊1):161-166.

[28] 宗书合,褚玉勇.马湾隧道浅埋偏压段初期支护变形原因分析及参数优化[J].隧道建设(中英文),2017,37(增刊2):211-217.

[29] 马志富,杨昌贤.高海拔寒区铁路隧道保温排水技术研究[J].高速铁路技术,2020,11(2):87-93.

[30] 张梅,等.宜万铁路岩溶断层隧道修建技术[M].北京:科学出版社,2010.